"十二五"国家重点图书出版规划项目

中国近现代原创型教育家研究丛书

总主编　宋恩荣　李剑萍

教育家梁漱溟研究

吴洪成　著

山东人民出版社

国家一级出版社　全国百佳图书出版单位

图书在版编目（CIP）数据

教育家梁漱溟研究/吴洪成著. —济南：山东人
民出版社，2015.12（2016.10 重印）
（中国近现代原创型教育家研究丛书/宋恩荣，
李剑萍总主编）
ISBN 978 - 7 - 209 - 09362 - 0

Ⅰ. ①教… Ⅱ. ①吴… Ⅲ. ①梁漱溟（1893—1988）
—教育思想—研究 Ⅳ. ①G40 - 092.7

中国版本图书馆 CIP 数据核字（2015）第 317703 号

教育家梁漱溟研究

吴洪成 著

主管部门　山东出版传媒股份有限公司
出版发行　山东人民出版社
社　　址　济南市胜利大街 39 号
邮　　编　250001
电　　话　总编室（0531）82098914
　　　　　市场部（0531）82098027
网　　址　http：//www. sd - book. com. cn
印　　装　山东临沂新华印刷物流集团印装
经　　销　新华书店

规　　格　16 开（169mm ×239mm）
印　　张　27.5
字　　数　420 千字
版　　次　2015 年 12 月第 1 版
印　　次　2016 年 10 月第 2 次
ISBN 978 - 7 - 209 - 09362 - 0
定　　价　68.00 元
　　　　　如有印装质量问题，请与出版社总编室联系调换。

总　序　原创型教育家的文化自觉与中国现代教育体系之形成

李剑萍　杨　旭

一、教育家研究之研究

　　创新型教育、创新型人才培养呼唤创新型教育家。教育家研究是教育史研究中既经典又常研常新的课题,而"创新型教育家"研究迄未得到应有的重视。

　　几乎每一本通史类、综合类教育史或教育思想史著作,都列专门章节研究著名教育家的思想和实践,甚至将教育思想等同于教育家的思想。近一二十年来,近现代教育家的研究实际是沿着四个路向展开的。

　　一是中国近现代教育家研究走向系列化、精细化。系列化的代表性成果有宋恩荣主编的 23 卷本《中国近现代教育家系列研究》(辽宁教育出版社1993—1997 年版),被教育学界高度肯定。厦门大学潘懋元教授称该研究"规模宏大,成果丰富,意义深远";华东师范大学孙培青教授称其"在近代教育史研究中是前所未有的,确是一项新创举";北京师范大学王炳照教授誉其"是国内首次有组织有计划地对中国近代重要教育家进行深入、全面、系统地个案研究的重要成果"。[①] 另有,美国 General Books LLC 2010 年出版的 *Chinese Educators*,内收蔡元培、胡适、盛宣怀、马相伯、张伯苓、于右任、马君武、蒋梦麟、陶行知、傅斯年、罗家伦、钱伟长等 79 人的传记,以及中国高等教育学会组编的《共和国老一辈教育家传略》(高等教育出版社 2008 年版)等。所谓精细化,是指除了扩大研究视野之外,还出现从校际、地域等视角研究教育家的倾向,如刘国生主编的《从清华走出的教育家》(内蒙古文化出版社 2012 年版)、俞可著的《海上教育家》(文汇出版社 2010 年版)等。

二是研究外国教育家及其对中国的影响,并与教师培训培养相结合而走向普及化。从早期的中央教育科学研究所比较教育研究室编写的《世界著名教育家》(贵州人民出版社 1989 年版),到代表性的赵祥麟主编的《外国教育家评传》(上海教育出版社 1992 年版),以及刘传德著的《外国教育家评传精选》(北京师范大学出版社 2006 年版)、霍力岩等编著的《影响新中国教育的外国教育家》(天津教育出版社 2009 年版)、汪明帅等编著的《常青藤:一本书读懂世界教育家丛书》(中国青年出版社 2011 年版)等,此外还有弗兰克·M. 弗拉纳根著、卢立涛等译的《最伟大的教育家:从苏格拉底到杜威》(华东师范大学出版社 2009 年版)等,都表明了常研常新和普及化的态势。

三是更加清晰地提出了学习教育家智慧、精神的命题,并出现了一些对教育家进行总论性、本体性研究的成果。从早期余立主编的《校长—教育家》(同济大学出版社 1988 年版)到后来殷爱荪等主编的《校长与教育家》(福建教育出版社 2004 年版),学习教育家的智慧、精神、风骨尤其突出了两个重点,一是对民国教育家寄予了某种理想化的观念,如智效民著的《民国那些教育家》(四川文艺出版社 2013 年版)等,二是开始关注当代教育家,如袁振国主编的《这就是教育家:品读洪宗礼》(教育科学出版社 2009 年版)、张彦春等主编的《16 位教育家的智慧档案》(华东师范大学出

---

① 参见潘懋元、孙培青、王炳照、张瑞璠、董宝良、杨东平等教授对《中国近现代教育家系列研究》评审鉴定意见书手稿。

版社 2006 年版)、张康桥著的《在教育家的智慧里呼吸》(华东师范大学出版社 2012 年版)等。由此,出现的总论性、本体性研究的代表性著作,有孙孔懿著的《论教育家》(人民教育出版社 2006 年版)等。

四是研究方法趋于多样,试图借鉴其他学科的方法从新的角度挖掘教育家的深层性东西。如从心理史学视角有胡志坚著的《教育家心理史学范式研究》(社会科学文献出版社 2007 年版),从生活史角度有路书红开展的"中外教育家的生活史研究"等。

以上表明,教育家研究这个经典领域保持了常研常新的态势,或者说保持了研究成果数量增加的态势,这主要是由研究者增多、出版业繁荣、成果普及化所推动:一是集众人之力把单个教育家的研究整合成系列成果;二是拓展新的研究领域,把一些未被关注、曾经湮没的教育家发掘出来;三是研究成果普及化,除了专业研究者之外,中小学教师成为重要的受众。当然,从学术史的角度考察,更有价值的还是运用新方法、新范式对于教育家的新认识、深认识,这种努力现在还处于尝试之中,系统性的创新之作还在期盼之中。这些态势,从蕴含着更大信息量的论文数据库中可以得到进一步印证。

近年来,关于"教育家"的研究论文数量呈现快速增长态势。在"中国知网"的"期刊论文"数据库中,以"教育家"在论文题目(篇名)中精确检索(截至 2015 年 6 月 25 日)发现,1990 年至 2000 年仅 589 篇,2001 年至 2010 年达 995 篇,2011 年至 2015 年 6 月已达 806 篇。同样,"硕博士论文"数据库中,以"教育家"为"题名"进行检索(截至 2015 年 6 月 25 日),检索到 41 篇,其中,2001 年至 2010 年仅有 8 篇硕士论文、1 篇博士论文;其余 32 篇都是 2011 年以后的,但其中博士论文也仅有 3 篇,这表明虽然数量增多,但原创性高水平成果仍缺乏,并且,在 41 篇硕博论文中,有 20 篇是针对被冠以"教育家"的某人的研究。

这种快速增长乃至井喷之势,表明教育家研究、至少"教育家"一词成为近时期的教育热点之一。这些研究成果,还反映出教育家研究中存在着"两大主题、两类重点、一种背反"的特点。

其一,研究的两大主题是"教育家办学"和"未来教育家培养"。它的提出既跟领导人的关注和教育实际工作的需求相关,更深层反映了当下的社会诉求和教育思潮。教育、学校愈益成为一种社会性事业,与每个家庭每个人发生着更密切更长久的联系,公众期盼愈益高涨和深切,随着教育成为社会公平公正的投射焦点,改革和发展的呼声更加强烈,进而将教育存在的问题归因为教育行政化,与之相应便呼唤教育家办学,并反思因何缺乏教育家以及如何培养教育家。可以说,这是近年来教育家研究兴起的直接背景和动因。

其二,研究的两类重点,就是关于教育家型校长和教育家型教师的培养,包括教育家型校长和教师的主要特征,教育家型校长和教师与一般校长和教师的区别,教育家型校长和教师的培养途径和方式,教育家的内在核心精神和外部成长环境等。这些研究普遍隐含的价值假设是,教育家型校长和教师是优秀的和高级的,他们具有独特的优秀品质和精神气质,这些品质和气质是可以通过培养而具备的,并且,教育家的生成和作用发挥需要一定的社会保障条件,只要经过适当培养和提供条件保障,就可以养成教育家或促成教育家的涌现。

其三,研究中的一种背反现象是,一方面感叹教育家太少,另一方面又将教育家之名泛化,所有论文中 80% 以上的被冠名"教育家某某研究"。被冠以教育家之名者,又依次集中在艺术教育(音乐、美术、戏剧等)、农业高等教育、医学高等教育、工程高等教育等 4 个领域,分别被称为音乐教育家、戏剧教育家、农业教育家、医学教育家、工程教育家等。文章、论文的作者主要是被尊为教育家的弟子或媒体人,而较少教育理论研究者。这实际反映了这些领域特别是艺术领域的师承关系和流派特点,暗示凡被称为"教育家"者自然是大家,大家的弟子自然是名门正派。由是便引发教育家的标准问题,或者说成为教育家是困难的还是容易的,叶澜等认为教育家只能是少数人的事情,王道俊等则认为大多数教师只要经过努力就可能成为教育家。

从已有研究成果来看,目前教育家研究的不足或者说今后特别值得加强之处在于以下四个方面。

一是教育家的元研究,代表着研究的自觉水平。近年来教育家研究成果的"井喷"之势,为开展元研究即研究的研究提供了基础条件。元研究一方面是对于研究成果的事实描述,包括研究对象的聚类分析(哪些人被作为教育家来研究）、研究人员的构成分析（理论研究者、媒体人、教育家的亲朋弟子等）、研究成果的类型分析（学术性、普及性、纪念性等），以及研究周期、研究成果来源、研究成果发表载体等的分析；另一方面是对于研究问题的实然分析，诸如研究成果涉及的教育家成长经历、思想基础、精神气质、教育教学理念、治校治学方法等，以及这些研究问题及其研究方法的消长变化。在此基础上，可以判断教育家研究的现有状态和发展趋向。

二是教育家的分类研究，代表着研究的细致程度。如果认为教育家是"在教育思想、理论或实践上有创见、有贡献、有影响的杰出人物"①，那么目前研究成果中被冠以教育家者，似乎大多并未达到这一标准，而更多地与研究者的情感色彩、经验因素、利益考量、比附想象相联系。有的研究者坚持教育家是极少数人的事情，成为教育家是很不容易的，无疑具有理性和规范的意义，可以防止教育家的泛化、泛滥乃至欺世盗名；有的研究者主张成为教育家并不很难，只要具有成为教育家的理想就可能达到，这在呼唤教育家的时代，可以激发教师、校长提升愿景以及形成造就教育家的氛围，而从现实来看，也确实正在涌现出一批具有教育家水平的优秀教师和校长。正因为此，教育家趋于分类分层，教育家的标准也趋于多元，分类研究不同的教育家及其标准，可能比坚持教育家的唯一标准去争论什么人是教育家或成为教育家的难易，更为迫切和更有价值。

三是教育家的"行为·目的·情境"权变关系研究，代表着研究的深入程度。目前大多成果还集中在"教育家特质"研究阶段，即试图找出教育家独特而卓越的品质素质，或者说教育家优异于一般教师和校长之处，研究往往采取描述和归纳的方法，对于教育家的特质进行罗列或者归类。这种研究成果可能存在两个问题，一是罗列的各种特质简则以偏概全，多则繁冗寡要，且难以进行实证归因；二是这些特质之间往往是相互矛盾的，包容谦和与霸气决断、理性内敛与感性外露等相矛盾的特质，可能鲜明地存在于不同教育家身上。于是，教育家研究的深化方向，便指向教育家在特定的约束条件、组织情境中，为了实现教育教学目的而采取的卓越行为，

---

① 　顾明远主编：《教育大辞典》（增订合编本）上册，上海教育出版社1998年版，第755页。

以及这种行为与目的、情境之间建立起的权变关系范式。所有教育家的永恒目的或职责就是育人,但不同时期、不同组织,所要解决的重点问题不同,或是更新教育教学理念、创新体制机制、改革课程教学、促进教师专业发展,或是解决办学条件、办学体制等,这些问题又是相互交织、相互影响的,同时教育家面临的组织情境、所能运用的组织资源也不相同。正是在这些多因素变量中,教育家才凸显出高超的智慧、卓越的策略和鲜活的人格特征,这才是教育家之所以成为教育家之处,也是教育家研究值得深入之处。

四是教育家的本体研究,代表着研究的质量水平。教育家研究要从数量繁荣走向学术深入,实现的基本策略是从两方面"返本开新"。一方面是回归教育家这个本,此乃根本之根本,无论古今中外、高层草根、主流另类,必须首先是教育家,从这个意义讲,研究教育家也是"去水分"、披沙拣金的过程,也是甄选出真正教育家的过程。另一方面是回归教育家思想和实践这个本,无论采用何种新方法、新视角、新范式,既要视野宏阔,跳出教育看教育家,发现教育家与社会的广泛联系和深层关系,又要避免泛化,丧失教育的自身立场;既要深入发掘教育家,又要避免过度解释,回到教育家史料的本身,无论文献的还是田野的。

二、教育家的类型与原创型教育家

教育家的类型可以按照不同标准进行划分。从其生活年代、活动时间来看,可以分为古代教育家、近代教育家、现代教育家、当代教育家等。这种划分的意义,一是任何教育家都带有时代烙印,也是时代教育精神的凝缩和代表,认识了一个时代的教育家便可高效地认识那个教育家所处时代的教育精神,在丰富教育历史认识中提升自己的教育智慧;二是某个时代的教育家就是要解决所处时代的教育问题,这些问题往往是那个时代特有的、必须解决又为那个时代教育家所解决了的,后代教育家可以在传承中超越,在扬弃中创新。后代教育家与前代教育家的思想关系,可以是继承性的、超越性的、批判性的甚或断裂性的。断裂性关系,即一个国家在社会和教育进程中出现明显断裂,后时代与前时代是非延续、非继承乃至否定性的,譬如殖民地国家模仿宗主国建立的教育体系与本土原生教育体系之间,后代教育家与前代教育家在学缘、思想和行动上是相对独立的。而其他几种关系,无论继承性的还是超越性的、批判性的,都具有广义上的继承性。狭义的继承性关系是一种延续性、顺向性、量变为主的继承,超越性关系是一种断续性、虽顺向但以质变为主的继承,批判性关系则是一种非顺向性(逆向或歧向性的)、针对前代教育家问题的继承。正是这种广义的继承性,为教育家的时代类型划分赋予了深刻而现实的意义,从教育家的代际起承转合、消长嬗替之中,可以寻绎出不同代际教育家的创新性之所在,可以说教育家智慧的形成,苦功夫是对自己教育实践的哲学思考,捷径则是向前代教育家的学习。

从教育家的活动和影响范围来看,可以分为地方性的、全国性的和世界性的教育家。教育家的实践活动范围与其影响范围,既有一致性也有区别,前者相对清晰和稳定,后者则有模糊性和变动性。教育家在一个时段只能在一个相对固定的范围、场域开展实践活动,实践活动范围的大小取决于:一是场域自身的大小,既指场域的地理、物理空间也指场域的文化、思想空间。由于现代场域的联结性和虚拟延伸性,一般来讲,城市的教育家比乡村的教育家实践活动和影响范围都相对更大。二是场域变换的频度。同样条件下,教育家保持适度的场域变换频度,影响范围也相对更大。三是场域的典型性和辐射力。教育家同样是在乡村,具有文化样本意义的乡村影响力就更大,同样是在城市,省会、首都、中心城市乃至世界性、全球性城市,其影响就远超一般城市。教育家的实践活动范围通常就包含了其影响范围,但教育家的影响力、影响范围还取决于一些内在与外部、必然与偶然因素。从外部条件看,是教育家的作用发挥和思想传播机制。在传统社会和传统教育中,教育家的影响力主要依靠著书立说、讲学立派、官方认可立名(包括自己和弟子入仕、学说成为官方意志、著作列为科举教材等)等学术性、教育性、政治性机制,相互为用、共同作用来实现;进入现代,这些作用机制又注入了新的形式,著书立说的学术性机制与现代媒体、课题立项、各类评审评奖和人才队伍建设相结合,授徒讲学、开宗立派的教育性机制与现代学校教育体系、研究生培养、学术团体相结合,官方认可的政治性机制在精神激励之外又增加了巨额的经济支持,也就是说教育家的作用机制在现代呈现传媒化、学科化、资本化(主要指知识资本)的特点,教育家的影响范围大大扩张。"世界性教育家"的概念确切讲是 20 世纪以来的事情,也因此为古代教育家的现代"复兴"提供了时代条件。从内在因素看,则是教育家所指向问题的重要性和普遍性。这些问题,一是人及教育的基本问题、永恒问题。只要还有人及教育存在,此类问题就会被反复探讨,它们一般是哲学层面的宇宙观、本体论、知识论、价值论、方法论、思维及其与教育的关系问题等。古代的大教育家行不过一地一国,而能具有现代性、世界性意义和影响,就在于他们关切的教育问题是基本性和永恒性的。二是转型时代的重大教育思想和制度问题。当此时代,旧有的思想体系已经难以解释教育的新命题,旧有的制度框架已经无法容纳教育的新要求,教育乃至整个社会从思想、理论到体制、制度都面临重整再构,这些问题往往需要做出社会性、政治性和制度性、政策性安排,解决此类问题的教育家也通常带有政治家色彩,如建议"罢黜百家、独尊儒术"和建立太学的董仲舒,系统论述"中体西用论"和规划现代学制的张之洞等。三是契合教育发展的趋向性问题,诸如非正规性学习、女性女权教育、环境教育、跨文化理解教育(和谐教育、国际理解教育、民族和解教育、宗教与文明理解教育)等。此类问题历史上曾隐含地存在却并不紧迫,而在当代和未来呈现高涨态势,前瞻性关注过此类问题的教育家便成为思想的源头。也就是说,越是关切和解答上述三类问题的教育家,其教育思想和实践可能愈加高明,愈益可能成为创新性和全国性乃至世界性的教育家。

从教育家的创造程度来看,可以分为继承型教育家和创新型教育家,创新型教育家又可以分为消化吸收再创造型、原创型教育家等。原创型教育家一般产生于历史大周期的巅峰时代或转型时代。历史大周期是长时段的,短则几百年长则上千年,或如中国历史上的汉、唐经过数百年涵养深蓄而达于历史周期的巅峰,此时所要回答和解决的是巍巍盛世的教育问题;或如春秋战国、魏晋南北朝、两宋、明清之际、近代以来,正处一大历史周期与另一周期的交汇转折之际,此时所要回答和解决的是叔季之世、新旧过渡、重整复兴的教育问题。也正因此,原创型教育家的产生具有历史集中性,有的时期大家辈出、群星璀璨①,其余时期又相对平稳平淡。

---

① 参见姜国钧:《中国教育周期论》,北京大学出版社 2005 年版。

原创型教育家善于以广博而深邃的文化视野,敏锐而深刻地洞察教育问题。巅峰或转型时代所蕴含的重大教育问题,为原创型教育家的诞生准备了先天的原创性要素,正因为这些问题是划时代的、前所未有的,又必然是弥漫性的、隐而不显的,能够最先、最敏感、最清晰、最深刻地认识到这些问题,即把隐含的问题予以"问题化"并在此基础上聚焦化、系统化,不仅需要天赋和机遇,更需要广博而深邃的文化视野。原创型教育家通常还具有丰富的实践积累,他们在教育实践中感受、认识和抽绎教育问题,总结、修正和检验自己的教育思想和理论,形成和发挥自己的教育影响。原创型教育家在教育实践中面临着传承与创新的先天困境,扮演着旧教育的改造者、新教育的创造者、新旧教育的锻铸者等多重角色,一方面必不同于既往的教育主流,否则不可能成为教育创新者、原创者,另一方面代表着教育发展的主流方向,不可能专事批判、破坏而不顾建设,这就需要高度的实践智慧。从这个角度讲,原创型教育家乃侧身于新旧教育体系之间,从古代的孔子、孟子、朱熹、王守仁到近代的康有为、蔡元培、黄炎培、梁漱溟、陶行知等,大都曾身在教育旧体系之内,思想却指向之外的教育新体系。

原创型教育家是教育家的最高级类型或形式,其"原创性"主要体现在四个方面:原创性的时代,一般产生于长历史时段的巅峰时代或转型时代;原创性的问题,敏锐而深刻地发现并概念化时代的重大教育问题,这些问题是前所未有且无法回避的,对于这些问题的解答、解决就构成了教育历史发展的一个个必然环节;原创性的思想和实践成果,开创学理、学派或创立学校、学制,"立言"丰赡卓越、自成体系,"立功"构想深远、规模宏大;原创性的影响,不仅影响当代一时,并具永久性乃至世界性价值,值得反复研究和解读以汲取智慧。总之,原创型教育家就是那些生于原创性时代,提出原创性问题,创立原创性思想和实践成果,并具有原创性影响的教育家。

三、中国现代教育体系的解释框架和形成问题

对于中国现代教育的发生发展,我们提出"一体化说"作为一种新的解释框架。① 所谓"一体化",一指纵向一体化,即从 1862 年中国人自己创

---

① 参见李剑萍:《中国现代教育问题史论》(修订本),人民出版社 2011 年版。

办的第一所现代学校京师同文馆诞生,1904 年中国第一个现代学制"壬寅·癸卯学制"颁行以迄于今,中国现代教育是一个持续的整体过程,作为现代教育的根本形态和趋向并未终结,并将在今后较长时期继续发展。二指横向一体化,即中国幅员辽阔、人口和民族众多、经济社会发展极不平衡,各地各民族现代教育发生发展的起点、进程、速度、路径也有差异,但总体趋向相同。此点意义极为重大,就是说中国现代教育的形成与发展过程,也是中国作为现代国家重整与复兴的过程。三指外向一体化,即中国现代教育是学习、引进、吸收先发国家教育思想、制度、理论和方法等的过程,就是增进教育国际交流与合作的过程,就是挽世界现代教育于中国、推中国教育于现代世界、中国教育与世界教育一体化、中国教育复兴并为世界教育做出崭新贡献的过程。四指内向一体化,即以现代学校制度为代表的现代教育制度逐步系统化和普遍化,以书院、私塾为代表的传统教育体系逐步学校化和消融化,以教会学校为代表的外国教育体系逐步中国化和世俗化,共同建构中国现代教育体系的过程。

中国现代教育的发生发展作为一个持续的整体过程,大致可以分为两大时期、四个阶段,即以 1949 年新中国成立界分为两大时期,此前是中国现代教育体系的形成时期,此后是中国现代教育的探索和发展时期,每一时期又各分为两个阶段,共计四个阶段。从 1862 年京师同文馆设立至 1927 年南京国民政府成立前是早期现代化阶段;从 1927 年南京国民政府成立至 1949 年新中国成立前是多元互动阶段,包括以党国化、制度化为特征的国民政府的教育建设与教育统治,以革命化、大众化为特征的中国共产党领导的革命根据地教育,以教育救国、杜威教育思想中国化为特征的民主主义教育家们的教育改革与教育试验,还包括教会学校的中国化和世俗化,私塾教育的学校化和消融化。从 1949 年新中国成立到 1984 年是转折与探索阶段,在新的社会制度基础上和毛泽东思想指引下,曲折地探索了什么是社会主义教育以及如何建设社会主义教育两大问题;1985 年印发《中共中央关于教育体制改革的决定》和 1986 年颁布实施《中华人民共和国义务教育法》以来是新型现代化阶段,开始在改革开放和全球化的环境中,建设和发展中国特色的现代化教育体系。

中国现代教育是在三个层面依次启动,多层互动,整体联动的。　是学校层面,包括现代学校的产生,学校类型的丰富,以及学校课程、教学和师生观念、角色、活动的现代趋向等;二是教育制度层面,包括现代学制的建立,现代教育行政体制和教育管理制度的形成与调适等;三是教育思想层面,包括先觉者和领导者的教育思想、教育家的教育思想与理论、社会公众的教育观念、官方教育思想即教育方针及其政策化等。从世界范围来看,各国现代教育的发生发展大致可以分为五种模式,第一种是以西欧国家为代表的先发内生型教育现代化模式,第二种是以美国、日本为代表的学习先发国家而自我创新的教育现代化模式,第三种是以印度等亚非拉殖民地国家为代表的主要移植原宗主国体制的教育现代化模式,第四种是以部分中东国家为代表的在政教合一体制基础上发展起来的教育现代化模式,第五种就是以中国为代表的在本土基础上学习外国而走自己特色道路的教育现代化模式。可见,不同国家的教育现代化不能简单分为先发内生型、后发外源型两类,而是有着不同模式,每一大模式又可细分为不同的小模式,它们在全球化浪潮中相互联系更加密切,相互影响更加广泛,使得世界教育一体化不是单一化而是多元化、丰富化。也正是从这个意义上讲,一方面,中国现代教育是中国教育与世界教育一体化的过程;另一方面,中国现代教育又是世界教育一体化中独具代表性的一极,具有独特价值,中国现代教育应彰显光大此种价值,这是中国现代教育的全球价值和使命。

以上的"一体化说"解释框架,可以概括为"一体多向、二期四段、三层第五模式"。在中国现代教育发生发展的第一时期即体系形成时期,中国现代教育面临的重大问题或称中国现代教育的形成问题主要是:

其一,培养什么样的人即教育目的、教育方针问题。这是中国现代教育形成的核心性问题,其他问题是由此衍生和为此服务的。它在起初,既不像欧洲那样经历过一个宗教改革和文艺复兴的人本主义启蒙过程,也不是中国传统社会和传统教育自我发展、自我生发的结果,而是由于传统教育所培养的传统型人才无法应对严峻的外患内忧的紧迫需求而倒逼产生的,是外铄性和社会性的。也因此,这个问题经历了由培育精英化"人才"向养成现代性"国民"再到培养合格的"人"的转变,经历了由偏重政治化的"社会人"到全面发展的"知识人"再到综合中国人、现代人、世界人的"文化人"的认识发展。

其二,建立和发展学校教育即教育制度、教育体制问题。这是中国现代教育形成的结构性问题,是实现教育目的、教育方针的制度设计和制度选择。它在经历了起初的创设新式学校、建立现代学制和现代教育行政体制两步之后,便遇到三个更深层次问题:一是现代学校的内涵性建设。只有具备了现代课程教学和师生行为观念才是真正的现代学校,因此在中小学校要进行现代性的课程改革和教学实验,在大学要引入大学精神和科学研究。二是教育普及,确切地说是普及学校教育。学校教育的制度化优势也兼具高成本压力,在人多地广、一穷二白的当时中国如何普及教育,始终是必须直面的两难问题,面临采取单一的制度化教育还是融通制度化与非制度化教育的选择。三是对于旧教育、传统教育的认识和态度。传统教育既是现代教育的对立面,又是现代教育的参照系,甚至在现代教育中传统教育不会根除,只会通过传统教育的现代化转换成为现代教育的必然构成。

其三,教育与社会的关系即教育与社会改造、社会建设问题。这是中国现代教育形成的功能性问题。中国现代教育是在社会转型之际应需而生、应运而生的。正因为传统社会及其教育已经不能应对早期现代化的需要,所以必须在其之外引进和建设一套现代教育体系,而现代教育的发生发展又是以传统社会的改造、现代社会的建设作为基础和目的之一的。这就决定了中国现代教育形成时期在与社会的关系上呈现三个特征:一是偏重社会本位的教育,即在人与社会的关系方面更加关注后者,通过人的社会化来造就"新民"以改造旧的社会、缔造新的社会,注重人的社会工具价值,相对忽视人的自身意义和人的个性化;二是教育社会化,教育改造旧的社会、缔造新的社会的前提和途径,就是教育必须与社会实际、社会实践相联系,这一时期出现了形形色色的"教育救国论"者和教育试验运动,甚至在教育社会化中出现了轰轰烈烈的教育运动化、教育政治化,教育成为社会运动和政治活动的工具;三是社会教育化,社会改造论、社会建设论的教育家们提出的社会方案,几乎无一不是教育化的,即在教育社会化的同时社会教育化,按照教育的模式、体系去组织和构建新的社会体制,把教育社会化与社会教育化作为理想的教育和社会状态。

其四,教育与文化的关系特别是教育与中西古今文化的关系问题。这是中国现代教育形成的深层性问题。教育与文化密不可分,是文化的一部分,教育传承创新文化并受到文化的规定制约。中西古今文化的关系及其与教育之间的关系,可以归结为外来文化本土化、传统文化现代化、中华文化世界化三大命题。虽有所谓传统文化本位主义者和全盘西化论者,实际上都是基于自己的立场,对中西古今文化的关系命题进行着自己的思考和解答。对于外来文化和外国教育理论,通常采取实用主义态度加以选取、改造和利用,即所谓"洋为中用";对于中国传统文化和传统教育理念,也往往站在现实主义立场予以延续、变换和使用,即所谓"古为今用",两者共同构成了教育与文化关系的民族化、现代化趋向,此点从 20 世纪 30 年代以后表现得尤为明显。

其五,教育哲学特别是知识价值论、认识论与教育的关系问题。这是中国现代教育形成的基点性问题。什么知识是有价值的或是最有价值的,如何认识有价值的知识或如何认识这些知识是最有效率的,便构成教育中教什么、学什么和怎样教、怎样学的问题,亦即课程和教学问题。在中国哲学传统中,本体论多与修养论相合一,即本体论道德化,宇宙观多倾向朴素唯物主义或带有人格化特点的唯心主义。而且,在实用理性的传统惯性和社会问题导向的现实需求作用下,现代教育家们的哲学思考是较少以本体论和宇宙观作为出发点的,而多是直接从知识价值论、认识论层面切入,并在课程教学哲学上呈现两个鲜明的倾向:一是在课程上,重视社会性、实用性、生活化、大众化的知识,二是在教学上,强调理论联系实际,与社会实践相结合,为生产生活服务。这一方面改变了中国传统教育教学与现代社会、现代生活相脱离的问题,另一方面也使得社会本位和工具主义进一步强化,这也是杜威实用主义教育理论之所以能在中国流行的深层原因。

四、原创型教育家的代际分期与中国现代教育体系的形成问题

在中国现代教育体系的形成时期,堪称原创型教育家者主要有张之洞、康有为、蔡元培、黄炎培、晏阳初、梁漱溟、陶行知、陈鹤琴等。就其原创性教育贡献和教育影响来看,张之洞、康有为属于以维新运动和新政改革为背景的晚清一代,蔡元培、黄炎培属于以辛亥革命和新文化运动为背景的民初一代,其余四人属于以国内革命和全面抗战为背景的民国中后期一

代。以上八人历时半个多世纪,大约算是三代教育家。

由于中国的早期现代化是一种急剧突变式的"压缩"了的现代化,八位教育家也可以算是两代半人。蔡元培、黄炎培作为第二代,其创新性教育影响发轫于清末,从辛亥革命后到 20 世纪 20 年代后期持续约 20 年;第三代则在 20 年代前期崭露头角,20 年代后期开始形成较大影响,三四十年代成为主角。第二代的两人,与第三代的主要重叠期在 20 年代中后期,进入 30 年代他们虽然依然活跃并发挥重要影响,但已经主要是社会政治活动家的身份了。第三代的四人,生年奇迹般地顺差一岁,除了陶行知突发脑出血中年而逝,其余三人又都出奇地长寿,他们作为原创型教育家的光耀之时是在 20 世纪三四十年代,后来的人生道路、境遇虽然不同,但在当时都是民主主义教育家的杰出代表。从文化的代际传承来看,第一代的张之洞、康有为与第二代的蔡元培、黄炎培之间的关联性更多,即使康有为几近周游世界,蔡元培多年游学欧洲,也都属于传统文化的最后一代人,传统文化是他们青年所习、终生浸润、晚年所归,是他们教育改革的对象,也是他们的思想资源和文化比较的坐标系。第三代虽在童年时期受过一些传统文化的教育,但少年以后的思想和价值观形成时期,主要接受的是现代学校教育,除梁漱溟是自学成才之外,其他三人都在美国取得硕士、博士学位,受到过规范的现代思维训练和西方思想影响。由此,三代教育家的问题指向虽然都是中国的,但第一代、第二代教育家除了蔡元培,多带有中体西用、以中释西的立场,第三代教育家除了梁漱溟,多是西方教育理论,确切地说是杜威现代教育理论中国化的产物。

第一代教育家张之洞(1837—1909)和康有为(1858—1927)是亦旧亦新、从传统走向现代的一代,他们共同的历史使命是建立现代学校系统,终结传统教育制度,以及从制度安排上回应中西文化的关系和传统儒学的命运。

张之洞是洋务教育的殿军后劲、清末教育改革的总设计师、中体西用论的集大成者,三重角色既是他教育思想和实践的分期,也反映了 19 世纪末到 20 世纪前 10 年中国教育由传统走向现代中的巨变。他在前期,主要延续或者说复兴了早期洋务派曾国藩、左宗棠、李鸿章、沈葆桢等人的教育事业,在甲午战争失败后更加深重的民族危机中,以更大的毅力和担当兴办洋务学堂、改革旧式书院、设立新式书院,特别是在国际国内的新形势和早期改良派的新思想影响下,开始由侧重军事应对转向全面改革,洋务学堂的办学重点也由军事技术领域拓展至社会政治学科,与之相应,培养目标由"新技术人才"拓展至"新国民",办学视野由专业教育拓展至普通教育、由精英教育拓展至普及教育。这是清末全面教育改革的基础和前奏。进入 20 世纪,经历了八国联军战争和庚子赔款的剧痛,中国不得不在全面危机中开始史称"清末新政"的全面改革,包括其中的教育也在此前学校数量增加、类型增多的基础上,进行整体谋划、顶层设计,北方的袁世凯和南方的张之洞历史性地充当起设计师的角色。由于袁世凯更加侧重军政方面,张之洞调任中央后主抓教育,成为全面教育改革的总设计师,从"立新"和"破旧"两方面构建起中国现代教育的四大制度基础——颁行第一个现代学制"壬寅·癸卯学制",建立与之相应的以学部为代表的现代教育行政体制,颁布"中体西用"思想指导的新旧参互的教育宗旨,停废科举考试直至最终废除科举制度。同时,张之洞作为政治化的儒家学者和道统承继者,一方面采取通经致用、经世致用的务实主义态度,另一方面坚守道统红线和文化底线。他 1898 年撰写的《劝学篇》,奠定了其作为"中体西用"论集大成者的地位。所谓"西用"即利用、吸收西方先进的科学技术乃至管理体制,所谓"中体"即保持、维护中国的君主体制和儒家道统。他晚年认为即使君主立宪亦未尝不可,但儒家道统不能失守,既反对康有为托古改制式的今文经学曲解,更感叹进入 20 世纪在立宪与革命思潮的博弈中民主共和观念的大行其道,进而横扫孔孟之道及其精神象征孔子。其实,中国人对于孔孟儒学多采取功利主义态度,学校已兴,科举既废,制度化儒学和道统的解构已经不可避免,所以作为兴学校、废科举设计者的张之洞在晚年陷入吊诡、反思和哀叹,认为自己实际成为传统文化掘墓人,有"我虽未杀伯仁,伯仁因我而死"的自责和懊悔,正因此才有倡办存古学堂的最后一搏。当然随着他的去世、清朝的终结,存古学堂很快也就烟消云散了。但他所留下的文化命题并没有结束,他解决问题的方式是传统的,但所要解决问题的意义是现代的。如果说张之洞作为教育家完成了建立现代学校系统、终结传统教育制度的使命,而从制度安排上如何安置传统儒学呢?他只是认识到这个命题,没有也不可能解答这个命题。

康有为是维新运动的领袖、著名的改革家和思想家，虽比张之洞晚生、晚逝约20年，但其教育思想和实践的辉煌期都集中在19世纪末20世纪初，与张之洞具有交集和重叠，从这个意义上讲两人属于思想上的同代人、同一代教育家。康有为与张之洞在19世纪最后几年的教育变革大潮当中，总体目标是一致的，就是都想兴学校、变科举，大办各级各类学校并使之体系化制度化，变八股取士为策论取士直至逐步停废科举制度，并且这些改革都必须在中央的强力领导下进行，无非康有为依赖光绪帝，张之洞乃实际掌权者慈禧太后的"手擢之人"。二人的区别就在于，张之洞是体制内的政治型教育家，康有为是体制外的思想型教育家。康有为虽以"帝王师"自命，拼命想挤进体制内却不得，即使"百日维新"期间曾短暂地进入过也未能成为核心和主流。体制外的改革家注定只是改革启蒙家和改革思想家，这也正是其意义所在。康有为的人格特点和知识结构，决定了其思想更具突破性、新锐性和挑战性、解构性，他希望构建一套新的思想和制度体系去取代原有体系，而张之洞偏重于从原有体制体系去补苴、生发出一套新的东西。这是两种不同的原创类型，或可分别名之"替代型创新"和"生发型创新"。当然，它们的共同指向是创新、是质变，前者是骤变，后者是渐变，二者即使在同一教育家身上，在一定条件下也可以转换，生发积累到一定程度就是替代。比较而言，康有为的思想更具有爆发力、震撼力，也易走向旁门左道，不见容于当道；张之洞的思想更具建设性，也更中庸、更易被接受、更具可操作性，当然思想的启蒙意义便相对逊色。"百日维新"期间，康有为虽可提出"废八股、变科举"的建议，但具体实施方案必须赖于张之洞，张之洞作为体制内、政治型、生发型创新的教育家，有学有术，有思想有担当，最善于四两拨千斤，用技术性设计解决体制性问题而不囿于技术官僚。康有为的教育原创性在于维新、孔教、大同三个方面或者说层面。维新教育是康有为作为清末改革家和维新运动"头儿"的贡献，其核心在于兴学校、废八股、变科举。但康有为与同侪的不同之处，是把维新教育作为维新变法的重要内容和途径，是想通过教育变革、维新教育来培养一批维新变法即搞资本主义一套的政治精英，这是他跟张之洞等洋务教育家的根本区别，也是他作为原创型教育家对同时代其他要求变科举、兴学校的教育家的超越。孔教教育是康有为作为文化学人的原创性建构。在 19 世纪中叶以降的中西古今文化之争中,无论何种解答方案,要想有效就必须指向中国文化问题的解决,又必须把中国文化置于世界文化的总格局中进行思考,这就容易在中西文化比较中走向中国文化本位、西方文化形式,与其说是"中体西用"毋宁说是"中本西形"。康有为正是从宗教政治学层面来思考和设计中国传统文化的时代命运、中国文化的时代使命,他把"保教"与"保国""保种"相联系,即由政府组织建立孔教并确立孔教为国教,从教义到仪式仪轨予以体系化、制度化、普及化。康有为从早年编撰《孔子改制考》直到晚年组织孔教会、创办《不忍》杂志,一以贯之,终身不懈。大同教育是康有为作为思想家的原创性贡献,对康氏的大同理想冠以"大同空想社会主义"可能更是政治家者流的现实解读和比附衍义。康有为的大同观实际是他所诠释的中国古代大同观与其流亡国外反思西方工业资本主义之弊,以及与其"天游"思想(以佛学思想为主融合了庄子一派道家思想)杂糅的产物。解读康有为的大同观,必须将《大同书》与其晚年最后一部主要著作《诸天讲》结合起来理解。他晚年所创造的《诸天讲》、天游园、天游老人等"天游"系列,实为其少年以来究研佛学思想的特质化个性化发展。至于为人所乐道的大同社会教育模式,不仅是看似严密的空想,也实非康有为措意之所在。他所关注者更在于宇宙之人(人居无限广漠之宇宙,人至为渺小,人生至为短暂)的形而上问题,这实开启蔡元培、梁漱溟同类思考的先声。

　　蔡元培(1868—1940)和黄炎培(1878—1965)属于第二代、民国初年一代的教育家,教育贡献集中于民国元年(1912 年)到 20 世纪 20 年代中期之前。蔡元培比黄炎培年长 10 岁,在南洋公学经济特科班与黄炎培还有师生之谊,在世时的政治地位、社会声望也远高于黄炎培,但两人的早期经历颇为相似。蔡元培是清朝翰林,黄炎培是举人,都在青壮年时期主动脱离清朝的政治体制和学术体系,游历游学国外,蔡元培甚至以访问学者身份在德国大学学习研究多年。可两人囿于自身的知识结构,对于外国思想理论文化的汲取和介绍充其量是"高级常识"级的,专深程度无法与后来的胡适等人相比。两人都极其聪明敏锐,默察世界大势,善假于势,知清廷无可救药,在清末的上海以办学为反清之掩护和张本,投身辛亥革命,分别是当时最有影响的教育派别——浙江籍教育派和江苏籍教育会派的代表,并以教育社团兼行社会政治活动,实开后来晏阳初、梁漱溟等人以教育改造社会之先河。1927 年以后,蔡元培对蒋介石经历了由支持"清党"走向反对独裁的转变,黄炎培也一度被国民党通缉,后由中华职教社而组党,成为第三方势力中的重要一派。两人都成为民主斗士、社会政治活动家,黄炎培在新中国成立后曾任政务院副总理。比较而言,蔡元培的教育贡献更大,影响和意义也更深远。

蔡元培对于中国现代教育的贡献主要有三:一是 1912 年他作为民国首任教育总长,提出"五育并举"的教育方针,在发展了清末"中体西用"教育宗旨合理成分的基础上,更增加了美感教育和世界观教育,并以世界观教育为实体的、根本的、本质性之教育目的,"以美育代宗教",美感教育是联系隶属于政治的德智体育和超轶乎政治的世界观教育之津梁。这不仅直指中国人、中国教育过分注重实用理性之病,更是迄今对于中国现代教育培养什么样人的最深刻思考。二是 1917 年就任北京大学校长后,他提出大学以"研究高深学问"为宗旨,学、术应当分途而治,第一次明确了中国现代大学的科学研究职能,而且大学所研究之科学具有高深、纯粹的特点,这便为中国的大学注入了灵魂,通俗地讲就是"大学像大学"了。由是,大学必须采取"思想自由,兼容并包"的办学方针,相应进行内部管理体制改革,学科专业结构调整,师资队伍优化,学校文化建设。北京大学为之焕然一新,成为中国大学、学术和思想界之"灯塔",进而由此成为新文化运动的发源地和"五四"运动的策源地,极大地改变了中国的思想文化面貌、社会政治生态以及历史走向。溯源推始,固是由于北大所处地位及当时国内外社会环境、思想潮流所致,亦不可忽视蔡元培顺势而发之伟力。三是他秉持"教育独立"思想,并在 1927 年前后进行了大学院制和大学区制试验,这些试验虽因制度缺陷、人事纷争、利益博弈等仅一年多便被废止了,但教育应独立于教会、政治之外,并从经费、政策上予以保证的思想成为一大潮流。归根结底,这是要求尊重教育规律、保持教育静气,是对教育过度社会化、政治化和运动化的反动。蔡元培的超凡之处在于,一方面他作为国民党元老是广泛而深入的社会政治参与者,尤以北京大学为基地从思想文化层面推动了中国的深层变革,另一方面他又始终有意无意地采取了既非入场又非离场的"即场"态度,研究人、教育、大学的本质,可谓"教育家之教育家"、原创型教育家之首。

黄炎培对于中国现代教育的贡献主要在两个方面:一是在清末发起成立江苏教育会,并使其成为全国最有影响的教育社团,兼具政治团体性质和政党雏形,不仅在江苏的辛亥革命中发挥了很大作用,而且在 20 世纪20 年代前期的文教界和东南政坛影响巨大。正如他自称:"这是教育性的江苏中心组织,经过几年,成为政治性的江苏中心组织……在辛亥革命洪潮中,成为江苏有力的发动机构。"①二是组织成立中华职教社。他由民国初年倡导职业教育的前身——"实用教育"开始,到 1917 年组织成立中华职教社,其后创办职业学校、编印报刊、举办年会等,影响不断扩大,1926年又在江苏昆山徐公桥设立乡村改进试验区。中华职教社成为被共产党争取的党派团体。黄炎培的两大教育事业——江苏教育会和中华职教社,都由教育团体走向政治团体,他自己也从教育家成为社会政治活动家,从清末在上海川沙办学,创办浦东中学,到新中国成立后任政务院副总理。他一生的教育路向,主要是指向社会改造的,通过教育来改造社会进而造福人,而教育改造社会的路径就是社团化、试验区化和社会化、政治化,即教育家们要组织起来、行动起来。在这一点上黄炎培不同于蔡元培,而更接近于晏阳初、梁漱溟,黄、晏、梁三人应该说是"教育救国"论的代表和实践家。

晏阳初(1890—1990)、梁漱溟(1893—1988)、陶行知(1891—1946)、陈鹤琴(1892—1982)属于第三代、民国中期一代的教育家。他们比蔡元培小 20 多岁、比黄炎培小 10 多岁,作为原创型教育家的集中作为在 20 世纪 30 年代及其前后。

晏阳初、梁漱溟可称乡村建设运动的双子星。晏阳初从事平民教育运动持续时间之长、影响之大,实无出其右者,包括梁漱溟。他在美国留学期间,于第一次世界大战中被教会派到法国从事华工识字教育,从此开始平民教育生涯;1920 年回国后,由平民识字运动而平民教育运动、乡村改造运动;1949 年后又在国外从事世界平民教育活动,具有世界性影响。梁漱溟所主持的乡村建设运动,则集中在 20 世纪 20 年代后期 30 年代前半期。

---

① 黄炎培:《八十年来——黄炎培自述》,文汇出版社 2000 年版,第 75 页。

所谓乡村改造、乡村建设运动,实质都是"五四"运动前后开始的平民教育运动由城市向农村的延展,由教育运动向社会运动的拓展。随着北伐战争前后社会动员向着农村的深入,以及随后开展的"中国社会性质问题论战",特别是到 20 世纪 30 年代中前期,论战重点转向中国农村社会性质,农村、农民、农业问题的严重性和迫切性引起广泛关切,国共两党以及民主主义者们对于"三农"问题探索了不同的利用和解决方案。"据统计,当时600 多个教育和学术团体及大中专院校在全国建立了 1000 多个乡村建设试验区。"①更深层原因,也是对于当时城市化浪潮中城市大量虹吸农村资源的反思与反动。民主主义教育家晏阳初、梁漱溟分别以河北定县、山东邹平为基地开展县域试验,影响一时,是以教育运动救治"三农"问题、"教育救国"思想实践于农村或称"教育救农"运动的杰出代表,是当时的新农村建设运动中最重要一派。二人思想的共同之处在于:一是都以中国社会的重整和复兴为目的、为己任,认为近代以来在西方列强的军事打击和经济冲击下,加之中国传统社会的自然老化,传统的中国社会走向破碎和衰败,只有进行社会重整和复兴中国才有希望。二是都认为中国社会重整和复兴的难点、重点和希望在农村。农村面积和人口占中国的大多数,中国的经济社会发展水平还是农业国,在工业化、城市化浪潮中,本来就困顿的农村更陷于破产的境地,这不仅在于经济的凋敝,更在于基层组织的衰落、伦理文化的解体、人心的陷溺。中国的重整复兴包括并且必须依靠中国文化的更新复兴,而中国文化之根在农村,中国未来的新文化不可能由某种外来新文化替代,中国问题的解决要走"农村包围城市"的道路。这也是当时国共两党和民主主义派别的共同认识,只是具体路径、实施方案和效力效果有所区别。三是中国"三农"问题需要综合性的总解决方案,即所谓的乡村改造、乡村建设。中国"三农"问题是愚、弱、贫、私等并存,既有自然经济破产、民间借贷重压、疾病肆虐、游民流民问题,又有宗族社会解体、伦理道德沦丧、文化教育水平低下等问题。四是这些问题总解决的切入点、突破点就是文化教育,包括识字和扫盲教育、卫生知识普及和卫生清

---

① 郑大华,《早国乡村建设运动之"公共卫生"研究》,载《天津社会科学》2007 年第 3 期。并参见郑大华:《民国乡村建设运动》,社会科学文献出版社 2000 年版。

扫运动、科普和农业技术推广、经济互助组织,以及基层选举和政权建设、移风易俗运动、乡规民约订定、道德重整运动等,一般不出这些方面,亦即梁漱溟等人所谓的"教养卫"一体化。当时各派对于"三农"问题的解决方案基本都是综合性的,只是切入点、重点、路径和立场、目的有所区别。从切入点来看,有政治的、经济的、文化教育的之分,分别对应的是革命救国、实业救国和教育救国。晏阳初、梁漱溟等教育家,不同于卢作孚等实业家和国共两党,他们所能做的、所擅长做的就是教育。五是乡村改造建设的根本力量和关键问题在于农民的自觉自动,缺乏农民自觉自动的改造建设,就只剩一批"看热闹者"和"包办者"。平教会、乡建派等干部只是组织者、辅导者、帮助者,尽职而不越位,指导而不包揽,由此,乡村改造建设的关键在于发动农民,发动农民的利器在于教育农民。以上,就是当时晏阳初、梁漱溟的思维逻辑。在这种逻辑下,他们及其所领导的乡村改造、乡村建设必然走向社会化、运动化乃至政治化、政党化,既与当时国民党推行的新县治运动相因应,也如1940年10月30日中共中央宣传部所发的《中央宣传部关于向全国教育界各小派别小团体推广统一战线工作的指示》中所说:"教育界各小派别中,以陶行知所领导的生活教育社,黄炎培、江问渔所领导的中华职业教育社,晏阳初、陈筑山所领导的平民教育促进会,梁漱溟所领导的乡村建设派等最有历史和地位。"[1]可见,他们的出发点和目的,都是社会的而不仅仅是教育的。

值得注意的是,晏阳初、梁漱溟对于自己的事业和理念都有着宗教家般的执着。作为基督徒的晏阳初是入世式的,他读的是教会学校,去欧洲从事华工教育是受教会派遣,回国后从事平民识字教育也是从基督教青年会起步的;作为新儒家的梁漱溟深研佛学而自称不是佛教徒,内热外冷,满腔热忱中装着坚毅的冷静。或许由于这种宗教性背景,二人都从文化层面去发现、发掘、解答、解决乡村改造和建设问题,他们既是行动的又是思考的,既是社会的又是文化的,相对于同侪更加坚定和深刻深沉。他们身上有一种信仰的力量,这种信仰来自于他们对于中国社会的文化认识、文化解读和文化图景建构。也正因为这种带有先验性、想象性的文化范式,使

---

[1]　中央档案馆编:《中共中央文件选集》第十二册,中共中央党校出版社1991年版,第536页。

得他们的乡村改造和建设理路带有主观性,成败毁誉参半。

晏阳初认为乡村建设的根本在于开发"脑矿",发挥"民力",发扬"国族精神",以实现"民族再造"——"它的发生完全由于民族自觉及文化自觉的心理所推迫而出"①。"它对于民族的衰老,要培养它的新生命;对于民族的堕落,要振拔它的新人格;对于民族的涣散,要促成它的新团结新组织。"②"当今日全世界新旧文化过渡的时期,我中华四万万众多的人民,承五千余年文化丰富的历史,正当努力发挥新光彩,以贡献于全世界。"③由此,我们将其平民教育原则概括为"三四四四",即采取学校式、社会式、家庭式三种教育方式,实施"四大教育"以治"四病",以文艺教育治愚,以生计教育治穷,以卫生教育治弱,以公民教育治私,培养兼具知识力、生产力、健康力、团结力"四力"的"新民"。梁漱溟作为文化学者、文化大家,对于中华文化的思索更为深邃,也更带有先验性。他认为中国社会的特征是"伦理本位,职业分立,没有阶级分化","士人即代表理性以维持社会者"④,中国乡村衰败的原因在于组织涣散,而乡村组织"必须以中国的老道理为根本精神","发挥伦理关系,发挥义务观念"⑤,即西方社会是以法律精神或曰契约关系、选举程序组织起来的,而中国社会是基于伦理的,变契约关系为伦理关系,变权利观念为义务观念。"乡村建设,就是要先从乡村组织做起,从乡村开端倪,渐渐地扩大开展成功为一个大的新的社会制度,这便叫做'乡村建设'。"⑥而乡村组织要从两方面入手,一是"乡约"的补充改造,二是成立乡农学校。乡约类似于乡村自治宪法,乡农学校是

---

① 《十年来的中国乡村建设》(1937 年),见宋恩荣总主编:《晏阳初全集》第 2 卷,天津教育出版社 2013 年版,第 79 页。
② 《农村运动的使命》(1934 年 10 月),见宋恩荣总主编:《晏阳初全集》第 1 卷,天津教育出版社 2013 年版,第 255 页。
③ 《平民教育的宗旨目的和最后的使命》(1927 年),见宋恩荣总主编:《晏阳初全集》第 1 卷,天津教育出版社 2013 年版,第 105 页。
④ 《乡村建设理论》,见中国文化书院学术委员会编:《梁漱溟全集》第二卷,山东人民出版社 2005 年版,第 167、170、185 页。
⑤ 《乡村建设大意》,见中国文化书院学术委员会编:《梁漱溟全集》第一卷,山东人民出版社 2005 年版,第 665 页。
⑥ 《乡村建设大意》,见中国文化书院学术委员会编:《梁漱溟全集》第一卷,山东人民出版社 2005 年版,第 720 页。

乡约的整体表现，是"推动设计机关"，并将此新的机关"嵌入"现行的基层体制当中。① 乡约以"向上学好"为目标，教养卫一体化，以教育为龙头。乡农学校由学众、学长、学董、教员等组成，主要负责两项工作，一是"酌设成人部、妇女部、儿童部等，施以其生活必须之教育"，二是"相机倡导本村所需要之各项社会改良运动（如反缠足、早婚等），兴办本村所需要之各项社会建设事业（如合作社等）"。② 从这些意义来讲，无论喝过洋墨水、与美国联系密切的基督徒晏阳初，还是自学成才的本土学者梁漱溟，都是在世界一体化大潮中、在中西文化范式比较中的中华文化本位论者、中华文化复兴论者。这是信仰的作用和力量。至于中西文化的原貌是否果真如此，则见仁见智。社会基层的契约关系果真不蕴含伦理关系吗？伦理关系不也是一种契约吗？

陶行知、陈鹤琴与晏阳初、梁漱溟同属第三代教育家，却类型不同。

陶行知是当时民盟的中央常委，是当时民族民主运动和社会政治活动的积极投身者，但比较而言他更偏为职业型的教育家。这主要体现在两个"一以贯之"的方面。第一个"一以贯之"，是他从事平民教育、乡村教育、普及教育、国难教育、全面教育到民主教育，与时俱进，不断从社会大变局、大格局来思考教育问题、提出教育的"新名词"，也曾希冀教育救国、通过教育改造社会，但他在教育与社会之间楔入了一个变量——"新人"，即通过培养千千万万新人来缔造一个新社会。晏阳初、梁漱溟在教育与社会之间也有一个变量——"新民"。"新人"与"新民"，一字之差，立意迥异。而且陶行知关注的重点在于中间变量的"人"，晏阳初、梁漱溟关注的重点在于教育所缔造的新乡村和新社会，所谓新民只是新社会的组成分子，培育新民只是构建新社会的一个过程、步骤乃或工具而已。无论"平民"教育还是乡村改造、乡村建设，都只是一套基层社会组织建构理论，是社会学的、政治学的，是着眼社会重构再造、社会本位的，他们都没有提出一套相对完整的创新性的育人理论体系。这不仅是社会活动型教育家晏、梁的不

---

① 参见《乡村建设理论》，见中国文化书院学术委员会编：《梁漱溟全集》第二卷，山东人民出版社2005年版，第320—366页。

② 《乡村建设大意》，见中国文化书院学术委员会编：《梁漱溟全集》第一卷，山东人民出版社2005年版，第672页。

足,更是中国教育早期现代化时期乃至整个中国现代教育时期教育家的群体性缺陷。在近代原创型教育家中,真正自觉而一贯地思考育人问题者,前有蔡元培,后有陶行知和陈鹤琴。这本身就是一个值得思考的命题——教育本是育人的事业,教育家本是育人的大师,而原创型教育家们因何较少立足于研究育人呢?第二个"一以贯之"就是他的生活教育论。陶行知曾说:"我们是发动了四个教育运动:即乡村教育、普及教育、国难教育、战时教育。这四个运动只是一个运动的四个阶段,这一个运动便是生活教育运动……"①所谓"生活教育是生活所原有,生活所自营,生活所必需的教育。教育的根本意义是生活之变化。生活无时不变,即生活无时不含有教育的意义。因此,我们可以说:'生活即教育。'到处是生活,即到处是教育;整个的社会是生活的场所,亦即教育之场所。因此,我们又可以说:'社会即学校'"②。他又说,"教学做合一","教和学都以做为中心","做是在劳力上劳心",生活教育必以生活工具为出发点。生活教育特质是生活的、行动的、大众的、前进的、世界的、有历史联系的;培养的人的特征是康健的体魄、农人的身手、科学的头脑、艺术的兴趣、改造社会的精神。③ 陶行知是他的老师、美国著名教育家杜威的现代教育理论在中国的重要引进者、传播者和修正者、发展者,一方面他批评杜威所倡导的"教育即生活""学校即社会"只是在学校里模仿社会生活、是虚拟的生活,并未真正将教育与生活融为一体,把杜威的名言"翻半个筋斗",另一方面他的生活教育论又是杜威现代教育理论中国化修正的产物,它既是指向中国教育问题的、总结和应用于中国教育实践的、中国化形式的,又与当时世界上方兴未艾的杜威现代教育理论相接轨。那些只看到陶行知对杜威理论的批评、强调生活教育论与杜威教育理论的区别者,我宁愿相信他们是出于非学术的深意,而没有领会杜威及其实用主义教育学在中国广泛传播的内因正在于其与中华文化、中国知识分

---

① 《告生活教育社同志书》(1939年3月25日),见董宝良主编:《陶行知教育论著选》,人民教育出版社1991年版,第520页。

② 《生活教育》(1934年2月16日),见董宝良主编:《陶行知教育论著选》,人民教育出版社1991年版,第390页。

③ 参见《生活教育之特质》(1936年3月16日),见董宝良主编:《陶行知教育论著选》,人民教育出版社1991年版,第462—464页。

子精神、中国教育传统、中国现代教育问题的内在契合。[①] 陶行知的生活教育论是理论的又是行动的、是中国化的又是世界性的、是通俗的又是现代的,标志着中国现代教育理论的形成。此前的教育家可以称为教育实践家或教育思想家,但无一堪称教育理论家者。

　　陈鹤琴是中国近代教育家中的最后大师,也是最为专业化的教育家。长寿的他虽亦参与政治,但与实际参与最重要的第三党——民盟创建工作、曾任民盟秘书长和机关报《光明报》创办人的梁漱溟不同,也与曾任民盟中央常委、积极投身民族民主运动的陶行知不同,他曾任民盟中央常委,主要是荣誉性的,其实际最高官方职务就是新中国成立后长期担任南京师范学院院长,无论 1949 年前后,包括 20 世纪 50 年代批判陶行知进而批判他的"活教育"的时候,他都是被当作教育家,尤其是幼儿教育家看待的。陈鹤琴作为教育家的主要贡献,在于幼儿教育、家庭教育以及幼儿心理发展和测量研究三个方面。幼儿教育是最主要、最基本也是原创性的,家庭教育是幼儿教育在家园联系方面的必然延伸,幼儿心理发展和心理测量是幼儿教育的科学基础,是当时科学教育运动的成果之一。发轫于新文化运动时期的科学教育运动包括科学的教育化和教育的科学化两方面,前一方面主要是由任鸿隽等科学家和中国科学社等科学团体来倡导和实施的,后一方面则主要由教育家来承担。教育的科学化又包括教育教学试验运动、学业成绩和智力测量运动、儿童心理发展和测量研究等三方面,儿童心理发展和测量研究又是前两方面乃至整个教育科学化运动的基础,中国的儿童发展心理学进而教育心理学乃至心理学研究主要是沿着这条路径发展起来的。只是由于现代学科的分化,中国近代最有成就的心理学家艾伟等人,主要精力还是集中于心理学领域的研究,教育实验或教育试验不过是其心理学理论的实证来源和验证场,他们并没有把儿童发展和教育改造作为自己的主要目的。而陈鹤琴心理学功力深厚,既是心理学家又是教育学家并以幼稚园的教育实践统合二者,终成为以幼儿教育家知名的原创型教育家,构建起中国特色的幼儿教育理论体系。他相对于大多的心理学家是积极致力于教育行动的,相对于前辈教育家又是经过了科学思维训练和具

---

① 参见李剑萍、杨旭:《中国现代教育史》,人民教育出版社 2011 年版,第 208—213 页。

有深厚心理学功力的,更重要的是,相对于通常的科学型的心理学家或教育试验者,他又有着自己所秉持的哲学和价值观,即杜威现代教育理论中国化及其在中国幼儿教育实践化的产物——"活教育"。"活教育"是相对"死教育"而言的,它的"(1)一切设施、一切活动以儿童做中心的主体,学校里一切活动差不多都是儿童的活动。(2)教育的目的在培养做人的态度,养成优良的习惯,发现内在的兴趣,获得求知的方法,训练人生的基本技能。(3)一切教学,集中在'做',做中学,做中教,做中求进步。(4)分组学习,共同研讨。(5)以爱以德来感化儿童。(6)儿童自订法则来管理自己。(7)课程是根据儿童的心理和社会的需要来编订的,教材也是根据儿童的心理和社会的需要来选定的,所以课程是有伸缩性,教材是有活动性而可随时更改的。(8)儿童天真烂漫,活泼可爱,工作时很静很忙,游戏时很起劲很高兴。(9)师生共同生活,教学相长。(10)学校是社会的中心,师生集中力量,改造环境,服务社会"①。陈鹤琴自称:"我们要利用大自然、大社会做我们的活教材。我们要在做中教,做中学,做中求进步,我们要有活教师、活儿童,以集中力量改进环境,创造活社会,建设新国家。"②他后来把活教育的目的总结为"做人、做中国人、做世界人"。具体来讲就是,"第一是健全的身体;第二是要有创造的能力;第三是服务的精神;第四是要有合作的态度;第五是要有世界的眼光"③。可见,陈鹤琴教育哲学的主旨是指向幼儿个体发展的,即教育的最基础和最深层,这一点与陶行知相同且有过之,超越了晏阳初、梁漱溟二人而上承蔡元培。如果说,蔡元培的人学及其教育目的观是以康德哲学为底色的,那么陶行知和陈鹤琴则是以杜威现代教育理论及其中国化为基础的,陈鹤琴在此之外又增加了一个科学主义的心理学的支撑。而且,陈鹤琴选择幼儿这一社会化程度最低且与社会改造最为间接的教育领域,专以深耕幼儿教育领域为骛,以此卓

---

① 《活教育与死教育》(1941年),见陈秀云、陈一飞编:《陈鹤琴全集》第五卷,江苏教育出版社2008年版,第21—22页。
② 《〈活教育〉发刊词》(1941年1月),见陈秀云、陈一飞编:《陈鹤琴全集》第五卷,江苏教育出版社2008年版,第1页。
③ 《活教育目的论》(1948年),见陈秀云、陈一飞编:《陈鹤琴全集》第五卷,江苏教育出版社2008年版,第64页。

然成家,究竟是专业使然、兴趣所在抑或智慧的选择? 从这个意义上来讲,陈鹤琴无疑是中国近现代原创型教育家中最为纯粹、最为专业者。

由上可见,如果说张之洞、康有为是政治家办教育,蔡元培、黄炎培是教育家办政治,晏阳初、梁漱溟则是社会活动家办教育,通过办教育改造社会,那么,陶行知、陈鹤琴则是教育家办教育,二人都以教育家为职志,是职业型的教育家。当然,比较而言,陈鹤琴更纯粹一些,陶行知介于陈鹤琴与晏阳初、梁漱溟之间。由此亦可知,中国教育早期现代化的主要命题以及所赋予教育家的主要使命,在于制度建设方面,如兴学校、立学制、废科举等,这便为张之洞、康有为等政治型教育家提供了空间,也只有这种类型的教育家才能开辟新教育之路。也就是说,中国现代教育的生成路径不是依赖职业型的教育家及其事业的积累,只有政治型的教育家构建了现代教育的基本制度架构之后,才为相对专门的、职业型的教育家的孕育和发展提供了平台。晏阳初、梁漱溟在社会政治层级上,难望张之洞和康有为、蔡元培和黄炎培之项背,也始终没有进入政治主流,他们顺应时代潮流,眼睛向下、向乡下、向下层平民,探索教育与政治、社会、救国相结合的新领域、新突破、新路向——平民教育和乡村建设,开辟了现代教育的新空间,找到了自己的新定位,成为当时的政治型教育家和理论型教育家之外的社会活动型教育家。但二人都没有受过教育学、心理学的专业训练,其教育理论主要是社会层面或文化层面的,或曰社会学、文化学在教育领域的延伸和应用,基本未能进入教学层面,甚至严格来讲,二人是教育家、教育思想家但非教育学家、教育理论家,这无疑限制了其作为教育家的专深、纯粹、专业化程度。中国近现代原创型教育家中真正能够进入教育理论思维层面者,前有蔡元培开启端绪,及至陶行知、陈鹤琴乃臻形成。

总而论之,中国近现代原创型教育家的根本使命在于构建中国特色现代教育体系。这个体系不是中国传统教育体系自我现代化的产物,在较长时期是由于外部刺激、学习西方而建立起来的,甚至起初相当时期还将中国传统教育体系当作一无是处的批判、改造和取代对象。但实际上,在中国这样一个地广人多、历史悠久、文化积淀深厚的国家,现代教育的发生发展必然包含着现代教育中国化与传统教育现代化两个方面,两个方面既不可或缺,又是相互扭结交织在一起的,一显一隐,前者显而得到重视,后者隐而易被忽视。无论现代教育的中国化,还是传统教育的现代化,其变革的广度、深度和复杂度,从历史和世界范围来看都是前所未有的,都是原创性的。由此,更加凸显原创型教育家的重要和艰辛。

三代教育家的贡献因时代而有侧重。张之洞、康有为作为第一代的主要使命是发展现代学校、构建现代教育制度。第二代、第三代出现分化。黄炎培、晏阳初、梁漱溟是一系,主要贡献在于推动学校教育走向平民、走向乡村、走向社会。这有助于救治现代教育体系的过分制度化之弊,为封闭的、体制化的现代教育制度打开了一个新的领域,开辟了更广阔的天地,不仅把现代教育制度与当时的工农运动、社会运动相结合,而且与中国的教育传统和理念相吻合,可谓中国传统教育与现代教育在思想与实践上的化合,探索了传统教育现代化和现代教育中国化相融合的命题,只是囿于自身的经历、知识结构和学养,提出相应思想却理论基础薄弱,有思想体系而无理论体系。蔡元培、陶行知、陈鹤琴又是一系,他们无不参与当时几乎所有的教育运动,更重要的是他们开始构建起富有中国特色的教育理论体系。从这个意义来讲,他们三人是近现代原创型教育家中的三座高峰,是最伟大的教育家,是中国特色又具世界水平。

五、教育家的文化自觉与教育家成长

其一,教育家尤其是原创型教育家的高明之处或者说本质特征就在于其文化自觉,这是他们区别于一般教育家、优秀教育工作者的"金标准"。

所谓文化,虽然言人人殊、人云亦云,却也有不言而喻的共同指向,即指像空气那样无处无时不包裹着我们的一种须臾难离而不自知的氛围,或者说是"场",就是每个人在"场"中的生活状态以及与"场"的互动、交融、同构。这其中最深层的是精神生活,精神生活中最核心的又是价值观和思维方式。文化自觉是文化自信、文化自强的理性基础和指南。缺乏文化自觉的文化自信可能陷于文化自恋、文化自闭、自我文化膨胀;缺乏文化自觉的文化自强可能走向文化输出、文化侵略、文化沙文主义、文化殖民主义。所谓文化自觉,费孝通曾简捷了当地说就是要有自知之明和知人之明,最终达到"各美其美、美人之美、美美与共、天下大同"之境。当然,他史多地

是从民族学、社会学的中华民族多元一体观出发的。而从教育和教育家的角度来看，教、学、觉是同源字①，皆从"爻"得音得字。"爻"是教、学的音源，也是它们的义源，就是使人明白、觉悟之意。如果说"教"是使人明白、觉人觉他，"学"就是自己明白、自觉觉己，自觉与觉人是一体交融的，是一而二、二而一的。自觉是觉人的前提，否则就是以其昏昏，使人昭昭；觉人是自觉的施用延伸，并在看到他人的觉悟中体验成功、感受愉悦，进而体悟和深化自觉，在觉人中提升自觉。当然，被觉者的真觉、正觉，终究还是其自觉，觉人若不是为了使人自觉，则不是真正的觉人，被觉者也不可能真觉，那只能是一种不自觉的思想暗示、思想占领和思想剥夺。

　　相当多的教师一生都处于工作和人生的"滑行"状态，一生都处于集体无意识状态，一生都被外在所控制而不自知、不觉悟，有人偶有所觉悟却深陷其中、难以自拔、颇感痛苦。为什么相当多的教师没有自觉觉悟过呢？除了教师自身的天赋、水平因素之外，就是因为教师乃主流阶层、主流价值观的代言人，他们的第一职责是传授、传递、传播而不是转变、改变、创造、创新，某种意义上甚至不希望、不需要、不应该自觉。只有社会转型和教育转折时代，原有的"教育范式"已经难以包含、解释、规范先前和当下的教育，于是必须发生一场"教育范式的革命"，才可能有不世出的大教育家、原创型教育家自觉觉人而领袖群伦。这或许正是所谓承平时代、太平盛世反而原创型教育家少见的原因。教师就是自觉觉人者，教育家就是最能自觉觉人者，通俗地讲就是"最明白的人"，就是文化的智者达人。中国教师的理想境界是教育者与思想者的统一，觉人与自觉的统一，个人与家国的统一，一生自觉、一生觉人。正如孔子所谓"学而不厌，诲人不倦"②，"吾十有五而志于学，三十而立，四十而不惑，五十而知天命，六十而耳顺，七十而从心所欲，不逾矩"③。教育家的理想人格状态是，既能"举世誉之而不加劝，举世非之而不加沮，定乎内外之分，辩乎荣辱之境"④，用时又有"虽千万人吾往矣"的肝胆和执着。

①　参见李剑萍：《汉语"教""育"源义考略》，未刊稿；王力：《同源字典》，中华书局2014年版。
②　《论语·述而》。
③　《论语·为政》。
④　《庄子·逍遥游》。

其二,教育家文化自觉的核心或者说重点是价值观自觉、人性和国民性自觉以及思维方式自觉。

所谓价值观自觉,就是对一系列价值命题和价值关系的理性认知和情感秉持,从逻辑上可分为认知、判断、选择和秉持等环节或层面,在实际中却是高度混合的。真正的价值观自觉是建立在认知、判断等理性基础上的情感秉持,价值选择则介于知与情之间,两者兼而有之,或者说是由知向情的过渡,既以认知为前提又是情感的发动。价值观自觉的理想模式,应是理性认知基础上的情感秉持,两者不可偏颇偏废。一般教师与优秀教师、教育家的高下立见之处在于,前者仅仅是基于情感的选择和秉持,缺乏价值观的认知、判断等理性活动,就直接在人云亦云、集体无意识中选择、秉持了某种价值观,缺乏理性的反思、澄清,这充其量是囿于情感意志的价值观盲从;后者具有在理性认知基础上的价值观秉持并能与时俱进,这才是终究的价值观自觉。这种终究秉持的价值观就是理念乃至理想信念,缺乏情感和意志难以形成理想信念。"师者,所以传道受业解惑也。""传道"是第一位的,教师既要善于"受(通'授')业""解惑",更须以"传道"为责任和使命。所谓"道",主要不是指道德而是指"道统"。要真正理解韩愈的《师说》,必须与他的《原道》并读。《原道》是《师说》的原旨,《师说》是《原道》的推衍。韩愈作为宋明理学的先声,是"道统说"的主要发明者和首倡者。他编导了一个由尧、舜、禹、汤传至周文王、周武王再传至孔孟的统绪,孟子死后道统不传。孟子不能救之于未亡之前,他欲全之于已坏之后,就是要实现道统的复兴,以道统的继承者和挽救者自命,这里面包含了一种强烈的文化价值观秉持,并由此成为中国教育、中国教师的一个重要传统和理想。今天来看,所谓"道统"其实就是一种文化传统、文化使命。原创型教育家异于常人之处,在于无不以民族文化生命之继起复兴、发扬光大为使命,人生为一大事来、为一大事去。

所谓人性和国民性自觉,就是对于人类天性和国民文化共性的深刻自省。虽然理解两者都不可能脱离时空场域,但相对而言,理解后者时历史的理性更为突出,或者可以说,人性是国民性的基础和底色,国民性是人性在一定社会条件中的表现和具体化。理想的人性和国民性自觉状态,是在跨文化比较中对自我文化的自信性自省,以及对于异质文化的尊重性理解。人性论是教育哲学的基本问题之一,是教育活动展开的先验假设,也是中国传统教育和教育传统中最为古老恒久的话题,从孔墨孟荀等先秦诸子,以迄历代名儒大家多有论述,并以"人之初,性本善""墨悲丝染""近朱者赤,近墨者黑"等格言警句的形式普及化,成为中国教师和大众普遍尊奉的信条。一般来讲,先验道德本善论通常是与弘扬个性的个体本位教育观相联系的,先验道德本恶论或者无善无恶论、有善有恶论常是与强调教育的个体改造作用等社会本位教育观相联系的。由于中国的教育传统以及近世以降的社会现实,中国教育的主流文化是社会本位的,在人性论上也暗含着对本性之恶的改造。这种人性改造理论必然跟国民性的改造和建构具有天然联系。中国古代只讲人性而无国民性的概念,国民性是用"人心""民风"等相近词语来表示的。直到 19 世纪晚期,随着现代国家观念、现代民族国家概念的兴起,倡言保国保族保种保教,才开始从国民性方面反思中国落后的原因以及国民劣根性。教育的重要目的就是改造国民性、培养新国民,国民性问题取代人性问题成为中国教育的先验基础,或者说话语系统从讨论人性论问题转向了国民性问题。对于国民性最为自觉者当推鲁迅先生,其冷峻的认识、深入的剖析和犀利的表达,使人心惊、汗颜乃至不忍卒读,仿佛就在说我们每一个人,就在说我们自己。中国近现代原创型教育家无一不从人性和国民性的角度深刻认识中国人和中国教育的问题,无非有的立足于国民性以改造旧国民、造就新国民,进而造就一个新社会新国家,有的则从积极的人性论角度出发,尊重人的个性,培养健全人格,促进人的自由和谐发展,进而缔造民主自由的新中国。

　　所谓思维方式自觉,就是对于思考、认知、表达之方法类型的觉醒,可称"思维的思维""元思维",包括对于人类思维方式共性、民族思维方式特性、个体思维方式个性的自觉,这里主要指对于民族思维方式特性的自觉。民族思维方式是一个民族的历史传统和社会环境所造就的文化中极深层、稳定、复杂的部分,价值观和人性、国民性影响着思维方式,思维方式又表达和体现着价值观和人性、国民性。钱学森作为战略科学家也是创建思维科学部类的首倡者,不少人都熟悉他多次说过的话:"中国还没有一所大学能够按照培养科学技术发明创造人才的模式去办学,都是些人云亦云、一般化的,没有自己独特的创新东西,受封建思想的影响,一直是这个样子。"①这就是通常所称的"钱学森之问",我们更愿意称其为"钱学森之答"。钱学森以其智慧不可能不知道答案,其实他也给出了答案——这就是"受封建思想影响"。这种精辟的归因,便由制度性的显性因素深入到思想思维性的隐性因素,由制度环境的外部因素深入到文化基因的内部因素,由专制政治的单因素说拓展到多因素相互作用的系统论。所谓"封建思想"即指中国传统的专制主义思想,不仅指专制主义的社会政治观和历史观,也指专制主义的知识价值论和思维方式。知识价值论与思维方式是紧密联系的,认为什么样的知识最有价值,决定了用什么样的方式去认识和表达知识。中国传统的实用理性的知识价值论,也决定了以"语录思维"为特性的思维方式。"语录思维"崇尚思维霸权,定于一尊,不必质疑;本体论不发达,经验主义盛行,急用现学、立竿见影;形式逻辑不发达,重视结论,忽视论证;尊奉实用理性,重视结果,轻视过程,是社会政治中"成者王侯败者寇"在思维领域的表现。中国传统思维方式重经验、重直觉、重顿悟、重整体、重实用的特征,不仅与基于实证、分析、演绎的现代科学思维方式不同,更在专制主义和实用理性的作用下,未能彰显其利于创新思维的一面。钱学森认为创新型人才有两大思维特征,一是高度逻辑性,一是大跨度联想,而最好的训练学科分别是数学和艺术。就个体而言,思维发展和思维方式的形成具有关键期,一旦错过关键期,用功多而见效少,事倍功半。原创型教育家对于民族整体的思维方式和特性有所自觉,高明的教师对于自己和学生的思维方式有所自觉,促其优长,补其短板,整体提升,和谐发展。

其三,原创型教育家多生于文化灿烂时代,具有广阔文化视野。

原创型教育家多产生于文化灿烂的时代,尤其是文化的碰撞、融合、转型时代,诸如先秦、宋明以及19世纪末叶以来。最富强、鼎盛、承平的时代,可能是教育事业高度发达之时,却未必是教育家特别是原创型教育家群体涌现之际,因为此时,文化转型的使命已经完成,新教育开始定型,教育事业进入一种"滑行"和量增状态。原创型教育家必具广阔的文化视

---

① 涂元季等整理,《钱学森的最后一次系统谈话——谈科技创新人才的培养问题》,载《人民日报》2009年11月5日第11版。

野,并沿着三个向度展开:一是纵向的即历史的文化视野,从历史演进中体察"数千年未有之变局";二是横向的即空间的文化视野,从异质、异域文化的比较中生成文化自觉;三是综合的即"教育·社会·人"的系统视野,对于教育与社会进步、国家前途、人类命运以及与"新人"的关系进行综合性文化思考。19 世纪末叶以后的教育家们正值这样的时代。从纵向来看,不仅文化积淀的丰厚度超过任何前代,先秦、汉唐、宋明都无法比拟,更为关键的是文化传承不再是沿袭延续的,而是呈现前所未有的历史大断裂乃至自我质疑、自我否定,所带来的文化焦虑感、迷茫感、痛苦感也是前所未有的。也就是说,文化自信所遭受的冲击前所未有,文化自强所面临的使命前所未有,文化自觉所面临的压迫也前所未有。从横向来看,文化碰撞交流的广度、深度和复杂性、剧烈性是空前的。它是在地理大发现、全球一体化的大背景大格局中展开的,第一次把中国置于世界体系、全球视野来思考,第一次把中国置于衰落者、落后者、蒙昧者、学习者,而西方国家乃至近邻日本才是强大者、先进者、文明者、被学习者的境地。夷夏大防的文化中心体系与万国来朝的朝贡体系一同崩溃,文化交流融合实际是在列强的武力、经济和文化侵略与中国的民族主义抗拒中进行的,这必然要求文化自觉者要有大视野、大胸襟、大智慧。从综合性来看,教育与政治、经济、军事等各个社会领域发生着前所未有的紧密联系、交互影响,教育系统自身的复杂性、精密性前所未有,教育对于人的影响的广泛性、深刻性前所未有。这是一个以新文化运动为中心的新的文化"轴心时代",胡适等人将之称为"中国的文艺复兴运动"是有道理的,如果以更大时段视野来看,其对于中国乃至世界历史的影响,意义可能不逊于欧洲的文艺复兴运动。社会文化的巨变,必然催生新形态的教育予以回应,这里便成为中国现代教育、现代文化、现代历史的起点,也是中国近现代原创型教育家涌起的原点。

与以上相联系,中国的现代教育体系是在文化碰撞中学习西方而建立起来的,必然面临两大问题,一是此种体系在中国的适切性问题,二是中国原有的传统教育体系的转换问题。前者可称为现代教育的中国化,后者可称为传统教育的现代化,两者相辅相成,也是每位原创型教育家无法回避的命题,或者说,只有思考、回答出这两大问题的解决之道者,才是真正的原创型教育家。他们相对于传统的教育家,必须置身世界一体化背景来思考中国问题,无论他们对于世界的认识还多么有限。其中,蔡元培、陶行知、晏阳初、陈鹤琴多年游学留学国外,康有为、黄炎培多年多次游历海外,张之洞、梁漱溟虽然没有出过国,但他们都从中西古今、传统与现代、中国与世界的关系角度来思考中国文化。张之洞提出著名的"中体西用论",梁漱溟从诸种文明比较中阐释中华文化的特点和前途。蔡元培更说:"教育家最重要的责任,就在创造文化,而创造新文化,往往发端于几种文化接触的时代。"①"东西文明要媒合","媒合的方法,必先要领得西洋科学的精神,然后用他来整理中国的旧学说,才能发生一种新义"②;"一战"前"以西方文化输入东方"为特征,"一战"后"以东方文化传布西方"为趋势。③

其四,原创型教育家思考的核心问题是培养什么样的人,培养文化自觉的现代中国人是教育家的最大文化自觉。

培养什么样的人是教育的根本性、原点性问题,教育的其他问题都是由此衍生并为此服务的。教育的本质是育人,育人的专门性是教育赖以存在的基础,如果失去了育人功能,专门的教育、学校就没有了存在的价值,当然,也就不会再有专门的教师和教育家。而且,现代教育从诞生起就不是一般意义上的育人,而是与人本主义启蒙运动相结合的,现代教育的育人就是启蒙人、解放人,就是培养文化自觉的人;同时,现代教育又是工业化的产物,是为了适应现代大机器生产的需要,像批量化生产产品那样生产学生,学校制度、班级授课制、集体教学等又从一个方面禁锢着、剥夺着人的文化自觉。由此,现代教育的育人功能,天然上存在着启蒙主义传统与其工具理性、功利主义传统之间的矛盾。如果说传统教育的育人功能天然上存在着自然主义传统与政治、思想、宗教控制传统之间的矛盾,那么现代教育诞生以来,这种矛盾发生了转向。在中国,这种情况与西方不尽相同且更为复杂。中国现代教育的发生,既不像欧洲那样经历过一个宗教改

① 《在檀香山华侨招待太平洋教育会议各国代表宴会上演说词》(1921年8月18日),见高平叔编:《蔡元培教育论著选》,人民教育出版社1991年版,第350页。
② 《杜威六十岁生日晚餐会演说词》(1919年10月20日),见高平叔编:《蔡元培教育论著选》,人民教育出版社1991年版,第240页。
③ 参见《东西文化结合》(1921年6月14日),见高平叔编:《蔡元培教育论著选》,人民教育出版社1991年版,第335页。

革和文艺复兴的人本主义启蒙过程,也不是中国传统社会和传统教育自我发展、自我生成的结果,而是由于传统教育所培养的传统型人才无法应对外患内忧的严峻紧迫形势而倒逼产生。一方面,传统教育中的自然主义追求与政治、思想控制之间的矛盾依然存在,甚至在新的背景下政治、思想控制更趋严密,另一方面,现代教育中的启蒙主义发育不完全、大工业需求也不充分,主要是在反帝反侵略的军事现代化需求中成长起来的,并且与战时集权主义相伴的政治集权主义始终存在,可谓传统与现代相交织,脚步和大腿已经跨入现代,而上肢尤其大脑还常常停留在传统。

这个总背景必然影响着中国现代教育培养什么样人的问题,使得培养文化自觉的人更为重要,更为复杂,也更为幽隐难识,非大教育家、原创型教育家难以探赜索隐、学究天人、卓力以成。19 世纪末叶以降,对于这个问题的认识逐渐深化,经历了由培育精英化"人才"向养成现代性"国民"再到培养合格的"人"的转变,经历了由偏重政治化的"社会人"到全面发展的"知识人"再到综合中国人、现代人、世界人的"文化"的认识发展。由此,更凸显了蔡元培、陶行知等人本主义教育家的洞识和远见。中国现代教育在培养什么样人的问题上,一直或显或隐地存在着两个普遍性问题,一是严重的社会本位倾向导致的教育"目中无人",只记得教育如何适应和服务于社会政治经济的需要,反而忘记了教育如何满足和促进人的发展,忘记了教育是做什么的,忘记了教育在根本上是育人的活动;二是"泛道德主义"倾向导致的教育"以德杀人",把主流价值观作为道德的唯一标准,把主流道德作为衡量一切的绝对尺度,仿佛占据了这个道德制高点就可睥睨六合、雄视一切,一方面,只要符合了这种道德规范其余都是细枝末节,另一方面,又容易把所有问题归因为道德问题。

其五,原创型教育家是立足于解决中国教育问题并用中国形式、中国话语系统来表达的。

中国教育现代化问题必然和必须是立足中国的,原创型教育家就是为了解决中国教育现代化问题应运而生,或者说,正因为他们立足于并分别从不同方面解决了中国教育现代化的一系列重大问题才成为原创型教育家。他们不单纯是传统教育的延续者、西方教育的速递员,他们不是"吃教育者",而是把解决中国教育现代化问题作为自己的使命。中国教育现代化问题,包括现代教育(西方教育)中国化和传统教育现代化两方面。严格来讲这种二分法是不准确的,源于西方的现代教育和带着强大历史惯性的传统教育,在现代中国的时空中化合、彼中有我、我中有彼、难分彼我、化成新我,在此意义上讲,现代中国化与中国现代化是交织在一起的。原创型教育家深刻认识和正视中国教育问题,既认识到中国传统教育已经不适应、不适合于现代世界,又认识到传统教育以其强大的教育 DNA 作用于每个中国人,源于西方的现代教育无法在中国照搬照套,必须建立中国特色的现代教育体系;原创型教育家也深刻认识和正视中国现代教育体系是中国的、也是世界的,是世界教育体系的重要组成和独具特色的一支,并应为人类教育做出特别且更大的贡献,必须具有现代意识和世界眼光,必须推旧中国于新世界、揽新世界于旧中国。原创型教育家立足解决的中国现代教育问题具有重大和深邃的特点,一是教育自身的重大体系性问题,二是教育与社会、政治、经济发展的重大互动性问题,三是培养什么样的人和怎样培养人的重大根本性问题。

原创型教育家是用中国形式来表达中国教育问题的。使用中国形式和中国话语系统来表达中国教育问题,是中国现代教育、现代教育家走向成熟的重要标志,也是原创型教育家与一般教育家、教师相区别的重要思维标志和文化标志。一个教育家只有真正形成具有自己特色的、中国式的表达方式和话语系统,才达到了文化自觉、成为原创型教育家。张之洞、康有为、蔡元培、黄炎培、梁漱溟这些从传统文化中走来者自不用说,就是晏阳初、陶行知、陈鹤琴这些留学美国多年、受过美国式现代学术训练者,其教育话语系统也无不是中国式的,用惯常的话来讲就是"民族的""大众的"。原创型教育家都有丰厚的文化思想积淀,其原创性不是割断历史、割裂世界联系而独生的,他们善于从广阔的文化视野、中西古今比较中汲取文化资源,对于传统资源的继承发扬是创造性的,而非墨守成说、食古不化,对于外国资源的汲取吸收是中国化的,而非照搬移植、食洋不化,在与传统文化、异质文化的多重互动中,重构、创造了一种明显高于原来的思想文化。正如朱熹所构建的哲理化儒学及其教育思想体系,就超越了孔孟为代表的先秦古典儒学、董仲舒为代表的天人感应式儒学,在对佛学的批判中隐借了禅宗思想及其言说方式,把儒学推入一个全新阶段;近现代的康有为利用今文经学来表达维新教育思想，附会议会、选举、宪政等时代命题；陶行知则把美国杜威的教育信条以所谓"翻半个筋斗"的方式中国化、大众化乃至乡村化。

其六，原创型教育家具有共同的文化成长规律。

原创型教育家都是学思互进、知行合一的典范，终其一生都行走在学习、思考、行动、著述的路上，只有进行时，没有完成时。他们具有共同的文化成长规律。

一是学有本源，取法乎上。张之洞、康有为、蔡元培都是清朝进士出身，黄炎培明于世道、用意事功，也是举人出身，梁漱溟自学成才而成为新儒家的代表、不世出的思想家，晏阳初、陶行知、陈鹤琴在少年及文化养成的"关键期"深受传统教育和传统文化的熏陶，后留学美国多年并获得名校硕士或博士学位。他们不仅天资超伦、终身学而不厌，更因为有条件或自己抓住机遇、创造条件，经历了中国传统学术或西方现代学术的规范训练、系统涵养，避免了仅凭天资、自矜小智走向急用先学、学必由径、局促一隅的野狐禅之路，而能植养深厚、洞窥门径、登堂入室，也就是说，他们稔熟传统或现代学术的来龙去脉和体系结构，知道什么是高水准的，遵循规范并能推陈出新。仅以张、康而论，糅合汉宋之学的张之洞与作为今文经学最后大师的康有为，虽然学派不同，各有秉持，但学问格调之高都非同凡响，这从张之洞所著《书目答问》《劝学篇》和康有为所著《新学伪经考》《孔子改制考》等书中可见一斑，它们不仅在晚清时期是高水准的，就是置于"近三百年学术史"中乃至放大至宋元以降的学术史中也必有一席之地，是思想的高水准，也是学术文化的高水准。他们之所以能够达到这种高水准，是因为他们知道什么是高水准，并系统掌握了学术文化的高水准，进而努力看齐高水准，努力创造一种新的高水准。

二是神接中西，思究天人。这些原创型教育家都从中西关系、天人关系的时空坐标中，来思考中国现代教育的构建问题、现代中国人的培养问题。他们都具有当时所能达到的世界眼光，穿梭于中西文化两大体系之间。多年游学、留学欧美的蔡元培、晏阳初、陶行知、陈鹤琴自不必说，康有为流亡海外十余年，几乎周游世界，黄炎培多次到美日和东南亚考察。张之洞虽然没有出过国，但他在国门打开不久，凭借自己的悟性、地位和信息渠道,尽可能多地了解外国尤其是日本,原创性地提出了"中体西用论"。梁漱溟虽然没有出过国,却终生从世界不同文明的比较中来思考中华文化的前途和人类的命运问题。同时,他们将人置于宇宙中来思考人之为人等本体问题。康有为从《大同书》到《诸天讲》构建起一个"天民"系列,蔡元培以美育代宗教、把美育作为人由现象世界通向实体世界(本体世界)的津梁,晏阳初以宗教家的精神做教育事业,梁漱溟出入新儒家与佛家之间,以出世之精神做入世之事业,以入世之事业求出世之境界。

三是力行一生,思想一生,学习一生,著述一生,总结一生,进步一生。原创型教育家都是伟大的力行者、实践家,他们都有清晰的问题指向、强烈的行动意识和以天下教育为己任的担当情怀,从来没想做空头的教育著述家、理论家、思想家,教育行动和实践是教育思想的动力源、应用场和检验所。原创型教育家又都是伟大的思想者、思想家,他们不是人云亦云的,而是在中西比较融汇之中、在智慧力行的教育实践之中、在苦思开悟的融会贯通之中,提出原创性教育设想或思想。思想是行动的先导和指南,思想走多远行动就走多远,思想是教育家想过的路,实践是思想家走过的路。原创型教育家无不兼具实践家和思想家之质,无论实践还是思想都有"聪明人下苦功夫、硬功夫乃至死功夫、笨功夫"的特点,既智慧圆融,又艰苦力行。想得开、做得成是评价原创型教育家的金标准,正如张之洞在废除科举制中的策略谋略,他们做的是前无古人、终结古人的开辟性事业,是要从旧体制中打出一番新天地,任何自我的惰怠、思想的羁绊、环境的阻力都可能功亏一篑,非大勇气、大担当不敢为;同时为了避免赤膊上阵而惨遭排箭,又非大智慧、大谋略不足为。原创型教育家都是学习型、博通型教育家,活到老、学到老,改造到老,进步到老,学思结合、知行合一,学思和真知的成果一是力行的事业事功,一是勤于笔耕的等身著述,立功与立言同是思想表达和传播的载体,也是自我总结和进步的标志。

其七,一个时代是否涌现出原创型教育家群体,一方面与如何产生教育家有关,即与教育家的成长机制和作用发挥机制,尤指教育家脱颖而出的时代环境和土壤有关;另一方面与如何成为教育家有关,尤指教师、一般教育家成为原创型教育家的个人条件和际遇。

原创型教育家集中出现于什么时代? 有无一般规律性可寻? 从中国

的大历史时段来看,原创型教育家是为了解答原创型教育问题而生,一般产生于社会转型时期。最多、最集中的出现期有两次,一次是出现了先秦的诸子百家,延续至西汉的董仲舒;另一次是出现了宋代的理学、心学教育家张载、周敦颐、程颐、程颢、朱熹和陆九渊等。这两个时代,都是中国历史的最大转型期,先秦是由上古进入中古的前夕,宋代是由中古进入近古之门槛。当然,每一大的历史时段之内还有小的分期,也会出现一些转折时期。明代就是由近古进入近世的前夜,出现了以王阳明为代表的一批心学教育家,一方面发展了宋代以来的哲理化儒学,一方面又揭橥人的主体性和能动性,反映了专制重压下市民社会的兴起和重商言利的社会风气。明季清初、汉满鼎革又是一次社会转折,涌现出顾炎武、黄宗羲、王夫之等一批大思想家、教育家。他们都是百科全书式的大学者,对于中国传统思想、学术具有总结性质,同时又半只脚开始跨出传统、跨入近代。相对于王阳明的揭橥主体性之外,他们还祭起质疑君权专制的启蒙主义大旗,开启实学思潮的近代理性主义之路,奠定乾嘉学派的现代学术范式。可见,原创型教育家群体的涌现与所谓"盛世"并不一定吻合。从大的历史时段来看,巍巍汉唐并没有集中出现震古烁今的原创型教育家,从小的历史阶段来看,"文景之治""贞观之治""开元盛世""仁宣之治""康乾盛世"等时期也都没有出现多少原创型教育家,相反,他们大都产生于所谓治世、盛世的前夕,即历史的转型时期。由此,进一步考察可知:进入治世、盛世之后,教育事业虽然相对高度发达,但由于新的教育体制已经确立、成型,教育发展所需解决的"范式转换"问题已经解决,原创型教育家无论思想还是实践的启蒙任务已经完成,其作用和地位就不再凸显了;而且,在中国的威权体制下,教育事业的发展往往更多依靠领导人的意志意愿、社会动员、政策倾斜、资源支撑等,教育家个体的智慧型力量便显得微不足道了。而所谓治世、盛世也正是君权高涨的时代,良好的历史机遇、外部环境、资源禀赋加上幸运地遇到了"明君",这位明君雄才大略、开明而乾纲独断,此时又怎么可能需要和诞生原创型教育家呢?而从大的历史时段来看,近代以降是中国历史上的第三次大转型时期,从小的历史时段来看,19世纪末20世纪前期又是这次大转型的开始期,是新的治世、盛世的前夕,于此时期集中涌现出一批原创型教育家恰合规律。

　　教育家不同于教育名家,更不是教育名人或教育闻人。教育家的创造性与其影响力不一定总是成正比的,一个末流教育家可能煊赫一时,甚至非教育家可能被冠以教育家的称号,相反,一位具有非凡教育思想创造力、创新性的教育家,可能相当时期隐而不显或者只在一定区域、特定圈子有所影响。王夫之作为中国古代总结性、综合型、百科全书式的大学者、大思想家和教育家,生前学术思想影响力只限于同侪师友、船山学派内部和湖湘一隅,著述均未刊行,直至近200年后世道丕变,湘人曾国藩等挖掘显扬,王夫之的影响才横空而出。就近现代原创型教育家群体而论,张之洞、康有为是以政治家而兼教育家,以政治家为主业而兼办教育;蔡元培和黄炎培是以教育家为体、以政治家为用,以教育事业作为社会政治活动之张本;晏阳初、梁漱溟是教育家而兼社会活动家,或者说是以社会活动家的方式来办教育事业,把教育事业、教育活动作为社会活动;陶行知、陈鹤琴则主要是教育家,虽间有社会活动,而以教育家作为自己的专业和职业。这三代四类教育家,论社会历史名气、论生前身后之名是依次递减的,论教育家的专门程度却是依次递增的,这实反映了中国现代教育的形成过程,由外部关系走向内部关系,教育逐步走向专门化,教育家也逐步走向专业化。《孙子兵法》云:"古之所谓善战者,胜于易胜者也。故善战者之胜也,无智名,无勇功。"育人是沉潜的、个性化的事业,成名成家是轰轰烈烈的名头,在当下尤需运作炒作,从这个角度讲,教育名家越多,可能越是教育家的异化。

　　(李剑萍系天津市教育科学研究院副院长、教授、博士生导师,杨旭系天津市教育科学研究院副研究员)

目　录

引　言　一代新儒家梁漱溟的
乡村教育情怀

一

梁漱溟(1893—1988),原名焕鼎,字寿铭,又字漱冥;以漱溟行世。中国现代著名爱国民主人士,国内外享有盛誉的哲学家、教育家、乡村建设运动的倡导者和重要代表人物,他一生活动广泛,内容丰富,领域甚广,思想深刻。一般的学者定义为"我国现代著名学者、教育家、乡村建设运动的倡导者",又称"他的学术观点代表了一个重要流派,在中国现代教育史、文化史、哲学史以及政治学史上都产生过一定的影响"[①]。

作为现代新儒学的一代宗师,梁漱溟继承中国优秀文化传统,捍卫孔子的应有地位,同时又适应现代社会建构与发展的需要,积极引进西学,融合西方的科学技术与思想文化的因素,

---

[①] 《编后记》,见宋恩荣编:《梁漱溟教育文集》,江苏教育出版社1987年版,第429页。

体现出传统而非排外、保守而非封闭、稳健而非激进的特征。新儒学是中国现当代思想文化发展中一个学术思想流派或文化思潮,以接续儒家"道统"、复兴儒学为己任,力图以儒家学说为主体,吸纳、融合、会通西学,以寻求中国现代化道路。

梁漱溟认为中国社会是所谓"理性早启,文化早熟",并且在"伦理本位,职业分立"这种特殊社会构造下不可能形成阶级对立,没有很强的外力推动它已不可能进入资本主义社会。资本主义是西洋路线的极致,到20世纪初已走上末路,充分暴露了其弊端,开始寻求第二种路向。中国文化必将在不久的将来复兴并成为一种世界文化。在这种情况下中国早启的理性不允许退回去走资本主义道路,世界形势也不允许中国走资本主义道路。社会主义固然好,但他认为因缺乏对抗的形势而致社会主义不适合中国国情,唯一合理的路也是革命的路即乡村建设。[1]

从梁氏色彩斑斓的精彩人生与跌宕起伏的活动履历来看,教育家的身份角色十分耀眼醒目。这也正是当前应该关注的,而又可以弥补以往偏于哲学、政治学或社会学视角研究著述的不足,因而具有独特视域,而以此观察其中乡村建设、乡村教育的光环或锁链的活结、问题的聚焦,也可以说是笔者竭力注目并尽心雕琢的主干内容。

20世纪二三十年代,乡村教育受到空前的重视,中国大地上乡村建设运动掀起高潮。据统计,1934年全国从事乡村建设运动的团体达600多个,它们建立的实验点、实验区有1000余处。其中著名的有梁漱溟在山东邹平,晏阳初在河北定县,陶行知在南京晓庄,黄炎培在江苏昆山,高阳在无锡黄巷,彭禹廷在河南镇平,江苏农矿厅在镇江黄墟,内政部在上海俞塘,苏州青年会在苏州唯亭,福建教育厅在福建闽侯,顾君义在秦县等地进行的乡村建设实验,这些实验五花八门,方式各异,但总的说来,都是以乡村的教育工作为目标。[2] 作为一种运动,其中包含着许多不同的理论和实践。例如:晏阳初以"民为邦本,本固邦宁"为第一信条,针对中国愚、穷、弱、私四大问题,倡导一种学校、社会、家庭三位一体的连环教育方式,实施

---

[1] 孙培青、李国钧主编:《中国教育思想史》第三卷,华东师范大学出版社1995年版,第263—264页。

[2] 卢作孚:《各地乡村改进实验区之消息》,载《嘉陵江日报》1931年9月1日。

文艺教育治愚,生计教育治穷,卫生教育治弱,公民教育治私,用这"四大教育"来达到政治、经济、文化、自卫、卫生、礼俗等"六大建设",以儒家思想和基督精神相结合的准则推行平民教育,启发民智;而梁漱溟认为中国是一个农业大国,要改造中国,必须针对其"伦理本位,职业分立"的特殊社会形态,以儒家思想与西学文化技术融合的文化重建进行乡村建设;而陶行知、黄炎培等教育家,则更侧重于从教育改革、实验入手进行乡村社会改良。比较之下,卢作孚提出"乡村现代化"设计,开展了"城乡统筹""以城市带动乡村"或"乡村城镇化"的建设模式,而有别于上述思想流派。

2003 年的重阳节——梁漱溟诞辰 110 周年纪念日,重庆市社会科学院偕重庆市梁漱溟研究会等 4 家单位组织召开了"纪念梁漱溟先生诞辰110 周年暨学术研讨会"。次年,会议组委会将参会论文加以整理,编印出版。重庆市政协主席刘志忠在"序言"中称梁漱溟:"他相继发表的几部深入研究中国传统思想文化的专著,如《东西文化及其哲学》《中国文化要义》,以及晚年的《人心与人生》等,都成为中国近现代思想史上有影响的著作,梁先生也被公认为当代新儒家的开山人物。"①当代著名历史学家、中国社会科学院近代史研究所研究员郑大华评述称:"梁漱溟的《东西文化及其哲学》曾引起过中西文化大论战,他又是现代新儒家的先驱人物,对现代新儒家作为一个文化哲学派别的形成具有开路、定位之功。"②由于梁漱溟的新儒学家身份及在文化与哲学方面的造诣影响,他所论述或建构的教育问题不同程度带有非教育学专业的话语符号及形而上的视角,这也恰是他区别于同时代专业教育家如蔡元培、陶行知、晏阳初的个性特色之一。

二

1931 年至 1937 年这一时期梁漱溟的乡村建设与教育理论逐步成熟和系统化,并开始了大规模的乡村教育实验。1931 年 1 月,梁漱溟应韩复

---

① 重庆社会科学院哲学研究所编:《文化与人生——梁漱溟先生诞辰 110 周年纪念文集》,重庆出版社 2004 年版,"序言"第 1 页。

② 郑大华:《梁漱溟与胡适——文化保守主义与西化思潮的比较》,中华书局 1994 年版,第 75—76 页。

榘的邀请到山东从事乡村工作,6月建立山东乡村建设研究院,山东的乡村建设运动正式拉开帷幕。山东乡村建设研究院所辖的实验县是邹平、菏泽、济宁。邹平是一小县,比较安定,因取正常步骤,从社会、教育、经济等方面改革着手;菏泽、济宁一向多匪,故先从乡村自卫着手。

1933年春,国民政府改邹平乡村建设实验区为县政建设实验区,由研究院承办县政实验。以此为分水岭,可将邹平乡村建设实验分为两个阶段:1931年3月至1933年7月为第一个阶段,称为乡村建设实验时期,主要试办乡农学校;1933年7月后为第二个阶段,称为县政实验时期,主要按照乡村建设理论及实验计划进行实验,以开展村学、乡学的工作为主。梁漱溟的乡村教育与乡村建设实验工作就是通过乡农学校与村学、乡学这种形式进行的。

这些机构之间的前后衔接及内在关系,恰如有些学者通过梳理、探讨所描述的那样:乡农学校是山东乡村建设研究院建院初期尚未取得地方自治实验权之前,在邹平农村中建立起来的一种组织(后来改称"民众学校")。它以研究院和县政府为指导机关,设置的范围是每一百五六十户至三四百户设一乡农学校。每一行政区划中设中心乡农学校一所。村学、乡学是在山东省政府将县政实验权交给研究院之后普遍成立的。与乡农学校相比,村学、乡学更具备乡村组织的意义。1933年7月,邹平县改为县政实验区,撤销原有村公所,乡镇公所代之以村学、乡学。村学、乡学既是学校,又像是村、乡一级的行政自治组织,是以学校为外部形式,包含了"社学、保甲、社仓"的集政治、经济、自卫为一体的综合体。[①]

县政改革前,由于国民政府与省政府的种种法令限制,最初阶段研究院只能在实验区作些技术性的实验,不能按照计划开展各种实验工作。梁漱溟1932年10月作《山东乡村建设研究院之工作》,简单汇报了这段时间的工作。为了消除农民的猜疑排拒心理,研究院要从地方基层行政系统去找方法,不能让学生贸然地直接到乡村活动。主要工作分成两个步骤实施:第一步是由杨效春主持举行了一个乡村教师假期补习班,召集各乡小学教员约370人,将这些小学教员分成许多小组,每组派一名研究院的学

---

① 宋恩荣:《梁漱溟的乡村教育实验》,载《教育研究与实验》1988年第2期。

生作为导友,导友同小学教员一起生活,随时向他们讲述乡村建设的意义和办法。小学教员是乡村中比较有知识的人,又具有乡间生活经验和亲和力,因此既容易接受新知识,又方便分散各处,给全县民众传授文化知识。第二步是举行农产品展览会,展览品分为表征展览和普通展览两大类,前者意在示范,后者意在相互比较。展览品共计 2000 多件,吸引了 46000 多人前来参观,老幼妇孺皆在其列。通过这样主动交往和演示展览连续的两个步骤后,研究院开始派学生到乡下 6 个区去办理乡农学校。

> 邹平分七个区,城区除外,四乡即为六区,每个区有中心乡农学校。就邹平情形,先订定农业改进计划,因南乡及西南乡多荒山,则决定提倡造林,北乡及西北东北乡为棉作区,则决定改进棉作,于前者之区域内,更为提倡蚕桑之改良,于后者之区域内,更为提倡棉业之改进。这些事情都靠乡农学校去进行。①

1933 年 7 月,邹平改为县政实验县后,权限大为增加,享有了事实上的自行设计和实验的权利。研究院可选定实验县县长及任何行政人员,还增设了菏泽县为实验县。邹平开始了一系列的县政改革实验,改区换乡,将从前所划分的 7 个区取消,按地理、习俗等,将全县划分为 14 个乡,城关为首善乡,乡以下为自然村庄,共有 336 个村。取消原有的行政单位及管理人员,改为村设村学,乡设乡学。至此,邹平的乡村建设实验运动轰轰烈烈地开展起来。

三

1924 年暑期辞别北京大学教职的梁漱溟开始走向教育改革的探索之路,第一站便是孔孟之乡的齐鲁大地。无论是对曲阜大学的设想,还是曹州中学的办学改革和拟办重华书院,梁漱溟的设想都是希望改变那种简单盲目地照搬西洋教育的做法,复苏以亲师取友、孔颜乐处为真谛的儒家传

---

① 《山东乡村建设研究院之工作》,见中国文化书院学术委员会编:《梁漱溟全集》第五卷,山东人民出版社 2005 年版,第 306 页。

统教育模式。但这并不意味着是对中国传统教育的简单复归,而是在吸取了西洋教育优点的基础上来发展现代教育的新走向。换言之,梁漱溟并不排斥西洋注重知识的教育,在《办学意见述略》中他就指出:"将来办大学想最先成立生物学系和数理学系,为是要对于现代学术作澈底研究,再及其他。"①但是现在的问题倒不在于梁漱溟如何取舍中西教育,而是在中国传统教育被西洋教育冲得七零八落的实际情形下,他的这套多少带有点"乌托邦"意味的办学设想确实有些背离现实教育的需求。关于这一点,连他自己也没有十足的信心,只能略有无奈却满怀希冀地道出:"这样办去,究竟办好办不好不敢知,不过我们决意要试着作,想从这里替教育界打出一条路来。"②

抗战爆发后,梁漱溟辗转来到了大后方重庆,并未放弃他之前的乡村建设理想,也没有丢掉他一直为国内和平而奔走的事业。撤到大后方,他首先把中华民族的存亡放到了第一位,对抗战提过不少积极建议,国民政府蒋介石不予采纳,独裁压制,后来他便访问延安,目的就是为了抗战。在延安受到了毛泽东的接见,与毛泽东进行了多次深度的交流,互相切磋抗日思想,并就对中国传统社会的认识和建国方略等"交换意见"。

在积极主张国共共同抗战的同时,梁漱溟也认识到了中国的贫穷与落后导致了帝国主义列强的多次侵略。因此如何使中国变得强大一直是他苦苦追寻的目标,因为只有国家强盛了,中华民族才能从根本上改变受欺凌的地位。正是有了这种思想,他在积极宣传抗日之余,先后在重庆办起了一系列学校,也就是我们熟知的"勉仁学系",培养了大量有文化知识的抗日人才,这是他抗战前教育思想的继续,与他抗战前在河南、山东等地的乡建实验目标一脉相承。1940 年,梁漱溟、陈亚三等由沦陷区来到重庆,与璧山教育界知名人士钟芳铭联系后,与同仁、学生来到璧山,住璧山来凤驿,发起创办勉仁中学,并撰写出《创办私立勉仁中学校缘起暨办学意见述略》一文。文中称:"愚既自华北巡历战地归来,顾念大局艰难,无可尽力,将退而聚徒

---

① 《办学意见述略》,见中国文化书院学术委员会编:《梁漱溟全集》第四卷,山东人民出版社 2005 年版,第 782 页。

② 《办学意见述略》,见中国文化书院学术委员会编:《梁漱溟全集》第四卷,山东人民出版社 2005 年版,第 789 页。

讲学。适在川从游诸子以兴学为请。时则中等教育之有待改善不异畴昔，而教育当局今实示其改善之机(如新颁导师制)。吾与诸友夙尝着力于是，顾不可及今之时，本其经验，并力以图，稍抒其疾痛难已之怀耶?"①从此也开始了他在重庆北碚这一风景秀丽之地的一系列办学活动。梁漱溟在政治上热爱祖国、痛恨帝国主义侵略中国，积极主张团结抗日，是一位出众的政治家，但从他一系列的办学活动来说，又不得不说他也是一位爱国的现代教育家。

此外，中国现代平民教育家晏阳初在河北定县进行的乡村平民教育运动因抗战爆发而中断，晏阳初退到重庆继续从事乡村工作。在此期间，晏阳初深受梁漱溟教育思想的影响，在重庆的乡村工作更带有教育社会化的走向及特色。诚然，梁漱溟部分教育思想也通过晏阳初及受其影响的广大乡村建设者来实现。在梁漱溟影响下，1939年5月，晏阳初以中国乡村建设学会教育委员会名义提出，学会理事会讨论通过，由他在重庆负责筹办"乡村建设育才院"，1945年改称"乡村建设学院"，成为中国第一所乡村建设学院，着手乡建人才培养，梁漱溟、卢作孚皆为学院董事会成员。1941年在璧山县设实验区作为学生研究基地，1946经省政府同意将实验区扩到四川省第三行政区全区，称为华西实验区，进行了卓有成效的乡村建设工作。由此可见，梁漱溟的教育思想不仅表现在他自己的教育活动上，同时交织在与他处于同时代教育家的教育互动中。

四

1949年12月重庆解放，1950年1月中旬，梁漱溟离开重庆到达北京。1950年与毛泽东再次相见，梁漱溟受到了开国领袖的厚待，此后的几年间二人时有机会交流，他还赴山东、河南、平原及东北三省参观访问，参加了土地改革运动，成为毛泽东的座上宾，而在梁漱溟眼中毛泽东也俨然已是一位老朋友了。也许正是因为这样的情谊，才发生了1953年梁漱溟公开"顶撞"毛泽东一事。

---

① 《创办私立勉仁中学校缘起暨办学意见述略》，见中国文化书院学术委员会编：《梁漱溟全集》第六卷，山东人民出版社2005年版，第60页。

1953 年 9 月 8 日下午,政协第一届全国委员会第四十九次常委会扩大会议在北京举行,政务院总理兼全国政协副主席周恩来作名为《过渡时期的总路线》的报告,陈云报告《本年度财政经济状况及其问题和今后工作要点》,晚 8 时散会。周恩来在报告中传达了毛泽东最近一段时间对过渡时期总路线的思考,毛泽东认为,党在这个过渡时期的总路线和总任务,是要在一个相当长的时期内,基本实现国家工业化和对农业、手工业、资本主义工商业的社会主义改造。接着,周恩来对毛泽东的这一思想做了解释。作为在京的全国政协委员代表,梁漱溟出席了这次会议,并认真听取了周恩来的报告。三天以后的下午,应周恩来的特别嘱咐,梁漱溟在大会上根据自己的准备,作即兴发言。发言内容可见于山东人民出版社 2005 年版《梁漱溟全集》第七卷中收录的两篇文章:《略记 9 月 9 日至 18 日的一段经过》《1953 年 9 月 11 日政协扩大会议上的发言草稿》。由于篇幅所限,原文不再引用。其主要观点有三方面:一是对国家进入计划建设阶段深感高兴,这是自己多年的愿望,同时建议国家应该将各个方面的建设计划兼顾并讲给大家知道;二是开展建国运动必须发动和依靠群众,各行业都应有各自的群众组织,同时也提到了应该对一些群众,特别是农民多进行一些教育工作;第三个要点则着重讲了乡村的农民问题,他认为中国共产党依靠农民取得了政权,而在新中国成立以后对农村的重视不够,且正在拉大城乡间的差距,并就此提了很多具体问题。梁漱溟的上述言论主张,尤其是对新中国成立三年来成就的某些判断,与毛泽东产生了很大的分歧。紧接着,连续五六天的会议内容中陆续出现了毛泽东及与会部分代表的批驳及梁漱溟的声辩解释,直至 9 月 18 日下午,梁漱溟的发言中断,并被"轰下了台"。之后的两个多月,发生了一连串的批判和指责。毛泽东首先发表《批判梁漱溟的反动思想》一文,接着文化出版界相继出版了《梁漱溟思想批判》(两辑)《梁漱溟的四十年》《批判梁漱溟的哲学思想》《梁漱溟政治思想批判》等大量批判论文集和批判专稿。

1956 年中共八大做出从今以后国家的主要任务是搞好经济文化建设的决定再一次鼓舞了梁漱溟。中共八大闭会后,梁漱溟所希冀看到的经济热潮并没有出现,取而代之的则是"大鸣大放",整风运动,反右派斗争。在这些运动中,梁漱溟因为不置一词、一言不发的态度而幸免于难,即使有

1953 年的事件在先,也没有被补戴一顶"右派"的帽子。

1965 年初在北京召开的全国人大三届一次会议和全国政协四届一次会议上,周恩来作了政府工作报告,许多人认为这份报告贯穿着一条阶级斗争的红线,而梁漱溟却不这样认为,其发言只字不提阶级斗争,由此导致了 1965 年 5 月至 10 月对梁漱溟的批判活动。

"文化大革命"期间,许多民主人士被批斗,或锒铛入狱或下放改造,梁漱溟受到冲击后一直闲散在家,1970 年下半年,恢复政协直属组的学习。1974 年,全国掀起"批林批孔"运动,梁漱溟经过充分准备,表明了自己的观点:批林但不批孔。言论一出,立即招来猛烈攻击,持续了将近一年,之后梁漱溟又进入了保持沉默的时期。党的十一届三中全会的胜利召开标志着中国进入一个新的历史时期,梁漱溟的境遇也逐渐好转,1980 年,当选为全国人大宪法修改委员会委员、全国政协常委。1988 年,96 岁的梁漱溟当选为第七届全国政协常委。晚年的梁漱溟历经风雨,终于迎来了自己政治和学术研究的春天。

晚年在政治上遭到公开批判而沉寂多年的梁漱溟并没有在消沉苦闷中感叹世事,而是以佛家心态淡然处之,他每日到公园散步、习拳、之外就是读书、写作。1955 年 7 月,62 岁的梁漱溟重新整理旧稿,撰写《人心与人生》一书,以期给今日的学术界介绍古代东方学术,1966 年突遇"文化大革命"运动,所存资料与书稿尽毁,在手头无任何资料的情况下撰写《儒佛异同论》,而《人心与人生》也直到 1975 年 7 月份才完稿,1984 年得以出版。梁漱溟为撰写《人心与人生》做了大量的准备工作,阅读了 40 多位古今中外专家学者的专著 50 多卷以及一些刊物上的文章。

《人心与人生》是梁漱溟晚年的一部巨著,历时颇长,此书完成之后即改写《东方学术概观》,后又出版《我的努力与反省》《梁漱溟教育论文集》。除却这几本鸿篇大作,梁漱溟几乎每年都有文章发表,主要集中在国家建设、读书感悟、好友访记和自身思想历程几个方面。

不论梁漱溟的政治观点是否被执政党和社会接受,都不能改变他关心国家建设与前途的炽热之心。他时刻关注国家发展动态,在国家建设方面提出自己的观点与建议,写有《人类创造力的大发挥大表现——试说明建国十年一切建设突飞猛进的由来》《中国——理性之国》《试论中国社会的发展属于马克思所谓亚洲社会生产方式》《今后国内政治局面之预见》等文章。随着时代变化,其自身早年社会改良主义思想及中国缺乏阶级对立的社会性质等观点认识也发生了一些改变,这在《自述早年思想之再转再变》《我早年思想演变的一大关键》《学习五十年党史所得的感想和认识》《今天我们应当如何评价孔子》《追记在延安北京迭次和毛主席的谈话》《我致力乡村运动的回忆和反省》中均有所体现。

本书正是力图以主人公梁漱溟的人生经历及社会变革曲折历程为历史背景,交织其教育活动事业及教育探索的观念与思想,在近现代波澜壮阔、社会风云变幻的历史环境下,立体构建这位独具特色新儒家的教育人生,借以丰富中国现代教育理论宝库,并有裨于中国特色社会主义教育事业的稳健发展。

第一章 家世与社会

梁漱溟祖籍广西桂林,出生于官宦世家、书香门第,也是当地的名门望族。追溯起来,其家族源头还与元朝宫廷帝室有某种瓜葛。然而,梁漱溟生长于北京,生活习惯、行事方式乃至个性特征均与北京人相似。北京梁家的境况到他父辈时已日渐衰落。父亲梁济除在清室皇家档案馆短暂几年任职外,主要从事基层慈善及教育工作,但非思想陈腐、保守僵化,而是有正义感、勇于担当的人物,其性格、风范深为梁漱溟所膺服仰慕。在成长过程中,父亲的作用是深刻的,在父亲开明、积极向上的教育引导下,梁漱溟接受了较为全面、健康的早期奠基教育。

第一节 家世渊源

清光绪十九年九月初九日(公元 1893 年 10 月 18 日)①,梁

---

① 〔美〕艾恺著,王宗昱、冀建中译《最后的儒家——梁漱溟与中国现代化的两难》(江苏人民出版社 2003 年版,第 19 页)记为 1893 年 10 月 10 日。

漱溟,这位 20 世纪中国新儒学的代表,学术、教育及社会政治多领域突出人物,来到了充满矛盾与抗争、正经历由封建专制向民主共和制度转型的晚清帝国。

梁漱溟,原名焕鼎,字寿铭,后改字漱溟(偶用"漱冥")。漱溟是 1912年《民国报》总编辑、同盟会会员孙炳文(字)为他扇面所题的字,自此一直冠名至当代,伴随他走完一世的人生岁月。梁原籍广西桂林,曾祖一代定居北京。他在晚年所撰"自传"中这样描述:

> 我家原是桂林城内人。但从祖父离开桂林,父亲和我们一辈便都生长在北京了。母亲亦是生在北方的,而外祖张家则是云南大理人,从外祖父离开云南,没有回去。祖母又是贵州毕节刘家的。①

同一年出生的有毛泽东,他的挚友、乡村教育运动代表晏阳初,现代著名企业家、教育家、"一代船王"卢作孚等。这么多社会精英、旷世奇才全出生在同一年,把"1893"这一年份烙印得熠熠生辉、光彩夺目。其实,从历史的深层含义上看,这是近代中国多灾多难社会痛苦一幕的标本,而不是命运之神对它的垂爱与偏好。

一、官宦世家

梁漱溟的祖先是元朝宗室后裔,据他为其生父梁济编纂的《桂林梁先生遗书》卷一《年谱》中记述:

> 我梁氏之先可考者,当元世居河南之汝阳。旧族谱载一世也先帖木儿公,云公为梁氏始祖。公与其二子并为元之右翊万户。孙曾袭封,终元世弗替。考《元史》,也先帖木儿(清乾隆间刊《元史》译作额森特穆尔)为世祖第五子和克齐之子。至元十七年袭封云南王……则吾宗先为元之贵近重臣盖可知。至入明时,元裔之未从顺帝北归者,往往改其旧氏。汝阳地属大梁,故以梁为氏。五世成公始入明。

---

① 梁培宽编:《梁漱溟自传》,江苏文艺出版社 1998 年版,第 8—9 页。

六世铭公以典兵建功封保定伯,《明史》有传。七世宝公又以平贵州苗功,晋爵为保定侯,明史附传。子孙世袭,讫明社既屋,始失茅土。铭公之弟鉴公迁江宁,而族姓大藩。逮十八世讳兆鹏,公之高祖也。清乾隆间为广东永安县令。曾祖讳垕,永安君之第三子,始迁桂林。祖讳宝书,道光甲午举人,庚子进士,历任直隶定兴、正定、清苑等县知县;官定兴最久,实惠在民。……升授遵化直隶州知州。……父讳承光,遵化公之冢子,道光己酉举人,内阁中书,委署侍读,截取同知,借补山西永宁州知州,在任候补知府,诰授朝议大夫。永宁公少负才气,年十八举顺天乡试,廿四官京洛,磊落豪放,交游甚广,喜谈兵,好骑马。遵化公罢官债累极重,固无钱而厩中常有数骑。既外官山西,以瘁力防寇遽卒于官,年三十六。……吾家自遵化公以会试来京师,两代宦游北方,子孙侨寓京辇,遂未归佳林,迄今三世矣。[1]

根据梁漱溟的家世考证材料,大致可以作如下理解性描述:梁氏祖先可考者是元世祖忽必烈第五子和克齐之子也先帖木儿,至元十七年(1280年)袭封云南王。元朝灭亡后,元朝宗室重臣大都随顺帝逃回漠北,也先帖木儿一支却迁居到河南汝阳(今河南新乡)。明朝初年,留居中原的元宗室后裔纷纷更名改姓,一从汉人。也先帖木儿一系五世成公因汝阳在战国时代属魏国都城大梁的区域,故取"孟子见梁惠王"一语改姓梁。之后,梁家认真学习和适应汉族的文化习惯,并开始和汉人通婚,六世祖梁铭以战功被册封为保定伯,《明史》有传。七世祖梁珤以平叛贵州苗族起义而晋爵为保定侯。清朝建立后,梁家再次举家搬迁,来到了桂林,走上科举取士的道路。到了乾隆年间(1736—1795),梁氏第十八代梁兆鹏为广东永安县令,他的第三个儿子,也就是梁漱溟的高祖梁垕迁居桂林。道光庚子年(1840年),梁垕之子,梁漱溟的曾祖父梁宝书考中进士,并留在直隶定兴、正定、清苑一带任州县等官职,他为官清廉,颇有政绩,后升任遵化直隶州知州。这一方面为家族带来极大的荣誉和振兴的希望;同时,也因其曾

---

[1] 《桂林梁先生遗书》,见中国文化书院学术委员会编:《梁漱溟全集》第一卷,山东人民出版社2005年版,第551—552页。

祖父需要常住直隶,梁家不得不再次举家搬迁,来到北京并一直定居下来。梁漱溟祖父雅香公(讳承光)18 岁在京应乡试中举后,到永平州(今山西离石)为官,"磊落豪放,交游甚广,喜谈兵,好骑马"。他是当时有名的学者、诗人、骑射专家,曾任内阁中书。1864 年,为了防范捻军的进犯,加强防务,梁承光专折奏补为永宁知州,后卒于官。祖母陈氏,桂林人,亲戚故旧大抵桂林人,或其他南省人。到他这一代仍沿用桂林原籍而参加广西旅京同乡会。然而,梁漱溟生长于北京,满口京腔非常流利顺畅、地道真切,而且生活习惯、行事方式乃至个性特征与北京人差异甚微。

上引梁漱溟的身世可见,梁氏原为官宦世家,种族上交融蒙汉,地域上跨越南北。但梁漱溟的生长环境及人生履历的足迹却是在中国自元朝以来绝大多数王朝的帝都京城北京。"像这样一个多方面荟萃交融的家庭,住居于全国政治文化中心的北京,自无偏僻固陋之患,又遭逢这样一个变动剧烈的时代,见闻既多。"①"一切风俗习惯尚亦联着中国的西南方与北京这一大都会,一面若有拘守,一面又通达无固陋。"②

二、家道衰落

无独有偶,北京梁家的境况随着清朝社会的矛盾与危机也与日俱增,家道中落如日薄西山。尽管他的曾祖父和祖父都曾经为官,但是家中一直也没能富裕起来。相反,曾祖父在外任期间还欠下了大笔债务,而祖父就只有背着债务生活,最终的结果却是"债未清而身故"。到了梁漱溟的父亲梁济时,梁家已经进入晚秋。梁济中过举人,之后便止步不前,当然也未能闯过科举的最后一关——殿试,未能考取进士,虽然曾做过几年小小的京官,然而一生的大部分时间是在贫困与压抑中度过的。祖辈昔日所拥有的财富和权力,对此时的梁家来说已成过眼云烟、明日黄花。据梁漱溟回忆说:

---

① 梁培宽编:《梁漱溟自传》,江苏文艺出版社 1998 年版,第 9 页。
② 唐宝存、杜林:《师足寻迹——记现代新儒学宗师梁漱溟》,重庆市北碚区三峡印刷厂 2003 年印(内部书刊号 048713),第 2—3 页。

曾祖父作外官（对京官而言）卸任，无钱而有债。祖父来还债，债未清而身故。那时我父亲只七八岁，靠祖母开蒙馆教几个小学生度日，真是寒苦之极。父亲稍长到十九岁，便在"义学"中教书，依然寒苦生活。世宦习气于此打落干净；市井琐碎，民间疾苦，倒亲身经历的。四十岁方入仕途，又总未得意，景况没有舒展过。因此在生活习惯上意识上，并未曾将我们后辈限于某一阶级中。父母生我们兄妹四人……我们的教育费，常常变卖母亲妆奁而支付的。全家生活靠父亲替人写禀帖、对联和证明函件的收入来维持，家庭景况从没有舒展过。①

家里除父亲母亲之外，梁漱溟还有一个哥哥和两个妹妹。他们都曾经读书，甚至略有小成。哥哥梁焕鼐，字凯铭，清朝末年曾经在日本留学多年，是日本明治大学的商科毕业生。他的日语功底非常深厚，也正是这个原因，在日本帝国主义侵略中国华北期间，他被汪伪集团任命为天津统税局局长，但不久便辞职并故去。这件事情还是梁漱溟在新中国成立后80年代的回忆中提及的，言语之中透漏出极大的遗憾和悲伤。两个妹妹按年龄大小分别是梁新铭、梁谨铭，均在清末的女子师范学堂读书毕业。大妹早寡，在孤单和动荡中英年早逝；二妹则在家礼佛数十年，终于病故于家中。晚年梁漱溟在回忆这些事情的时候，心中不胜凄凉。②

梁漱溟的母亲张滢（1859—1912），字青溏，出生在书香人家，读过不少书，能诗文。更难能可贵的是，她并不像当时绝大多数妇女那样保守和专事家务，而是经过了维新思想的熏陶。她提倡女学，曾经参与开创北京第一所女子学校——女学传习所，并担任教员等工作。为了儿女能够好好学习，将来有用于国家，她更是支持孩子们读书进学。梁漱溟四兄妹的学费都基本来自母亲的嫁妆。

① 梁培宽编：《梁漱溟自传》，江苏文艺出版社1998年版，第9页。
② 佟自光编：《飞扬与落寞——梁漱溟的孤独思考》，东方出版社2006年版，第9—10页。

第二节　社会剧变

随着帝国主义侵略的加剧,中国社会的自然经济进一步遭到破坏,客观上为民族资本主义的发展提供了条件。清政府为了解决财政危机,放宽了对民间设厂的限制,社会上出现了一股兴办工业的浪潮。19世纪末,中国民族资本主义有了初步发展,民族资产阶级作为新的政治力量开始登上历史舞台,资产阶级维新派掀起救亡图存的维新变法运动。光绪帝宣布变法后,顽固派又怕又恨,1898年9月18日,御史杨崇伊请慈禧太后"即日训政"。次日慈禧从颐和园回宫。21日发动政变,幽禁光绪帝于中南海的瀛台,宣布重新"临朝听政",下令通缉康有为、梁启超。28日处死谭嗣同、林旭、杨锐、杨深秀、刘光第、康广仁("戊戌六君子"),先后罢免或遭戍参与新政的官员数十人。除京师大学堂外,废除全部新政诏令,戊戌变法失败。

梁漱溟这一代人还在孩童时代就已身处山河破碎、国运维艰的历史岁月。他们中的先进者尚在幼小时期就已明白,要挽救民族危机,富国强兵,摆脱被动挨打、饱尝忧患、备受屈辱的遭际及苦难,必须对这一老大帝国实现改造。而在辛亥革命走向民主共和体制建设以后,中国社会问题依然矛盾重重,黑暗、腐败与自然灾害相继而至,帝国主义列强对华的压迫与掠夺依然故我,社会改革与走向的出路何在? 革命,还是改良,具体路径或模式如何? 又是摆在面前的新抉择,或许是一种更为痛苦而艰难的煎熬与考验。梁漱溟身处这样的社会环境,在父亲的影响下,自幼便扎下了救亡图存、富国强兵、铁肩担道义的志向与抱负。

一、维新运动

1894至1895年间爆发的中日甲午战争,使中国半殖民地化程度进一步加深,并面临被帝国主义瓜分的危机。梁漱溟自述其身世"我在这样一个家庭"开头部分称:近现代史上中日战争恰成为他生命历程中的重大事件及深刻印记。

距今五十年前,我生于北京。那是清光绪十九年癸巳,西历 1893年,亦就是甲午中日大战前一年。甲午之战是中国近百年史中最大关节,所有种种剧烈变动皆由此而来。而我的大半生,恰好是从那一次中日大战到这一次中日大战。[1]

维新运动是具有反封建性质的资产阶级启蒙运动。梁漱溟儿童至青年时代正是西学东渐深化、社会变革剧烈、思想观念争鸣冲突、新旧文化矛盾抗争的特殊历史时期。北京作为中国的京城,是中国政治、文化中心,是上述风云变幻中人物活动及实践演绎多彩角逐的舞台,是社会气象变化的"晴雨表"或"温度计"。这种社会环境和历史文化,给梁漱溟留下了深刻的烙印,是他在政治哲学观、文化教育思想理念中存在既要求复古,又力谋吸纳西方文化思想因子借以变革社会这种两重性矛盾的重要根源。

用什么样的方式,或走什么样的道路,改造中国有效,能解决社会问题,实现社会的现代化,缔造"青春之国家",这是包括梁漱溟的在内的一代近现代仁人志士苦苦探寻、尝试、实验并不屈不挠奋斗的时代主题。真可谓是"上穷碧落,下及黄泉",其艰辛困苦、矛盾争斗、犹豫彷徨之痛楚可以想见。

在梁漱溟的生命世界,尤其是孩提时期,难以抹去的是他父亲梁济的形象地位与人格力量,而梁漱溟从青年直到晚年的刚毅坚韧、特立独行、博大宽厚的言语行为、活动特征是否深受其父感染呢?

1884 年梁济在日记《论读书次第缓急》中有这样一段话:"却有一种为清流所鄙,正人所斥,洋务西学新出各书,断不可以不看。盖天下无久而不变之局,我只力求实事,不能避人讥训也。"[2]可见,早在洋务运动后期改良主义社会思潮兴起之际,梁济便已具有维新倾向了。1895 年,康有为、梁启超等维新派发动"公车上书",后又组建强学会、保国会,开展维新变法运动,他及其挚友、儿女亲家彭翼仲均是维新运动的支持者及宣传者。

在整个维新变法运动中,维新派为了宣传变法,开发民智,转变社会风

---

① 梁培宽编:《梁漱溟自传》,江苏文艺出版社 1998 年版,第 8 页。
② 梁培宽编:《梁漱溟自传》,江苏文艺出版社 1998 年版,第 14 页。

气,传播西学,并与保守或片面的顽固派及洋务派辩难,掀起了创办报刊的风潮,如《中外纪闻》《时务报》《国闻报》《湘报》《蒙学报》等。潮流浩荡,风行草偃,彭翼仲也主办了三份报纸:《启蒙画报》《京话日报》《中华报》,在他惨淡而艰辛的经营中,梁济则给予了雪中送炭似的襄助。

> 当时风气未开,社会一般人都没有看报习惯。虽取价低廉,而一般人家总不乐增此一种开支。两报因此销数都不多。而报馆全部支出却不小。自那年(1902年)春天到年尾,从开办设备到经常费用,彭公家已赔垫干净,并且负了许多债。年关到来,债主催逼,家中妇女怨谪,彭公忧煎之极,几乎上吊自缢。本来创办之初,我父亲实赞助其事,我家财物早已随着赔送在内;此时还只有我父亲援救他。后来从父亲日记和银钱摺据上批注中,见出当时艰难情形和他们作事动机之纯洁伟大。——他们一心要开发民智,改良社会。这是由积年对社会腐败之不满,又加上庚子(1900年)亲见全国上下愚蠢迷信不知世界大势,几乎招取亡国大祸,所激动的。①

以上文字也透露了办报的动机是与维新派一致的。历经83年的沧桑变幻之后,耄耋之年的梁漱溟在由民革中央主办的《团结报》(1983年1月15日,总第590号)上发表《忆旧谈往录》(之一),对三报的办理及影响有所追述:

> 他所办的《启蒙画报》,是给十岁上下的儿童看的,全是白话文,全有图画(木版雕刻,无彩色);《京话日报》是以报道北京社会新闻为主的报纸,对当时的北京社会影响很大,曾远销东北、西北各地。由于慈禧太后和光绪帝"传旨"要宫中太监将该报传送宫内,所以该报在报的封面上刊有"两宫御览"字样;又葬在原陶然亭的被人呼为"醉郭"的一位老者,原以说书卖卜为生,后来竟改行专门讲《京话日报》,做义务宣传员。从这两件事来看,可知《京话日报》在当时是如何地

---

① 梁培宽编:《梁漱溟自传》,江苏文艺出版社1998年版,第17—18页。

流行于社会。《中华报》则以论政为主,文体是文言文。《中华报》出版以后,《启蒙画报》就停刊了。这三份报纸,都是由我父亲赞助创办的。①

梁济的务实态度及实用主义价值取向必然导致他鄙视那些以高雅空疏的儒家学说来拯救中国的辞章之士,在他眼里,自命不凡的吴大澂、陈宝琛等"清流派"只是图个人声誉而不求拯救民族。像俞樾这样知名的经学大师同样不能产生实际的功效,因为其学术思想及经学载体内容已然经不起新潮学派的冲击。与此相对,他却十分心仪并讴歌1898年康有为、梁启超鼓动光绪帝推行的"百日维新"新政规程,认为这才是变法图强、抵御外侮的根本要图。

1894年甲午战争致使北洋水师惨败,自此,远东太平洋的势力格局发生改变。梁济在日记中称:

> 自六月与日本接仗,始闻互有胜败,实则并无胜仗,只是一味望风溃退。官军虚冒粉饰,习气太坏。至八月十七日平壤失守,事局大坏。左宝贵阵亡,尤堕军气。论兵事则败势已成,论国势则尚未至于覆亡,断无因此遂摇本根之理。而吾遍观士大夫走相告者,交头接耳惊疑变色,纷纷流言,鄙俚不经,全不知揆察情势,其迂酸浅陋胆小无识之态异常可笑,真正不可与言。何以深沉凝重之人竟如此难遇耶?又数月来对奏虽多,而条陈兵事真知形势深中要害者绝少,皆不察其致败之由,不知其兵不堪用之故。……②

> 总由平日专读滥书,识见迂腐,专享安舒,不悉艰难,故万万不能图大事。③

---

① 《忆旧谈往录》,见中国文化书院学术委员会编:《梁漱溟全集》第七卷,山东人民出版社2005年版,第528页。

② 《桂林梁先生遗书》,见中国文化书院学术委员会编:《梁漱溟全集》第一卷,山东人民出版社2005年版,第569页。

③ 《桂林梁先生遗书》,见中国文化书院学术委员会编:《梁漱溟全集》第一卷,山东人民出版社2005年版,第570页。

亦谓变法以停科举为先,决计不更教儿辈事帖括也。①

从上述言辞之激烈亢进、语言之铿锵果断以及文字节奏之密集短促,均可见作者内心惆怅满腹、抑郁痛心的心理状态。其中,梁济尤其将战争失利归于人的素质能力及管理体制的纷乱,并得出废科举取士的结论,尤为精辟而富有洞察力。梁漱溟的教育思想及事业实践无不是对父辈言行承续的诠释。

二、梁济沉湖事件及其引发的争论

1918 年农历十月初十日清晨,梁济于 60 岁寿辰的前三天,在北京城内西北角之积水潭(亦称净业湖)投水身亡。死前留有《敬告世人书》,曰:"明知大势难救,而捐此区区以聊为国性一线之存。"梁漱溟在《中国文化要义》中忆及此事,称"先父以痛心固有文化之渐灭,而不惜以身殉之"。其遗笔留示儿女书内称:

> 去年已决定今年不复听卖菱角声,不吃西瓜矣。三四月正彷徨间,而璧垣忽来,洒扫房间,欢忻聚首,诸事羁绊又苟活半年。七八月间正思履行,而稍一因循事端又集。至九月则慌忙赶写,始知精理非弱力所能发挥,而有此仓卒杂乱之遗笔。②

梁济自沉后,引起了一定的社会反响,"即日举遗言暴之报纸,更分别影印排印成册,随讣致送。都人士闻其事莫不哀感生敬。请太傅陈公宝琛以闻于皇室,赐谕矜悼,予谥贞端"③。新文化运动的旗手陈独秀与北京大学教授、社会学家陶孟和在同年第六卷第一号《新青年》杂志上各发表了

---

① 《桂林梁先生遗书》,见中国文化书院学术委员会编:《梁漱溟全集》第一卷,山东人民出版社 2005 年版,第 573 页。

② 《桂林梁先生遗书》,见中国文化书院学术委员会编:《梁漱溟全集》第一卷,山东人民出版社 2005 年版,第 589 页。

③ 《桂林梁先生遗书》,见中国文化书院学术委员会编:《梁漱溟全集》第一卷,山东人民出版社 2005 年版,第 590 页。

一篇介绍、评议梁老先生自尽的文章。梁漱溟也在同一刊物刊发《答陈仲甫先生书》,详细介绍了父亲近 20 年思想的变化及内在伦理文化的冲突,指出父亲这样做是有心理准备的,直到生命最后一刻,都能有条不紊地安排活动,从容不迫地处世。又提出死因不存在个人窘迫、生计无望,而是以"天下为己任",想以此来警醒世人。胡适在同年的《新青年》发表《胡适之先生答词》一文参与讨论。看来,梁济沉湖虽然与 9 年之后一代哲学家、词学家王国维投北京颐和园昆明湖自尽的轩然大波尚有差距,但能吸引诸多新派名流学者的视线,并以新文化运动核心媒体为阵地展开讨论,也绝非寻常一般,恐怕已超出死水微澜而是微波荡漾,在当时的思想界泛起了阵阵涟漪。

梁漱溟追忆父亲时称,精神先衰了,然后"知识的摄取力先减了,思想的构成力也退了"。胡适对此不敢苟同,他从哲学高度进行思辨,认为"巨川先生致死的原因不在精神先衰,乃在知识思想不能调剂补助他的精神。二十年前的知识思想决不能培养他那二十年后'老当益壮'的精神,所以有一种内部的冲突,所以竟致自杀"①。作为新文化运动代表的胡适由此引申出崇尚文化自由、革新的意义及价值,而这与 5 年后的 1923 年 12 月梁漱溟即将辞别北大讲坛从事乡村社会变革与教育实验的取向又合辙并轨了。

> 我们从这个上面可以得一个教训,我们应该早点预备一些"精神不老丹"方才可望做一个白头的新人物。这个"精神不老丹"是什么呢? 我说是永远可求得新知识新思想的门径。这种门径不外两件: (一)养成一种欢迎新思想的习惯,使新知识新思潮可以源源进来; (二)极力提倡思想自由和言论自由,养成一种自由的空气,布下新思潮的种子;预备我们到了七八十岁时也还有许多簇新的知识思想可以收获来,做我们的精神培养品。②

---

① 《答陈仲甫先生书·附胡适之先生答词》,见中国文化书院学术委员会编:《梁漱溟全集》第四卷,山东人民出版社 2005 年版,第 550—551 页。
② 《答陈仲甫先生书·附胡适之先生答词》,见中国文化书院学术委员会编:《梁漱溟全集》第四卷,山东人民出版社 2005 年版,第 551 页。

从梁漱溟一生力行教育改革实验与乡村社会重建以达到中国社会现代化发展的行谊言论、事业成就来看,应该肯定,对新思想及科技文化新潮动态的选择与积极吸收成为他不断求新创造的活力因子。梁漱溟就是在这样一位父亲的影响下开始了自己的人生之路。他评价父亲:"因其非天资高明底人,所以思想不超脱。因其秉性笃实而用心精细,所以遇事认真。因为有豪侠气,所以行为只是端正,而并不拘谨。他最看重事功,而不免忽视学问。前人所说'不耻恶衣恶食,而耻匹夫匹妇不被其泽'的话,正好点出我父一付心肝。——我最初的思想和做人,受父亲影响,亦就是这么一路(尚侠、认真、不超脱)。"①梁漱溟的成长道路是一条先立人后成学的道路,做人一面追随父亲的"尚侠、认真",成学一面以新儒家捍卫者自居,倡导并开展乡村建设运动,并奔走于国家和平、民主事业的活动。这些都也源于父亲的处世、行谊及价值观。

第三节　独特的家庭教育

梁济对儿子的家庭教育确与他的出身、经历及时代人文环境有些不同,几乎破除了"慈母严父"的形象,也突破了"严家无悍虏"、父训难违的权威教条。他对子弟的教育方法颇有现代教育的某些思想及行动因子。

一、基于教育爱的理念引导

教育爱基于情感上的呵护与教育者的力量干预,形成有效的教育力量。儿童在成长过程中有种种不成熟,需要同类或成年人给予关爱与养护,否则其脆弱的身心难免受损或归于邪路。尤其是父母对于子女,因其有着直接的血缘纽带关系,接触交流的机会最多,教导和抚养的责任兼备。儿童的生理成熟与心理变化协同,彼此影响又相辅相成,其中正向的情感

---

① 《我的自学小史》,见中国文化书院学术委员会编:《梁漱溟全集》第二卷,山东人民出版社 2005 年版,第 664 页。

既是不可或缺的因素,也是一种促进或推动的力量。宋代理学教育大师朱熹在讨论儿童早期教育时称:"必使其讲而习之于幼稚之时,欲其习与智长,化与心成,而无扞格不胜之患也。"①爱护与鼓励正是这种教育的促媒,也是自信与成功的前提,梁济对孩子的家庭教育体现了这种风格。

> 父亲对我完全是宽放的。小时候,只记得大哥挨过打;这亦是很少的事。我则在整个记忆中,一次亦没有过。但我似乎并不是不"该打"的孩子。我是既呆笨,又执拗的。他亦很少正言厉色地教训过我们。我受父亲影响,并不是受了许多教训,而毋宁说是受一些暗示。我在父亲面前,完全不感到一种精神上的压迫。他从未以端凝严肃的神气对儿童或少年人。我很早入学堂,所以亦没有从父亲受读。②

尽管未曾亲授书业,但梁济与梁漱溟的父子关系亲密而和谐,情感沟通自由平等,"我在父亲面前,完全不感到一种精神上的压迫",这种春风化雨般的引导及富有教育爱的"暗示"期待效应,发挥了皮格马里翁实验(Pygmalion Experiment)中积极有效的教育力量。这也同时印证了环境习染、情感交流及和谐氛围在儿童成长发展中的独特价值,甚至足以弥补言语教学为主流的课堂教学之缺失。

二、重视道德行为习惯的培养

行为习惯是道德教育的基本内容,不仅属于个体与他人及社会间行为规范的一部分,而且与知识能力及其他素养的形成有某种关系。有关儿童行为习惯养成的思想主张在中国以宋代理学家朱熹的《童蒙须知》论述最多,而英国教育家洛克(John Locke,1632—1704)的《教育漫话》则从经验论哲学及官能心理学角度加以具体讨论,其中论及行为习惯的内容包括教育诸多方面,但方式方法上则力主与儿童经验及生活结合,注重形象、生动,激发兴趣,活动或行动中体现道德习惯的形成并加以巩固。梁济的家

---

① 孟宪承、陈学恂等编:《中国古代教育史资料》,人民教育出版社1961年版,第363页。
② 梁培宽编:《梁漱溟自传》,江苏文艺出版社1998年版,第10页。

教模式与此相符。梁漱溟这样描述:

> 十岁前后(七八岁至十二三岁)所受父亲的教育,大多是下列三项:一是讲戏,父亲平日喜看京戏,即以戏中故事情节讲给儿女听。一是携同出街,购买日用品,或办一些零琐事;其意盖在练习经理事物,懂得社会人情。一是关于卫生或其他的许多嘱咐;总要儿童知道如何照料自己身体。例如:正当出汗之时,不要脱衣服;待汗稍止,气稍定再脱去。不要坐在当风地方,如窗口门口过道等处。太热或太冷的汤水不要喝,太燥太腻的食物不可多吃。光线不足,不要看书。诸如此类之嘱诰或指点,极其多,并且随时随地不放松。①

于细微处见精神。道德教育不在灌输,而在于认识的提高、情感的体验及自主需求的愿望倾向,说理、生活化并逐渐培植,这是建立在儿童心理特点基础之上的有效措施。

三、寓教于乐的教育方法

教育行为是双向协作的交流沟通活动,不仅是施教者的设计、实施反馈及改进过程,同时也是受教者自主、独立、探究及建构的过程,是两者的辩证统一。学生的知识技能学习及智能的开发提高有序列阶段,必须发挥意志力,但同时也不乏场景性自主建构,尤其是快乐的情绪与需要的满足及由此带来的愉悦体验的促进。只有通过学生的活动与主体性力量的发挥及主动性倾向的积极参与,他的自由性情及快乐体验才能表现并释放。梁漱溟在回忆儿童成长经历的情节中作这样的追思:

> 还记得九岁时,有一次我自己积蓄的一小串钱(那时所用铜钱有小孔,例以麻线贯串之),忽然不见。各处寻问,并向人吵闹,终不可得。隔一天,父亲于庭前桃树枝上发见之,心知是我自家遗忘。并不责斥,亦不喊我来看。他却在纸条上写了一段文字,大略说:

---

① 梁培宽编:《梁漱溟自传》,江苏文艺出版社1998年版,第10—11页。

一小儿在桃树下玩耍,偶将一小串钱挂于树枝而忘之。到处向人寻问,吵闹不休。次日,其父亲打扫庭院,见钱悬树上,及指示之。小儿始自知其糊涂云云。

写后交与我看,亦不作声。我看了,马上省悟跑去一探即得,不禁自怀惭意。——即此事亦见先父给我教育之一斑。

到十四岁以后,我胸中渐渐自有思想见解,或发于言论,或见之行事。先父认为好的,便明示或暗示鼓励。他不同意的,让我晓得他不同意而止,却从不干涉。十七八九岁,有些关系颇大之事,他仍然不加干涉,而听我去。就在他不干涉之中,成就了我的自学。①

梁漱溟在后来的回忆录中多次谈到父亲对自己教育的"不干预",由此产生富有艺术或审美性的教育意义,其实这是自然主义教育思想的精神。强人所不欲的教育不会有好结果,不强求教与学的模式与教条而取得教育效果是高明的教育艺术。这种操作手段明显有别于儒家带有强烈社会功利色彩的人文主义教育设计,看来梁漱溟"新儒家"的思想成分并非单纯,而是染上了道佛因子,甚至掺入了西学的内容。对此,本书后面将作论述。

美国芝加哥大学艾恺教授在他所著的《最后的儒家——梁漱溟与中国现代化的两难》一书第一章中,以"父与子"为标题评述了梁济父子间的教育沟通以及他在子女教育上的取向。

在教育子女方面,梁济所做的更是背离了其贵族习俗。在那个世纪的末叶,作为士大夫的父辈和子女之间的关系还是非常拘谨的,有着严格的仪注和不可改变的规矩。在这种大家庭中长大的许多孩子与父亲谈话的机会几乎屈指可数,因而谈话时未免惶恐不安。能够容忍争论并与孩子进行自由讨论的家长是很少见的。相反,梁济有意识地在他和子女之间建立一种友好的、自然的关系,鼓励他们与他自由交谈,并积极征求他们的意见。他有目的地鼓励他们发展那些不同俗见的独立精神,教导他们坚持自己的观点甚至可以反对父母的意见。

---

① 梁培宽编:《梁漱溟自传》,江苏文艺出版社 1998 年版,第 11—12 页。

他也避免使用任何形式的体罚。他好像认识到:没有一个谴责者是令人信服的,也没有一个法官是严正无私的。

从梁济对其子女以及寄养在家中的侄甥们的教育中也可以看出他对传统观念的反抗以及对传统方式的漠视。1903年,京师译学馆成立,梁济送其长子焕鼐入馆学习。三年后,他把焕鼐送到东京学习商业,而商业当时是很受旧学界蔑视的。他还把两个作为孤儿的表外甥送到译学馆学习,后又送到英国攻读法律学位。他曾为不能亲自出国学习而感到遗憾,他冲破了双重俗见,努力使自己的两个女儿受教育,并且受的是当时的新式教育。①

正是这种促进儿童自主地学习,其间又能鼓励其富有独立性与探究精神的做法,才能在动态中培养与发挥儿童的创造能力。梁漱溟将自己人生中的这种品性及成效归因于父亲所采取的独特举措实非偶然。

我从小学起一直到现在,回想一下,似乎不论在什么地方,都是主动的;无论思想、学问、做事、行为,都像不是承受于人的,都是自己在那里瞎撞。几乎想不出一个积极的最大的能给我帮助的人来。我想到对我帮助最大的最有好处的,恐怕还是先父。②

梁漱溟称这种“不干涉”教育是“消极的”,不是“积极的”,并与礼教的标准规范及程序格式不相协调。

先父给我的帮助是消极的,不是积极的。我在《思亲记》上曾说到这意思。我很奇怪,在几十年前那样礼教空气中,为父亲的对儿子能毫不干涉,除了先父之外,我没有看见旁人的父亲对他的儿子能这

---

① 〔美〕艾恺著,王宗昱、冀建中译:《最后的儒家——梁漱溟与中国现代化的两难》,江苏人民出版社2003年版,第15—16页。
② 《先父所给予我的帮助》,见宋恩荣编,《梁漱溟教育文集》江苏教育出版社1987年版,第196页。

样的信任或放任。恐怕我对于我自己的儿子,也将做不到。①

　　其实这种不干涉主义教育在这里恰能体现道家或自然主义教育尊重儿童本性、崇尚自由与个性、鼓励主体自觉努力的基本观点,跳出了儒学"三纲五常"伦理道德的控制与礼教尊卑等级秩序的牢笼。梁漱溟主张"自然后果"教育法,旨在反对约束压抑、教条刻板、僵化机械的人为过分教育,是一种对生命化教育的理性诉求。他的教育本体论及道德教育论就充分揭示了这种基于学生主体性认识与涵养的生命化教育内容及方法。

　　在轻松宽容的家庭氛围中梁漱溟逐步养成了自学的习惯,小小年纪便自诩"天生德于予",鄙视只谋求一人一家衣食的平庸生活。10多岁就"留心时事,向志事功",每天埋首于《京话日报》《新民丛报》《德育鉴》《国风报》等一些传播近代新知识的基础读物,并且写日记不断勉励自己。他读《三名臣书牍》《三星使书牍》时,非常仰慕胡林翼和郭嵩焘,常常称道他们。这种行为取向及人生体验一方面有助于培养自主创新能力,丰富认识资源,深化闻见之知;另一方面,也激发了他以后从事乡村民众教育的热情与信念。同时,他又逐渐深信在教育与发展途径方式上需突破传统师生授受,学业成绩以知识分数测评衡量的樊篱或框架。

　　梁漱溟所接受的家庭教育是成功的。在这种家庭教育的熏陶下,他10岁以后便有了自己的价值标准,贯穿于其一生的行动及理念之中。

---

① 《先父所给予我的帮助》,见宋恩荣编:《梁漱溟教育文集》,江苏教育出版社1987年版,第196页。

第二章　求学历程

　　梁漱溟所受的正规教育包括蒙学堂、小学、中学以及清末改制的高等学堂,主体属近代西方教育的体制与模式,但囿于时代特点,其中也包括旧学教育,尤其是传统课程教材的因素。不过,由于梁济的开明与前瞻观念,梁漱溟的教育历程不同于当时一般官宦士大夫子弟乃至耕读传家者的普遍范式,而带有其鲜明的个性,一如他而立之年以后的文化学术思想及乡村民众教育实验。

第一节　初等教育阶段

　　清末1904年1月"新学制"改革后,与传统蒙学相并列的小学堂纷纷设立,既有官办、公办,也有私立,更有官私兼营合办的,而学校教育机构间的分级及学生的转学递升又相对灵活和自由。梁漱溟的"发蒙"或"启智"正是处在这种特定时代的教育背景之下。

一、由蒙学到新式小学堂

1898 年,梁漱溟刚满 5 岁,进入北京城一位孟姓塾师开办的家塾。梁漱溟在读了《三字经》等蒙书后,即读《地球韵言》,而没有诵习"四书五经"。《地球韵言》为张之洞的门生张士瀛编著,是当年最为流行的一本有关世界大势的教科书,1892 年出生的郭沫若、1893 年出生的梁漱溟、1899年出生的老舍,都在幼年时代精读过此书,也均在后来的回忆中浓墨重彩地描绘过这部书对自己的深刻影响。其实,《地球韵言》只是一本世界大势蒙学书。该书以国别为经,编织各大国政治、经济概况,内容多是一些世界民族国家分布,大洋、江河、山脉名称方位等人文自然及地理常识,而并不以各国地理为主。不过,该书正文确如书名所示,是以四字韵语为句,介绍一些世界知识,这显然方便儿童记忆。为加深理解,《地球韵言》仿中国蒙学读物如《三字经》之类,于正文之外附有大量注释,对正文中疑点难点进行详细解释。如"日本第七"正文为:"日本传国,百廿二世;睦仁嗣统,纪元明治。汪洋四岛,普陀正东;三韩斜对,向如两弓。"《地球韵言》编写体例沿袭魏晋南北朝周兴嗣所纂《千字文》风格,四字一句,押韵成文,朗朗上口,易记易诵,符合儿童喜歌谣、记忆力强的年龄特点及学习倾向。融西学内容、世界大势于传统体例模式之中,确为新旧教材转型更替时的一种"妙招"良法。他的"自传"对此有所追忆:

> 说起来好似一件奇事,就是我对于四书五经至今没有诵读过,只看过而已。这在同我一般年纪的人是很少的。不读四书,而读《地球韵言》,当然是出于我父亲的意思。他是距今四十五年前,不主张儿童读经的人。这在当时自是一破例的事。为何能如此呢?大约由父亲平素关心国家大局,而中国当那些年间恰是外侮日逼。①

这样的启蒙教育首先给梁漱溟的是一个广阔的视野。他一生很多时候思考事情都不是局限于中国国内的情况,而是具有宽广的世界视野。如

---

① 梁培宽编:《梁漱溟自传》,江苏文艺出版社 1998 年版,第 13 页。

著名论著《东西文化及其哲学》,在考察中国传统文化时便将视野放在整个世界的思想状况中。另一方面,这样的启蒙教育使他的心灵了无羁绊,开放自由,不会囿于某一种学说成见,而以自己独立的思考、朴素的原创性见解卓然于世。事实也确如此,梁漱溟没有深厚的国学根基,也不具备良好的西学基础,但恰恰是他,面对中国文化的消亡时独到地指出了中国文化的精华所在及其在整个世界思想界的地位和出路。[1]

中国近代新式小学堂起步于维新改良运动时期,区域集中于江苏、上海等沿海地区,如 1897 年出现的无锡三等学堂、上海三等公学堂、上海澄衷学堂等。1899 年,北京出现了第一所国人自办的新式小学堂,系由新派人物、福建寓京人士陈全荣所办,为早期新式小学堂之一,名曰"中西小学堂"。[2] 梁漱溟奉父命入学,读中文,也念英文。英文所用的课本是《英文初阶》《英文进阶》,其他课程及教材不详。

1900 年,在民族危机不断加深的情况下,山东、直隶(今河北)、天津、北京等地爆发了以农民为主体的自发的反帝爱国运动——义和团运动。义和团的反帝斗争,引起了帝国主义的恐惧。6 月 10 日,英、法、日、俄、德、美、意、奥八国组成侵略联军,于 7 月 14 日攻陷天津城,8 月 4 日集结 2 万军队,沿运河两岸向北京推进。10 天后,北京城被攻破,慈禧太后携带光绪帝及部分王公大臣仓皇离京,逃亡至西安。八国联军在北京、天津地区实行了残酷的屠杀和掳掠政策,并继续增兵至 10 万,向张家口和保定等地发动进攻,义和团运动惨遭失败。在这动荡不安、鸡犬不宁的社会乱世中,北京中西小学堂停办,梁漱溟被迫辍学。慈禧太后在逃亡途中即下令庆亲王奕劻和任命为直隶总督兼北洋大臣的李鸿章为谈判代表。1901 年 9 月,清政府在帝国主义逼迫下签订了屈辱的《辛丑条约》,中外纷争暂且平缓。新式学堂复校,并呈现方兴未艾之势头。由此,可允分证实教育受

---

[1]　佟自光编:《飞扬与落寞——梁漱溟的孤独思考》,东方出版社 2006 年版,第 17—18 页。

[2]　根据梁漱溟的回忆,他在 7 岁(实为 6 周岁,笔者注)时进入北京第一个"洋学堂"——中西小学堂(梁培宽编《梁漱溟自传》,江苏文艺出版社 1998 年版,第 14 页)。这一观点为一些著作所袭用,但地方史文献则又有别样的说法。如刘仲华主编《北京教育史》(人民出版社 2008 年版)第 163 页记载:王照和徐世昌创立八旗奉直第一号小学堂,这是北京最早的民办新式小学。1898 年,户部郎中王宗基等自筹款项在北城创设"公文学堂",以讲求"中西实学"为宗旨。学堂聘请翰林院侍讲黄绍箕、修撰张謇任中文教习。

社会政治关系的制约及影响这一教育原理。

1901 年后,新教育运动逐渐实现制度化、法制化建设,新办学堂日趋增加。梁漱溟进入北京南横街公立小学堂学习。1902 年,转入启蒙学堂。该学堂为梁济金兰之交与儿女亲家彭翼仲(诒孙)所办,教学采用商务印书馆编印的教科书,并设有英文课程,学校实施男女同学。梁漱溟在此校先后读 3 年,次年因病辍学。

> 溟生而瘠弱,又多罹灾病,公之育之也,独难矣!六岁踬于石阶,洞其额骨,绝焉,既苏,养息之。公多为列玩具枕前,引与嬉笑。此景思之常在目。十岁疠疡,在额,在臂,在股,在足,隆起如枣大者七数。不得坐,不得立,并不得卧,日夜啼。公煮白米粥哺之半年。此景思之常在目。呜呼!公之育之也,为独难矣!公之于少子,又所深爱焉。①

1904 年,由亲友诸家共请家庭教师刘纳先生,依"新学制"中《奏定小学堂章程》有关学年课程计划的规定,选学高小课程及相关教材。翌年下半年,梁漱溟改入由江苏旅京同乡会所办的江苏小学堂。梁漱溟自述:"自十三四岁开始,由于这向上心,我有自课于自己的责任;不论何事,很少需要人督迫,并且有时某些事,觉得不合我意见,虽旁人要我做,我亦不做。"②看来梁漱溟少年早期特立独行、自我秉承的自主性已经十分强烈。

从上述可见,梁漱溟少时求学经历多少带有曲折波动、纷繁复杂的特点。据他自己所云:"我在小学时代前后经过两度家塾四个小学。这种求学得不到安稳顺序前进,是与当时社会之不安,学制之无定有关系的。"③其实,此外还有两层缘由:其一是孩童直到少年时代梁漱溟的身体状况不佳,弱小多病,无法适应正式学堂规则程序与紧张密集的课业负担。

> 我自幼瘠瘦多病,气力微弱;未到天寒,手足已然不温。亲长皆觉

---

① 《桂林梁先生遗书》,见中国文化书院学术委员会编:《梁漱溟全集》第一卷,山东人民出版社 2005 年版,第 593 页。
② 梁培宽编:《梁漱溟自传》,江苏文艺出版社 1998 年版,第 15 页。
③ 梁培宽编:《梁漱溟自传》,江苏文艺出版社 1998 年版,第 15 页。

得,此儿怕不会长命的。五六岁时,每患头晕目眩;一时天旋地转,坐
立不稳,必须安卧始得。七八岁后,虽亦跳掷玩耍,总不如人家活泼勇
健。在小学里读书,一次盘杠子跌下地来,用药方才复苏。以后更不
敢轻试。在中学时,常常看着同学打球踢球,而不能参加。人家打罢
踢罢了,我方敢一个人来试一试。又因为爱用思想,神情颜色皆不像
一个少年。同学给我一个外号"小老哥"。——广东人呼小孩原如此
的;但北京人来说,则是嘲笑话了。①

其二是像这种新旧过渡形态交错多质的初等教育在当时是一种普遍
现象,因为新式小学堂不多,清末"新政"伊始的学校体制尚在转型、初建
之中,而并不十分稳定。这种教育制度的杂乱状况甚至延续到民国早期的
城乡社会都颇为常见。

二、小学阶段接受教育的表现

从梁漱溟青年以后的事业及社会活动建树来反观他的小学教育历程,
分析前后之间所存在的某些关联;这在当今的文学记述中称为某种情节的
人生活动效应,历史心理学则惯称为历史印记或历史回忆的后续作用。梁
漱溟的人生历程跨晚清、民国及新中国三个历史时期,丰富多彩的社会活
动及自成系统的理论建构体系中,不仅有时代的共性,更展示了其独特的
个性,所有这些都有其孩童求学遗留的痕迹。我们从中可以大致发现三方
面端倪。

(一)此期的学业成绩并不理想

儿童的发展潜质有差别,这里不仅是高低水平问题,而且有表现的早晚
与智能结构的不同,按照当代美国心理学家加德纳的实验,其组成的方式存
在着差异,共有7种不同排列组合构成的智能结构,体现着儿童不同倾向特
征的智力表现,由此转变了传统教育好差、高下、强弱、优劣等不同符号表述
的二元、单一性简便而绝对的判定,从而为学校差异性教学提供新的思想工

---

① 梁培宽编:《梁漱溟自传》,江苏文艺出版社1998年版,第12页。

具。学生在生理心理的阶段水平上既有普遍性,也有差异性,固然有少年早慧者,但也有大器晚成者,这是十分正常的。合理的教学组织及方法是既促成少年英才的特殊才能,也能使才质后显者不致被漠视扼杀,使各个层次水平的学生都能有最大空间生长余地,实现卓越教育设计及目标愿景。梁漱溟属于后者。灵活多样的教育方式、途径或手段,制度化与非制度化教育的复合力量,促成了这样一位早期"木讷"而性格沉稳的后来居上者的事业成就。除学制灵活外,还有家庭的因素及个人自学成才的主观努力。

> 小时候,我不但瘠弱,并且很呆笨的。约摸六岁了,自己还不会穿裤子。因裤上有带条,要从背后系引到前面来,打一结扣,而我不会。一次早起,母亲隔屋喊我,为何还不起床。我大声气愤地说:妹妹不给我穿裤子呀!招引得家里人都笑了。原来天天要妹妹替我打这结扣才行。十岁前后,在小学里的课业成绩,比一些同学都较差。虽不是极劣,总是中等以下。到十四岁如中学,我的智力乃见发达;课业成绩间有在前三名者。大体说来,我只是平常资质,没有过人之才。①

或许是自身的求学特点及人生独特经历所致,梁漱溟注重自我学习与个体修养,渐积、恒心及持续不懈地朝着志向目标努力作为,伴随其一生,真实地践行了《易经》的哲学精髓,"天行健,君子以自强不息;地势坤,君子以厚德载物"。当然,这也符合学校有限性与人生规划设计的无限性统一的教育哲理。他自述:"在学校时,不算特别勤学;出学校后,亦未用过苦功。只平素心理上,自己总有对自己的一种要求,不肯让一天光阴随便马虎过去。"②文字很平淡朴实,无华丽惊人之辞,其中含义却能体现温和谦逊、"人不知而不愠"、"文质彬彬,然后君子"的儒学气质。倘若从他青年以后从事的民众教育实验,引导失学少年及成年人读书学习、改良风气、矫正习俗的活动看,倒也有"大教育"观的意蕴,符合自身少年时代的教育"情结"及格调了。

---

① 梁培宽编:《梁漱溟自传》,江苏文艺出版社 1998 年版,第 12—13 页。
② 梁培宽编:《梁漱溟自传》,江苏文艺出版社 1998 年版,第 13 页。

（二）开始形成自学的习惯，以自学的方式学习

当代教育学理论将教育活动或制度划分为自在教育与自为教育两大类，以区别教育的客体存在与主体作为的差异性。无疑，自学属自为教育的重要方式，既有主体精神，也有方法策略。而又从现象分析其本质，可以得出本质性理解：自学主要是一种通过自我认识、理解，掌握知识技能、发展认识能力、提高个人素养的学习或教育方式。梁漱溟的学习自幼即带有独立性的课外自学特色，这就在相当程度上补救了校内教育的欠缺。无论是客观存在的或源于主观自身的，都富有启蒙、解放乃至革命的思想因素。

我的自学作始于小学时代。奇怪的是在那样新文化初开荒的时候，已有人为我准备了很好的课外读物。这是一种《启蒙画报》和一种《京话日报》。创办人是我的一位父执，而且是对于我关系深切的一位父执。

《启蒙画报》最先出版。它给十岁上下的儿童阅看的，内容主要是科学常识，其次是历史掌故、名人轶事，再则如"伊索寓言"一类的东西亦有；却少有今所谓"童话"者。例如天文、地理、博物、格致（"格物致知"之省文，当时用为物理化学之总名称）、算学等各门都有。全是白话文，全有图画（木版雕刻无彩色），而且每每将科学撰成小故事来说明。讲到天象，或以小儿不明白，问他的父母，父母如何解答来讲。讲到蚂蚁社会，或用两兄弟在草地上玩耍所见来讲。算学题以一个人做买卖来讲。诸如此类，儿童极其爱看。历史如讲太平天国，讲"平定"新疆等等。就是前二年的庚子变乱，亦作为历史，剖讲甚详。名人轶事，如司马光、范仲淹很多古人的事，以至外国如拿破仑、华盛顿、大彼得、俾斯麦、西乡隆盛等等都有。那便是长篇连载的故事了。图画为永清刘炳堂先生（用烺）所绘。刘先生极有绘画天才，而不是旧日文人所讲究之一派。没有学过西洋画，而他自得西画写实之妙。计出版首尾共有两年之久。我从那里面不但得了许多常识，并且启发我胸中很多道理，一直影响我到后来。我觉得近若干年所出儿童画报，都远不及它。①

---

① 梁培宽编：《梁漱溟自传》，江苏文艺出版社 1998 年版，第 15—17 页。

通过自学,梁漱溟培养了学习与探索的能力,增长了知识技能,拓宽了视野并有助于开发智能。而且,在自学的方式及经历中,可以比较灵活及时地结合社会新潮思想、时事政治,摆脱学校教育组织制度化的过分干预、控制,更能体现个体成长发展中的自主、独立及批判性,获得德知交织、知能统一的成效。

(三)初步接受西学知识的影响及熏陶

梁漱溟儿童时代就接触西方文化科学知识,而不像绝大多数同时代人一样仍是记诵传统蒙学读物为主,这在上面已经介绍过。这里引用他在晚年的回忆中的素材增强实证力。

> 我生于甲午中日之战前一年的 1893 年,六岁开始入中西小学堂读书。我求学的经历,是和我同年辈的人不一样的,由于我的父亲看到当时外侮日逼,非维新变法不足以立国,认为读四书五经一类的旧书可以靠后一步,所以在当时学制还未确定的情况下,就让我进入了福建人陈镁创办的中西小学堂。它之所以名为"中西",大约是因为它既教中文,又教英文之故。另外,还足以说明我父亲的维新思想的是,我在进入这个小学堂之前,六岁已开始在家塾读书,我在读完《三字经》以后,即读《地球韵言》,而没有读旧的经书。《地球韵言》,现恐已无处寻得,记得它是一本介绍亚细亚、欧罗巴、太平洋、大西洋、英吉利、法兰西等世界地理的书。①

尽管他后来成了现代新儒家的先驱人物,著名的传统文化本位主义者,但其学生时代,并没有很好地阅读过几部儒学经史著作。

> 当我幼时开蒙读书,正值吾父痛心国难之时,就教我读《地球韵言》一类的书,俾知晓世界大势,而未曾要我读"四书五经"。其后入

---

① 《忆旧谈往录》,见中国文化书院学术委员会编:《梁漱溟全集》第七卷,山东人民出版社 2005 年版,第 527 页。

小学,进中学,读一些教科书,终究置中国古经书未读。古经书在我,
只是像翻阅报刊那样,在一年暑假中自己阅读的。①

上述史实,也为西方汉学界的相关研究成果所证实。美国学者艾恺以
"梁漱溟与中国现代化的困境"为选题撰写博士学位论文,深得梁氏的信
赖,在通信中多次谈及。1980 年,艾恺特地来华专访,为其作品印证事实,
订正其中未尽正确、周详之处。他对此做了如下评述:

> 梁漱溟的早期教育也许是最彻底的一反惯例的了。他 6 岁开始
> 受家庭教育时,完全是按照传统习惯请来了塾师。但是,他父亲要塾
> 师一开始便教授一本介绍世界历史地理的启蒙读物《地球韵言》,而
> 不是去记诵"四书"。然而,梁济仍然不认为这是很令人满意的"现
> 代"教育。当北京第一所西式小学"中西小学堂"于翌年(1899 年)开
> 办时,他便送小漱溟进了这所小学的初级班。这一年,毛泽东在湖南
> 乡间开始受教育,在塾师随身的戒尺和严厉目光的监视下哼着经书。
> 在安徽上庄村,胡适也正在一家传统私塾中全神贯注地背诵着经书。
> 而 7 岁的梁漱溟,这个未来的旧传统的卫道士,却正忙着探寻英文入
> 门读本的奥秘,他念的是 ABC,而不是《论语》。由于受的是全盘西式
> 教育,梁漱溟直到成年也从未背诵和研习过儒家经典。②

胡适是美国实用主义理论在中国传播的代表,全盘西化或"西体中
用论"的鼓动及构建者,现代自由主义知识分子的标本。从比较研究方
法质的规定性而论,作为新儒学学派鼻祖、文化守旧者的梁漱溟与他更
具有可比性。两位大师级思想家的价值取向及选择理路有着戏剧性的
差异,足以让人惊讶。但胡适 1904—1910 年进入上海梅溪学堂、澄衷学
堂及上海公学接受新教育之前却主要经历了传统蒙学教育的早期生涯。

---

① 《自述早年思想之再转再变》,见中国文化书院学术委员会编:《梁漱溟全集》第七卷,山东人民出
版社 2005 年版,第 182 页。
② 〔美〕艾恺著,王宗昱、冀建中译:《最后的儒家——梁漱溟与中国现代化的两难》,江苏人民出版社
2003 年版,第 16 页。

能够典型说明问题的是胡适自述在读完基本蒙养书籍后,续读经籍所开列的书单:

> 《孝经》、朱子的《小学》(江永集注本)、《论语》《孟子》《大学》《中庸》(四书均为朱子注本)、《诗经》(朱子《集传》本)。还有《书经》(蔡沈注本)、《易经》(朱子《本义》本)、《礼记》(陈澔注本)。①

从中可知,胡适在进入沪上新式小学堂求学之前所受的经学古典教育是颇为严格的,少年时期他已经拥有较深厚的国学根基。

梁漱溟与胡适后来的学术旨趣及事业、人生的差异很大,自然与他们早期学习经历相关。梁漱溟通过对中西科学知识内容及思想文化的研学吸纳,运用于应时变化的中国社会问题的探求,形成了其实践性极强的乡村教育与建设理论,并身体力行。胡适则通过系统中西学教育培养及"庚款留美"考试,进入美国康奈尔大学、哥伦比亚大学研读化学、生物学,最后转向哲学。归国后,受聘于北京大学,研究哲学,而成就著者却在文学,成为在高等教育多学科领域颇有建树的一大思想家。

儒学到了近代,在民族国家迭遭重创,经济国力逐渐削弱,以至受西方列强、帝国主义的武力压迫背景下走向下降、沉沦的命运。梁漱溟等新儒学派在挖掘儒学精神内核的同时,承担起以儒学解答、拯救现代社会危机、矛盾的责任,是一种现代世界语境下或科学化视野中对儒学文化教育的西化改造,也是一种复兴及部分回归。

第二节　中等教育阶段

1906 年,梁漱溟考入北京早期的几所新式中学堂之一、著名的顺天府中学堂,进入人生重要而相对漫长的学习阶段——中学教育,从此开始了

---

① 沈卫威:《无地自由——胡适传》,安徽教育出版社 2005 年版,第 22 页。

少年至青年早期思想剧烈冲突、心理世界动荡及精神观念失衡的人生暴风骤雨阶段,常称为危险期。对于梁漱溟而言,中学生涯不仅是身体发育成熟、知识增进提高、心理完善丰富的关键期,更是其思想道德转型与构建的关键期。

一、中学阶段的学习及成长

戊戌维新时期,北京最有影响的新式中等学堂为通艺学堂,由张元济、严复合办。但是通艺学堂创办不足一年,维新运动失败,张元济被"革职永不叙用",通艺学堂也被迫停办。时任管学大臣孙家鼐于 1898 年 8 月 4 日奏请在五城建立中学堂、小学堂。

关于五城中学堂与顺天府中学堂的开办及其相互关系,今天可查考资源稀少。梁漱溟自身的回忆却能起填补作用:

> 我于十三岁那一年(1906 年)的夏天,考入"顺天中学堂"(地址在地安门外兵将局)。此虽不是北京最先成立的一间中学,却是与那最先成立的"五城中学堂"为兄弟者。"五城"指北京的城市;"顺天"指顺天府(京兆)。福建人陈璧,先为五城御史,创五城中学;后为顺天府尹,又设顺天中学。两个学堂的洋文总教习,同由王邵廉先生(天津人,与伍光建同留学英国海军)担任。汉文教习以福建人居多,例如五城以林纾(琴南)为主,我们则以一位跛腿陈先生(忘其名)为主。[1]

1904 年 1 月颁布实施的《奏定中学堂章程》规定,中学堂教学科目凡分十二:一、修身;二、读经讲经;三、中国文学;四、外国语(东语、英语或德语、法语、俄语);五、历史;六、地理;七、算学;八、博物;九、物理及化学;十、法制及理财;十一、图画;十二、体操。但法制理财缺之亦可。[2] 这体现了"中体西用"的办学旨意。

---

① 梁培宽编:《梁漱溟自传》,江苏文艺出版社 1998 年版,第 23 页。
② 《奏定中学堂章程》,见朱有瓛主编:《中国近代学制史料》第二辑上册,华东师范大学出版社 1987 年版,第 383 页。

梁漱溟所入顺天府中学堂在《奏定中学堂章程》推行两年后创设，无疑是以此为蓝本筹划、实施的，其变通性极小，因为府设中学堂为官立中学，由官方出资，"以为模范"①。那么，由此我们得以管窥梁氏中学教育生涯之一斑了。

顺天府中学堂教学及管理的大体情况为：

教学概况　指导方面，用科学的方法，教授学生，启发学生思想，指定各种参考书，使学生自动阅览；学生方面，自习时不得无故不到，师生遇有疑难，则提出共同讨论。

训练概况　教师管理，有教师规则，学生有过失者，教员得随时纠正之。宿舍管理，有宿舍规则，每日由训育主任或训育员视察二次。学生训练，齐集大礼堂或在教室内，由教职员训话或讲演，由学生组织各种研究会，自由研究学术，由教员指导之。

体育概况　课内每日午前于第二时下课后，全校学生齐集操场，作十分钟课间操。初中学生于每周一、三、五三天下午，各有两小时的童子军训练。高中学生于每周一、二、四三天，有两小时的军事训练。课外每日下午课毕，有各种球类练习及田径赛器械练习，均由指导员负责指导。②

以上内容源自于北京《时代教育》杂志 1933 年第 1 卷第 5 期的文献《中等学校》，离清末该学堂初设已经相去近 30 年，但上述材料的思想方法相对当时国内中学教育普遍情形而论，显然是相当清新、活泼及自由的，甚至可以看出杜威实用主义现代教育理论的传播与影响。如果一个学校的办学有其传统联系，循着历史演进的逆向蠡测，顺天中学堂的办学在清末也是开通或相对活跃的。这样，便可以理解梁漱溟中学时代的自学活动、社团工作、社会组织及思想波折的潜在课程资源。

据梁漱溟的回忆，当时中学堂学生年龄、程度及教育经历均不尽相同，

① 《奏定中学堂章程》，见朱有瓛主编：《中国近代学制史料》第二辑上册，华东师范大学出版社 1987 年版，第 382 页。
② 韩朴、田红编：《北京近代中学教育史料》上册，北京教育出版社 1995 年版，第 424 页。

差异较大,犹如古代的中央官学与地方官学一般,他在班级上反而是年少的了。

> 当时已初设学校,学科程度无一点标准。许多小学比今日中学程度还高,而那时的中学与大学似亦颇难分别。我的同班同学竟有年纪长我近一倍者——我十四岁,他二十七岁。有好多同学虽与我们年纪小的同班受课,其实可以为我们老师而有余。他们诗赋、古文词、四六骈体文,都作得很好;进而讲求到"选学"(《昭明文选》)。不过因为求出路(贡生、举人、进士)非经过学堂不可;有的机会凑巧得入大学,有的不巧就入中学了。今日学术界知名人士,如张申府(崧年)、汤用彤(锡予)各位,皆是我的老同学。论年级,他们尚稍后于我;论年龄,则我们三人皆相同。我在我那班级上是年龄最小的。①

这样的班级组织特点是中学堂兴办之初学制衔接并不严密,主要是前期预备阶段生源不足,教育设施欠完善造成的,而这又成了梁漱溟以后组织山东邹平乡村建设研究院乡农学校、村学及乡学办学灵活多样、不拘一格实践风格的渊薮及资源。

看来,中学教育阶段组织编制的模糊性给梁漱溟的体验及烙印是十分深刻的,而且从他自河南村治学院到重庆北碚勉仁中学、勉仁文学院的办学实践来看,他对这种非严格科学化的编制设计还带有认同或肯定的倾向。

梁漱溟把个人的学习方式及深刻体验加以提炼升华,强调课内学习与课外自学方式的有机结合,更能提升教学的效果,并拓展学生的知识视野,培养其创造力。因此,他充分肯定自学的意义与价值。

中学时代的梁漱溟,除了思考人生问题外,还因国家问题的强烈刺激,对政治理论、革命与改良等当时中国知识界最关心的话题产生了浓厚兴趣。那时,梁漱溟较一般同学更方便地获得梁启超在日本编辑的《新民丛报》《新小说》,以及立宪派稍后出版的《国风报》、革命派的《民报》、外埠

---

① 梁培宽编:《梁漱溟自传》,江苏文艺出版社 1998 年版,第 23—24 页。

的《申报》《时报》等。这些刊物,特别是梁启超的文字,深深吸引了梁漱溟的注意力,对其思想的形成与转变产生了莫大影响,使梁漱溟在阅读中获知许多近代思想和理念,相信梁启超等人为中国所开出的君主立宪处方,确实看到了中国问题的症结,是诊治中国问题的灵丹妙药。梁漱溟真诚相信梁启超的伟大与特异处,佩服梁启超的思想敏锐与行动果敢。他认为,时人所热议的国会制度、责任内阁、选举制度、预算制度、国库制度、审计制度,如果按照梁启超的规划进行改革,必然能够像西方国家一样,建设成一个现代国家。然而,这种对梁启超的崇拜、信仰与追随并没有持续太久,他就转而走到梁启超的对立面,追随孙中山先生闹革命。

梁漱溟重视自学的理念以及个体的体验延续连绵、扩大深化,这在广东、河南、山东及重庆的教育实验或办学实践中都得到体现。例如 1928—1929 年期间,他在广东省立一中的改革实践中就提出了十大改革,其中涉及教学中如何体现学生自主性与积极性、发挥自学的作用等相关主张。

> 就是英文和数学大家认为要难点的课程,我记得从前读书的时候,我和几个同学自己做的,常常要比先生在教室里讲的快很多。像英文还只讲五十页,而我们自己就已经读到八十页了;又像代数,先生还不曾讲到二次方程式,而我们自己的算草,就已经演到二次方程式了。在英文和数学,都可以是这样自己来做,至于其他功课,自然就要容易做了。像高中的社会问题、世界进化史等等,如果自己肯用心读书,就不上课,都能够自己了解;不然,你就天天上课,所晓得的,只有先生在讲堂上所讲的,并且不能亲切自得。①

应该说,注重自学能力的培养,发挥学生自学的方式方法在学习策略指导中占据突出的地位,不仅有助于课堂教学的解放,而且对实施终身学习、学会学习,构建学习型社会都是极富建设意义的。

中学阶段梁漱溟的智能日渐开发,学业成绩常居班内前列,这与小学

---

① 《今后一中改造之方向》,见中国文化书院学术委员会编:《梁漱溟全集》第四卷,山东人民出版社 2005 年版,第 871 页。

教育阶段形成了鲜明的对比,而且体能素质的生长发育亦已趋常态,未见有疾患或器官性疾病的记录,为学习与各项实践活动奠定了生理基础,体现了知识与能力的彼此促进与良性互动循环。看来人的心智成熟与其学习能力及成就水平是紧密联系的,而且个体的阶段发展差异性很明显,是客观存在的,一味地遵循"同一""标准化"教育与"起跑线"上的强迫高压方式是过度而无效的教育。这里可以用美国耶鲁大学医学博士、儿童心理学家盖塞尔(Arnold Lucius Gesell,1880—1961)的"自然成熟论"加以阐释。盖塞尔认为,儿童身心的发展变化是受机体内部的因素即生物基因固有的程序制约的,外部环境的作用只是为正常生长提供必要的条件,不能改变发展本身的自然成熟程序。什么时候出现什么机能都有一个内部的时间表。他特别强调生物因素在儿童发展中的作用。盖塞尔和汤普森所作的同卵双生子爬梯、堆积木、学词汇等实验,都说明成熟程序未到,提早训练的收效是很短暂的。[1]

顺天府中学堂时代的梁漱溟在各科学习过程中,仍表现出对国文学习的忽视,颇有兴趣索然之感,但又有学业能力较强的不俗表现,尤其是国文综合性训练方面,更有思想性创新及立意脱俗的迹象,寓意这位思想家教育革新的原创性格调已在少年时代显露。

> 我是不注意国文方面的。国文讲义我照例不看;国文先生所讲,我照例不听。我另有我所用的功夫,如后面所述,而很少看中国旧书。但我国文作文成绩还不错;偶然亦被取为第一名。我总喜欢作翻案文章,不肯落俗套。有时能出奇制胜,有时亦多半失败。记得一位七十岁的工老师十分恼恨我。他在我作文卷后,严重地批着"好恶拂人之性,灾必逮夫身"的批语。而后来一位范先生偏赏识我。他给我的批语,都是"语不惊人死不休"。[2]

---

① 教育大辞典编纂委员会编:《教育大辞典》第 5 卷(教育心理学),上海教育出版社 1990 年版,第 171 页。
② 梁培宽编:《梁漱溟自传》,江苏文艺出版社 1998 年版,第 25—26 页。

可以说,梁漱溟的成长之路是一条"先立人后成学"的道路,和现在甚至过去那些先苦读再在社会中培养品格的道路大有不同。经历顺天中学堂的求学努力,梁漱溟开始了自己的人生路程。同父亲梁济考中举人后才智用尽不同,他在形成一定的人格品质之后,心智竟然有了很大的提高,在思想和学问上开始展现卓越的才华,最终成为一代大师。而与此同时,其父关心国家民生之心怀及行为则很大程度上为他后来的乡村建设运动和奔走于国共和平做了铺垫。

二、中学阶段接受教育的特点

在顺天中学堂求学的梁漱溟恰处在人生的重要时期,上述教育心理现象的内容或本质在主人公身上的表现又是具体、生动而富有个性的。

(一)实用主义的价值观

梁漱溟在其父梁济的关怀与期待中成长,在人生性格及个性形成的关键期,更是在父爱的习染中潜移默化地受到引导和教育,其中的思想内容或价值取向在于实用主义的准则。1934 年 1 月 3—4 日,梁漱溟在山东乡村建设研究院讲习会上发表题为《自述》的演讲,叙述了自己由童年时代迄今思想的发展历程,其中就展示了下述主题场景:

> 我为人的真挚,有似于先父。在事情上认真,对待人也真诚。即先父之视我,亦自谓我与他相似;当我十七岁时,先父曾字我曰"肖吾",于此可见,在今日我自己反省时,我感觉到我的所以如此者,无一不是由于我的性情脾气所造成。诸君能了然于此后,请进而言事实。

> 吾人幼小时,心胸中空空洞洞,势不免于先入为主。况加我之性情脾气既同于先父。于是先父的思想,乃成为我的思想。先父为一实用主义者,我亦随之而成为一实用主义者。我入中学时十四岁,国文教师教我的唐宋八大家的古文,我最不高兴;国文讲义,我向例不看,尤其不喜欢空洞的议论,如苏东坡之万言书。至若《庄子》上的文字,更叫我头痛痛恨。因为《庄子》上的文字,富有哲学意味,玄妙极顶;

类如"此一是非,是是非非,非非是是",实在是故示玄妙,完全是骗人误人的东西。所有《庄子》《老子》一类书,我概不以为然。其他如古文、词章、文选派之六朝文章,我无一不厌恶。我从来没有在国文上,下过功夫。由此种至狭隘之见解中,亦可以看到我之愚笨为何如,我之认真为何如。此种狭隘之见解,二十余岁以后,才渐次解放。①

梁漱溟入中学堂求学期间受父亲的启发便有了自己的一套价值标准:

大约十四岁以后,我即形成自己的人生思想,胸中自有一个价值标准,时时用以评判一切人和一切事。这就是凡事看他于人于社会有没有好处及好处之大小。假使于群于己都没有好处,就是一件要不得的事了。反之,若于群于己都有顶大好处,便是天下第一等之事。以此衡量一切并解释一切,似乎无往而不通。若一时对一事思之不通,千难万阻,也要辗转求得解答,以自圆其说。一旦豁然开朗,有所获得,便不禁手舞足蹈,顾盼自喜。此时西洋之"功利主义""最大多数幸福主义""实用主义""工具主义"等等我虽尚无所闻,但思想算是不期而遇,恰与西洋这些功利派思想相近。②

这种以"于人于社会"或"于群于己"有没有好处的价值判断作为行为效果或道德善恶评判标准的思路是一种典型的功利主义观念,即以边沁式享乐主义者的计算方法来衡量人的行为。③ 这种观念在 20 世纪 30 年代山东邹平乡村教育实验中也得到体现。由梁漱溟演说,郝心静笔记的《精神

---

① 《自述》,见中国文化书院学术委员会编:《梁漱溟全集》第二卷,山东人民出版社 2005 年版,第6—7页。

② 汪东林:《梁漱溟问答录》,湖南人民出版社 1988 年版,第 16 页。

③ 边沁(Jeremy Bentham,1748—1832),英国伦理学家、法学家,资产阶级功利主义的主要代表,认为"个人的利益是唯一现实的利益","社会利益只是一种抽象,它不过是个人利益的总和"。他主张所谓"最大多数的最大幸福"的"功利原则"。同时强调有利于资产者的就是有利于全社会的,而有利于资产者的就是道德的,功利就是道德的标准。又提倡放任主义的政治经济学说。在哲学方面,认为一般的概念都是一种"虚构",这一主张后来成为现代资产阶级哲学流派语义哲学的理论来源之一。边沁主要著作有《道德及立法的原理》《惩罚与奖励的理论》《本务论或道德科学》等。[辞海编辑委员会编:《辞海》(缩印本),上海辞书出版社 1989 年版,第 1034 页。]

陶炼要旨》(收入《乡村建设》第 4 卷第 7—8 期合刊本,1931 年 10 月版)便阐释了其中的要义,成为上述乡村教育实验第一阶段办学组织形式乡农学校课程编制的重要依据之一。

无论从善恶还是有效用与否的功利主义、实用主义的立场出发,梁漱溟都把艺术和哲学看作一种浮华无实、空谈虚幻的学科:

> 我那时自负要救国救世,建功立业,论胸襟气概似极其不凡;实则在人本思想上,是很浅陋的。对于人生许多较深问题,根本未曾理会到。对于古今哲人高明一些的思想,不但未加理会,并且拒绝理会之。盖受先父影响,抱一种狭隘功利见解,重事功而轻学问。具有实用价值的学问,还知注意;若文学,若哲学,则直认为误人骗人的东西而排斥它。对于人格修养的学问,感受《德育鉴》之启发,固然留意;但意念中却认为"要作大事必须有人格修养才行",竟以人格修养作方法手段看了。似此偏激无当浅薄无根的思想,早应当被推翻。无如一般人多半连这点偏激浅薄思想亦没有。尽他们不同意我,乃至驳斥我,其力量却不足以动摇我之自信。①

上述言论或许与梁漱溟这位鸿儒、现代著名哲学家的思想本色多少有所偏离,当然五四新文化运动以后,他对哲学、艺术的偏见已有所改观,甚至已融会、吸收了印度佛学的成分,但即便如此,仍然应该认定其思想内容中积淀或潜藏的积极入世、刚健有为与实用理性的风骨特质是始终如一、一以贯之的。

这种功利或唯实主义的思想意识固然离不开当时日削月割的时代背景以及揖美追欧的报国之心,这是近现代一批仁人志士的共同心声,实业救国、科学救国社会思潮滥觞的渊源之一。梁漱溟也不例外,但在他的多次言论与文字表述之中,将影响源直白地与父亲的言传身教、家庭的熏陶习染加以联系对接,突出了家世血亲影响力的持久而深刻,甚至隐喻了终身教育的因子。

正是基于这种认识基础,梁漱溟在 20 世纪 20 年代以后便义无反顾地

---

① 梁培宽编:《梁漱溟自传》,江苏文艺出版社 1998 年版,第 30—31 页。

加入"乡治""乡建"运动之中,积极地从事乡村教育实验,其活动领域从广东、河南再到山东、重庆,足迹遍于南北东西,与活跃于其他区域的乡村建设及教育的流派、团体机构互通有无,彼此呼应,蔚为20世纪二三十年代声势浩大的乡建运动,其核心则是乡村教育构造或实验活动。若以梁漱溟一生事业中心乡村建设的奋斗历程而论,也可获得同样的结论。

> 乡村运动是我一生中一桩大事,在事隔多年之后,今天有必要回忆,略加叙述,同时也就反省批判之。因有旧著如《中国民族自救运动之最后觉悟》《乡村建设理论》《乡村建设论文集》等书可资考核,今为此文只须联缀前后之事却无需详述了。
>
> 远从几代祖先以来,我家世居大城市中,对于乡村生活实多隔膜。只因中国是一大农业国,是一大乡村社会,城市知识界人终不能不关心乡村耳。但我之注意到乡村则更有其特殊原由。
>
> 原由在我生逢国家多难之秋,受先父及父执彭翼仲先生影响,自幼关心大局政治,在清季则由请愿开国会而激进参加革命。清廷退位,袁世凯当权,破坏临时约法,解散国会,民间曾无抗阻之力,甚至容其出现帝制运动。顿悟广大人民根本没有民主要求,所谓宪政徒托空言是不行的。我所梦想的议会政治政党内阁,要必先养成国人的政治能力,而建基则在地方自治。我之下决心去乡村,盖志在从小规模的地方自治入手也。①

由乡村自治到文化重建、教育推行、社会组织建构的完善,直至近代以来饱受战乱而日渐衰败的乡村社会复兴,是梁漱溟乡建事业的有机环节及其形成的完整链接。由此可见,中学时代的思想认识及志向目标对人生的道路选择及成就业绩影响之深远持久。

(二)伙伴群体的影响

中学阶段后期梁漱溟在思想意识及政治观念上受到小组团队同学的熏

---

① 《我致力乡村运动的回忆和反省》,见中国文化书院学术委员会编:《梁漱溟全集》第七卷,山东人民出版社2005年版,第424页。

陶习染而发生转移,而其作用方式是潜在课程或校园文化资源的渗透与暗示。这对梁漱溟偏于极端功利主义及实用主义不啻是一种松动与警醒,同时也在社会政治道路的探寻上发挥了积极导向作用。前者促成他具有新人文主义与儒学民本思想的滋生,后者则塑造了其革命民主主义的胚胎。梁漱溟说:"在我班上有四个人,彼此很要好。一廖福申(慰慈,福建),二王毓芬(梅庄,北京),三姚万里(伯鹏,广东),四就是我。我们四个都是年纪最小的——廖与王稍长一两岁。在廖大哥领导之下,我们曾结合起来自学。"①

他又自称在顺天中学堂的两位挚友郭人麟(一作仁林,字晓峰,河北乐亭县人)、甄元熙(字亮甫,广东台山县人)的影响,其力度"比初入学时结合在一起自学的三位要好同学还大得多"。

> 郭人麟天资绝高,思想超脱,于老、庄、《易经》、佛典皆有心得,而最喜欢谭嗣同的《仁学》。其思想高于我,其精神亦足以笼罩我。他有时嗤笑我,使我茫然若失;有时顺应我做大事业的心理而以理教我,使我心悦诚服。我崇拜之极,尊之为"郭师",课余就去讨教,并记录他的谈话整理订成一厚册,题曰"郭师语录"。同学中则多半讥笑我们,说什么"梁贤人遇上了郭圣人"。自与郭君结交之后,我一向狭隘的功利见解为之打破,对哲学始知尊重。这在我思想上,实为一大转进。②

"狭隘的功利见解"虽然打破,但并非实用主义或功利主义的价值观完全转变,只是在辩证否定基础之上人文宗教思想的培植与建构,使其在工具实践路线上增添了独特的理论资源。无疑,这是梁漱溟思想历程中的一次重大转变,"即当初最反对高玄最嫌厌哲学,却不料以后反而到大学中去讲哲学,致为人目之为哲学家也"③。在郭人麟的鼓励和影响下,梁漱溟开始涉猎他曾藐视的中国哲学。他重点阅读了佛学著作和王阳明的著作。然而,对于晦涩的唯识佛学和明代心学的这番探索对梁漱溟的基本思

---

① 梁培宽编:《梁漱溟自传》,江苏文艺出版社1998年版,第24—25页。
② 汪东林:《梁漱溟问答录》,湖南人民出版社1988年版,第18页。
③ 《自述》,见中国文化书院学术委员会编:《梁漱溟全集》第二卷,山东人民出版社2005年版,第7页。

想并未即刻产生影响。他依然固守其明确的功利主义计算方法。但是这种精巧的哲学宗教讨论,丰富了其精神修养,使他养成了长时间独自沉思的习惯。他对什么是真正的"苦乐"感到疑惑。[①]

这样,他就从"利""害"的分析转到苦乐问题上来。"对于苦乐的研究,是使我探入中国儒学印度佛家的钥匙,颇为重要。后来所作《究元决疑论》中,有论苦乐的一段尚可见一斑。而这一段话,却完全是十六七岁在中学时撰写的旧稿。"[②]

相比较郭人麟而言,直接促使梁漱溟转向革命派,并介绍他加入同盟会的是另一位挚友甄元熙。梁漱溟作了栩栩如生的追忆,不仅剖析自身思想变化的历程,体现其现实主义的人生态度及时代风潮的前驱角色特征,并能丰富我们对此时社会历史的认识。

> 甄君进校之前就与革命派有关系,是孙中山先生的忠实信徒。我们都对时局积极关心,不久即成了很好的朋友,但彼此政见并不相同。他当然是革命派主张,我只热心政治改造,而不同情排满反清。在政治改造上,我又认为英国式政治为理想,否认君主国体、民主国体在政治改造上有什么差异,指责法国式(内阁制)、美国式(总统制)政治,皆不如英国政治之善。此即后来辛亥革命中,康有为所谓"虚君共和论"。我同甄君的分歧自不待言,但他这人多谋善辩,有一套办法。一天,他悄悄给我一本书,说让我读完后再讨论研究。这本书是由日本东京出版输入我国的,题目叫《立宪派与革命派之论战》,书中收集了以梁启超为主的发表在《新民丛报》上君主立宪派的文章,同时收集了胡汉民、汪精卫等发表在《民报》上的革命派的文章。两派观点针锋相对,各不相让。我认真读完了全书。由于我本来就倾向于梁启超一边,当然不能一时间就接受革命派的思想。但甄君表现得十分有耐心,我们彼此间经常秘密进行笔战和面对面的辩论,争得面红耳赤,却又不伤感情。我

---

① 〔美〕艾恺著,王宗昱、冀建中译:《最后的儒家——梁漱溟与中国现代化的两难》,江苏人民出版社2003年版,第22页。

② 梁培宽编:《梁漱溟自传》,江苏文艺出版社1998年版,第27—28页。

为他的革命激情所感动,所影响,更重要的是与此同时发生的许多事实教育了我,使我认识到主张君主立宪,此路不通。①

立宪与革命的争论在 20 世纪初的辩难与交锋异常激烈,恰如 20 年后新旧民主主义革命在革命目的、性质、对象、依靠力量及方式选择等方面的斗争,梁漱溟在改良抑或革命的选项上无疑走向时代前列,合乎历史趋势或潮流。

(三)与父亲思想的分歧

梁济为幼小的儿子取字"肖吾",足见爱惜之情。梁漱溟看轻书本学问而有志于事功,从中学时代开始便孜孜于人生和社会问题探求,上述行为方式及治学处世风格既深受父亲的感染,同时又受其欣赏。父子之间彼此沟通,交流对话,经常谈论时事,评点人物,气氛十分热烈。虽然有时彼此因为观点不同而争执得不可开交,以至声传户外,但谁也不强迫对方接受。直到晚年,梁漱溟仍然很怀念这种父子切磋探讨、自由辩论、相知相得的情境,也正是在这种氛围熏陶下,形成了他一生顽强追求平等自由的特点,以及恪守独立人格的风骨。

1910 年,梁启超主持的立宪刊物《国风报》唤醒了梁漱溟对西方政治革新的热情。他对立法制度、内阁、预算、审计及货币制度等问题非常感兴趣,认为中国也会走向富强。就此而论,梁漱溟与其父亲思想一致。

> 公固关怀国家,溟亦好论时事,于是所语者什九在大局政治,新旧风教之间。始在光宣间,父子并嗜读新会梁氏书。溟日手《新民丛报》若《国风报》一本,肆为议论,顾皆能得公旨。②

起初,梁漱溟坚持他对梁启超及立宪派的信仰,这种信念是他从那无可怀

---

① 汪东林:《梁漱溟问答录》,湖南人民出版社 1988 年版,第 18—19 页。
② 《桂林梁先生遗书》,见中国文化书院学术委员会编:《梁漱溟全集》第一卷,山东人民出版社 2005 年版,第 594 页。

疑的父亲和彭诒孙那里接受下来的,同时也得益于自己的思考与探求。笔战就在他和甄元熙之间展开了。后来,梁漱溟的思想发生了由社会改良向民主革命的转变,其内在原因固然在于他对清政府预备立宪的彻底失望。然而,正是缘于此,作为政治同盟者的阵营,梁漱溟父子之间分歧出现并加大了。

> 公厌薄党人,而溟故袒之。公痛嫉议员并疑其制度,而溟力护国会,语必致近。诸类于是,不可枚举。时局多事,倏忽日变,则亦日夕相争,每致公不欢而罢。然意不解,则旋复理前语。理前语,则又相持。当午或为之废食,入夜或致晏寝。既寝矣,或又就榻前语不休。其间词气暴慢,至于喧声达户外者有之。悖逆无人子礼。呜呼! 痛已! 儿子之罪不可赎已![1]

段尾以懊悔自责结束,其间透露出因政见主张差异而致使父子间爆发争论,甚至冲突是十分激烈的。在为人子者看来有损于家庭父子的伦常道德规范,梁漱溟因此而产生了一种痛心追悔的情绪体验。

中学教育阶段结束前夕,梁漱溟加入京津同盟会组织(中国革命同盟会京津保支部之简称,正式成立于 1911 年冬,此前为小组织、小团体,后逐步联络成统一组织,汪精卫为支部长)。加入京津同盟会之后的第一个举动就是“断发易服”,以表示与清政府决裂的决心,此外还参与了一些掩护和传送信件的活动。1911 年冬天,梁漱溟毕业于顺天中学堂。毕业后,他不愿上大学深造。时值辛亥革命爆发,遂到由甄元熙创办的《民国报》当记者。每日出入总统府、国务院、学校团体与街头巷尾,目睹风云诡谲的政情。但此期的一个重大收获是正式取名为“漱溟”的人生插曲。

梁漱溟未选择上大学深造或出国,在异国他乡求学“镀金”,而是立志扎根于中国,通过自学和参加社会实践增长才干,而他的记者兼编辑身份,使他有可能以“无冕之王”身份拜见民国要人,采访各方新闻,报道各派政见,所涉北京政坛见闻很多,感受极深,刺激很大。民国初年中国移植西方政治

---

[1] 《桂林梁先生遗书》,见中国文化书院学术委员会编.《梁漱溟全集》第一卷,山东人民出版社 2005 年版,第 594 页。

制度的混乱,上层政治生活的丑恶使目睹此情此景的梁漱溟感到震惊。辛亥革命仅在形式上推翻了清朝封建帝制,政局并未因此而好转,国家似乎一天比一天更糟。上述经历使他确信西方的民主制度若没有基层民众的配合,只能变成有野心的政客们的掌上玩物。这也是使他放弃在中国建立西方式民主政治制度的急功近利的做法,而探索深入到乡村民众组织及生活当中,试图从基层培养中国人的民主习惯的部分原因。[1] 诚如他回忆所称:

> 作新闻记者生活约一年余。连参与革命工作算起来,亦不满两周年。在此期间内,读书少而活动多,书本上的知识未见长进,而以与社会接触频繁之故,渐晓得事实不尽如理想。对于"革命""政治""伟大人物"……皆有"不过如此"之感。有些下流行径、鄙俗心理,以及尖刻、狠毒、凶暴之事,以前在家庭在学校所遇不到的,此时却看见了;颇引起我对于人生感到厌倦和憎恶。……当时议会内党派的离合,国务院的改组,袁世凯的许多操纵运用,皆映于吾目而了了于吾心。许多政治上人物,他不熟悉我,我却熟悉他。这些实际知识和经验,有助于我对中国问题之认识者不少。[2]

这里的"厌倦和憎恶"是对社会反思及现状感悟的结果,而"对中国问题之认识者不少",则是一种未来的期盼与努力,预示着一种新的转折与起点开始出现。

1912 年 8 月,中国同盟会改组为国民党。梁漱溟参加了在北京虎坊桥湖广会馆之剧场举行的成立大会,亲见了孙中山和黄兴的长篇演讲。同样是这一年,梁漱溟的母亲病逝北京。次年春,国民党总部将《民国报》也进行了改组,改为国民党本部的机关报,并派议员汤漪负责。汤漪到任后将编辑部换了一批新人,梁漱溟与一干朋友便离去了,自此便自动脱离了国民党政派组织。

---

① 善峰:《梁漱溟社会改造构想研究》,山东大学出版社 1996 年版,第 22 页。
② 梁培宽编:《梁漱溟自传》,江苏文艺出版社 1998 年版,第 34—35 页。

第三章　思想的彷徨与探索

中国近代传播马克思主义学说、社会主义思想源于清末民初,英国传教士李提摩太(Timothy Richard,1845—1919)、梁启超等人均是早期宣传、介绍的代表人物。一批探索社会改革出路的进步青年受其影响。但由于时代及认识的局限,未能掀起思想界的轩然大波,他们便纷纷另奔他途,或偃旗息鼓了。梁漱溟便是其中的一位。不过,此后他的思想历程一波三折,由钟情社会主义到痴迷佛学,而后又逐渐回归现实,趋向儒学现实功利主义及西方科学技术力量认同的选项。

第一节　探讨社会主义

梁漱溟辞别了《民国报》记者一职,但没有停止对社会问题的探索。大约是 1912 年的某一天,他偶然在家中的旧书堆里找到一本日本无政府主义者幸得秋水著、张继译的《社会主义之神髓》小册子,其中有关反对私有财产的话引起了他的共鸣,并不断思索这个问题,最终对社会主义产生了浓厚的兴趣。

按梁漱溟的回忆,他对这本书的内容很有兴味,尤其是"其中有些反对财产私有的话,却印入我心"。此后,便不断来思索这个问题,愈想愈多,不能自休。"终至引我到反对财产私有的路上,而且激烈地反对,好像忍耐不得。"①此时人们关注的是政治上的"社会主义",而对经济改造一般人并不注意。梁漱溟理解的"社会主义"主要是基于社会现实状况而触发的感想,虽比较简单,但从经济上去把握,恰是这派理论的精髓,从本质或方向上摸准了社会主义的本质,已臻新思潮领悟的前沿。

经过一段时间的思考,1912 年冬天,梁漱溟撰写了《社会主义粹言》一书,由于无钱付印,便从朋友处借来誊写板,自己刻印了数十份,分送给朋友。该书共分 10 节,1.2 万余字,但非常遗憾原稿已佚失,无从查找。1923年 8 月,梁漱溟在山东第六中学讲演,由听者崔万秋笔录之一段为其中"社会主义之必要"大义,其中所举例子,不外乎女子为生活所逼,强扮笑颜委曲承欢,"受人家的糟蹋侮弄";而富者"恃强造孽",威逼自恣;拉人力车的白发老头,跑不动,而坐车的催他快跑,一跤跌倒,头破血流;瘦弱无力的男子,因饥饿无奈,偷食了人家的面包,被警察五花大绑,牵行过市。从梁漱溟对社会主义思考的内容看,他认为私有制引起了社会争夺、道德败坏、国家秩序混乱,总之是罪恶之源。只有废除私有制度,生产资料归公,生活问题基本由社会共同解决,才是免除社会争夺的根本办法。因此,不改造这个由社会竞争、私有制所造成的不良社会制度,包括教育在内的社会各个方面问题的解决都是不切实际的。② 这种偏于调和,以合作摒弃竞争,认为资本市场是私有制的渊薮,唯有家族宗法伦理才能化解矛盾的主观思想,恰是梁漱溟走向乡建运动,并希冀借此稳定、振兴农村,消除社会对抗,解决社会出路的思想逻辑。

但是,究竟如何消灭私有制度?梁漱溟却没有回答。梁漱溟在以后的相当长的时间里,不理解和不承认马克思主义阶级斗争学说的普遍性,不理

---

① 梁培宽编:《梁漱溟自传》,江苏文艺出版社 1998 年版,第 37 页。
② 《槐坛讲演之一段》,见中国文化书院学术委员会编:《梁漱溟全集》第四卷,山东人民出版社 2005年版,第 737—739 页。

解中国有阶级和阶级斗争,从民国初年的论述中可见其发端。① 他的教育思想及实践活动从广东、河南、山东,直到重庆,无论是哪一层次办学机构,或何种类型的教育场所,始终贯穿着以教育稳定社会、培养人才、改造文化、复兴乡村,实现理想社会政治的奋斗线路,而且,其中也不乏社会主义的因素或成分。例如,在对河南乡治学院办学要义的社会功能分析中,便从经济基础、上层建筑的层面发掘社会主义较之资本主义的独特价值。"欲使社会于其经济方面益进于组织的,是在其生产及分配的社会化。生产的社会化,欧人资本社会既行之矣。其分配问题犹未能焉。分配问题不解决,固缺欠组织之大者。共产革命殆为不可免也。然是在我则或不为难。吾民族精神向来之所诏示于此至为符顺,一也。生产曾未发达则两面的社会化问题同时并进其势至使且易,二也。吾为农国,农业根本不适于资本主义而适于社会主义,三也。使旧日主于自给自足的经济而进为社会化,则散漫的村落将化为一整组织的大社会;是曰社会主义的经济组织之社会。其美善岂不度越于欧人乎!"②这就是说,乡村教育的社会组织与文化复兴是解决现存混乱及弊端所亟须的良方灵药,恰是工业化资本主义的弱项与偏差。

第二节　倾心佛学

后任抗日战争时期汪伪政府考试院副院长的江亢虎于1911年在上海成立社会党,借社会主义之名,行招摇撞骗之实,这促使梁漱溟的社会主义情结悄然退却,当然也并非荡然无存。

1985年《团结报》曾连续八期刊载由记者晓林采访梁漱溟录音整理的回忆录。其中"之二"首篇为"江亢虎其人",有这样的叙述:

江亦光绪庚子后北京社会上倡导维新运动之一人,与我家夙有来

---

① 马东玉:《梁漱溟传》,东方出版社1993年版,第34页。
② 《河南村治学院旨趣书》,见中国文化书院学术委员会编《梁漱溟全集》第四卷,山东人民出版社2005年版,第913页。

往,我深知其为人底细。他此种举动,完全出于投机心理。虽有些莫名其妙的人附和他,我则不睬。所有他们发表的言论,我都屏斥,不愿入目。我之倾向社会主义,不独与他们无关,而且因为憎恶他们,倒使我对社会主义隔膜了。①

1913 年,由于对辛亥革命后的社会现状深感失望和沮丧,梁漱溟脱离了同盟会,退出了《民国报》。现实社会问题的刺激使梁漱溟的精神发生了深刻的危机,使他一度对社会问题深感厌倦,在理想和现实无法统一的情况下,一种孤苦无告的焦躁感和无助感占据了青年梁漱溟的心,使他经常处于日益增长的愤怒重压下,徘徊在自我毁灭的边缘,他两度自杀未遂。正当其时,中国出现了一个复兴和改革佛学的高潮,唯识学成为其中的核心内容。极度失望的情绪,促使梁漱溟由社会现实问题转向人生问题,并接受佛教"人生是苦"的观点。

一、对佛学的痴迷

梁漱溟经反复思索后认为,人生的苦乐不在于外界的环境,而在内心的主观世界,在于人的永不满足的欲望。"通俗观念恒以苦乐联系于处境,谓处富贵则乐,处贫贱则苦。因为人类仰赖外在物资而生活,物资之富有或贫乏就决定着生活欲望之易得满足或不易满足,而人当所欲得遂时则乐,所欲不遂时则苦。——这自然不是没有理由的,却仍有一种淆乱错误隐伏其间。"②苦乐问题与其着重在外境来看,不如着重在人们的主观方面尤为真切,较为接近事实。欲望通常变现于人们的意识上,而欲望之本则在自身,苦乐的直接感受亦在自身,只是每因通过意识而有强弱的变化和向对立面的转化。欲望在人也不是固定的,一欲望满足,另一欲望即来,层出不穷,遂有增高。③

---

① 梁培宽编:《梁漱溟自传》,江苏文艺出版社 1998 年版,第 35 页。
② 《自述早年思想之再转再变》,见中国文化书院学术委员会编:《梁漱溟全集》第七卷,山东人民出版社 2005 年版,第 179—180 页。
③ 《究元决疑论》,见中国文化书院学术委员会编:《梁漱溟全集》第一卷,山东人民出版社 2005 年版,第 17—18 页。

梁漱溟自述:"我20岁以后之归心佛法,实由此热潮(指社会主义,笔者注)激转而折入出世一路者。"他读佛经大致有两个时期:一是十四五岁,辛亥革命之前;一是民国以后不当记者,进北京大学之前、在家闲居两年多时间。开始并不懂得什么大乘、小乘,什么密宗、禅宗等,但由于自己对人生苦乐的探求与佛学合拍,便从较通俗的《佛学丛报》着手,边学边钻,久而久之,渐渐入门。"但因无人指教,自己与佛法大乘小乘尚不分辨,于各宗派更属茫然,遇有佛典即行购求,亦不问其能懂与否。曾记得'唯识''因明'各典籍最难通晓,暗中摸索,费力甚苦。"①

梁漱溟居家潜心研究佛典,由醉心社会主义而转为倾向出世。他甚至许愿从今以后不吃肉、不饮酒、不娶妻生子,过和尚式的生活。梁济对儿子的这种"出格"举动、几近怪诞的行为依旧没有加以禁止,这种宽容令梁漱溟既吃惊又感动。经过"暗中摸索",凭着自身良好的自学素质和坚忍的毅力,他不仅啃下了不少佛学经典,而且成了现代中国著名的佛学学者。其实这种体验不止梁漱溟所独有,此期的蔡元培、康有为、谭嗣同、梁启超等思想名流,都在积极倡导佛学,并或多或少地受到了佛学的影响。

梁漱溟通过佛教,特别是唯识学,以求为自己寻找一个治病方法并不是偶然的。佛教当时在中国正值复兴和改革时期,而唯识学更处于这一运动的前沿。唯识学据说主要流行于唐代,但在唐末五代就逐渐衰落了。20世纪前二三十年,佛教复兴者杨文会(仁山)重新整理、传播唯识经典,直到新中国成立,唯识宗一直是知识界右翼复兴的先锋。梁漱溟与欧阳竟无、太虚、梁启超一道成为这一复兴运动的主要发言人。

梁漱溟的思想在经历北京大学的教育实践和精神洗礼之后又由佛转儒。但此番经历不寻常,在思想脉络上呈现出否定之否定的逻辑。这种线路的特点是新学理对以往阶段资源部分吸纳,带有这些内容的质性或底料,而不是割断历程,消除陈迹,另起炉灶,突兀构造;而由唯物辩证法的思想分析,更属继承与发展中的一种扬弃,而不是抛弃。从梁漱溟以后思想的演绎、社会实践以及人生修为陶炼过程中分析佛教哲学,尤其是唯识学成为其思想的一个重要来源,无论是他对中西文化的认识,还是对人生问

---

① 梁培宽编:《梁漱溟自传》,江苏文艺出版社1998年版,第40页。

题的探索,都带有浓厚的佛教情调。"我研究知识作用的方法就是根据于唯识学。所以我在讲明三方面的思想以前,不能不先讲明我观察所用的工具——唯识学的知识论;然后我的观察乃能进行。""我只是本着一点佛家的意思裁量一切,这观察文化的方法也别无所本,完全是出于佛家的思想。"①受其影响,他在山东邹平乡农教育实验有关教育内容及教育方法的设计与具体实施中,都重视精神陶冶、心理培植与心性感染的内容及手段,与同时代乡村平民派教育家晏阳初以基督教兼容儒家思想为指引规划科学主义教育实验并推行乡建模式显著不同。

二、佛学研究的扛鼎之作

1916 年,梁漱溟 23 岁,发表《究元决疑论》,该文作为梁漱溟佛学钻研、探究的结晶,在学界产生重要影响,同时也是佛学的标志性成果,为作者的下一段人生经历提供资源。梁漱溟对此作如下描述:

> ……我自 20 岁以后,思想折入佛家一路,专心佛典者四五年。同时复常从友人张申府借得几种西文哲学书读之。至此篇发表,可以算是四五年来思想上的一个小结果。当时自己固甚满意。至今好些朋友关系还是从这篇文字发送出来的。即我到北京大学担任讲席,也是因范静生先生的介绍而以此文为赘去访蔡(元培)先生,蔡先生看了此文就商同陈仲甫(独秀)先生以印度哲学一课相属。——当时因在司法部任秘书未能承应,而转推许季上先生代课;至翌年许先生病辞,乃继其任。②

"究元",究竟元真;"决疑",决行止之疑。这是从两个方面阐述佛家对宇宙、人生的看法,在批评古今中外各家学说时,唯独推崇佛学,充分发挥印度哲学的出世思想,认为皈依佛法是人生唯一的出路。诚如艾恺所说:

---

① 《东西文化及其哲学》,见中国文化书院学术委员会编:《梁漱溟全集》第一卷,山东人民出版社 2005 年版,第 397 页。
② 李渊庭、阎秉华编写:《梁漱溟先生年谱》,广西师范大学出版社 1991 年版,第 29—30 页。

　　如果仔细阅读梁漱溟的文章并了解了他的个人遭遇,就会发现他也在用自己的转出世为入世与菩萨生活相比较,虽然这种比较也许是无意识的。菩萨摒弃进入涅槃的第一条路,讲究启发和拯救他人。梁漱溟宣称他写文章的目的,就是为了与当今那些苦难的众生同享他曾据以达到内心安宁的路。他的意思很明确:在达到自我觉悟之后,他决心要指导那些仍然执迷不悟的众生。①

　　《究元决疑论》计分为两部分,第一部分是"佛学如实论",论证佛性真如,探讨的是宇宙的本体问题;第二部分是"佛学方便论",谈论的是"幻象假有",是现象界的问题,"将以决行止之疑"。前者是出世的问题,后者是入世的问题。正是用大乘佛学的真无幻有来将他佛学的出世与儒家使命感的入世精神整合起来。梁漱溟毕生思考和试图解决的有两大问题:在人生问题上,他持佛家的态度;在社会抑或是中国社会改造问题上,他持儒家的态度。二者互为依存,正是这种儒佛兼有的思想特征,降低了现实事业探求中的功利动机和风险负荷,而以意念精神化解了由此引发的焦虑与紧张。梁漱溟一如以西方基督博爱、平等相期许的晏阳初、陶行知、马相伯等现代教育家,在开拓现实教育改革试验中充满着宗教家的奉献精神,并且在转而执着探索的教育实践活动中,也灌注着宗教家的出世情怀。对此,以毛泽东为代表的共产党领导者曾感言"至为钦佩"。

　　1917年初,蔡元培接任北京大学校长,为了推进现代高等教育的发展,他有志于对北大旧学府1897年成立的京师大学堂办学体制及校风学风进行大刀阔斧的改革。而同时,梁漱溟拿着自己写的《究元决疑论》去拜访蔡元培,使得蔡元培萌发了让梁漱溟来北大讲授印度哲学的想法,遂邀请了梁。起初梁漱溟认为自己的资历不够,而且对于印度哲学只是读过一些书,有的也只是对佛家的个人见解。但蔡元培却这样说:"你说你不懂,但又有谁懂呢?我寻不着人,就是你来吧!"又说:"我看你也是喜欢哲学的。我们把一些喜爱哲学的朋友聚拢在一起,共同研究,互相切磋,你怎么可以不来呢?来北大,你不要以为是来教别人的,你把到北大当做来共

---

① 〔美〕艾恺著,王宗昱、冀建中译:《最后的儒家——梁漱溟与中国现代化的两难》,江苏人民出版社2003年版,第39页。

同学习好了。"①蔡元培的话让梁漱溟很感动,觉得在北大教书是知识思想、心理精神的双向沟通和互动,因此答应了他的邀请。

《究元决疑论》的发表,标志着梁漱溟已经度过了青春期的危机,修补好了一度破碎的人格。通过对佛典的阅读,他在思想上已领悟到知识有源泉、事物有终极的唯识宗形而上学方法。他确信使用这个方法,可以解释人类的苦乐善恶、意欲命运,为中国人和中国文化指出一条通向终极实在的新道路。他自觉地形成了一种救世菩萨的姿态,希望给中国人带来普济意义上的指示和启迪。

第三节 "吾曹不出如苍生何"

1916 年 8 月间,在《究元决疑论》发表之际,梁漱溟结束了佛学修行探究的历程,弥合了损伤的心神,贯通了冲突的观念。他与沈钧儒等人一起到南北统一内阁司法部做司法总长张耀曾的秘书。

张耀曾于辛亥革命后回国,1916 年 6 月袁世凯帝制失败后,北洋军阀谋求与南方恢复联合,段祺瑞任命几名国民党人士参加内阁,其中就包括张耀曾。梁漱溟是张耀曾的通信秘书,负责起草信件和文件。1917 年段祺瑞与黎元洪对抗,时称(总统)府(国务)院之争。5 月中旬,安徽督军张勋拥清逊帝溥仪复辟。1917 年冯国璋重组政府,张耀曾下台,梁漱溟离职返家。回归现实人生并执着于实践入世的梁漱溟总是有各种服务社会的机会。

1917 年初夏,梁漱溟南游,经苏州、杭州而到湖南,在此处逗留暂居 3个月时间。时值南岳衡山的北洋军阀旧部王汝贤等率部溃走长沙,大掠而往北,沿途军纪极坏。10 月,由湖南回北京,溃兵此时亦正北撤,一路所见,触目惊心。他有感于南北军阀战祸之烈,写出《吾曹不出如苍生何》一文,呼吁社会各界有心人出来组织国民息兵会,共同阻止内战,培植民主势力,并自费印了数千册,分送与人。到北大任教后,他还拿了若干册放在教

---

① 汪东林:《我对于生活如此认真:梁漱溟问答录》,当代中国出版社 2013 年版,第 30 页。

员休息室,供人翻阅或自取。当时亦在北大任教的旧派学者辜鸿铭教授翻阅后,自言自语地说:"有心人哉!"据他回忆说:"这篇文章很得他(即胡适之先生,笔记注)的同情与注意。其后,事隔数年,他还提起来说,当日见了那篇文以后,即在日记上记了一句话:梁先生这个人将来定会要革命的。"①此种感怀认识无疑有某种程度的预期性。应该说,从梁漱溟10年以后大规模开展乡村教育实验、乡村建设运动的视角加以印证也能得到部分体现,当然其手段并没有如革命派那样激进或狂风暴雨式的剧烈震荡。

在这篇文章中,梁漱溟首先对当时的社会动乱及其引起的严重后果进行了揭露。他指出,本来在清末的时候,天下就已骚然,民不聊生,哀鸿遍野,水旱频繁。辛亥革命后,又兵戈迭兴,军阀之间连年混战,战争给社会造成了巨大破坏,民不堪命,尤其是下层社会更是苦不堪言。接着他对当时各方所关心的问题作了归纳,即法律之破坏,统一之破坏,兵火之创刈,营业之损失,金融之窘迫,阎闾之骚扰,水旱之灾难,风俗之破坏,学术之不讲。而这些问题的存在,完全是"政治上之武装的势力所作成"的结果。其具体表现为:"不但政府对于人民应有之措施俱废,抑其腐败更遗吾民莫大之苦痛。"而造成这种社会惨状的缘由固然很多,但其中之一则在于以知识界为主的"吾曹",即社会精英、"好人"们,缺乏责任担当及对时局民瘼的关怀及解救热情。

他认为像自己这样的"好人"——知识精英,置身于政治之外,或潜心于佛法,或逍遥于山林,或埋首于故纸堆中,未能承担起"君子"的社会责任。所以,"改造今日不可安之局面而成一举国皆安之局面者",其关键在于"吾曹其兴起",高举"非战"的大旗,组织"国民息兵会",动员全国的舆论,迫使军阀同意停战,并保证今后不再相互诉诸武力。息兵会具体的组织方式和实施步骤:一是依靠遍及各省府州县的商会和教育会,使之成为"非战"的宣传机构。二是以"非战"两字为口号,广结同情,以"息兵"两字为目标,树立信心。其实,成立由"好人"组成的息兵组织,试图通过公共舆论对军阀施加影响,这源于他相信解决军阀政治混乱动荡最有效的手段是依托民众力量。"吾曹欲求国民的意思而导诱之,使蔚为国家元气,

---

① 《主编本刊(〈村治〉)之自白》,见中国文化书院学术委员会编:《梁漱溟全集》第五卷,山东人民出版社2005年版,第5页。

其机会有过于此者乎？其方法有过于组织国民息兵会者乎？息兵开讲理之端，国民结合又是民的势力之初基。吾所谓造成将来局面，作始于国民息兵之会者谓此。"①三是一面传播非战主义，发布论文及白话小册子，一面要求各方面罢兵，永不许战争见于国内。四是要求息兵，其余政治上的问题概不过问。除组织国民息兵会，利用舆论的力量求得全国的和平外，其他一切主张和措施，如北方的武力统一，或南方的兴兵护法，如调和南北，共谋国是，或以联邦泯除共嫌，别开新局，等等，都没有抓住问题的根本，结果不仅不能解决问题，相反还会"驱入乱途"，引起更多的社会破坏。梁漱溟相信，只要像他这样的"好人"能以救国救民为己任而"兴起"，那么中国前途就有希望。梁漱溟充满感慨而自信地说："吾曹不出，悉就死关，吾曹若出，都是活路。而吾曹果出，大局立转，乃至易解决之事，乃必成功之事。今日之宇内更无有具大力量如吾曹者，握全国之枢机者不在秉钧之当局，而在吾曹。嗟乎！吾曹其兴起！吾曹不出如苍生何？"②

梁漱溟在文中写道："嗟呼！生民之祸亟矣！吾曹其安之乎？吾曹其安之乎？吾曹不出如苍生何？或问所谓吾曹者果谁指也？吾应声曰，吾曹好人也。"③

上述思想在军阀统治下"率兽食人"的黑暗社会里根本无力实现，但其中所暗含的提高民众素质，以改良乡村社会为基础，化解社会矛盾，实现理想社会的设想却成了日后持续漫长岁月的乡建运动的基本理论；同样，所蕴含的通过社会舆论干预或影响现实政治的努力也贯穿于梁漱溟以后的教育事业和社会活动生涯之中。

---

① 《吾曹不出如苍生何》，见中国文化书院学术委员会编：《梁漱溟全集》第四卷，山东人民出版社2005年版，第536页。

② 《吾曹不出如苍生何》，见中国文化书院学术委员会编：《梁漱溟全集》第四卷，山东人民出版社2005年版，第541页。

③ 《吾曹不出如苍生何》，见中国文化书院学术委员会编：《梁漱溟全集》第四卷，山东人民出版社2005年版，第524页。

第四章　北京大学的教育实践

梁漱溟在北京大学的执教生涯，弥补了其教育历程中缺少高等教育体验的遗憾。教、学、研三者合一，他得到的不仅是人生阅历的丰盈，更有机会与现代一流学府师生进行交流与碰撞，从中获得学科专业提升、思想洗礼以及学术能力的锻炼。与蔡元培、胡适、陈独秀等近代教育家在北大期间发表教育研究论著、构建教育理论不同，梁漱溟在此期完成佛学、儒学的文化探究，著述出版，其间虽也论及某些新教育构思，但根本上属于构建他的新儒学思想体系，为从事乡村教育奠定理论基础及实践依据的探索历程。

第一节　任职北京大学

从 1917 年至 1924 年暑假辞职去山东办学为止，梁漱溟在北京大学待了整整 7 年。就是这段在北大的活动经历及生活体验，使他的思想又发生了重大变化，逐渐从"古印度人的出世思想"转向"中国的儒家思想",并成为 20 世纪中国著名的文化保守主义者和新儒学的开启者。

一、应聘北京大学

1916 年 12 月 6 日,北洋政府总统黎元洪正式任命蔡元培为北京大学校长。蔡元培是我国近代著名的资产阶级革命家、杰出的民主主义教育家,为发展中国的新教育,建立资产阶级民主主义教育制度,做出了重大贡献。

蔡元培在办教育、发展学术上一贯主张思想自由、学术自由,各派主张可以兼容并包,在任北京大学校长后的第一次演讲中,就干脆指出:"大学者,研究高深学问者也。"①聘请教员要"以学诣为主",其他条件如思想、派别、年龄、资格、国别等都是次要的条件,应该允许有不同学术观点的人同时在大学任教,"大学者,'囊括大典、网罗众家'之学府也"。他憎恶中国长期封建社会钳制思想、独尊儒术,造成多年思想界一片死寂的现象,而主张"思想自由",在大学内,各种学术派别"常樊然并峙于其中,此思想自由之通则,而大学之所以为大也"②。直到晚年,他总结一生办教育的经验时还说:"我对于各家学说,依各国大学通例,循思想自由原则,兼容并包。无论何种学派,苟其言之成理,持之有故,尚不达自然淘汰之运命,即使彼此相反,也听他们自由发展。"③这种主张反映了蔡元培的资产阶级民主主义的思想,在当时具有冲破封建专制思想的作用,是积极的、进步的。按照这个原则,他对北京大学进行了改造。当时教员中不少是封建守旧人物,尤其是文科,旧派人占多数,学术上毫无生气,因此要打破北京大学的旧习惯,必须从聘请学识深而热心的教员入手。他到校不久,就聘请了《新青年》杂志主编陈独秀到北京大学任文科学长,请在学术上有突出造诣的胡

---

① 《就任北京大学校长之演说》,见高平叔编:《蔡元培全集》第三卷,中华书局 1984 年版,第 22 页。
② 《〈北京大学月刊〉发刊词》,见高平叔编:《蔡元培教育文选》,人民教育出版社 1980 年版,第 5 页。
③ 《我在教育界的经验》,见高平叔编:《蔡元培教育文选》,人民教育出版社 1980 年版,第 244 页。

适、马叙伦、李仲揆(四光)、任鸿隽、马寅初等到北京大学任教。以后,李大钊、鲁迅也到北京大学兼课。他也留用了业务上有一技之长但思想保守甚至反动的人,像积极拥护袁世凯却是与章太炎齐名的古文经学家刘师培;以复辟为己任,拖着长辫子但又精通英语,把"四书"译成英文的辜鸿铭。他认为这些人,人才难得,不可求全责备。他们与新派人物虽然观点不同,但也可让他们并存,以令学生有自由选择的余地。而对于没有业务能力者,不管依仗何种权势,也要坚决辞退。经过整顿,北京大学教师队伍面貌一新,确实成了一个网罗众家的学府。①

蔡元培曾在《东方杂志》上阅读梁漱溟的《究元决疑论》,因自己平素爱好哲学,希望此次到北大着重办好哲学系,遂对该文也特别留意。梁漱溟是晚辈后学,很早便读到了蔡元培《哲学要领》等著作,久慕蔡先生,但除了在民国元年作为新闻记者与时任内阁成员的蔡元培见过几面之外,从未有过深入接触和交谈,经教育总长范源濂介绍,梁漱溟带着论文慕名拜访蔡元培,蔡对梁的学问与见识表示赞赏,并希望梁能来北大任教。这对年仅24岁而又无大学学历的梁漱溟而言,在惊喜之余,又颇感几分诧异。他对此番历程及感受作了回忆:

> 我认识蔡元培先生,则更早一些。蔡先生是民国开国后的第一任教育总长,我当时在京津办的《民国报》做外勤记者,曾数次见到蔡先生,但当时我认识他,他却不记得我。袁世凯死后,组织南北统一内阁,张耀曾作为西南势力的代表出任内阁的司法总长,我和沈衡山(钧儒)做他的秘书。在1916年冬天蔡先生从欧洲回国接任北大校长时,我的一篇文章《究元决疑论》正在上海商务印书馆办的《东方杂志》上连载。文章的中心内容是批评古今中外的各家学说,唯独推崇佛学(家)。蔡先生抵京后,我经当时的教育总长范源濂(蔡任总长时范任次长)的介绍,带着这篇文章,慕名去见蔡先生。当我拿出文章时,蔡即说他路过上海时就看过了,并说了要请我到北大教书的话,还

---

① 王炳照等编:《简明中国教育史》,北京师范大学出版社2007年版,第361—363页。

说他也爱好哲学，这次到北大要着重办好哲学系等等。①

由于当时南来北往的函电极多，梁漱溟经常忙到深夜，而对印度哲学这门课事先既无准备，接受后又无时间编写讲义，又无合适的人代替，所以，梁漱溟只好征得蔡元培的同意，暂缓到北大，课程由他推荐研究佛学的好友许季上暂时代理。梁漱溟自南方回到北京之后，适逢许季上生病不能上课，于是经蔡元培再次催促，1917 年 10 月梁漱溟到了北大，时年 24 岁。

以下是他受聘北大任教过程中与校长蔡元培畅谈的场景：

几天后梁漱溟应约来到北京大学校长室。在这里，梁漱溟首次与陈独秀相识。陈时任蔡元培新聘的文科学长，相当于后来的文学院院长，他也是应约来校长室的。蔡介绍梁与陈认识后，即问梁考虑好了没有？梁回答说："蔡先生这样信任我，重用我，我怎能不识抬举，好意思不来就任呢？但我这人素来知一是一，知二是二，有关学问的事来不得半点不实。先生要我讲印度哲学，但据我所知，无论是西欧或是日本，讲印度哲学并不包括佛学，一般都是讲六派哲学。而我自己仅仅是对佛学兴趣甚浓，而对六派哲学素不留意，所知有限。因此总担心，难以胜任。"蔡元培听罢笑着说："我上次已讲过，你固然不甚懂得印度哲学，但我也没有发现旁的人比你更精通，而我要真正办好北大哲学系，印度哲学这门课又非开不可。你的文章使我认定你是一个搞哲学的人才，你不妨大胆地干吧！再说，你爱好哲学，我也爱好哲学，还有其他不少朋友爱好哲学，爱好别的学科。我蔡某人这次上任办大学，就是要将所有这些朋友，乃至不甚了解、并不熟悉的朋友，都聚拢在一起，彼此磋商，共同研究，求得发展，你怎么可以不参加呢？你说对印度哲学所知有限，那就不当作老师来教人，只当是来研究，来学习，来深造好了！"蔡先生的一席话打动了梁漱溟，也博得在场的陈独秀的赞同。于是当场商定，蔡元培校长聘任梁漱溟先生为北京大学

---

① 梁培宽编：《梁漱溟自传》，江苏文艺出版社 1998 年版，第 30—31 页。

哲学系讲师。①

梁漱溟先在北大的哲学系开授了印度哲学，随后写了《印度哲学概论》一书，在这本书中可以发现，梁漱溟将其分成了印土各宗概略、本体论、认识论、世间论四编，而并不是传统意义上对佛家学说的高谈阔论，而是站在了哲学的角度，运用哲学的思辨方法来研究佛法。这对于将佛家学说搬到中国高等学府的大讲堂上来进行深入的探索与研究，可谓贡献不小。但梁漱溟的志向不仅于此，他对于在北大期间的讲学，不仅仅只是完成学校规定的课程，而最想致力于东西方文化及其哲学的研究工作。但当时将东西方文化进行对比的人寥寥无几，同事朋友劝诫他，即使来研究，也不会引起人们的关注。但梁漱溟自己内心对于东西方文化的强烈诉求让他坚持了这一想法，就像他自己说的："因我对于自己的生活、行事，从来不肯随便，对一个要研究的问题，若没有得出一个确实心安的主见，就不放松，不罢休。"②

在此期间，梁漱溟除了在哲学系开设"印度哲学"外，还讲授"唯识哲学""儒家哲学"等课程，并在上述课程之外，于1920年做了1个月的"东西文化及其哲学"讲演。梁漱溟受聘北大时年仅24岁，与班上许多同学年龄相若，如后来学问各有造诣，均为大学名教授者孙本文、顾颉刚、冯友兰、黄文弼、朱自清等；也有比他年长者，如谭鸣谦（后改名谭平山）等。尽管没有受过规范高等教育及海外留学教育经历，然而，梁漱溟的课深受欢迎。听讲者，除了哲学系注册的学生外，还有其他系科的学生，甚至其他学校如琉璃厂高师的学生、太仆寺街法专的学生，乃至并非在校生，而是壮年中年的社会好学者都前来听讲，以至于学校注册部给安排的教室往往容不下，只得临时改用大一点的教室以解决教学场地拥挤问题，满足学生的学习要求。他回忆说："当1923年前后，我讲儒家思想一课，来听讲的通常总在200人左右。初排定在红楼第一院某教室，却必改在第二院大讲堂才行。学年届满，课程结束，举行考试的试卷亦有90多本。此即注册的正式学生

---

① 汪东林:《"反面教员"梁漱溟》,当代中国出版社2011年版,第200—201页。
② 汪东林:《我对于生活如此认真:梁漱溟问答录》,当代中国出版社2013年版,第35页。

之数了。"①旁听者超过正式注册学生一倍以上。

在教学的基础上,梁漱溟先后出版了《印度哲学概论》《唯识述义》《东西文化及其哲学》等书,由一个喜爱哲学的青年成长为一位学有专攻的大学名流专家。从这个意义上,梁漱溟说,在北大执教,"7 年之间从蔡先生和诸同事、诸同学所获益处,直接间接、有形无形,数之不尽。总之,北京大学实在培养了我"②。这是梁漱溟真情实感的流露。

二、教学与治学的统一

在大学教育领域,教学与科研是统一的,既互为支撑与促进,也相互联系与渗透。这种统一性的基础正在于创新与超越。为了使教学具有创造性,培养高素质人才,必须使教学内容领先专业前沿水平,有自身的研究成果,并以研究探索的思想方法指导学生。另一方面,如此实施的教学其呈现内容及体裁也必然是高水平、具有开拓性的成果。梁漱溟能在北大取得教学与研究的显著成效,除了上述教学科研内在关系落实在一位负责、执着与进取的实践者身上之外,还得益于其他的条件或缘由,大约可表现为如下两个方面:

(一)梁漱溟自身的自学与探究能力

梁漱溟在北京大学任印度哲学教职时,该校正在 1915 年新文化运动与 1919 年五四运动的滚滚车轮上,展现其辉煌或光辉的中心与摇篮角色,而学校自身也正处蔡元培高等教育改革试验的风口浪尖,人才济济,新旧各派争鸣,思想活跃,学术风气浓厚。梁漱溟任职北大时 24 岁,比大部分的教职员要年轻得多。尽管在旁人眼里他性格有些许孤僻,但还是迅速地融入北大的学术氛围及人际关系之中,胡适、陈独秀、李大钊等当时大名鼎鼎的教授也很快就成了他的朋友。

梁漱溟的自学能力及探索禀赋是他教学与研究比翼齐飞的内在机制。

---

① 梁漱溟:《忆往谈旧录》,中国文史出版社 1987 年版,第 84 页。
② 《纪念蔡元培先生——为先生逝世二周年作》,见中国文化书院学术委员会编:《梁漱溟全集》第六卷,山东人民出版社 2005 年版,第 350—351 页。

梁漱溟很早就养成了自学的习惯,小小年纪就自视"天生德于予",鄙视只谋求一人一家衣食的平庸生活。这种奋力向上勤勉努力之心,促使他从就读于顺天中学堂之日起,就孜孜于人生和社会问题的探求,十几岁时就"留心时事,向志事功",埋头于《新民丛报》《德育鉴》《国风报》等书报之中,还写日记不断勉励自己。他读《三名臣书牍》《三星史书牍》时,非常仰慕胡林翼和郭嵩焘,常常称道他们,这种看轻书本学问而有志于事功的行径,很得父亲梁济的欣赏。梁漱溟自幼就喜欢深思,很早就有自己的思想,为探索人生问题与中国问题的解决,是非常重视获取自学资料的。15 岁时,还是一个在校的中学生,他已经拥有梁启超在日本横滨创刊的、介绍西方资产阶级政治学说、抨击封建顽固派、对当时知识界有重大影响的《新民丛报》,从壬寅年(1902 年)创刊至 1904 年,汇集成六巨册。另订购了《新小说》(杂志月刊)全年一巨册。仅此两种就达五六百万言,这些都是从日本传进来的。此外,还拥有其他在日本、上海等地出版的书报,涉猎广、认真读、深思熟虑,自学磨炼为其成为大师奠定了牢固的基础。①

当代教育学原理十分重视学生在校的自学及离校后的继续学习与自我教育,甚至将其与学校教育并列为自主教育的体系予以重视。梁漱溟的成就是自学意义或作用的例证,也从中昭示出深刻的自为教育寓意。重视自学是我国古代教学的优良传统,《学记》中已指出"善学"的重要性。宋代教育家朱熹曾经总结出六条读书方法:循序善进,熟读精想,虚心涵泳,切己体察,着紧用力,居敬持志。毛泽东同志吸收书院的积极因素办湖南自修大学,培养了革命人才。他提出了"要自学,靠自己学"的至理名言。毛泽东同志重视自学的思想对教育界影响很大。1944 年 5 月 27 日延安《解放日报》社论《论普通教育中的学制与课程》就指出:"在我们一切学校,尤其是干部学校中,又应该竭力提倡和指导学生的自学,使学生能够取得自学的方法,养成习惯,也是使我们的学校教育和在职教育密切联系的因素。"老解放区教学在使学生取得自学方法方面积累了不少经验,新中国成立以来的教学,进一步丰富了这方面的经验。

---

① 唐宜荣,朴林,《师足寻迹——记现代新儒学宗师梁漱溟》,重庆市北碚区三峡印刷厂 2003 年印(内部书刊号 048713),第 46 页。

　　古今中外的历史证明,不重视自学作用发挥而成才是没有的。许多革命先辈、科学家都是自学成材的。优秀的中学生和大学生都是掌握自学方法的。由于科学技术的迅猛发展,知识更替日新月异,知识的总量成倍增长,学生掌握自学方法就有更重要的意义。有人统计,一个有成就的科学工作者,只有10%的知识是在学校获得的,其余90%都是靠自学得来的。学生离校后,如果不继续学习新知识,就不能适应科学发展的需要。因此,在学校里,不仅要武装学生知识、技能,还要发展他们的认识能力,使他们掌握自学的方法。

(二)北京大学的学术研究环境

　　"教学自由"以及"教学与科学相结合"是近代德国高等教育家洪堡(Freiherr Von Karl Wilhelm Humboldt,1767—1835)大学思想的核心,对柏林大学以及德国其他大学,乃至世界的高等教育都产生了深远的影响。蔡元培虽未亲入柏林大学求学,但想必也承受了德国进步大学的精神。1917年1月9日,蔡元培在就任北京大学校长后发表演说,首先便要求北大学生"抱定宗旨"。"诸君来此求学,必有一定宗旨。欲求宗旨之正大与否,必先知大学之性质。今人肄业专门学校,学成任事,此固势所必然,而在大学则不然;大学者,研究高深学问者也。"[①]

　　1917年10月,梁漱溟抱着为学术而教育的目的正式来到北京大学。当时正值新文化运动初期,陈独秀、李大钊和胡适是此次运动的重要人物。他们提倡白话文,对中国的传统礼教加以指责和批判,积极宣扬并举起了"民主"和"科学"两面大旗。一时间,社会上刮起了"德先生"和"赛先生"的崇拜之风。北京大学成为"五四"新文化运动的"摇篮"和"策源地",备受中外人士关注和媒体聚焦。以《新青年》杂志为中心,形成思想和文化界的新派势力群,酿成中国近现代史的思想大潮,被史家喻为直接与先秦诸子"百家争鸣"、宋代理学思想学派的论辩相媲美的第三次思想高峰。每天出版的《北京大学日刊》也连续地介绍新文化运动的进展。据统计,

---

[①] 《就任北京大学校长之演说》,见高平叔编:《蔡元培全集》第三卷,中华书局1984年版,第5页。

在一年的时间里,李大钊在自己创刊的《甲寅》杂志上发表论文 70 余篇,强烈抨击了孔子和中国传统文化。陈独秀也以他煽动性的语言,一次次掀起"打倒孔家店"的高潮,并号召人们摆脱"奴隶之羁绊",完成思想和个性的解放。梁漱溟来北京大学之初,就抱定了要对"释迦、孔子两家的学术,至少在课堂上负一个讲明白的责任",新文化运动在北大的蓬勃开展无疑让他在伊始就陷入了尴尬局面。但同时,北京大学也为其提供了思想资源、活跃宽松的学术环境及前沿的学术高地。

有人曾问他:"梁先生常说,在北京大学七年对您人生道路的变化至关重要,您对此可有情况补充?"梁漱溟作了如下回答:

> 从 1917 年到 1924 年,我在北京大学任教。这七年,一是改变了我笃信佛教、一心想出家的生活道路;二是一面教书,一面自学、研究,在学识上成熟了,开始具备了自己独有的见解。

> 我是因蔡子民先生要开设印度哲学课而被聘在北京大学讲课的。我刚进北京大学校门时就已想到了儒家哲学。当时,我对佛学、儒学都谈不上有什么研究,但我更倾心的是佛学。我想既已到北大教书,便要搞出点名堂,走自己的路。我暗下决心,一定要对释迦、孔子两家的学术,至少在课堂上负一个讲明白的责任。记得我第一天到北大教课,便至校长室见蔡校长,劈头就问他对孔子持什么态度。为什么不问释迦,而问孔子?那是因为当时已是五四运动前夕,北大校园内,孔子的学术已成争论的热点。蔡先生可能感到突然,犹豫了一下,沉吟地答道:我们也并不反对孔子,儒家的学说作为一门学问,是必须认真研讨的;至于儒家的学说对历朝历代以及当今政治、思想、文化的影响,可以有争论。我说:我不仅仅是不反对而已,我这次进北大,除替释迦、孔子发挥而外,不再作旁的事。蔡先生笑着说,好的好的,北京大学需要多多研讨各家各派学说的人。[1]

由此可见,梁漱溟学术研究及成长发展的空间氛围是宽松、和谐的,并

---

[1] 汪东林:《梁漱溟问答录》,湖南人民出版社 1988 年版,第 40 页。

又有深厚土壤,北京大学不愧为造就学者、大师的摇篮。在当时社会政治黑暗、战乱纷争频仍的背景下,有这种教育、学术的机构及思想自由的机制真乃高等教育之幸,梁漱溟个人之福。

第二节　从佛学向儒学的转变

梁漱溟到北京大学担任印度哲学教习之时,对校长蔡元培即表示"这次进北大除替释迦、孔子发挥而外,不再作旁的事"。因此,他在讲授"印度哲学"之余,又陆续开设了"唯识哲学""儒家哲学"等课程,其间有《印度哲学概论》《唯识述义》和《东西文化及其哲学》先后出版。1921年《东西文化及其哲学》的问世标志着他弃佛归儒思想转变完成。

一、佛儒思想"脱胎换骨"

直到1921年,梁漱溟实际上宣布放弃佛学转向儒学之前,总的来说,基本上还是得把他看成是一个佛学家。1918年,他在《印度哲学概论》中对佛学作了哲学上的研究,在当时来说,作为中国重要的居士学者,他也常被请去讲演佛学教义内容及其哲学观念,频繁参加宗教问题的讨论,并与其他致力于佛教复兴的领袖们过从甚密。

1920年9月,梁漱溟作为著名的宗教思想家应邀为少年中国学会作讲演,又在该学会杂志《少年中国》上发表有关宗教的论文,引起了相当多的评论。同年,一些佛教学者如章太炎、吕澄开始把唯识宗的哲学和西方各种思想(如柏格森等)相比较,《民铎》杂志主编李石岑请梁漱溟在该杂志"柏格森专号"上发表意见。他又访问了欧阳竟无在南京新成立的佛学机构支那内学院。

梁漱溟这次人生观的大转变,如他自己所说是发乎情感和机体内部的需求。时在1920年春初,那时,少年中国学会邀请梁漱溟作宗教问题的演讲,梁漱溟在家补写讲词,不料下笔总不如意,写不数行,涂改满纸,思路窘塞,头脑紊乱,不禁诧异,掷笔叹息,静心一时,随手翻阅《明儒学案》,于东崖语录中忽见"百虑交锢,血气靡宁"八个字,不觉蓦地心惊,顿觉头皮冒汗,默然有省,遂由此决然放弃出家之念。① 这顿悟似的觉醒促使梁漱溟放弃了原先所秉持的出世原则,回到了现实的生活之中。他改变了对佛法的认识,"当初归心佛法,由于认定人生唯是苦(佛说四谛法:苦、集、灭、道),一旦发见儒书《论语》开头便是'学而时习之不亦乐乎',一直看下去,全书不见一苦字"②。后来又进一步发现"宋儒有'寻孔颜乐处'之说,明儒有'乐是乐此学,学是学此乐'之说"③。泰州学派对梁漱溟的影响不仅仅是对苦乐问题的认识,更是为他点燃了改造现实社会的勇气。就像他自己说的:"我很佩服王心斋,他是个盐工,出身其门下的也大多是劳工。他是本着自己的思想而实践的人,所以他是社会活动家。我自己也是个做社会运动的人,乡村建设就是社会改造运动。我不是个书生,是个实行的人。"④梁漱溟既是个理论家,也是个实践家,他后来在实践层面上提出了许多乡村建设的具体措施以期能够拯救中国社会,说明他从未放弃解决社会问题的决心与努力。因此,梁漱溟从现实的感受出发,重新认识人生的苦乐问题,通过思索确立了解决社会问题的志向,并最终确立了回归世间的人生态度。正如其所说:"人生真乐必循由儒家之学而后可得。"⑤梁漱溟由此发现了儒家生活的意义与价值,从而走向了一个崭新的世界。

二、佛儒思想转变的缘由

思想的转变是痛苦的蚕蛹之变,飞蝶蜕壳的剧变。当然其间也充满曲折艰辛,以"脱胎换骨""洗心革面"或"炼狱重生""凤凰涅槃"此类的词来描摹并非夸张虚妄之语。梁漱溟由先前对印度佛教出世思想的倾心而归

---

① 梁培宽编:《梁漱溟自传》,江苏文艺出版社1998年版,第47页。
② 《我的自学小史》,见中国文化书院学术委员会编:《梁漱溟全集》第二卷,山东人民出版社2005年版,第698页。
③ 《儒佛异同论》,见中国文化书院学术委员会编:《梁漱溟全集》第七卷,山东人民出版社2005年版,第157页。
④ 王宗昱:《是儒家还是佛家——访梁漱溟先生》,东方出版社1986年版,第562页。
⑤ 《儒佛异同论》,见中国文化书院学术委员会编:《梁漱溟全集》第七卷,山东人民出版社2005年版,第156页。

结到中国儒家的人生,是对先前"人生是苦"认识的一大修正,并最终促使梁漱溟放弃出家之念而回到世间来。但是这种转变,不光是知识为基础的认识促成的,还是外在环境的影响,以及社会责任或历史文化承续发扬的使命担当等多种因素汇集的结果,其间还交织着梁漱溟丰富、深刻的人生体验。

(一)梁漱溟思想认识的转变

由于梁漱溟抱定"替释迦、孔子发挥"的宗旨,为孔子负一个讲明白的责任,入北大后,就开始系统研究儒学经典,其结果是对儒家的偏见有所转变。他在《我的自学小史》中回忆说:

> 当初归心佛法,由于认定人生唯是苦(佛说四谛法:苦、集、灭、道),一旦发见儒书《论语》开头便是"学而时习之不亦乐乎",一直看下去,全书不见一苦字,而乐字却出现了好多好多,不能不引起我极大注意。在《论语》书中与乐字相对待的是一个忧字。然而说"仁者不忧",孔子自言"乐以忘忧",其充满乐观气氛极其明白;是何为而然?经过细心思考反省,就修正了自己一向的片面看法。此即写出《东西文化及其哲学》的由来,亦就伏下了自己放弃出家之念,而有回到世间来的动念。
>
> 动念回到世间来,虽说触发于一时,而早有其酝酿在的。这就是被误拉进北京大学讲什么哲学,参入知识分子一堆,不免引起好名好胜之心。好名好胜之心发乎身体,而身体则天然有男女之欲。但我既蓄志出家为僧,不许可婚娶,只有自己抑制遏止其欲念。自己精神上就这样时时在矛盾斗争中。矛盾斗争不会长久相持不决,逢到机会终于触发了放弃一向要出家的决心。①

基于对儒学经典的独特体验,梁漱溟对人生问题又有了新的认识,这

---

① 《我的自学小史》,见中国文化书院学术委员会编:《梁漱溟全集》第二卷,山东人民出版社 2005 年版,第 698 页。

就是:人生的各种欲望是可以从主观上被超越的,因此痛苦也是可以被超越的。

　　梁漱溟又从人生观立场比较佛儒两家的异同,进一步走向基于宗教哲学观基础上社会责任担当的神圣与应然性,从而实现了由"独善其身"向"兼治天下"的折返。他认为:佛家主张的是"出世法",其修身的目的是为了破除"法执我执",使个人从生死轮回中解脱出来,转识成智,进而达到人生最高的理想境界——涅槃;而儒家主张的是"入世法",修身在本质上不仅仅是目的,而且从道德楷模对社会所具有的巨大影响力的角度看,它还是达到"齐家、治国、平天下"的手段。简言之,佛家着眼点在"自我",而儒家着眼点则在"众生"。在《东西文化及其哲学》中他写道:"孔与佛恰好相反:一个是专谈现世生活,不谈现世生活以外的事;一个是专谈现世生活以外的事,不谈现世生活。这样,就致佛教在现代很没有多大活动的可能。"①故此,在军阀混战、人民如处水火之中的情况下,那种"以为大家不要争权夺利就平息了混乱,而从佛教给人一服清凉散,就不复争权夺利,可以天下太平"的"见解",是完全错误的,"与事理真象适得其反"。② 为了"可怜可怜湖南湖北遭兵乱的人民",结束"中国人这种水深火热的况味",他要求"好人"——知识精英(当然也包括自己)——不要"乱七八糟,弄那不对的佛学",而应"弃佛归儒",以便把中国人导至"至好至美的孔子路上来"。③

(二)父亲梁济沉湖的刺激

　　1918 年农历十月初十日,梁漱溟的父亲梁巨川先生于 60 岁生日前三天清晨,竟自沉丁北京净业湖(积水潭)。父亲梁巨川的自杀极重地刺激了梁漱溟,应该说这成为他在两年后思想更替的一种源于外界环境的重要

---

① 《东西文化及其哲学》,见中国文化书院学术委员会编:《梁漱溟全集》第一卷,山东人民出版社 2005 年版,第 536 页。
② 《东西文化及其哲学》,见中国文化书院学术委员会编:《梁漱溟全集》第一卷,山东人民出版社 2005 年版,第 534 页。
③ 《东西文化及其哲学》,见中国文化书院学术委员会编:《梁漱溟全集》第　卷,山东人民出版社 2005 年版,第 543—544 页。

因素。梁巨川先生的自沉对社会造成的影响远远超过了他一生的努力,此举也深深地震撼了梁漱溟。在许多人看来,梁巨川是为清末封建君主制度而殉道的。梁漱溟则深知父亲绝不是殉清,也不是反对共和,而是为了个人的纯洁理想和正直品质而献身的,"不惜一死以寤世人"。他不但深深忏悔以往对父亲的误解与伤害,更下定决心,要像父亲一样,无论在何种情况下,都要怀抱着坚定的理想,为原则不惜牺牲自己,坚决维护自身思想的独立与人格的完整。这种性格特征及思想品质在他的文化运动中即表现为独立与自主性。

这就是弃佛归儒,舍去向来做佛家的心愿,"来做孔家的生活"。他之所以抛却佛家生活而归入儒家生活,绝非仅仅因为个人心理的冲突或精神欲望的力量,而是具有一种不可推卸的历史责任,尤其是对东西方文化及哲学进行比较和反思的结果。

> 我以前虽反对大家作佛家生活,却是自己还要作佛家生活,因为我反对佛家生活,是我研究东西文化问题替中国人设想应有的结论,而我始终认为只有佛家生活才是对的,只有佛家生活是我心里愿意做的,我不愿意舍掉他而屈从大家去做旁的生活。到现在我决然舍掉从来的心愿了。我不容我看着周围种种情形而不顾。——周围种种情形都是叫我不要作佛家生活的。一出房门,看见街上的情形,会到朋友,听见各处的情形,在在触动了我研究文化问题的结论,让我不能不愤然的反对佛家生活的流行,而联想到我自己。又总没有遇到一个人同意于我的见解,即或有,也没有如我这样的真知灼见,所以反对佛教推行这件事,只有我自己来做。这是迫得我舍掉自己要做的佛家生活的缘故。我又看着西洋人可怜,他们当此物质的疲散,要想得精神的恢复,而他们所谓精神又不过是希伯来那点东西,左冲右突,不出此圈,真是所谓未闻大道,我不应当导他们于孔子这一条路来吗!我又看见中国人蹈袭西方的浅薄,或乱七八糟,弄那不对的佛学,粗恶的同善社,以及到处流行种种怪秘的东西,东觅西求,都可见其人生的无着落,我不应当导他们于至好至美的孔子路上来吗!无论西洋人从来生活的猥琐狭劣,东方人的荒谬糊涂,都一言以蔽之,可以说他们都未曾

> 尝过人生的真味,我不应当把我看到的孔子人生贡献给他们吗！然而
> 西洋人无从寻得孔子,是不必论的;乃至今天的中国,西学有人提倡,
> 佛学有人提倡,只有谈到孔子羞涩不能出口,也是一样无从为人晓得。
> 孔子之真若非我出头倡导,可有那个出头? 这是迫得我自己来做孔家
> 生活的缘故。①

父亲的自杀使梁漱溟悲痛不已,他在若干不同时期的著作,如《思亲记》
《朝话》《自述》《我的自学小史》中,不断地以饱含激情的笔触深切地怀念着
父亲对自己的养育之恩、开明教育,以及父亲高尚的道德情操和强烈的国
家、社会责任感对自己人格的影响。当然,梁漱溟在悲痛、怀念之余,也在反
省自己当初违逆父意、崇尚佛学、迷恋佛典而放弃"君子"救世责任的种种
"不孝"行为,并为这种种"不孝"行为而深感内疚。这种反省和内疚感所形
成的来自道德人伦的压力成了"弃佛归儒"的一个契机。

(三) 对传统文化命运的担忧

随着新文化运动呈洪水猛兽般的发展,并打出了"打倒孔家店"的旗
号,梁漱溟希冀为释迦和孔子讲明白的责任变得愈发艰难,他所讲授的传
统文化课程也受到了巨大的冲击。与此同时,也让他心里又多了一个担
忧:过分地宣扬资产阶级的民主与科学,会不会让中国几千年来博大精深
的传统文化付诸东流?

五四运动前后,与梁漱溟同在北大任职的思想家,如陈独秀、李大钊、
胡适等人,举着"科学""民主"的大旗,对传统文化发起了全面性的批判。

1916 年 2 月 15 日,陈独秀在《青年杂志》第 1 卷第 6 号撰文指出:

> 欧洲输入之文化,与吾华固有之文化,其根本性质极端相反。数
> 百年来,吾国扰攘不安之象,其由此两种文化相触接相冲突者,盖十居
> 八九。凡经一次冲突,国民即受一次觉悟。

---

① 《东西文化及其哲学》,见中国文化书院学术委员会编:《梁漱溟全集》第一卷,山东人民出版社
2005 年版,第 543—544 页。

　　自西洋文明输入之吾国,最初促吾人之觉悟者为学术,相形见绌,
举国所知矣;其次为政治,年来政象所证明,已有不克守缺抱残之势。
继今以往,国人所怀疑莫决者,当为伦理问题。此而不能觉悟,则前之
所谓觉悟者,非彻底之觉悟,盖犹在惝恍迷离之境。吾敢断言曰:伦理
的觉悟,为吾人最后觉悟之最后觉悟。①

　　以胡适为代表的自由主义知识分子,反对用马克思主义的世界观和革
命论来观察和解决中国问题,主张对中国社会作一点一滴的改良。他大力
宣扬美国现代教育家、进步主义教育运动代表杜威的教育哲学,提倡"工
具主义"或"实验主义"的方法。

　　我们要明白实用主义是什么东西,先要知道实验的态度究竟是怎
么样。实验的态度,就是科学家在实验室里实验的态度。科学家当那
实验的时候,必须先定好了一种假设(Hypothesis),然后用试验的结果
来证明这假设是否正当。譬如科学家先有了两种液体,一是红的,一
是绿的,他定了一个假设,说这两种液体并合起来是要变黄色的,然而
这句话不是一定可靠,必须把它实际试验出来,看看并合的结果是否
黄色,再来判定那假设的对不对。实验主义所当取的态度,也就和科
学家试验的态度一样。②

　　胡适提出了他的十字方法论要诀,即"大胆地假设,小心地求证",提
出"整理国故",高度评价乾嘉学派。

　　这三百年的成绩有声韵学、训诂学、校勘学、考证学、金石学、史
学,其中最精彩的部分都可以称为"科学的";期间几个最有成绩的
人,如钱大昕、戴震、崔述、王念孙、王引之、严可均,都可以称为科学的

---

① 　陈独秀:《吾人之最后觉悟》,见戚谢美、邵祖德编:《陈独秀教育论著选》,人民教育出版社1995年
版,第47、51页。
② 　胡适:《实验主义》,见白吉庵、刘燕云编:《胡适教育论著选》,人民教育出版社1994年版,第87页。

学者。我们回顾这三百年的中国学术,自然不能不对这班大师表示极大的敬意。

然而从梅鹭的《古文尚书考异》到顾颉刚的《古史辨》,从陈第的《毛诗古音考》到章炳麟的《文始》,方法虽是科学的,材料却始终是文字的。科学的方法居然能使故纸堆里大放光明,然而故纸的材料终久限制死了科学的方法,故这三百年的学术也只不过文字的学术,三百年的光明也只不过故纸堆的火焰而已!①

梁漱溟因为有佛学研修的清静港湾以及儒学"和而不同"的境界,他对新派思想家的激进观点不敢苟同,却能相对温和地相处,如此协调共处的关系确乎需要有涵养修为。据他的亲身回忆:

五四运动爆发时,我正在作为发祥地的北京大学。诚然,我当时所潜心研究、发挥的问题,是与五四运动的锋芒不一致的。但当时我的态度是,凡成为一派思想的,均有其特殊面目、特殊精神,只是各人抱着各自的那一点去发挥;只要其目标是对于社会的尽力,在最后的成功上是相辅相成的。因此,我并不要打倒陈独秀、胡适之,我才获得成功,我甚至从来没有说过反对某某人的话,不管在讲堂上,在文章中,如果提到某某人,都是以分析、研究的口吻,同则同,不同则不同。正因为这样,我在北京大学,一直与陈独秀、胡适之等有交往,特别是与李大钊先生,称得上是好朋友了。②

然而,在对待中西文化的态度和方法上,梁漱溟所持的观点却与上述新文化运动的先锋、激进人物有差异,但又与旧派人物如在北大主讲杏坛的辜鸿铭、刘师培、林纾以及南京东南大学以《学衡》杂志为中心的胡先骕、梅光迪、吴宓等"学衡派"保守、顽固守旧主张有差异,颇有儒佛兼修、

---

① 胡适:《治学的方法与材料》,见白吉庵、刘燕云编:《胡适教育论著选》,人民教育出版社1994年版,第249—250页。
② 汪东林:《梁漱溟问答录》,湖南人民出版社1988年版,第41—42页。

德艺双馨、成熟稳重的涵养品质。故而,他们之间可谓淡如水的君子之交。例如,他在许多场合指名道姓地批评了胡适,尤其针对胡新近出版的《中国哲学大纲》一书,认为该书对于孔子儒学的解释和评价纯属主观的臆造,根本就不明白孔子的道理。至于陈独秀、胡适所主张源于西方"民主""科学"的新"人生观",更是无源之水、无本之木,不值得提倡,值得赞赏的仍是孔子的人生态度。

应该说,梁漱溟由释迦向孔子返回的人生观或思想立场与上述学派及人物的各种观点及活动是密切相关的,但不可视为同类或雷同,更毋庸言相近或相同。梁漱溟的上述思想心路或内心精神轨迹已清晰地昭示了这一点。此外,他所特有的佛学人生情怀、悲天悯人心境,西方哲学思想中康德、柏格森的人性、生命观念,儒学中对陆王心学,尤其是王门后学(王门弟子)泰山学派心性理念的偏好以及早年积淀对现实功利与西方科学内容的默认、接纳或推崇,构建出其新儒学思想独立、完整的个性化风格。

第三节 《印度哲学概论》与《东西文化及其哲学》

《印度哲学概论》《东西文化及其哲学》与中期的《乡村建设理论》及后期的《中国文化要义》《人心与人生》一道,属梁漱溟名著,也成为确立其哲学家、教育家地位的标志性成果。只是,前两部著作完成于北大,是他思想转变的标本见证,而且也成为他后来展开乡村教育实验的依托。

一、《印度哲学概论》

《印度哲学概论》初名《印度哲学讲义》,1919 年首次由北京大学印行,翌年,又增补完成了后半部分,交由商务印书馆出版。梁漱溟认为该书体例、内容及观点有种种不足及创伤,想作改正修订而未遂心愿。为了亡羊补牢,他于第三版前写了一篇"自序",就自认为需要修改之处一一作了说明。到 1926 年,该书连续再版了 5 次,台湾于 1966 年将此书再版,大陆由山东人民出版社出版的《梁漱溟全集》将其收入在第一卷。

关于成书的过程,梁漱溟在"第三版自序"中说:

> 愚以民国六年来大学,继许季上先生任印度哲学一课。许君旧有讲义一种,盖参酌取材于日本人书三四种、西洋人两三种而成。愚但事增订,未及改作。七年乃根本更张之,以为此书。第一第二两篇先成,即在京印行。故初版序标七年月日。八年续成后半,以全书托商务印书馆出版。其时于前稿已有悔,颇思改正而不及改,但于第一篇末缀一语志意而已。九年再版,以病不能动笔,竟仍原稿付印。十年则于所作知悔者益多,因止三版不印。兹又一年,诚欲别编新本。顾所事有急于此者,而以校课故,不能竟无此书。卒又以原稿付印。然于所知悔者不可不有声明,特即其较重要各端条列左方,唯读者省察焉。①

从梁漱溟实在而诚恳的文字陈述中可以发现,《印度哲学概论》成书甚为仓促,许多资料的消化吸收尚欠充分,难免粗糙,总是想补作改写或重编,却总因其他事务繁忙或诸多因素侵扰而未能如愿。个中缘由除了北京大学授课任务、学校活动、同事交往切磋、新旧派纷争的纠结之外,恐怕与他另起炉灶,钻研儒家学术,参与文化论战,尤其是观念立场上发生破旧立新,由佛转儒有着密切的关系。看来,此作品与前年的佛教哲学论文相较,可以推断已缺乏信徒的痴念、盲从,而带有文化思想的过渡色彩。

《印度哲学概论》一书与当时各种讲印度哲学或佛学的书相比,有鲜明的特色:其一,它按不同的专题将弥曼差派、吠檀多派、僧法派、瑜伽派、吠世史迦派、尼耶也派等6个宗派与佛学对比着论述,从而彰显出佛学的特色。其二,它在体例及内容设计上,依据西方哲学的主要论题来梳理印度哲学,特别是佛学思想。全书分为四篇,第一篇为"印度各宗概略";第二篇为"本体论",内分"一元二元多元论""唯心唯物论""超神泛神无神

---

① 《印度哲学概论》,见中国文化书院学术委员会编·《梁漱溟全集》第一卷,山东人民出版社2005年版,第26页。

论"等章;第三篇为"认识论",内分"知识本源之问题""知识之界限效力问题""知识本质之问题"等章;第四篇为"世间论",内分"宇宙缘起之说明""人生之说明""我之假实有无问题""法之有无假实问题"等章。

虽然,梁漱溟认为,从文化哲学的出路及层次发展上而言,"唯识论"或"唯识宗"为基础的印度文化属于最高层次,却在知识探求与认识本真问题上显得苍白无助,现实中的他却未因此走向禅林,解脱于人世,而是怀有"吾曹不出如苍生何"的救济之心。如此,出现思想认识上混乱与矛盾实在是在所难免。

> 要之,印土哲学思想与其禅定互为因果。初由如是思想故修禅定,后则思想乃从禅定中得,更后则思想高下视乎禅定,禅定高下视乎思想。故曰其哲学自宗教出,而此所从出之途术所谓禅定者即其特辟之方法也。为立其名曰证会。今西土哲学者亦尚直觉,与此非一事而未尝无合。禅定为世间与出世间之通介,证会为可知与不可知之通介。故证会之所得,当以不落思惟为本性,而其由之以生解者皆失之者也。况修禅之屏视听念虑不由,则是证会既已不凭依概念以为知,奈何其复有所立? 审其所以然,盖现前世间以上又未达不生灭即出世间,尚有生灭即世间位乎其间。匪但云尔,抑出世间本无此物。[1]

由此可以得出:佛学在哲学的本质或功能视野中表现为软弱空洞,难以胜任知性知识探求,并缺乏建立知识论的责任担当。在这方面,儒学,尤其是西学,却能承担这种使命。

> 哲学之本性为从无可知中向知之方面开展。而由上观察,佛法虽亦从亡知处(禅)不妨予人以知,而所事实在亡知而不在知。故佛之哲学殊未为尽哲学之性,其长处唯在说不生灭。次则说生灭之八识、五蕴等。此外若现前世间则少所说,即说亦不足重,如前章所论因袭

---

[1] 《印度哲学概论》,见中国文化书院学术委员会编:《梁漱溟全集》第一卷,山东人民出版社 2005 年版,第 70—71 页。

其土风者是。盖佛本不以哲学为事也。即今之所谓佛教之哲学者亦第为吾人从流传下来佛的宗教教训搜得,在佛初无是物。其为哲理抑非哲理亦非可定,世之治哲学者但以佛所示之方法与材料以从事焉可已。①

也正是因为佛学对知识及物的本质问题混沌、含糊或超越觉解,反而对他派学理含有包容、吸收的姿态,这就为佛学修行者的转化及应时而变提供了平台或阶梯。梁漱溟指出,孔子之道与佛之道,明非一物。佛之出世思想,于孔家诚为异端,在所必排,因佛之教义能破坏孔子的教化。然佛家之视孔家则不然,尽有相容之余地,佛之教化,所有地方,俱佛之极简单而空虚的教化则无处不可融贯。因此,佛家对一切思想均持雍容大度的态度,而不特别排斥。从本质说,孔教与佛教并无太大区别,它们之间的斗争与冲突,并不意味着他们面对的问题与解决问题的方法根本相异,但儒佛二家至少在形而上学上相差甚远。② 基于上述理解,有佛学根底修为经历,且对佛学哲学认识深刻、造诣精湛的梁漱溟在开拓乡村教育事业中才能在现代人文主义特色新儒学的引领下兼收并蓄,吸收诸家有价值的思想资源,融会贯通,冶为一炉,而创立新派,卓为乡建运动的一面旗帜。

梁漱溟的《印度哲学概论》是其研究印度文化及其哲学的一部主要著作。此书的写作目的是为了"替释迦说个明白",所以,在内容设计上就更为注意对佛教哲学的论述,并注重与西方哲学进行比较,以便挖掘出印度哲学尤其是佛教哲学的现代意义。他通过比较得出的一些结论,如佛教唯识学的本体论和认识论不同于西方的本体论和认识论,佛教哲学不在求知,在其宗教上的解脱,成了后来建构自身文化哲学体系的理论资源。而其中的生命意象、精神价值以及人生境界等不仅成为他的新儒学成分,更是他乡村教育目的论、功能论及教学论的重要成分。

---

① 《印度哲学概论》,见中国文化书院学术委员会编:《梁漱溟全集》第一卷,山东人民出版社 2005 年版,第 73 页。
② 马勇:《梁漱溟评传》,安徽人民出版社 1992 年版,第 44 页。

二、《东西文化及其哲学》

梁漱溟对东西文化的研究始于 1918 年,热心于宣传孔子之道并不是盲从与鼓吹,而是希望以冷静的态度从事学理上的研究,以孔子之道和印度文化、西方文化乃至本土别家文化相比较而衡其得失。

1918 年 10 月 31 日、11 月 9 日,梁漱溟分别在《北京大学日刊》第 241 号、248 号刊登"启事"二则:

(一)

前为研究东方学者之征求,应者今有数人。唯大都愿闻佛法,意殊不在研究东方化。而梁漱溟东方化与欧化为对,其意侧向孔子。今别为孔子哲学之研究一门于研究所,犹持前志。其以佛法为问者,溟星期二、五早晨在哲学门教员室,如过谈,当竭所知奉答,校外者请用通讯办法。又有以溟为反对欧化者,欧化实世界化,东方所不能外。然东方亦有其足为世界化,而欧土将弗能外者。则溟所欲得良师友共究宣质证者也。十月三十日。漱溟谨白。

(二)

比接张君彝、谷君源瑞来书,以为孔子之研究会期无定,殊觉不便。兹定每星期二、五早至午溟在哲学门教员室相候。凡研究诸君有待晤商之处请来面谈为望。会期仍俟有一项研究报告提出再行布告开会。漱溟谨白(报告研究望诸君勿太稽迟方好)。[①]

从所登"启事"可以看出梁漱溟文化思想由佛学向儒学转变的意向,同时答复研究会虽标明"孔子",当容纳吸引欧美学术文化及研究方法,并不排斥,并视欧化思潮在中国流行实为不可避免之世界趋势,其诚恳积极态度在其中有充分反映。

1918 年 10 月 4 日,梁漱溟曾在《北京大学日刊》第 221 号发表《征求

---

① 《启事(二则)》,见中国文化书院学术委员会编:《梁漱溟全集》第四卷,山东人民出版社 2005 年版,第 552 页。

研究东方学者》一文,对其中的动因及旨趣加以说明:

> 此所谓东方学特指佛陀与孔子之学。由其发源地名之东方之学
> 不止此,然自余诸家之思致亦西方所恒有,独是二者不见萌于彼土。
> 其一二毗近佛陀者原受之于此;孔子则殆无其类。且至今皆为西方人
> 所未能领略。又东方文化之铸成要不外是,故不妨径以东方学为名
> 也。是二者孔子出于中国;佛虽出印度,然其学亦在中国。而吾校则
> 此中国仅有之国立大学。世之求东方学不于中国而谁求?不于吾校
> 而谁求?是吾校对于世界思想界之要求负有供给东方学之责任。顾
> 吾校自蔡先生并主讲诸先生皆深味乎欧化而无味于东方之化,由是倡
> 为东方学者尚未有闻。漱溟切志出世,不欲为学问之研究;今愿留一
> 二年为研究东方学者发其端,凡校内外好学君子有同心者极愿领
> 教。……①

这里,梁漱溟对"东方学"的内涵主要理解为印度佛学与中国儒学,表
明印度宗教思想仍未排除。同时,又申述北京大学应"负有供给东方学之
责任"。但由于新文化运动的影响,人们大都醉心于西学,对"东方学"无
多大兴趣,因而征求的结果是"应者寥寥"。"孔子哲学研究会"仅维持了
一段时间,到这年11月底,便中途搁置了下来。

尽管如此,梁漱溟对东西文化的研究仍持续进行。在梁漱溟看来,
弃佛归儒,舍去向来做佛家的心愿,"来做孔家的生活",是保留传统文
化的有效途径。他之所以抛却佛家生活而归入儒家生活,绝非仅仅因为
个人心理的冲突或精神欲望的力量,而是有了一种不可推卸的历史责
任,尤其是对东西方文化及哲学进行比较和反思的结果。就像他在《自
序》中说的那样:

> 无论西洋人从来生活的猥琐狭劣,东方人的荒谬糊涂,都一言以

---

① 《征求研究东方学者》,见中国文化书院学术委员会编:《梁漱溟全集》第四卷,山东人民出版社
2005年版,第553页。

蔽之，可以说他们都未曾尝过人生的真味，我不应当把我看到的孔子人生贡献给他们吗！然而西洋人无从寻得孔子，是不必论的；乃至今天的中国，西学有人提倡，佛学有人提倡，只有谈到孔子羞涩不能出口，也是一样无从为人晓得。孔子之真若非我出头倡导，可有那个出头？这是迫得我自己来做孔家生活的缘故。①

1920 年秋，他开始在北大讲授"东西文化及其哲学"，其部分讲稿陆续刊载在《少年中国》上。1921 年暑假，又应山东省教育厅的邀请，到济南作了 40 多天的"东西文化及其哲学"的讲演。是年秋，讲演稿整理出版。

　　1921 年暑假，应山东省教育厅之邀，我在济南讲授东西方文化及其哲学，一连讲了四十天，由罗常培记录全文，在山东首次铅印成书。不久由北京重印，后由商务印书馆出版，一共再版十多次。直至去年 3 月，香港里仁书局还出版了我这部六十五年前的著作——《东西文化及其哲学》。有人称这部书为我国最早用比较学的方法研究学问的一部书，这当然是我起初所不能预想到的。应当指出的是，在这部旧著中，我的绪论是评判东西方文化各家学说，而独发挥孔子哲学，这在今天看来，难免有失偏颇之处。但作为一部"五四"时期的旧作，即便当作一家之说，或者是研究、探讨问题的参考资料，也多少有其自身的价值的。②

《东西文化及其哲学》内容共分为五章：第一章，绪论；第二、三章，如何是东方化，如何是西方化（上、下）；第四章，西洋中国印度三方哲学之比观；第五章，世界未来之文化与我们今日应持的态度。最后为"时论汇录"，其中有陈独秀的《东西民族根本思想之差异》、李大钊的《东西文明根本之异点》、梁启超的《欧游心影录》及《与印度泰戈尔谈话》等 10 篇文章，

① 《东西文化及其哲学》，见中国文化书院学术委员会编：《梁漱溟全集》第一卷，山东人民出版社 2005 年版，第 544 页。
② 汪东林：《梁漱溟问答录》，湖南人民出版社 1988 年版，第 41 页。

全书约 12.9 万字。该著是梁漱溟学术思想走向成熟的标志。

该著作对于"文化"作了特定理解:"文化并非别的,乃是人类生活的样法。那么,我们观察这个问题,如果将生活看透,对于生活的样法即文化,自然可以有分晓了。"而生活"就是用现在的我对于前此的我之奋斗"。奋斗"就是应付困难,解决问题的"。"无论为本能的或为有意识的向前努力,都谓之奋斗。"①解决问题的方法,或生活的样法有下列三种:一是奋斗的态度:遇到问题,尽力克服,改造局面,满足自身的要求。二是随遇而安的态度:遇到问题不去解决,改造局面,只是自己意欲调和,就在这种境地上求得自我满足。三是禁欲的态度:遇到问题就想根本取消这种问题或要求。西方文化、中国文化、印度文化分别代表这三种不同的路向,即"向前面要求","对于自己的意思变换、调和、持中","转身向后去要求"。具有"征服自然之异采""科学方法的异采"及"德谟克拉西的异采"之西方文化,"一望而知他们所走的第一条路向——向前的路向";"中国文化是以意欲自为、调和、持中为其根本精神的";"印度文化是以意欲反身向后要求为其根本精神的"。② 中国文化、印度文化分别是第二、三种路向。所以中国文化如按原来的方向发展下去,怎么也不会走到西方的路上去。因此,文化调和是根本不可能的,其缘由即在于文化所承载的人生态度或基本精神存在显著的差异。

梁漱溟在书中"评判东西文化各家学说而独发挥孔子哲学",从文化渊源和人生哲学上对五四新文化运动进行了独特思考,打出了"新孔学"和"东方学"旗帜,以呼应他于 1918 年所提出的有关"孔子哲学"的研究问题。关于人类文化比较分析的重心放在中西文化比较方面。他认为,西方文化焕发出了"民主"与"科学"两种异彩,这是西方文化的优势;而中国文化则有"暧昧而不明爽"的多种弊端。人们应该认识到中国文化的不足之处,尽取西方民主、科学之利,补救其缺失。他又进一步指出,西方文化缺点也同样明显,中国文化的价值也不容抹杀,通过对比,更能够体现中国文

① 《东西文化及其哲学》,见中国文化书院学术委员会编:《梁漱溟全集》第一卷,山东人民出版社2005 年版,第 378 页。
② 《东西文化及其哲学》,见中国文化书院学术委员会编:《梁漱溟全集》第一卷,山东人民出版社2005 年版,第 381—383 页。

化的价值。现代性情结使许多论者对梁漱溟的评价较为低调,认为梁漱溟的思想是不合时宜的,仍然走的是"中体西用"的路子,而"历史已证明这是不通的"①,因为儒家思想与民主和科学格格不入。当然,同情新儒家的研究者不但不会接受这种看法,而且刚好相反。他们认为,梁漱溟在中国现代思想史上的意义恰恰在于他复兴和发扬儒学,以与时流相抗,尤其是对儒家生命哲学的阐扬。当然,也要谈及他矫然不群的狂狷人格。

差不多同时,中国思想文化界又出现了反思科学至上、科学万能的浪潮,"科学与人生观"问题的讨论。甚至有的思想家提出怀疑科学价值、功用的论调,在对中国传统文化的离异之后,又发生了回归的潮流。这种氛围或背景与梁漱溟的思想律动节拍或轨迹恰是合拍的。

持类似观点的学者还有唐钺、杜亚泉及印度诗人、哲学家泰戈尔等人。1916 年,杜亚泉在《静的文明和动的文明》一文中,以为西方社会多民族纷争,自然环境宜于商业,于是西方人的观念,以为社会的存在是互相竞争的结果,"依对抗而维持";而中国社会自古以来则多一家一姓兴亡之战,自然环境宜于农业,中国人之观念,便以为社会之存在乃各自相安的结果。基于观念上的分歧,遂使西方社会注重人为,反对自然,生活向外,争利重于道德,无时不在战争之中;而中国人一切皆注重自然,顺从自然,生活向内,安心守分,勤俭克己,除自然的个人外,别无假定的人格,道德高于争利,以与世无争、与物无竞为最高尚的道德,时时以避免战争为务。"西洋文明,浓郁如酒,吾国文明,淡泊如水;西洋文明,腴美如肉,吾国文明,粗粝如蔬,而中酒与肉之毒者,则当以水及蔬疗之也。"因此,杜亚泉强调,中西文化之异是性质之异,而非程度之差,中国固有之文明不仅不应该彻底抛弃,恐怕"正足以救西方文明之弊,济西洋文明之穷者"②。英国思想家罗素及诺贝尔文学奖得主泰戈尔此时都先后来华,几乎与美国现代派教育家杜威同时开设讲坛。北京大学自然是三大思想巨子的演说中心,梁漱溟也与他们都有所交往。与杜威相比,罗素和泰戈尔二人对中国传统文化有更多的保留、吸收与赞赏,尤其是泰戈尔谆谆告诫中国青年不必盲目欧美化

---

① 郑大华、任菁编:《孔子学说的重光》,中国广播电视出版社 1995 年版,第 54 页。
② 许纪霖、田建业编:《杜亚泉文存》,上海教育出版社 2003 年版,第 338—340 页。

崇拜,应该注重自身优秀传统的弘扬。

　　纵观梁漱溟对当时来华的英国(西方)、印度(东方)两大思想名家在华讲演的反应或评价是有差异的,他对罗素表现出委婉的批评,而对泰戈尔则甚为赞赏或景仰、敬佩。1921 年底,梁漱溟发表《对于罗素之不满》一文于上海《中华新报》,文章先提到与罗素所见相合处说:"罗素谈社会心理而说'冲动',究纯正哲理而明'相续',尤妙符夙怀。"次讲对罗素不满,在其别标灵性于本能理智之外,认为孟子说良知、良能是指本能说,克鲁泡特金把人类心理分为本能、理智两者,均容易明白,亦有可取之处;而对罗素所持人类心理的三分法,则持怀疑态度。① 梁漱溟与泰戈尔的交流可谓融洽和谐,其间的沟通问答甚为睿智、活跃,对话深沉隽永、耐人寻味。1922 年夏季,泰戈尔来华讲学,他鼓吹东方文化的精神,反对西方的实利主义,遭到了大部分新式知识分子的冷遇。梁漱溟却对这位印度圣哲、文学巨匠的亚洲主义文化复兴思想非常感兴趣,梁门弟子李渊庭对此有生动的描述:

　　　　泰戈尔即将离北京时,现代著名诗人徐志摩约梁漱溟去同泰戈尔谈谈。二人到时,正值泰戈尔与杨丙辰谈宗教问题。杨丙辰先生以儒家为宗教,而泰戈尔则说不是的。当时徐志摩指着先生介绍说:"梁先生是孔子之徒。"泰戈尔说:"我早知道了,很愿听梁先生谈谈儒家道理。"先生就泰戈尔不承认儒家是宗教的话作了辩明。泰戈尔认为宗教是在人类生命的深处有其根据的,所以能够影响人。尤其是伟大的宗教,其根于人类生命者愈深不可拔,其影响更大;空间上传播得很广,时间上亦传播得很久远,不会被推到。然而他看儒家似不是这样。仿佛孔子在人伦的方面和人生各项事情上,讲究得很妥当周到;如父应慈,子应孝,朋友应有信义,以及居处恭,执事敬,与人忠等等,好像一个法典,规定得很完全。这些规定,自然都很妥当,都四平八稳的;可是不免离生命就远了。因为这些规定,要照顾各方,要得乎其中;顾

---

① 《对于罗素之不满》,见中国文化书院学术委员会编:《梁漱溟全集》第四卷,山东人民出版社 2005年版,第 657—659 页。

外而遗内,求中则离根。由此,泰戈尔判定儒家不算宗教,但又很奇怪儒家为什么能在人类社会上与其他各大宗教都有同样长久伟大势力!先生当时答泰戈尔说:"孔子不是宗教是对的;但孔子的道理却不尽在伦理纲常中。伦理纲常是社会一面。《论语》上说:'吾十有五而志于学,三十而立,四十而不惑,五十而知天命,六十而耳顺,七十而从心所欲不逾矩。'所有这一层一层的内容,我们虽不十分明白,但可以看出他是说的自己生活,并未说到社会。又如孔子称赞其弟子颜回的两点:'不迁怒,不贰过。'也都是说其个人本身的事情,未曾说到外面。无论自己为学或教人,其着重之点,岂不明白吗?为何单从伦理纲常那外面粗的地方来看孔子呢?这是第一点。还有第二点,孔子不一定要四平八稳,得乎其中。你看孔子说:'不得中行而与之,必也狂狷乎!'狂者志气很大,很豪放,不顾外面;狷者狷介,有所不为,对里面很认真;好像各趋一偏,两者相反,都不妥当,然而孔子确认为可以要得;因中庸不可能,则还是这个好。其所以可取,即在其生命真处发出来,没有什么敷衍牵就。反之,孔子所最不高兴的是乡愿,如谓:'乡愿德之贼也!'又说:'过我门而不入我室,我不憾焉者,其唯乡愿乎!'乡愿是什么?即是他没有他自己生命的真力量,而在社会上四面八方却应付得很好,人家都称他是好人。孟子指点得最明白:'非之无举也,刺之无刺也,同乎流俗,合乎污世,居之似忠信,行之似廉洁,众皆悦之,自以为是;而不可与入尧舜之道。'那就是外面难说不妥当,可惜内里缺乏真的。狂狷虽偏,偏虽不好,然而真的就好。——这是孔孟学派的真精神真态度。"泰戈尔听了先生这番话后,很高兴地说:"我长这样大没有听人说过儒家这道理;现在听了梁先生的话,心里才明白。"①

上述材料在多处研究文献中均未觅得,作为当年追随梁漱溟的及门弟子李渊庭对之的整理更显弥足珍贵,也具有可信度。这里围绕着儒学及其创始人孔子学说的现实性和宗教性的界限及内涵,讨论双方进行了深度探讨与交流,泰戈尔所持儒学非宗教观是梁漱溟所认同的,但后者

---

① 李渊庭、阎秉华编写:《梁漱溟先生年谱》,广西师范大学出版社1991年版,第53—55页。

则强调孔子的个人修养、精神主体方面的独特见解所发挥的宗教性价值同样是有显著意义的。因为其"在人类社会上与其他各大宗教都有同样长久伟大势力"。因此,儒学的内容及精神在中西冲突尖锐、新旧矛盾交织以及思想文化道路彷徨的特定时期,仍有其深刻而巨大的力量。

从学术价值与学科建设的意义来看,《东西文化及其哲学》也颇具特色,它是一部从世界文化学这个新角度探讨中西文化问题的系统性著作。对于该书的内容及价值,除了共产党人如瞿秋白、陈独秀以及西化论者如胡适、陈序经、丁文江作了批评与低调的评价外,其他人士的反响甚为积极,甚至有渲染、溢美文辞。举例来说,李石岑曾指出:"发行之后不到一年,已经得了近百篇的论文,十几册的小册子,和他大打其笔墨官司。这样一闹,他这部书,居然翻成了十二国的文字,把东西两半球的学者,闹个无宁日。"①牟宗三对此评论道:"他(指梁漱溟)独能生命化了孔子,使吾人可以与孔子的真实生命及其智慧相照面,孔子的生命与智慧亦重新活转而被披露于人间。同时,我们也可以说他开启了宋明儒学复兴之门,使吾人能接上宋明儒者之生命与智慧。吾人须知宋明儒学与明亡而俱亡,已三百年于兹。因梁先生之生命而重新活动了。"②梁启超曾把梁漱溟的《东西文化及其哲学》与胡适的《中国哲学史大纲》相提并论,认为是中国现代哲学史学科建设早期的开山之作。"近年有两部名著,一部是胡适先生的《中国哲学史大纲》,一部是梁漱溟先生的《东西文化及其哲学》。哲学家里头能够有这样的产品,真算得民国一种荣誉。两位先生的精神,可谓根本不同,差不多成了两极端,然而我对他们,各有各的佩服。"③

《东西文化及其哲学》在现代思想史上地位的真正确立,是由于它在中、西、印三方文化的比较研究中,标点出东方文化对于世界文化和人类文化的永恒价值,以及对儒家哲学生命智慧和道德思想的彰显。其中所体现的梁漱溟的新儒学思想并非拘泥于传统儒学或宋明理学,而是有选择地发挥了宋明理学,并吸收西方文化,尤其是柏格森哲学的因素,带有西方人文主义

---

① 李石岑:《评〈东西文化及其哲学〉》,载《民铎》第 3 卷第 3 号,1922 年。
② 牟宗三:《现实中国之宗教趋势》,见《生命的学问》,台北:三民书局 1972 年版,第 112 页。
③ 《评胡适之〈中国哲学史大纲〉》,见《梁启超哲学思想论文选》,北京大学出版社 1984 年版,第 353 页。

对唯科学主义观点批判反思的浓厚色彩。梁漱溟对陈独秀、胡适等人唯科学主义思想的批判,是西方唯科学主义思潮和人文主义思潮的对立在中国的反映和继续,更是对柏格森生命哲学的直接汲取。柏格森认为,认识方法有两种,一是理智的即科学的认识方法,一是直觉的即哲学的认识方法。理智只能认识静止的物质世界,而不能认识永无休止的"生命冲动"或"绵延","生命冲动"和"绵延"只能靠直觉来把握。因为理智所用的方法是分析,是用符号来表示认识对象的一种人为活动,尽管可以获得实用的知识和科学的理论,但它们所提供给我们的,不过是这种实在的影子而已。与理智不同,直觉所用的方法是综合,对生命本身的直接体悟,不依靠感觉经验和理性思维而直接把握宇宙的"实在",因此它有权进入由生命、感觉、经验构造起来之大厦的"内部",使人们置身于对象之内,以便与其中独特的、从而是无法表达的东西相符合。柏格森的这种区分科学的理智与哲学的直觉,贬低理智而推崇直觉的非理性主义的认识论,被人们称之为"直觉主义",梁漱溟对唯科学主义的反对依循的正是柏格森"直觉主义"的线路。

第四节　辞别北京大学

《东西文化及其哲学》的出版,使得梁漱溟名声大振,一时间成为北大的名师和东西文化论战中的佼佼者与卓越辩手。然而,正当学术名望日隆、北大教授称谓荣誉指日可待的时候,他却提出了辞去北大教职的请求。于是,征得蔡元培的同意,梁漱溟专程去南京邀请熊十力来北大担任教职。1924年暑期,他辞去北京大学工作,由此阔别了7年的北京大学教学与研究生活,开始了以新儒学为指导的社会与教育改革实践。这里就有必要从教育探究的视角分析其辞职的缘由。

一、与新派思想家的微妙关系

梁漱溟在北大与新派教师的交往大致可以描述为"和而不同",相处自然,过往不密,属"君子之交淡如水"的情谊。除了李大钊之外,与广为人知,尤其是青年学生趋之若鹜的另两位五四运动思想先锋陈独秀、胡适间更无厚交,甚至有异样的复杂感受。

> 我与陈仲甫(独秀)先生相识在进北京大学之前,记得是1916年夏秋之间,李大钊先生宴客于北京南城瑞记饭庄,我和陈都应邀出席,在席上初次相遇。后来同在北大,也常有机会相见,但彼此间谈不上有什么深交,只是他给我的印象极深。我认为蔡元培先生萃集的各路人才中,陈独秀先生确是佼佼者。当时他是一员闯将,是影响最大,也是最能打开局面的人。但是,陈这人平时细行不检,说话不讲方式,直来直去,很不客气,经常得罪人,因而不少人怕他,乃至讨厌他,校内外都有反对他的人。只有真正了解他的人才喜欢他,爱护他,蔡先生是最重要的一个。由"五四"而开端的新思潮、新文化运动,首先打开大局面的是陈独秀,他在这个阶段的历史功绩和作用,应该充分肯定。但是,如果得不到蔡先生的器重、维护和支持,以陈之所短,他很可能在北大站不住脚,而无用武之地。记得有一次校方召开北大三院教授会议,会上发生争执,陈独秀当面直通通指责理科学长(院长)、科学家夏元瑮,使夏下不了台,会上不少教授对陈的盛气凌人十分不满,形成僵局。是蔡先生当场出面劝解,才为陈解了围。①

看来,梁漱溟对陈独秀思想解放、社会革新与个性独立的新文化旗手地位毫无质疑,但对他张扬、跋扈及骄狂的个性品质或处世方式并不赞赏。同时,新文化运动主潮人物之中的陈独秀、胡适、鲁迅及李大钊之间也有观点主张及目标走向之间的分歧。

> 蔡先生聘请胡适之先生到北京大学任文学系教授,是在我进北大一二个月之后。胡是从美国回来的,是当时北大最出风头的人物。他是新文化运动中提倡白话文的开创者之一,很有功绩,影响也很大。我和他在北大很快相识。在民国七年(1918年)《新青年》杂志六卷第一

---

① 汪东林:《梁漱溟问答录》,湖南人民出版社1988年版,第35—36页。

号上，曾发表了陈仲甫和陶孟和评论我的父亲梁巨川自杀之事的文章各一篇，我阅后即撰写《答陈仲甫先生书》，发表在《新青年》上，就自杀是不是个人行为、是不是道德、有没有罪等问题展开讨论。我在文中还较为详细地记述了我父亲前后二十年的变化以及为什么自杀等情况。胡适之先生专门对我的文章写了答复词，一起在《新青年》上发表。答词中称赞我的文章写得好，也指出不足之处。我和他的关系由此进了一步。我在北大讲授印度哲学，与新潮流、新思想相距甚远，我对新派人物中的种种主张不赞同的甚多，但我并不反对提倡白话文。而胡适之呢，如前所述，他因为倡导白话文而成为新文化运动的主干之一，但据我当时的交往，感到作为新文化运动之灵魂的新人生、新思想，在他身上并不完备，真正对于旧社会、旧道德的勇猛进攻，并引发开展，进而引导先进青年大刀阔斧前进的，应首推陈独秀、李大钊、周树人诸君。胡适之先生后来同他们分道扬镳，是情理之中的。①

而梁漱溟对中共先驱人物李大钊却充满了怀念和景仰，感情笃厚，过从甚密，堪称挚友之交。李大钊因北方共产党领袖身份直接从事国共第一次合作，因掀起以珠江流域为中心的国民大革命浪潮而被北方直、奉军阀首脑吴佩孚、冯国璋及张作霖所嫉恨，后被捕拘禁。梁漱溟积极活动，组织营救；在李大钊壮烈牺牲后又冒着白色恐怖危险，亲自前往吊唁，处理后事。这些行为充分反映了他们之间真挚的情谊以及思想精神上的某些默契与沟通。梁漱溟在不同场合的回忆能充分给予印证：

> 我认识李大钊先生，更在陈独秀之前。我们是前后脚进北大的。我每次到北大讲课，在上课之前和下课之后，必定去他图书馆主任办公室盘桓十分钟至二十分钟，因为彼此很熟，他忙他的事，我进门或离去，均不打招呼。他主编的《每周评论》，我顺手取阅。他有时主动地问我看什么书刊，便顺手递给我，亦不加说明。遇到重要书刊，我就声明带回家去看，下次来时交还。总之，彼此十分随便，没有什么客气俗套。……

---

① 汪东林：《梁漱溟问答录》，湖南人民出版社 1988 年版，第 38 页。

在离开北京大学之后,记得是 1927 年春天,有一日我去东交民巷
俄国使馆访看守常,只见来人满屋,大都是青年求见者,他忙着接待,
我不便多说话打扰他,不久便退出,不料这竟是最后一面。不多日便
闻知他全家被捕,当时正是张作霖自称大元帅,驻军和执政于北京之
时。我闻讯从西郊赶入城内访章行严(士钊)先生,愿与章老一同出
面先将守常家眷保释出来,俾守常少牵挂之念。……

当我闻悉守常被害后,立即从西郊赶入城内,一面看望其家属,一
面看视守常装殓。其时他家属已回到西城二龙坑朝阳里旧居。我望
见守常家人哀泣不起,劝慰几句后便留下十元钱退出,改往下斜街长
椿寺——守常遗体停枢在此。我到达寺门外时,门外一警察对我说:
"你们亲友来到,有了交代,我就走了。"我点首应承,随即入内巡视。
只见棺材菲薄不堪,心中一沉,即从寺内通电话于章宅吴弱男夫人。
盖我夙知守常曾为其子女章可、章用、章因的家庭教师,宾主甚相得。
待弱男夫人来到时,各方面人亦陆续而来,便共议改行装殓之事,直至
商妥为止。①

诚如上文所述,蔡元培高举"思想包容""学术自由"的旗帜,网罗诸多
名家,梁漱溟因印度佛学研究论文发表的影响力而在受聘之列,但以梁漱
溟的身份、层次为最末。他既不是留洋,也无博士头衔,连大学门槛也未
入,只是中学毕业以后的自学成才者。这种个人学术出身上的差异使他常
遭到北大那些具有外国博士、硕士头衔的同事的奚落。胡适在与他进行东
西文化论战时,就经常挖苦他没有出过国门,而大谈什么西方文化。例如,
在批评梁漱溟中西文化观的模糊笼统、主观武断以及精神、物质分离之弊
以后,认为中国也必定走上西方文明的道路,"将来中国和印度的科学化
和民主化,是无可疑的"②。

在此基础上,胡适还明确地标示出西化派的观点:"今日最没有根据

---

① 汪东林:《梁漱溟问答录》,湖南人民出版社 1988 年版,第 36—37 页。
② 《读梁漱溟先生的〈东西文化及其哲学〉》,见欧阳哲生主编:《胡适文集》第 3 集,北京大学出版社
1998 年版,第 184 页。

而又最有毒害的妖言是讥贬西洋文明为唯物的（Materialistic），而尊崇东方文明为精神的（Spiritual）。这本是很老的见解，在今日却有新兴的气象。从前东方民族受了西洋民族的压迫，往往用这种见解来解嘲，来安慰自己。近几年来，欧洲大战的影响使一部分的西洋人对于近世科学的文化起一种厌倦的反感，所以我们时时听见西洋学者有崇拜东方的精神文明的议论。这种议论，本来只是一时的病态的心理，却正投合东方民族的夸大狂；东方的旧势力就因此增加了不少的气焰。"①与此相反，胡适提出了"东方物质，西方精神"的论点："东方的文明的最大特色是知足。西洋的近世文明的最大特色是不知足。知足的东方人自安于简陋的生活，故不求物质享受的提高；自安于愚昧，自安于'不识不知'，故不注意真理的发见与技艺器械的发明；自安于现成的环境与命运，故不想征服自然，只求乐天安命，不想改革制度，只图安分守己，不想革命，只做顺民。这样受物质环境的拘束与支配，不能跳出来，不能运用人的心思智力来改造环境改良现状的文明，是懒惰不长进的民族的文明，是真正唯物的文明。这种文明只可以遏抑而决不能满足人类精神上的要求。西方人则大不然。他们说'不知足是神圣的'（Divine Discontent）。物质上的不知足产生了今日钢铁世界，汽机世界，电力世界。理智上的不知足产生了今日的科学世界。社会政治制度上的不知足产生了今日的民权世界，自由政体，男女平权的社会，劳工神圣的喊声，社会主义的运动。神圣的不知足是一切革新一切进化的动力。这样充分运用人的聪明智慧来寻求真理以解放人的心灵，来制服天行以供人用，来改造物质的环境，来改革社会政治的制度，来谋人类最大多数的最大幸福——这样的文明应该能满足人类精神上的要求；这样的文明是精神的文明，是真正理想主义的（Idealistic）文明，决不是唯物的文明。"②胡适又着重鼓动青年反对肯定或留恋东方文化的说教及心态：

　　　　少年的朋友们，现在有一些妄人要煽动你们的夸大狂，天天要你

---

① 《我们对于西洋近代文明的态度》，见白吉庵、刘燕云编：《胡适教育论著选》，人民教育出版社1994年版，第230页。

② 《我们对于西洋近代文明的态度》，见白吉庵、刘燕云编：《胡适教育论著选》，人民教育出版社1994年版，第239—240页。

们相信中国的旧文化比任何国高,中国的旧道德比任何国好。还有一些不曾出国门的愚人鼓起喉咙对你们喊道,"往东走!往东走!西方的这一套把戏是行不通的了!"①

胡适这里提出的"不曾出国门的愚人"虽未明指梁漱溟,但将其包揽在这一群体之中或贴上了此类标签符号当是无疑的。而反观胡适极端西化派的西学救世论言论文字,也绝不为东方文化复兴论的新儒学派所能苟同。这是两个不能相交平面或维度的观念及价值选项,旷日持久的争鸣、剑拔弩张的交锋显得多余。后来,梁漱溟在与胡适就文化问题的探讨争鸣中,未曾攻伐讨檄,但终未能达成和谐共识。这也恐怕是导致他辞离北大的重要缘由之一。

二、《东西文化及其哲学》设计的教育理想

梁漱溟受其父"学以致用"思想的影响,一生都"喜欢行动而不甘心于空谈",称自己是"力行者""实践家",而不是"学问家""思想者",学术研究不是为了学术,而是为了"致用"。思考与探究是源于问题,解决问题,以服务于现实之所需。梁漱溟大半生的办学活动与教育实验都是实践性极强的社会事业,与他的"新儒学"文化的应用与现实关怀是亦步亦趋的关系,甚至是本属一体的。

在《东西文化及其哲学》的结束部分,梁漱溟注意到了教育改革对于社会改造的重要性。他试图恢复中国传统教育的某些部分作为实现中国文化复兴、解决中国社会问题的手段。

明白的说,照我意思是要如宋明人那样再创讲学之风,以孔颜的人生为现在的青年解决他烦闷的人生问题,一个个替他开出一条路来去走。一个人必确定了他的人生才得往前走动,多数人也是这样;只有昭苏了中国人的人生态度,才能把生机剥尽死气沉沉的中国人复活

---

① 《介绍我自己的思想》,见白吉庵、刘燕云编:《胡适教育论著选》,人民教育出版社1994年版,第291页。

过来，从里面发出动作，才是真动。中国不复活则已，中国而复活，只能于此得之，这是唯一无二的路。有人以清代学术比作中国的文艺复兴，其实文艺复兴的真意义在其人生态度的复兴，清学有什么中国人生态度复兴的可说？有人以五四而来的新文化运动为中国的文艺复兴；其实这新运动只是西洋化在中国的兴起，怎能算得中国的文艺复兴？若真中国的文艺复兴，应当是中国自己人生态度的复兴；那只有如我现在所说可以当得起。

　　……现在只有踏实的奠定一种人生，才可以真吸收融取了科学和德谟克拉西两精神下的种种学术种种思潮而有个结果；否则我敢说新文化是没有结果的。至于我心目中所谓讲学，自也有好多与从前不同处；最好不要成为少数人的高深学业，应当多致力于普及而不力求提高。我们可以把孔子的路放得极宽泛、极通常，简直去容纳不合孔子之点都不要紧。孔子有一句"极高明而道中庸"的话，我想拿来替我自己解释。我们只去领导大家走一种相当的态度而已；虽然遇到天分高的人不是浅薄东西所应付得了，然可以"极高明"而不可以"道高明"。我是先自己有一套思想再来看孔家诸经的；看了孔经，先有自己意见再来看宋明人书的；始终拿自己思想作主。由我看去，泰州王氏一路都可注意；黄黎洲所谓"其人多能赤手以搏龙蛇"，而东崖之门有许多樵夫、陶匠、田夫，似亦能化及平民者。但孔子的东西不是一种思想，而是一种生活；我于这种生活还隔膜，容我尝试得少分，再来说话。①

　　我在本书结论里认定我们现在应当再创宋明讲学之风，我想就从我来试作。我不过初有志于学，不敢说什么讲学，但我想或者这样得些朋友于人于己都很有益的。又我想最好是让社会上人人都有求学的机会，不要单限于什么学校什么年级的学生，像这两年来就有好许多人常来通信或过访于我，我虽信无不答，访无不见，但总不如明白开放的接纳所有不耻下问的朋友而相与共学。②

────────────

① 《东西文化及其哲学》，见中国文化书院学术委员会编：《梁漱溟全集》第一卷，山东人民出版社2005年版，第539—540页。

② 《东西文化及其哲学》，见中国文化书院学术委员会编：《梁漱溟全集》第一卷，山东人民出版社2005年版，第546页。

从梁漱溟的坦率话语中显而易见:他虽在北大从事教学与研究工作,对北大作为全国高等教育顶尖机构的办学方针"思想自由,兼容并包""学为基本,术为主干"深表认同,但对其西化道路的偏激走向以及反儒斗争的彻底性深表疑虑,也持保留态度。尤其是他认为,对于广大民众及社会青年而言,更为重要的教育模式不是北大式的学术研究型大学,而应该是另外一种社会化的教育机构,注重"人生态度"的唤醒、个人生活能力的培养以及道德精神的涵养。以此而论,梁漱溟对北大的办学自然会有所不满,也会表现对它总体办学上的某种失望。梁漱溟所追求的理想办学模式是既要传授文化知识,又能教给学生如何做人,培养他们的人格品性等各方面素质及能力;学生的求学不仅仅是人生的自我完善,还应该是通过求学改变自己的人生观和价值观,并将此付诸社会实践,投身于社会改造。这无疑和当时的北大教育模式大相径庭。

梁漱溟书中揭示的"孔颜人生",即"孔颜乐处"的教育哲学命题。该命题源于孔子的《论语》。《论语·雍也》:"子曰:'贤哉,回也!一箪食,一瓢饮,在陋巷,人不堪其忧,回也不改其乐。贤哉,回也。'"《论语·述而》:"子曰:'饭疏食饮水,曲肱而枕之,乐亦在其中矣。'"意谓孔子、颜回以求道为乐,不以生活清贫为苦。总括梁漱溟在书中陈述的教育见解、思想主张主要包括三点:其一,从"孔颜乐处"这一传统哲学的核心命题中引申出古代教育注重精神心理、人伦道德涵养,突出人生价值的弘扬以及社会责任心的发挥,并将这些传统因素作为宝贵资源加以挖掘与建构,作为现实中理想教育的组成部分。其二,孔子教育语录中的"有教无类"思想应加以推广,将孔子讲学弘道、王门学派讲会民间,制定乡规民约,提升乡村道德风化等诸种作为加以拓广深化,更能体现现代国民教育的诉求。其三,打破学校界限,教育不限于学校空间,而应该走向社会,延伸及民众,转移到乡村。为此,学制及组织方法需灵活多变,反对格式化的呆板教条,以融纳新教学内容与思想方法。通过将这三方面内容统合来看,古代人文教育、现代乡村以农民为主体的民众教育与以科学、民主为核心的西方现代教育三方面汇通,构成了梁漱溟早期教育理想设计的雏形。

三、新教育改革方案的萌生

如果将梁漱溟定位为现代教育家,并从现代教育史视域透视,他离开北京大学的主要原因就是对新教育有了自己独立的构想,而当时的北京大学又无法让他践行自己的教育意图。整体来看,梁漱溟是从社会学视角及大教育层面讨论教育的,如他认为办学应是亲师取友,学校的管理者与教师应有共同的抱负与理想,学校教师的教学不仅讲习知识技能,也需顾及学生的全部人生道路。显然,这里的学校与教育的词义已同前面所述有所拓展或延伸,指代的不是北京大学及学校教育,而是包括了学制体系外社会教育在内的大教育概念了,这恰恰是与梁漱溟后来从事教育活动的内容及特点相一致的。换言之,他作为乡建派领袖在教育思想及实验方面的作为正是以此种认识作为逻辑起点的,只是在社会教育、学校教育的主体性地位及相互比例关系的设计处理上有所变化而已。

> 我办学的动机是在自己求友,又与青年为友。所谓自己求友,即一学校之校长和教职员应当是一班同志向、同气类的,彼此互相取益的私交近友,而不应当是一种官样职务关系,硬凑在一起。所谓与青年为友,含有两层意思,一是帮着他走路,二是此所云走路不单是指知识技能,而是指学生的整个的人生道路。而当时的学校教育,至多是讲习一些知识技能而已,并没有顾及到学生的全部人生道路。[①]

当时的青年学生大概可分为两类:一类是堕落不自强,读书只是为了混一张文凭,以便毕业后能谋个美差赚钱挥霍;另一类是自尊自强的,而又常常因人生问题、社会环境感到烦闷痛苦不能自拔。对这两种人的教育,师长的教育意义便格外突出,须采取相应策略,为此便应走教育的改革实验之路:

> 我想新的教育,则应与他们为友,堕落的能引导他奋勉,烦闷的能

---

① 汪东林:《梁漱溟问答录》,湖南人民出版社1988年版,第47页。

指点他得到安慰、勉励,以至于意气奋发。因此需要新式的私交近友般的校长教职员团体,不断扩大范围——进来一个学生即是这一团体中又添得一个新朋友。我自己走路,同时又引着新进的朋友走路;一个学校亦即是一伙人彼此亲近扶持着走路的团体。故尔我们办学实是有感于亲师取友的必要,而想聚拢一班朋友同处共学,不独造就学生,还要自己造就自己。为了实践我这些对教育问题的新认识,新设想,我决定离开北京大学,自己试办学校。①

上述教育组织方法及学校文化氛围的设计自然不能以狭义的学校观察,或与之等量齐观,在更大程度上源于古代儒学人文主义教育传统,以循循善诱、因材施教、教学相长、启发诱导及德知交织为特色的教育观。此外,"陆王心学"静外体悟、发明本心及佛教静坐忘斋、戒定禅慧的功夫,也被移植于教育内容及方法的实践之中。例如,贯穿于梁漱溟教育实验始终的"朝会"教育组织方法就是一个典型的案例。

1921年底,梁漱溟借年假之机应邀赴山西讲演,在省城阳曲小学为各小学教职员讲演《东西人的教育之不同》,集中讨论了教育问题,反映了他关于新教育改革的基本思想,也是对《东西文化及其哲学》中教育理想构建的拓展及深化。

梁漱溟认为,东西教育的差异源于文化,是与文化类型及其特点相一致的,西方教育重知识智慧传授,且应用于现实生活。

……现在我们办学校是仿自西洋,所有讲的功课都是几十年前中国所没有,全不以此教人的;而中国书上那些道理也仿佛为西洋教育所不提及。此两方教育各有其偏重之点是很明显的。大约可以说中国人的教育偏着在情意的一边,例如孝弟……之教;西洋人的教育偏着知的一边,例如诸自然科学……之教。这种教育的不同,盖由于两方文化的路径根本异趋;他只是两方整个文化不同所表现出之一端。
……

---

① 汪东林:《梁漱溟问答录》,湖南人民出版社1988年版,第47—48页。

　　……西洋人照他那文化的路径,知识方面成就的最大,并且容易看得人的生活应当受知识的指导;从苏格拉底一直到杜威的人生思想都是如此。其结果也真能做到各方面的生活都各有其知识而生活莫不取决于知识,受知识的指导——对自然界的问题就有诸自然科学为指导,对社会人事的问题就有社会科学为指导。……①

自西方文化传入以来,中国旧有教育体制逐渐解体,西方教育作为西学东渐的一部分涌入中国,使中国在教育思想、制度及内容等方面均发生了变化,这是无可避免的。

　　人类的生活应当受知识的指导,也没有法子不受知识的指导;没有真正的知识,所用的就只是些不精细不确实未得成熟贯串的东西。所以就这一端而论,不能说不是我们中国人生活之缺点。若问两方教育的得失,则西洋于此为得,中国于此为失。以后我们自然应当鉴于前此之失,而于智慧的启牖,知识的授给加意。好在自从西洋派教育输入,已经往这一边去做了。②

但西方教育在工具论、方法论方面有长项的同时,却忽视了情意的价值,而情意教育则恰为中国原有教育之所长,是亟须发扬振兴的。

　　生活的本身全在情志方面,而知的一边——包括固有的智慧与后天的知识——只是生活之工具。工具弄不好,固然生活弄不好,生活本身(即情志方面)如果没有弄得妥帖恰好,则工具虽利将无所用之,或转自贻戚;所以情意教育更是根本的。这就是说怎样要生活本身弄得恰好是第一个问题;生活工具的讲求固是必要,无论如何,不能不居于第二个问题。所谓教育不但在智慧的启牖和知识的创造授受,尤在

---

① 《东西人的教育之不同》,见中国文化书院学术委员会编:《梁漱溟全集》第四卷,山东人民出版社2005年版,第660—662页。
② 《东西人的教育之不同》,见中国文化书院学术委员会编:《梁漱溟全集》第四卷,山东人民出版社2005年版,第662页。

调顺本能使生活本身得其恰好。本能虽不待教给，非可教给者，但仍旧可以教育的，并且很需要教育。因为本能极容易搅乱失宜，即生活很难妥帖恰好，所以要调理它得以发育活动到好处；这便是情志的教育所要用的功夫——其功夫与智慧的启牖，或近与知识的教给便大不同。从来中国人的教育很着意于要人得有合理的生活，而极顾虑情志的失宜。从这一点论，自然要算中国的教育为得，而西洋人忽视此点为失。盖西洋教育着意生活的工具，中国教育着意生活本身，各有所得，各有所失也。①

尽管如此，中国历史上的教育活动仍然存在着偏于背诵、训练以及机械模仿以获求知识的弊端。在欧美教育导入之后，学校教育依然以知识教育占据上风；而与此同时，依据学生自然天性，注重潜能发挥与主体探究，通过自我体认及精神满足，达到学生全面发展的教育方式及内容设计更显失落，因此必须加以唤醒、激发与重构。

然中国教育虽以常能着意生活本身故谓为得，却是其方法未尽得宜。盖未能审察情的教育与知的教育之根本不同，常常把教给知识的方法用于情志教育。譬如大家总好以干燥无味的办法，给人以孝弟忠信等教训，如同教给他知识一般。其实这不是知识，不能当作知识去授给他；应当从怎样使他那为这孝弟忠信所从来之根本（本能）得以发育活动，则他自然会孝弟忠信。这种干燥的教训只注入知的一面，而无甚影响于其根本的情志，则生活行事仍旧不能改善合理。……我们对于本能只能从旁去调理它、顺导它、培养它，不要妨害它、搅乱它；如是而已，譬如孝亲一事，不必告诉他长篇大套的话，只须顺着小孩子爱亲的情趣，使他自由发挥出来便好。爱亲是他自己固有的本能，完全没有听过孝亲的教训的人即能由此本能而知孝亲；听过许多教训的人，也许因其本能而妨碍不孝亲。在孔子便不是以干燥之教训给人

① 《东西人的教育之不同》，见中国文化书院学术委员会编：《梁漱溟全集》第四卷，山东人民出版社2005年版，第663页。

的。他根本导人以一种生活,而借礼乐去调理情志。但是到后来,孔子的教育不复存在,只剩下这种干燥教训的教育法了。这也是我们以后教育应当知所鉴戒而改正的。①

值得一提的是,在梁漱溟任职北大期间,恰好杜威来华讲演宣扬其实用主义教育与民主主义政治炽热化时期,他接受了杜威的现代教育理论,如儿童的本能与生长、学校与社会以及儿童与教学等论点,而舍弃了其工具主义与实验主义的思想方法,尤其强调人心与人生的教育、个体生命教育与社会教育。

梁漱溟的观点实际上反映了他一生的态度:只赞成和实践那些与他自己的准则相一致的主张。基于对北大教育方针的不满和对它总体办学上的失望,梁漱溟内心感到异常苦闷。而此时,其在北大的学生陈亚三、王醒吾介绍他认识了山东宦绅王鸿一。王氏曾为前清秀才,后留学日本,加入过孙中山先生的同盟会,从事革命活动。回国后曾依次接任山东省菏泽县立小学校校长、曹州府师范学校校长、山东省立第六中学校长和山东省议会副会长。据称,王氏"广有韬略,视野远大",以建设中国为己任,故到处寻求建国方略。正是由于有了这一共同的理想为基础,两人大有相见恨晚之感。经过几次交谈,王鸿一慨言梁漱溟学说"实获我心",遂建议山东省教育厅长邀请他到济南演讲。

1921年暑假,梁漱溟应邀赴济南作《东西文化及其哲学》的演讲。此次演讲对王鸿一触动很大。梁漱溟依稀记得在济南教育会演讲一个月,他便听了一个月,没有一天的间断,像是积疑凤惑,一旦消却,就表现出十分快活的样子。正是在此期间,梁漱溟萌发了亲自办学的想法,并与王鸿一商议筹办"曲阜大学"之事。

1924年暑假,为实践教育改革的蓝图规划,梁漱溟辞去北大教职,走出书斋,投入社会,从山东、广东、河南推至其他许多区域从事和倡导办学、讲学和乡村建设,走向了另一片新的天地!

---

① 《东西人的教育之不同》,见中国文化书院学术委员会编:《梁漱溟全集》第四卷,山东人民出版社2005年版,第663—664页。

103

第五章 "替教育界打出一条路"
——早期教育改革的思想与实践

1924年暑假,为实践教育改革的蓝图规划,梁漱溟毅然辞去北大教职,走出书斋,投入社会。同陈亚三、黄艮庸、王平叔、张俶知、徐名鸿来到了山东,1927年初夏又与上述弟子、青年朋友来到地处岭南的珠江三角洲中心城市广州从事办学、讲学和乡村建设活动,走向了另一片不同的世界,开始寻觅自己的乡村教育梦。

第一节 走向教育改革之路的历史背景

梁漱溟早期乡村教育思想的形成,是在特定历史条件下客观因素和主观条件共同作用的产物。通过对此的具体分析,有利于更好地把握梁漱溟在当时复杂的社会问题中乡村办学举动出现的偶然性和必然性,并为他完整系统的乡村教育理论寻觅早期形态。

一、对乡村社会命运的思考

梁漱溟终生念念不忘的奋斗目标是要解决两个问题:一是人生问题,即人活着为了什么;二是社会问题,亦即中国问题,中国向何处去。①

他最初将中国的救国之路寄希望于通过西方政治的引进与实践来改变社会现状,但是在种种乱象及挫折困顿中,却发现中国问题的根本是由于文化失调而导致的秩序混乱,最终选择了通过走乡村道路来复兴中国的道路。这也是梁漱溟早期乡村教育思想形成的重要现实契机,而残败不堪的乡村现状更是促发这位有志之士投身乡村建设的动因。恰如他在解释"乡村建设运动由何而来"时指出:"因为近几十年来的乡村破坏,中国文化不得不有一大转变,而有今日的乡村建设运动。"②

梁漱溟认为中国乡村的破坏由来已久,"所谓中国近百年史即一部乡村破坏史,可以分成两期来看:一、前半期——自清同光年间起,至欧洲大战;二、后半期——自欧洲大战,直到现在"。他进一步指明:"何谓前半期? 在这一期间内是一个方向,是跟着近代都市文明的路学西洋而破坏了中国乡村。何谓后半期? 在这一期间内是一个方向,是跟着反近代都市文明的路学西洋而破坏了中国乡村。"③也就是说,梁漱溟将中国社会崩溃、乡村破坏的原因归结为学习西方而未成功,甚至认为所有的民族自救运动反而加剧了乡村的破坏。西洋风气加剧了国人对固有文化的厌弃与反抗,"这厌弃与反抗,是中国社会崩溃的真因"④。因此,乡村破坏的现实引起了梁漱溟的注意,对其原因的认识又使他采取了乡村建设这一改良主义的方法。

梁漱溟在走上社会工作的早期就有接受社会主义理论的经历,对社会问题的关注、审视与探索又成为他人生的重要组成部分。这样一位现实体

① 汪东林:《梁漱溟问答录》,湖南人民出版社1988年版,第15页。
② 《乡村建设大意》,见中国文化书院学术委员会编:《梁漱溟全集》第一卷,山东人民出版社2005年版,第604页。
③ 《乡村建设理论》,见中国文化书院学术委员会编:《梁漱溟全集》第二卷,山东人民出版社2005年版,第151页。
④ 《乡村建设理论》,见中国文化书院学术委员会编:《梁漱溟全集》第二卷,山东人民出版社2005年版,第192页。

验及外向作为极强的思想家,自然对社会化的运动及人生的事功价值十分
投入,也寄予厚望,在某种意义上,教育只是谋求两者统一的工具或手段。

二、对柏格森生命主义哲学的"儒化"阐释

梁漱溟早期乡村教育思想的形成诚然和社会现实有着重要的联系,但
更多的还是他自身所具备的开放观念及能力素质,才使得其早期教育思想
建构得以由可能性变为切实的现实性。

近代以来,中西哲学、文化的融合已成必然趋势,维新派领袖康有为、
梁启超及谭嗣同等往往以经学思维模式把西方近代的科学知识直接纳入
到自己的理论中来,难免思想建构薄弱;民主革命派章太炎将康德先验哲
学与佛家唯识论结合,理论虽有深度,却受到佛学概念、形式的束缚。梁漱
溟立足于用柏格森哲学的生命直觉主义诠释儒家哲学,如用情感、直觉的
概念解释孔子的"仁",用生命概念说明儒学中"生生不息""既新又新"以
及"厚德载物"的易学思想。这些都表现出一种试图把儒家哲学现代化的
努力。柏格森的生命主义哲学对梁漱溟有着持续的影响:

> 记得二十年前,余购读柏氏名著,读时甚慢,当时尝有愿心,愿有
> 从容时间尽读柏氏书,是人生一大乐事。柏氏说理最痛快、透澈、聪
> 明。美国詹姆士杜威与柏氏,虽非同一学派,但皆曾得力于生命观念,
> 受生物学影响,而后成其所学。苟细读杜氏书,自可发见其根本观念
> 之所在,即可知其说来说去者之为何。凡真学问家,必皆有其根本观
> 念,有其到处运用之方法,或到处运用的眼光;否则便不足以称为学问
> 家,特记诵之学耳!……
>
> ……
>
> 中国儒家、西洋生命派哲学和医学三者,是我思想所从来之根
> 柢。……①

---

① 《中西学术之不同》,见中国文化书院学术委员会编:《梁漱溟全集》第二卷,山东人民出版社 2005
年版,第 126 页。

柏格森（Henri Bergson，1859—1941），法国唯心主义哲学家，生命哲学和现代非理性主义的主要代表。他把生命现象神秘化，宣称"生命冲动"就是"绵延"，亦即"真正的时间"，它是唯一的存在。"绵延"是自由的创造意志，其向上的运动创造精神，也创造生命的形式，因此生物的进化过程也就是意志的创造过程；而物质则是"绵延"停滞或削弱的结果。"绵延"也是一种心理过程，是离开物质的没有相对静止的绝对运动。柏格森反对科学，认为不能靠理性而只能靠直觉来认识实在或"绵延"；直觉即创造，直觉的境界就是与上帝合而为一的境界。所以他的这种理论又称为"直觉主义"。在社会历史问题上，他提出所谓"封闭社会"和"开放社会"之说，宣称前者的特点是"暴力统治"，后者的特点是"个性自由"。此说对现代资产阶级社会学有很大影响。主要著作有《试论意识的直接材料》（英译本改名为《时间与自由意志》，中译本沿用此名）、《物质与记忆》《创造进化论》《道德和宗教的两个泉源》等。①

从梁漱溟对柏格森的赞赏中不难看出，柏格森的思想对他影响很大。柏格森的生命主义哲学主要是反对实证主义和理性主义思潮的产物，是20世纪第一个非理性主义的哲学流派。生命哲学的主题是生命，它的理论对象是人、人的生命、人的生活、人的心理状态和人的历史文化，并由此来透视人的周围世界。柏格森的生命哲学是在五四运动以后传入中国的，是当时中国思想界比较热门的哲学流派之一。五四时期的梁漱溟就对柏格森的创造进化说百般推崇。他扬弃了柏格森"生命"本能的冲动，而融合进明儒王守仁心学派哲学体系的心性思想，用"理性"的方式来求得问题的解决。梁漱溟由接受生命主义哲学、用生命哲学解释儒学，再用儒学来建构生命哲学，从而提出自己的文化主张和乡村教育理论。

三、对东西方教育模式的探究

梁漱溟离开北京大学的主要原因是对当时学校教育只注重知识传授，不顾及指引学生的全部人生道路产生不满，到山东办学就是为实践对教育的独特认识和自我设想，就是要在中国创建一种兼具中西之长、力避中西

---

① 辞海编辑委员会编：《辞海》（缩印本），上海辞书出版社1989年版，第1288页。

之短的教育新模式。这就是他 1921 年在山东讲演时提议在曲阜创办一所
新式大学。"办曲阜大学的旨趣是想取东方的——尤其是中国的学术暨
文化之各方面作一番研讨昭宣的工夫,使他与现代的学术思想能接头,发
生一些应有的影响和关系。""将来办大学想最先成立生物学系和数理学
系,为是要对于现代学术作澈底研究,再及其他。"①这样的大学与现行大
学最大的区别就是不仅讲习西方近现代科学文化与知识技能,还要探讨东
方道德生命哲学,并充分地顾及学生的全部人生道路。

梁漱溟强调中西教育之间的差异,主要出之于中西社会、文化和人生
路向的不同,也只是相对而言。换句话说,西方人重视知识教育与传授,并
不是完全忽略情感教育;中国人重视情感教育与道德培养,也不是完全忽
略知识教育与传授。因此,从这个意义上说,所谓重视和忽略,只是基于当
时的感受而对中西教育的比较。鉴于此,经过比较之后的中国教育,理所
当然地应该取西方之长,补己之短,重建中国教育新体制。②

1924 年,与前往山东从事乡教实践活动几乎同时,梁漱溟应广西留
京学会的约稿,写了一篇《吾侪当何为》的文章,主要讨论了知识阶级的
变化以及和教育的关系。文章批评 1912 年民初"壬子癸丑学制"推行以
来,各类新教育实际存在的贵族性、等级化以及脱离中国社会现实需求
等困惑及流弊,主张在引进西方先进教育理念与教育体制背景下结合中
国实际特点对教育加以改革。他首先对教育机会的不均等和知识分子
的贵族化倾向加以抨击,认为古代耕读传家、布衣致仕的科举教育传统
已被新式教育所替代,近代机器化生产为了实现生产流程分工精细化与
效率至上的剩余价值增长以及利润榨取,专业分化与知识技能的复杂性
导致入学困难,内容艰深繁杂以及培训费的急剧上升,使接受教育又成
为昂贵的消费品与特权者的利益。

今之教育,至于中等教育已非寻常人家所能为力,至于大学高等

① 《办学意见略述》,见中国文化书院学术委员会编:《梁漱溟全集》第四卷,山东人民出版社 2005 年
版,第 782 页。
② 马勇:《梁漱溟教育思想研究》,辽宁教育出版社 1994 年版,第 61 页。

教育则尤为一特殊又特殊阶级所独享受者已。非如此不能造成一个士或一个知识阶级,亦唯此知识阶级能弋取大利享高等生活,更使其子弟得受高等教育,继其知识阶级之业。如是而演之,劳心者恒世其劳心之业,劳力者恒世其劳力之业……而知识阶级在今日乃有类于贵族矣,以其几于子孙世代享有特殊权利名位也。①

另一方面,由于重视文凭教育替代科举功名教育,把文凭视为求职、谋得生计及体面生活的本钱,导致学校教育与社会需要、学生求学与职业取向之间的脱节。学校毕业生不能为社会专门领域吸收,反成为无业游民、社会新生代寄生虫。

多不复能营农工商业之劳作,至于中学毕业者则更不能为此矣。不独普通学校如此也,即甲乙种之农工商业学校之毕业者亦多不适于农工商业——于中尤以农业为最不适于实际。若专门学校,若大学,则其毕业者更舍求差谋事外,一无可为焉。故自乡间人家言之,家里多一学生即多一废人——于中尤以中学毕业者为然。似乎中学毕业者可以为小学教师,然乡间小学教师之薪资或不逮一长工(受雇于人家为营长期农作者是);此以见社会于此受过具足教育者之不需要矣。一社会之教育乃专为此社会添许多"无所用之"之人,此得谓为教育耶?②

梁漱溟谆谆告诫青年学生,不要让自己成为"新教育"下的社会废品及累赘、蛀虫,寄生于他人劳动创造的果实之上,而应该成为社会切实有效的劳动生产者与资本创造者。为此,教育家就当寻求改革之路。

救治之道亦别无巧妙,要在易其瞀目而行之态度,而着眼各地方社会

① 《吾侪当何为》,见中国文化书院学术委员会编:《梁漱溟全集》第四卷,山东人民出版社2005年版,第796页。
② 《吾侪当何为》,见中国文化书院学术委员会编:《梁漱溟全集》第四卷,山东人民出版社2005年版,第798—799页。

之生活实际。于前一病痛,当力戒享用消费之乖离于平素状况,于后一病痛,当务使学生于受教育之后,更适于社会需求,而得有其确当可靠之职业。此则一视全国教育家能否予以十分之注意而精心以图之耳。

……

吾侪当为何? 吾敢为吾学会同人告,吾敢为一切受高等教育之青年告,吾侪其慎毋堕落为大蠹小虱者流,重为社会病累! 吾侪其奋力求进于百业,以自效于社会,以改造今日之局面![①]

可见,梁漱溟设计教育改革路向主要倾向于谋求与社会现实需要的联系结合,使教育走向生利务实的现实活动,学生的求学在解决其职业生计需求的同时,也有利于生活能力的提升与实践性力量的加强。

第二节　创办曲阜大学的设想与曹州中学的办学实践

作为 20 世纪新儒家的代表人物,儒家思想对梁漱溟选择乡村建设这条道路来复兴中国有着直接影响。他以儒家的入世精神,感受着中国问题之刺激,看到了儒学自身所富有的强大生命力,因而立志于中国问题之解决。当梁漱溟"最后觉悟"出中国的出路是乡村建设时,便立即全身心投入以乡村办学为中心的社会改造活动中,身体力行地实践着儒家内圣外王的人生理想。1924 年至 1925 年近一年时间在山东的办学历程正是将理想尝试实现的首次努力,具有发端或开先河的作用。

一、曲阜大学的愿景及流产

1924 年暑假,在酷暑当中,梁漱溟踏上了一条前途未卜的乡村教育实

---

① 《吾侪当何为》,见中国文化书院学术委员会编:《梁漱溟全集》第四卷,山东人民出版社 2005 年版,第 799 页。

验道路,受朋友王鸿一之托来到山东曹州主持省立第六中学高中部,并将自己理想的教育主张初步用来指导学校的未来发展。

王鸿一(1875—1930),名朝俊,字鸿一,清末濮州沈口里刘楼村(今山东省鄄城县张志门乡刘楼村)人,近代山东实业家和社会活动家。1900年留学日本,支持民主革命事业,并参加了孙中山领导的同盟会。回国后,曾历任山东省提学使、山东省教育厅厅长、省议会副议长、议长等职。任省教育厅厅长期间,积极推行民初1912—1913年"壬子癸丑学制"。1913年7月,为了反对袁世凯独裁,保卫民主制度,江西都督李烈钧接受了孙中山指令,在江西湖口宣布独立,组织讨袁军,发布讨袁檄文,接着安徽、广东、福建、湖南、四川等省纷纷独立,史称"二次革命"。在此期间,王鸿一集中精力实践、经营菏泽的中学教育,并组织教育界进步力量挫败1914—1915年北洋军阀在山东教育界的复古守旧逆流,扼制了复古主义逆流在山东教育界的泛滥。

梁漱溟来到山东,按照与王鸿一等友人的约定,是要在山东曲阜——孔子的故乡创办一所大学,也渴求为当时的中国教育谋寻一条道路。王鸿一等人之所以要在山东创办一所大学,是因为他们自身有着浓重的乡土情怀,而且有相对丰厚的经济资助和准备。此外,他们对当时的教育现状极其不满,山东的学生要想继续接受高等教育,只能辛苦地南北奔劳,"而于南北各校,总不满意,所以很想自己办大学,为其学生升学之地"①。

曲阜作为孔子的故乡,是儒学的发源地与重镇,因此,对于曲阜大学的设想,梁漱溟、王鸿一二人虽然在一些方面显示出了较大分歧,但两人的交情和那份想要着手办好曲阜大学的责任与信心,超越了认识上的隔阂。梁漱溟不是一个理想主义者,也不是一个空谈家,当他认定或规划了目标之后,便会为这一目标做出不懈努力。在不太长的时间内,先后募得公私捐款和资助数万元,并在曲阜东南二里择定校址,究其原因是"北地干燥,向少水田,唯此处有泉水涌出,竟多种稻,今所择地址即在稻田之北,将来建筑可引泉水入校也"②。梁漱溟的主观愿望"未尝不想办一研究整理东方

---

① 《曲阜大学发起和进行的情形并我所怀意见之略述》,见中国文化书院学术委员会编:《梁漱溟全集》第四卷,山东人民出版社2005年版,第728页。

② 《办学意见述略》,见中国文化书院学术委员会编:《梁漱溟全集》第四卷,山东人民出版社2005年版,第783页。

学术和其他文物制度的大学,使湮没绝不为世界所晓的东方文化稍见于
世"①。但当时办大学仍然面临着三个重大问题:第一是人才的缺乏,"若
空虚敷衍,胡乱对付,则不如不办"。第二,梁漱溟认为自己资历尚浅,担
心在办学的过程中荒废自己的研究,倘若交给他人去办学,又怕走偏方向。
第三,他担心在办学过程难免会和他人发生分歧,本来抱着办学的理想却
最后分道扬镳,彼此决裂。

由于当时人力、物力和财力准备尚不充分,加之创办一所理想的大学
需要长时间经验的积累与思想的积淀,并非一日就能完成,需要一个循序
渐进的过程,并处理好现有教育机构与将发展更高层次大学教育之间基础
与提高的衔接关系。这在地方办学资源相对有限的特定场景下,更尤其显
得必要。因此,梁漱溟认为最佳的方案是先不要设大学,而先建一个学会,
等到将来时机成熟,再办大学。一个学会的产生,需要集合一些有志趣、天
资及学识基础的少年英俊,凡是他们在研究中所需要用到的东西,如图书、
仪器等,都要尽最大能力予以提供。除此之外,为了让他们能够在生活上
有所保障,不为家庭的生计发愁,还要适当地给他们些工资。

随后,梁漱溟将办学会的想法告知了王鸿一:"大学本预科均三年后
再办,此时先成立中学部,而组织一学会。如我所说者,即以学会诸人,为
中学教员,分任一点功课,钟点要极少,教员不妨多,盖以学会为主故也,他
们都赞成我的意思,于是我的态度乃决定,而后曲阜大学乃造端于我们三
人的发起之上。"②

然而,事与愿违。办学会的事情由于社会的动乱和个人的因素,最终
搁置了。梁漱溟却没有中断努力,他与友人共同商讨,决定先将精力集中
于曹州中学的改革,为曲阜大学的创办做好准备。曹州高中与曲阜大学的
关系,"就办学人一面说,则现在办曹校的同人即将来办曲大的同志;就学

---

① 《曲阜大学发起和进行的情形并我所怀意见之述略》,见中国文化书院学术委员会编:《梁漱溟全
集》第四卷,山东人民出版社 2005 年版,第 729 页。
② 《曲阜大学发起和进行的情形并我所怀意见之述略》,见中国文化书院学术委员会编:《梁漱溟全
集》第四卷,山东人民出版社 2005 年版,第 731 页。

生一面说,则现在曹州高中有似曲大的预科也"①。

梁漱溟在主持曹州中学高中部的同时,又拟在山东曹州恢复重建重华书院。重华书院在山东菏泽,明万历二十四年(1596 年)兵备使李天植创建于城内,初名重华祠,后名重华书院。清乾隆十九年(1754 年)易名爱莲书院。四十八年复命"重华"。以课士为主,每月初为府课,十二为县课,廿二为斋课,冬夏二季停课。书院计有学田 936 亩,光绪二十九年(1903年)改为曹州高等小学堂。

梁漱溟效仿维新派领袖、近代教育家康有为将清代书院教育家陈澧主持的菊坡精舍改办为万木草堂的办法,以现代西方学科门类及办学理念对书院教育这种古老办学模式加以"换血"式调整。如重华书院办学旨趣在"集合同志,各自认定较为专门之一项学问,或一现实问题,分途研究,冀于固有文化有所发挥,立国前途有所规划;同时并指导学生研究,期以造就专门人才"。同时,要为曹州中学作师资方面的准备。重华书院设置哲学门、文学艺术门和社会科学门三科专业领域。其中哲学门偏重研究中国哲学暨印度哲学;文学艺术门偏重中国文学及音乐、书画、雕刻等;社会科学门包括政治、法律、经济、社会问题、教育、历史、地理等,突出中国现实问题,如中国政治制度和教育制度问题的研究等。重华书院吸纳海内英贤,"同处共学,勉兹远业"。院外学生的入学资格有两类:其一是大学专门高等师范毕业或修业满一年以上或高级中学毕业者,这类学生需要在院修学三年以上,入学时间是每年的 8 月 30 日;其二是没有一定的条件限制,主要进行某一专门领域的学习,这类学生可以随时学习,没有固定的时间。在学习方法上,他主张以学生自学为主,"学生为学,务主自求;有疑则质之师友,当为指点剖析"。此外,还采纳古代的讲会制度,举行全院会讲和各组会讲。其中全院会讲在星期日举行,"意取兴发振导,或学科不同者得互有资益而已,不为专门深入之言"。各组会讲是以同一学科或同一问题分为小组进行报告和讨论。②

---

① 《办学意见述略》,见中国文化书院学术委员会编:《梁漱溟全集》第四卷,山东人民出版社 2005 年版,第 783 页。

② 《重华书院简章》,见中国文化书院学术委员会编:《梁漱溟全集》第四卷,山东人民出版社 2005 年版,第 792 页。

二、曹州中学的办学实践

（一）曹州中学的办学方案

梁漱溟对曹州中学的实践设计主要体现在《办学意见述略》一文当中，其中重点论述了"我们办学之真动机"和"入学须知"两部分。前一部分重在就前述《东西人的教育之不同》一文中的教育观加以具体细微的阐发：

> 我们办学的真动机，不是什么想研究东方文化——这是我们将来办大学的旨趣。我们的真动机是在自己求友，又与青年为友。兹先说明与青年为友一义。盖从我们对于教育的观念而言，所谓办教育就应当是与青年为友之意。所谓与青年为友一句话含有两层意思：一是帮助他走路；二此所云走路不单是指知识技能往前走，而实指一个人的全生活。然现在学校的教育则于此两层俱说不到。现在的学校只是讲习一点知识技能而已，并没照顾到一个人的全生活，即在知识技能一面也说不到帮着走路。单说在知识技能一面帮着走路，就当是对每个学生有一种真了解——了解他的资质和其在这一项学问上之长短——而随其所需加以指点帮助；像现在这样只是照钟点讲功课，如何能说到此。而且教育只着眼知的一面，而遗却其他生理心理各面恐怕是根本不对的，何况要讲求知识技能，也非照顾心理生理各面不行。我的意思，教育应当是着眼一个人的全生活而领着他去走人生大路，于身体的活泼、心理的活泼两点，实为根本重要；至于知识的讲习，原自重要，然固后于此。现在的学校虽也说什么训育，讲什么体育，但实在全不中用。因为要在全生活上帮着走路，尤非对每个学生有一种真了解——了解他的体质、资禀、性格、脾气、以前的习惯、家庭的环境，乃至他心中此刻的问题思想——而随其所需，随时随地加以指点帮助才行。若现在办学的人，对于他的学生生理上心理上发生什么病态，很可以全然不晓得乃至学生中有自杀的大事变，他不过事后吃一惊，还说什么教育，还说什么训育体育？一句话，就是他们始终不肯与青

年为友,所以说不到帮着他走路,所以说不到教育。要办教育,便需与学生成为极亲近的朋友而后始能对他有一种了解,始能对他有一些指导。我们办学的真动机,就是因为太没有人给青年帮忙,听着他无路走,而空讲些干燥知识以为教育,看着这种情形心里实在太痛苦,所以自己出来试做。……①

梁漱溟对古代传统书院教育有深刻理解,所述汲取了书院的办学特点,同时也对杜威实用主义教育为核心的现代教育理念兼收并蓄,带有教育生活化、本位化及综合性色彩。也就是说,学校办学不仅仅是传授知识技能,还要注重每个学生生活,根据学生的身心发展特点及家庭背景,促进其普遍全面发展和差异性的个性化提高,并在此基础之上切实引导他们走人生正确的道路。其中特别强调教育情境性,而非目标或程序预设,具有教育艺术的灵活创造以及教育资源的丰富开发等后现代教育理念,尤其是包含了当今建构主义教育流派对教学行为的价值并非传承与接收,而是指导与建构或个体生成的思想元素,具有新儒学派超越科学主义教育局限性的努力。

从这里我们可以看出,梁漱溟办学实际上就是要彻底扭转在他看来是"全不中用"的现行教育的做法,"从这里替教育界打出一条路来"。这样的学校"一则没有宗教臭味,二则也不是存古学堂,而且并不愿悬空的谈什么中国哲学、印度哲学"②,它是"一伙人彼此扶持走路的团体"③。

对于如何实现这样的一种办学理想,梁漱溟按照他特有的思路进行了一系列的改革。"入学须知"部分就从招生考试、教学以及日常生活等方面加以规定,处处显示出了其标新立异及独树一帜。

首先,入学资格的测评突破了传统考试中以笔试定终生的做法。梁漱

---

① 《办学意见述略》,见中国文化书院学术委员会编:《梁漱溟全集》第四卷,山东人民出版社 2005 年版,第 783—784 页。

② 《办学意见述略》,见中国文化书院学术委员会编:《梁漱溟全集》第四卷,山东人民出版社 2005 年版,第 782 页。

③ 《办学意见述略》,见中国文化书院学术委员会编:《梁漱溟全集》第四卷,山东人民出版社 2005 年版,第 785 页。

溟主张招生的筛选测评以面试为主,笔试辅之。曹州中学招考笔试的内容比较简单,主要是外国文暨常识,这就避免了因一次笔试失误而造成的人才埋没;笔试过后,通过第一次考试的人进行逐个面试。由于梁漱溟非常重视师生之间的关系,因此更看重的是借此可以知道他的体格、资质、性情、脾气、态度等。这两种考试相比,后者更为重要,因为一个人的道德、精神的修养水平及发展层次更重于他的知识和学问。

其次,教学的活动交流重视师生之间良好关系的建立。梁漱溟曾在招考前向学生和家长承诺过:

> 学生既到我们这里来,则他的生活之种种方面——自饮食起居以迄思想情志,自体魄以迄精神——我们都要照顾到,不使他有什么痛苦——至少也不使他有什么说不出的痛苦。或者更可以对家长们说一句:绝不致学生们有什么生理上的病态或心理上的病态而我们不知道。①

教学行为中师生之间不光知识的授受与作用,同时交织着情感与品行的交织渗透,重在师生朋友间知心的关系,在知识教学的同时,更要促进学生的心理健康。可见梁漱溟能以学生为主体,注重关怀与体察学生心理特点及差异表现,并能站在学生和家长的角度换位思考,着实体现了人文主义教育家在科学思想洗礼下的教育情怀。

再次,课堂教学巧妙地将知识的传授与学生的日常生活密切结合起来。梁漱溟注重对学生人格能力的塑造,使学生养成艰苦、朴素、勤劳的生活作风。

> 我们觉得社会上一部分人比其余一般人享受过于优厚是不对的事;所以我们的衣食住和其他消费生活都要简单朴质。尤其是校役用得少,一切零碎事都要学生自己做。如果是富厚人家的子弟到我们这

---

① 《办学意见述略》,见中国文化书院学术委员会编:《梁漱溟全集》第四卷,山东人民出版社 2005 年版,第 788 页。

里来,须要改他的习惯,学着勤劳一点,俭朴一点。①

应该说,让在校生每天做一些诸如打扫卫生、烧开水之类的劳动,以养成他们的劳动习惯,让富家子弟也能改掉好逸恶劳的风气,以避免学生成为"肩不能挑,手不能提"的"精神贵族",这本身就极具教育意义,而且也是一种品性修养提升与道德行为习惯养成的有效方式。当然,如果从办学理念及管理方式的视角考察,这是一种带有英国教育家洛克绅士教育的精神特质,同时也可视为教育经济化的方略措施。

最后,学生入学受教育费用贯彻"量力乐输"的收费原则。梁漱溟主张改革收费办法,学生自愿缴纳学费、膳宿等费用,"纳费或不纳费,纳费或多或少,一视学生家境如何而自己乐输",从而改变学校一律征收学生全额的学费、膳宿费的成例。也就是说,学校对于学生的求学费用不作统一规定,也不是根据缴费的多少而差别对待。这就发展了古代教育家孔子"有教无类"的办学思想,可以让贫富贵贱不等的学生都有机会入学。此种美妙的构想虽然在办学实施过程中阻碍重重,但梁漱溟这份对待教育及学生的真诚令人敬仰与钦佩。

(二)曹州中学办学的受挫及其原因分解

只有内心对于乡村教育事业的热忱与执着是不够的,教育活动的现实条件及要求仍显严格,且带有效果后显的特征。从教育理论分析,影响办学的因素太复杂,不仅是教育自身,还有教育与社会诸种关系,许多难以调控,无论是历史还是现实,概不能外。梁漱溟在曹州进行办学实践仅仅不到半年的时间,教育改革的效果并不像预想的那样美好,在推行方面重重受阻,最终导致了失败。1925年春,他把曹州中学事务交由弟子陈亚三主持,即带着失望和忧郁,匆匆回到了北京。

对梁漱溟曹州教改失利而北返的缘由何在,许多著作语焉不详,或避而不谈。有的称:"1924年秋,梁漱溟风尘仆仆离开北京来到山东菏泽曹

---

① 《办学意见述略》,见中国文化书院学术委员会编:《梁漱溟全集》第四卷,山东人民出版社2005年版,第788页。

州府,开始主持曹州中学和重华书院的创建事务。然而不知道什么原因,梁漱溟这次在山东的活动时间比预想的短得多,次年春天即从曹州返回北京,客居清华园,谢绝一切外务,以近几年少有的平静心情开始校理其父梁济遗稿。"①也有的说:"但是,不知什么原因,梁漱溟在山东半年多就打道回京了。先将其父的遗稿编成《桂林梁先生遗书》,后在什刹海东煤厂从事私人讲学,与学生共住共读,互相敬勉。每晨举行朝会,或讲话或反省,感悟社会责任。这大概就是'亲师取友'。这种朝会制度,从此开始成为他的一种办学形式,后在山东乡建学院时依然坚持。1925—1926年,梁漱溟及其学生除在京研讨心理学与儒家哲学外,还常常与避居北京的王鸿一来往,讨论'农村立国'问题。1927年,梁决心从'乡治'入手来解决中国的出路问题。"②此处笔者根据初步的认识,略抒管见。

1. 理想化办学设计与教育现实相脱节

梁漱溟总结这次曹州办学的失败,主要是自身所带有"复古"倾向的办学思想与当时现实教育制度南辕北辙,从而严重脱离办学的实然状况,这是受挫的根本原因。关于这一点,梁漱溟在返京后不久写的《致〈北京大学日刊〉函》(1926年5月12日)一文中有比较清楚的陈述:

旅曹半年,略知办学甘苦,归结所得弥以非决然舍去学校形式无从揭出自家宗旨。学校制度以传习知识为本,无论招学生聘教员所以示人者如此。而人之投考也应征也所以应之者何莫非如此。而溟宗旨所存则以在人生路上相提携为师友结合之本。……此师友所以为人一生所独贵,而亦即教育意义之所寄也。虽学校制度难于改措,溟初不谓其即兹当废,抑且溟今后亦未见能不与学校为缘,然溟今后所欲独任之教育事业则绝不容以自家宗旨挽杂现行学校制度之内,如往昔在曹州之所为也。溟今后所自勉者,亦曰举吾兹所谓师友之道者倡之于天下耳。万万不肯再办学校,此补言者又一事。③

---

① 马勇:《梁漱溟评传》,安徽人民出版社1992年版,第132页。
② 苗春德主编:《中国近代乡村教育史》,人民教育出版社2004年版,第167页。
③ 《致〈北京大学日刊〉函》,见中国文化书院学术委员会编:《梁漱溟全集》第四卷,山东人民出版社2005年版,第806—807页。

这段文字中的梁漱溟似乎有了气馁、妥协的迹象,对问题作了表面的理解,或许是外在的感受。其实,究其根本,在于他所秉持的教育活动应关怀学生生命、精神的健康以及学生人格心理健全的现代教育理念,与重知识技能教育以满足升学要求的学校办学目标之间存在很大裂痕,前者带有曲高和寡之嫌。而由此也很自然地会受到现实功利价值取向以及学生升学、谋职急需的应试教育模式的排挤。

2.教育经费缺乏

办学不仅是理想的实践,而且需要物力的支撑,缺乏经费,甚至经费不够充裕,都将导致办学的困顿。尽管梁漱溟在由大学改办中学的调整中似乎注意到了这一点,但仍带有书生入世、儒学实践主义者的浪漫情调,对办学中的经济物力与教育秩序、质量之间的关系缺乏深刻体会。例如在曹州中学的办学经费上,他主张视学生家境如何而量力而为的思想,换句话说就是钱多就多交,钱少就少交,没有钱就不用交了。这种弹性收费制属于教育家研究室中的天才构思,而与人性的复杂倾向,尤其是社会经济基础薄弱的现实有明显落差。据他的学生回忆说:

听曹香谷老师说,在这个时候,梁先生因为经验不足,遭到了困难。原因是梁先生见社会上贫富不均,富者奢侈浪费,贫者无力入学。在1924年秋天六中高中招生简章上说,在学生吃饭时,有钱者多出钱,贫穷者少出钱,无钱者不出钱。在讨论这个简章时,有许多老师不同意。梁先生说:"我辞了北大教职,到此地任高中部主任,就是为了实现这个理想,若这条章程通不过,我来做什么?"众老师看见梁先生坚持推行这个办法,遂无异议地通过。在开学第一个月没问题,到第二个月即有了困难,到第三个月就办不下去了。管爨者无钱买面,伙食趋于瘫痪,梁先生不得已辞职走了。外地的学生也都走了。我当时不在高中部,不知是真是假。我曾问过当时曾在高中部为学生的高赞非。高赞非既未否认,也未肯定,含糊其辞把我支吾开了。①

---

① 王先进:《回忆吾师梁漱溟先生》,见梁培宽编:《梁漱溟先生纪念文集》,中国工人出版社2003年版,第13—14页。

梁漱溟过于相信人心的单纯善良蒙蔽了他对现实状况的理性思考，随后陷入了经济方面的窘境。当然，这从更深层次上说是他早期社会主义思想因素在旧体制下从事新教育改革实践遭受挫折与碰壁的结果。

(三)山东军阀的内部纷争

梁漱溟在晚年追忆此段经历时，将办学中途夭折归因于军阀争斗："不意开学未半年，国内政局风云突起，冯玉祥揭国民军旗帜，推倒曹(锟)吴(佩孚)，鸿一颇预闻其事，授意曹州镇守使参谋长吕某推倒其镇守使，揭出国民军第五军旗帜响应冯军(冯号第一军)。其时山东督军郑士琦似属曹吴一方，立即进兵济宁以压之。战祸将作，曹州人心惶惶，愚急入京责问鸿一，又匆匆返曹以靖人心。然就在往返奔波中，自己悔悟其与鸿一合作之非是，具如书信中所云云，兹不赘。"[1]其实，即使山东军阀未发生战场内讧，他的曹州办学也未必能顺畅遂意，原因已述。

山东曹州办学的夭折对梁漱溟心理造成了极大的创伤，于是他开始北上返京，先客居清华园，编印其父遗稿，后又与十多位从山东追随而来的学生在什刹海共住共读，互相敬勉，形成了梁漱溟独特的教学方式——朝会。在北京的两年间，他将每次朝会时所讲的话集结起来出版了《朝话》一书，这本书言简意赅、幽默风趣，也阐释了新儒家改造社会、探究人生真谛的认识和取向。

综观梁漱溟的此次山东办学，尤其是对曹州中学的改革，虽然最后以失败告终，但是不难发现，这次的牛刀小试并非一无所获，对于梁漱溟个人而言，尽管带着失望与苦闷回京，但为积蓄力量，继续追寻他的乡村教育之梦带来了强大的动力支撑，也为他以后形成一套具有丰富内涵和深刻蕴意、系统化的乡村教育理论，积累了经验与教训。这其中也展现了梁漱溟注重伦理情谊和个体道德自觉的理想情怀，是其教育思想的一笔极其宝贵的财富。

---

[1] 《略述1924年在曹州办学经过》，见中国文化书院学术委员会编：《梁漱溟全集》第七卷，山东人民出版社2005年版，第230页。

第三节　广东乡治讲习所与
广东省立第一中学的实践

　　1924 年山东曹州办学的失败让梁漱溟备受打击,后来梁漱溟回到北京开始进行其父梁济的遗稿整理和在什刹海的朝会讲学。虽然在山东的实践失败了,但并不能完全否定梁漱溟对于办学活动所付出的努力,而且其中的思想是超前而浪漫的,深刻而富有创造性的。在北京的两年间,他也从未停止思考中国未来的发展道路问题,在质疑中不断让自己沉淀,积累智慧与知识。山东办学的郁闷渐渐散去,梁漱溟南下广东进行新一轮理论和实践探索的时间准备和心理调整也逐步就绪。

一、广东乡治讲习所计划

(一)在困顿中求索中国未来教育

　　早在 1925 年初梁漱溟从山东回到北京,他的老朋友,时任广东革命军要职的李济深(字任潮,又称李任潮)佩服梁漱溟的学识与见解,邀请他南下参加革命工作。但由于当时山东曹州办学失败的郁闷和要整理刻印其父的遗稿《桂林梁先生遗书》,再加之打心底里存在的对于国民党的怀疑之心,他并未贸然接受南下的邀请,而是潜心在北京讲学和整理父亲遗稿。1926 年初,梁漱溟委派他的三位青年朋友王平叔、黄艮庸、徐名鸿南下广东亲历感受,并及时将所到之处的观察与体会向他做书面报告。

　　在北京蛰居这两年间,恰是中国现代政治骤风暴雨的国民大革命在珠江流域,以广州为中心展开的高潮期。身居北方大都市的梁漱溟心系天下,关切时政变化。在此期间他对中国社会的发展道路产生了困惑。"许多朋友身预其间的,都盼望我南去","他们招唤之不已,至于督责备致"。"盖其时方以曹州办学失败回北京,谢绝各方邀聘,与一班青年朋友闭户共读。然在我怎能去呢？自己胸中犹疑烦闷无主张。"①他一方面觉得中国应该学习先进的西方文明，一方面却又认为西洋文明不适合中国国情。梁漱溟因为无法解决这个矛盾而苦恼。然而北伐战争的结局，反而让梁漱溟茅塞顿开，更加坚定了中国要走乡村建设道路的决心和信念，认为这是唯一的救国之路，也希望为自己对于乡村建设的设想作一个肯定。梁漱溟思想困顿从犹在沉闷阴霾之中，目睹"一点阳光朝气"，转向对数年来思索的民族前途问题"开悟消释"，他觉解到了什么呢？他做了如下的解答：

> 悟得了什么？并不曾悟得什么多少新鲜的。只是扫除了怀疑的云翳，透出了坦达的自信；于一向所怀疑而未能遽然否认者，现在断然地否认他了；于一向之所有见而未敢遽然自信者，现在断然地相信他了！否认了什么？否认了一切的西洋把戏，更不沾恋！相信了什么？相信了我们自有立国之道，更不虚怯！天下事，有时非敢于有所舍，必不能有所取；有时非有所取，亦每不敢有所舍。不能断然有所取舍，便是最大苦闷。于所舍者断然看破了；于所取者断然不予放过了；便有天清地宁，万事得理之观。我们之所谓一旦开悟亦不过是如此罢了。②

梁漱溟早年极为向往西方社会的政治制度，尤其是英国式的君主立宪制度。他以为只要能将这种制度移植到中国来，便可以顺利地实现中国的社会政治改造。但从清末到民国几十年间，中国经历的一次次制宪运动都以失败告终。这时梁漱溟单纯认为是中国没能把西洋的社会制度移植过来，于是梁漱溟开始将注意力转移到与西方政治制度相适应的政治习惯的培养上来，而与西方政治制度相适应的习惯实际上就是团体生活习惯。国家就是一个团体，要养成团体生活习惯必须从小范围入手，从近处、从小处做起。因此，梁漱溟于 1923 年春提出了以农立国的主张，要从乡村小范围

---

① 《主编本刊（〈村治〉）之自白》，见中国文化书院学术委员会编：《梁漱溟全集》第五卷，山东人民出版社 2005 年版，第 11—12 页。
② 《主编本刊（〈村治〉）之自白》，见中国文化书院学术委员会编：《梁漱溟全集》第五卷，山东人民出版社 2005 年版，第 13 页。

的地方团体自治入手。但由于当时他仍相信西方政治道路是中国的必由之路,再加之四周所见的农业国皆为被侵略的对象,因而对农业立国并没有十足的把握。然而,随着时间的推移,梁漱溟渐渐认识到西方的政治制度根本不能移到中国来,更不能在中国生根,中国人必须在西方式政治制度以外寻觅其解决政治问题的途径。但是,这并不足以使梁漱溟确认只有乡治才是中国民族自救的唯一途径。在确认乡治为民族自救的真正途径这一问题上,梁漱溟显然受到了共产党领导的农民运动的启发。北伐时期,中国共产党领导的农民运动在南方得到了迅猛的发展,并充分显示出了其巨大的力量,农民运动所带来的巨大能量使知识界人士深受震动。此后不久,梁漱溟便毫无疑问地认为乡治才是中国民族自救的唯一途径,只有通过乡治才能让这个自古以来的农业大国完成社会的蜕变和洗礼。

受李济深等人的再次诚恳邀请,梁漱溟经过深思熟虑,决定南下。1927 年初夏,梁漱溟带着王平叔、黄艮庸等人踏上了乡村建设之路,希望在广东岭南这片充满着蓬勃生机的国民革命根据地,实现自己的乡治社会理想。

(二)"政学合一":乡治理论的构建与实践

梁漱溟此行来广东的目的就是为了实践他的"乡治"计划。何为"乡治"?所谓乡治,包括后来的"村治""乡建",都是梁漱溟早期教育思想的发展,即讲学、搞学问要与做社会活动合而为一,不是单纯地在课堂上讲哲学,书斋里做研究,而是有言又有行,与社会改造融为一体,打成一片。所谓地方自治,必须从政治、经济、文化诸方面把地方社会搞成一个自治体才得以实现。而要搞成地方自治体,则又应当从乡村着手。所谓"乡治",简言之,即从乡村自治入手,改造旧中国,建立一个新的中国。"第二年即1928 年,我在广东办了乡治讲习所,分十个题目讲述,听者千余人,只办了一期。我当时的目标,仍倾向于英国式的宪政,但鉴于英国式宪政在中国常流于一纸空文,便力主从地方自治入手。"[①]

梁漱溟到达广州后的首件事情,就是与当时任国民革命军司令部留守

---

① 　汪东林:《梁漱溟问答录》,湖南人民出版社 1988 年版,第 50 页。

主任、国民党广州政治分会主席、广东省政府主席的铁腕人物,也是他的好友李济深进行了交谈。所谓"话不投机半句多",和李济深的此次谈话并不是很愉快,但梁漱溟很知趣,也并未谈及自己的"乡治"计划,就来到了距离广州50里水路的乡间细墟,也是学生黄艮庸的老家去避暑了,以待观局势的发展变化。

就在梁漱溟避暑期间,李济深未经他同意,就电请南京国民政府,任命梁漱溟为广东省政府委员,但意想不到的是,却被淡漠政治、颇有超凡脱俗格调的梁漱溟所婉拒。到了1927年年底,国内的政治局面因国共两党的冲突而发生较大变化,李济深与蒋介石的分歧越来越大,于是李济深想到了梁漱溟这个能帮助自己的人。随即,李济深又请梁漱溟去广州谈话,梁漱溟为李济深分析了形势:

> 我对任潮先生的谈话,大致是这样:中国在最近的未来,实际上将不能不是些分裂的小局面,每个小局面还都是大权集中在个人之手。此其所以然,是在超个人的"法",或超个人的"党"都无从建造得起来(这在中国皆是绝对的造不起,非一时现象);故尔政治上必然地落到这地步,而不可逃。在每个小局面中握有权力者,下焉的便为祸于地方,上焉的或能作些个建设事业,这都不是我期望于你的。我期望你能替中国民族在政治上,在经济上,开出一条路走来,方为最上。如何去替民族开这条路出来?则我之所谓乡治是已。
>
> 任潮先生表示接受我所期望于他的;他承认我可以在广东试办乡治。自是以后,我方始决心留粤,有时亦参预他政治的事情。①

李济深接受了梁漱溟的意见,并同意梁漱溟在广东试验他的"乡治"计划。梁漱溟主张乡治有三个原因:一是中国社会本是一农业社会,80%以上的人口是农民,只有乡村有办法,中国才有办法;二是中国传统的儒家文化仍然大有价值,有复兴儒学之志,而城市当时受西方影响太深,唯有乡村较

---

① 《重编本刊〈〈村治〉〉之白白》,见中国文化书院学术委员会编,《梁漱溟全集》第五卷,山东人民出版社2005版,第19页。

适合重振儒家文化;三是西方的民主政治在中国行不通,想通过乡治为中华民族另谋一条出路。这些都是梁漱溟在京所悟出的心得,只是南下后才有机会宣讲出来,并付诸实践。他对李济深说:"我期望你能替中国民族在政治上,在经济上,开出一条路走来,方为最上。如何去替民族开这条路出来?则我之所谓乡治是也。"应当指出,梁漱溟的乡治,并不仅指乡村在政治上要实行地方自治,还包括经济、文化、教育等一系列改革与建设。由此,梁对教育与社会的内涵及关系的理解就有了新的创意。

> 教育界之趋向社会教育,社会教育之趋向乡村建设,正为他们渐渐看清他们必须负担的大工程——建设新社会,完成革命的工程。而我们呢,起初倒认清了这目标——所谓乡村自治、乡村建设,其意义正是社会新机构,生活新方式——而没认清这方法——社会教育,直待动手作起来,方始认清自己所作所为原无非社会教育,而且往前作时将更非清楚明刻地取径于教育不可。[①]

所以,社会教育也是梁漱溟进行乡村建设的方法,在此层面上,社会教育与民众教育是可以混同的。当然,在具体选项或表述中,梁漱溟更多是以民众作为教育主体力量及作用对象的民众教育来分析乡村建设中的教育问题。但是,令人沮丧的是,梁漱溟对于"乡治"的探索也经历了曲折的过程,且广州时期的教育经历最终未能实现预设目标。

梁漱溟来粤之前,中国共产党在广州开办的广州农民运动讲习所刚刚悄然退却,炽热的土地仍留下讲习所培养农民干部教育浪潮冲刷后的斑斑痕迹。1928年4月,梁漱溟代李济深担任广东政治分会建设委员会主席、广东省政府委员之后,原本是设想在广州招收一些学生,仿照广州农民运动讲习所,开办一个"乡治讲习所"。随后,在会上提出《请开办乡治讲习所建设和试办计划大纲》,拟定了详尽的计划实施步骤,并报请广州政治分会和国民党中央审批。《建议书》分为乡治命名之由来、乡治所称之乡

---

① 《乡村建设与社会教育》,见中国文化书院学术委员会编:《梁漱溟全集》第五卷,山东人民出版社2005年版,第531页。

其区域大小问题、乡治之行非有合于乡间固有之习惯心理难成功、乡治之
行非解决农村经济问题入手必难为功四部分①,约4000言。其中第一部分
"乡治命名之由来"是从古语至作者所论时限关于乡村自治的解释和应
用。第二部分"乡治所称之乡其区域大小问题",无非是从地理空间上划
分了乡治的区域范围。第三部分"乡治之行非有合于乡间固有之习惯心
理难成功",通俗点讲,其实就是只有符合乡间的生活习惯和共同或相似
的心理状态和想法,实行乡治才能成功。梁漱溟认为,原来乡村所颁布的
自治法令,老百姓与之不闻,闭门生活,因此乡间的事情就被少数土豪劣绅
所掌控。他这次所要实行的乡治,是要在迎合人们固有的习惯心理的基础
上,调动人们的积极性,培养和塑造他们良好的新习惯。比如,要让乡治讲
习所的学生养成尊师敬长之风,要学会团结协作,谦谨有礼,以此来影响其
他人,使其他人获得启迪,有利于塑造良好的新习惯。第四部分"乡治之
行非解决农村经济问题入手必难为功",其实就是说只有从根本上解决农
村的经济问题,实行乡治才可大有作为。当时的社会兵乱匪祸,农业衰残,
乡村凋落,人们过着贫苦不堪的生活,一个连自己的肚子都喂不饱的民族,
又何谈教育呢? 所以梁漱溟建议可以效仿欧洲或日本各处在城市复兴后,
采用救济农村的方法,比如消费合作、贩卖合作、信用合作以及丹麦所行之
土地合并经营等方法,这些都比较适宜"乡治"的发展。

但为何说是"政学合一"的乡治讲习所呢? 从《国闻周报》编辑的评述
判断称:

> 乡治为适应潮流切合需要之时代产物,举凡伦常重心之民族问题,
> 教养精神之政治问题,均平原则之民生问题,均非建设乡治皆无从得其
> 完满之解决。现除直隶翟城村之自治,山西省之村治,皆开村本政治之
> 先声,他如江苏之村制(治)育才馆,湖南村制(治)训练所,广东之乡治
> 讲习所,河南之农村训练班,河北之村政研究委员会,以及其他各省村
> 治之计划或实施,均已次第表现。将来村治一项必可通行全国无疑。

---

① 《请办乡治讲习所建议书》,见中国文化书院学术委员会编,《梁漱溟全集》第四卷,山东人民出版
社2005年版,第834—836页。

唯此项根本事业,非仅制度之建设,实有赖于学术的训练。梁君请开乡治讲习所建议书,于民性国情、社会心理、政治习惯,均有详密之考察。梁君现为广东建设委员会主席,欲以讲学从政合而为一者。①

也就是说,梁漱溟的责任不仅仅在于办学,身为广东建设委员会主席,毫无疑问,这个头衔让他身上同样也肩负着改造社会政治的重任。这里的"政学合一"不仅表现了梁漱溟对于乡村建设的理想,实际上也深刻揭示了他全部教育活动与教育思想的主旨。孙中山曾提出,要把国家的政治大权分为政权和治权,要始终把地方自治作为中华民国得以完全成立的基本条件。梁漱溟的"政学合一"的思想也是这样的一个思路。因为如果新的政治制度能够良好运转,人民也能养成良好的新政治习惯,这种习惯的养成,最好的方法就是进行组织和训练。因此,他积极恳请开办乡治讲习所,为将来真正实行地方自治储备大量人才,这种可贵的思想,显示出认识的前瞻性。然而遗憾的是,由于国民党各机构的相互推诿,梁漱溟自身也认为时机不成熟,开办广东乡治讲习所的设计并没有获得真正实行。

> 从南京回广州后,我代任潮先生任广州政治分会建设委员会主席事。随后在会中提出请开办乡治讲习所建议案,并试办计划大纲。在建委会通过后,送政治分会;政治分会议决转请中央核示。后来中央政治会议复准到粤,又由政治分会发交广东省政府照办。我审量得时机似仍不到。即自请先到国内作乡村运动个地方考查回来再办。②

《请办乡治讲习所建议书》是梁漱溟第一次对他的乡治主张的公开表述,虽然其论述并不完备,但他在文中提出了实施乡治可能遇到的问题,表明他的乡治主张基本成熟。这个建议书也对其后来的乡村建设方案有着极其重要的影响。

---

① 《请办乡治讲习所建议书》,见中国文化书院学术委员会编:《梁漱溟全集》第四卷,山东人民出版社2005年版,第831页。
② 《主编本刊(〈村治〉)之自白》,见中国文化书院学术委员会编:《梁漱溟全集》第五卷,山东人民出版社2005版,第20页。

梁漱溟居粤期间,在广东地方警卫队编练委员会为各职员作过连续
10 次关于乡治问题的系列演讲,史称"乡治十讲",着重讲了乡治的意义和
办法。在这里,他首次明确地提出并阐述了自己的乡治理论,主张从乡村
自治入手,改造旧中国,建立一个新中国。

他在山东曹州办学时招收的学生李渊庭回忆说:

> 1928 年,梁老师在广东曾提出开办"乡治讲习所"建议,因审量时
> 机似仍未到,决定先到国内各地考察乡村运动。梁老师认为,挽救中
> 国的道路,必须从我国是农业国的国情出发,从乡村入手,以教育为手
> 段,逐步改造中国社会。①

梁漱溟"乡治十讲"的讲稿因历经战乱,笔记散失无踪,至 20 世纪 70 年
代有"惜今无存稿"之叹,1992 年秋,幸得现代历史学家、南开大学教授郑天
挺先生家属提供记有"乡治十讲"的听讲纪要,并附有简略前言,从中可窥得
演讲内容概貌。这些记录的内容收入在《梁漱溟全集》第七卷"附录"之中,
对了解其乡治、乡建思想很有参考价值。此处限于篇幅,择要选录如下:

5 月 14 日晚讲:

国民党为孙中山先生指导下之中华民国自救团体,自兴中会以迄最
近业经数变,其政策手段亦因时而异,惟其变化多有进步。

个人之政治主张与诸前人异。数十年来谈政者皆喜法西人,而迄无
殊效。盖中国人有中国人之天性,中国之文化未可强效不同文化,不同天
性之西人。

5 月 15 日晚讲:

西洋政治所可贵者有两点:一曰合理;一曰有妙处。使私权尊重
公权,此其合理处;使人向上不能作恶,政不待人而治,此其妙处。凡
此皆中国旧日政治所不能及。昔人之欲效西法,亦以此。然而数十年

---

① 李渊庭:《沉痛悼念梁漱溟老师》,见梁培宽编:《梁漱溟先生纪念文集》,中国工人出版社 2003 年
版,第 2 页。

终无成就者,则以不合于中国之实况。此不合可分两方面言之,一曰物质上之不合,一曰精神上之不合。物质上之不合有三:曰中国人之生活低;曰中国交通不发达;曰中国商业不发达。……

5月22日晚讲:

西洋文明系有对的,中国文明系无对的。因有对故凡事皆向对方求解决,政治亦然。而中国正相反,此根本不合也。西洋政治精神在彼此监督、互相牵制,所谓三权鼎立是也。而其动机,实在彼此不信任。中国则不然,彼此尊崇,彼此信托,皆相待以诚。倘一存猜疑,必至于糟。

5月25日晚:

(谈日本之所以能接受西洋式政治及[对]俄国政治之批评,未记录)

5月29日晚讲:

今日中国之所谓政治家,对应政治上之主张约有二途:一曰全民政治,一曰一党治国。然二者皆不可通。近者国民之自由褫夺殆尽,而公权更无份,谈何全民政治。今日军权高于党权,个人高于一党,何云乎以党治国。……

5月31日讲:

人类对于一切事物,皆是一种较高之理智,如吃饭,则不仅想如何吃而已,必思如何吃合理之饭。此种思合理之态度,是谓人类最高之精神。法律仅能使人做事合理,而不能使人做合理事。做事合理是谓法治;做合理事是谓人治。……中国自来为人治的政治,而非法治的政治。

又谓:中国今日政治上、经济上皆陷绝境,非从农村入手,无从整顿。一方面使农业发达,一方面使农民知识提高。

6月2日讲:

中国今后之政治必为人治,而于其下容纳西洋之法治精神。治者与被治者不分而分,政治自下而上,同时自上而下。

又曰:法律是假的,风俗习惯是真的,吾辈应创习惯。欲人民之间公众事,必须使之先有此意志、兴趣、能力、习惯。今之所以欲先行乡治者,以乡之范围小,利害切身,引起注意易而力强,一也;中国固有之

129

精神,城市已丧失殆尽,可谓礼失而求诸野,二也;城市之心理习惯已近国外,惟乡村不然,三也;工商业为个人主义的,而农业为合作的、互助的,四也;乡里间尊师敬长,尚德尚齿,五也。有所信赖,有所信托,此吾人建筑新政治之基础。……

6月3日下午讲:

(首先介绍了日人河西太一郎《农民问题研究》一书。以我所见,与梁先生意见颇同。)

……

总之,我国之精神文化皆与工商业无缘,除此文化已无前途外,今后局面必为农业复兴,而政治亦除乡治外无他路。必先发展乡村而至城市,先兴农业而至工商,农业之兴,必自合作社始。(如消费、贩卖器械方法等,由公家辅助之,奖励之,利导之。)虽然此尚非真正之理想政治也,欲由此成欧美式国家,则万不可能。①

由此可见,乡治讲习所虽没有实现,但其设想通过政学合一的教育和学术来触动政治,反之由政治的途径贯彻、实行学术研究,从而促进中国乡村的复兴与发展,进而推动中国现代化的进程,不失为一种泛化的教育救国论方案。与科学救国相呼应,梁漱溟的构思兼具上位层面高雅与下位层面致用相统一的特征。

二、广东省立第一中学的教育改革

1928年春夏之交,王鸿一等在北京筹备出版《村治》月刊,电催梁漱溟北上,他未能成行。这年夏天,就在梁漱溟等待广东省地方政府批准开办乡治讲习所提议的同时,他接任了广东省立第一中学校长一职。

梁漱溟接任广东省立一中带有很大的偶然性和必然性。其偶然性是当时原本任命的是黄良庸为校长,但黄良庸不愿接受,就推荐让梁漱溟做校长,而他来辅佐梁的工作;其必然性是梁漱溟设想,若办乡治讲习所的申

---

① 《"乡治十讲"听后记略》,见中国文化书院学术委员会编:《梁漱溟全集》第七卷,山东人民出版社2005年版,第869—873页。

请能够批准,广东省立一中也可以作为一个实践的基地来训练引导,就不必太担心乡治教育机构虚设或匮乏的局面出现。梁漱溟自己独白称:"我任一中校长,有几个原因:一、试办'乡治讲习所',极不愿设在广州城里,而一中地方很宽,颇可借用一部分。所请教师亦可两方通用,很多方便。二、因为友人卫西琴先生答应到广州来办高中师范班,亦以在一中来办较为适宜。我任校长,就可以使卫先生做事便利许多。"①

　　1928年春,梁漱溟偕同李济深等人一起去了江苏南京。这次北上考察南京的活动可谓不虚此行,让他感触颇多的是陶行知创办的南京晓庄学校,对于晓庄学校改革和发展的一系列做法,梁都大加认同和赞赏,认为与自己思考的问题不谋而合,颇有"英雄所见略同"之感,并启发很大。因此,梁漱溟在返回广东后所实施的省立一中教育改革活动便在很大部分借鉴了南京晓庄学校的做法。

　　梁漱溟早在以前就从未间断过思考关于中学改革的问题。在他看来,如今的中学存在很大弊病,尤其是城市化和贵族化,不符合中国社会的实际需要。因此,他接受了一中校长的职位,开始按照自己的设想进行改革。同年,梁漱溟在广东省立一中进行了演讲,题目是《抱歉——苦痛——一件有兴味的事》。该文是继《办学意见略述》之后的又一篇重要教育论文,许多认识有共同之处,却又有差别,尤其在分析的深度及准确性方面,明显推进了一步。其主要论点如下:

(一)中学教育存在的现实弊端

1. 学校制度既"不合于教育道理",也"不合于人生道理"

　　学校制度不合于教育道理之处甚多。总括来说,教育原是长养人发达人的智力体力各种能力的;但照现在的结果,却适得其反。就体育一科说吧,对于人们的身力,不见其长养,却见其戕害,其中许多简直是有碍我们健康的了。至于说到知识方面的教育,可说为现行学校制度最着重的所在;然而我们尤见其窒塞人们的智慧罢了。痛切言

---

① 李渊庭、阎秉华编写:《梁漱溟先生年谱》,广西师范大学出版社1991年版,第63页。

之,现在学校教育,是使聪明的人变得愚钝,使有能力的人变为无能力的废物,所以,不能不说它不合于教育的道理。我们学校,此刻差不多都因袭一般的惯例来办,尚未及有所改造。①

以上梁漱溟以自己设计的教育愿景来审视包括广东省立一中在内的中等教育现状,列举了体育、智育两个方面加以剖析,认为"有碍我们健康""窒塞人们的智慧"是其集中表现,这种批判性是深刻而尖锐的。

其次是不合于人生道理的。……,说到此处,应知教育有一个根本原则,亦可云两个必要条件:

教育之一事应当一面在事实上不离开现社会;而一面在精神上要领导现社会。

此谓教育,在许多事实上,愈接近愈符顺现社会愈好;而精神上则宜有超离现社会者。缺前一条件,其教育必且为社会病;缺后一条件,其教育必无所进益于社会:皆不足以言教育。可是我们现在的学校教育,恰好与此原则相背反。就是在事实上,它离开了现社会,不合实际而与实际乖牾;在精神上,它又随现社会走,全无理想,以领导社会。②

其实,梁漱溟从教育与社会的关系阐述了教育与社会的复杂交错内容,一方面受社会制约,教育与社会应紧密结合;另一方面受教育的相对独立性规定,教育应怀有自主品性,完善自我,反作用于社会。而现实的教育却脱离社会,不合实际;同时又缺乏独立健全结构,而"全无理想"。在此认识基础上,他又把教育定位在精神域层面,提出"领导社会"的教育价值论断,这显然是有其理念支撑的独特命题。

---

① 《抱歉——苦痛——一件有兴味的事》,见中国文化书院学术委员会编:《梁漱溟全集》第四卷,山东人民出版社2005年版,第842页。
② 《抱歉——苦痛——一件有兴味的事》,见中国文化书院学术委员会编:《梁漱溟全集》第四卷,山东人民出版社2005年版,第842—843页。

2. 学校教育的"商业化"导致教育机会不均等

影响教育权的公平性所关联的因素很多,其中受教育者经济地位或物质财富拥有量是更为广泛而直接的指标之一。工商业时代的教育权更多地表现出对上述经济力内容的依赖性。梁漱溟对此有深刻的理解:

> 又譬如现社会中人因有贫富之不同,所以在一切消费享受的机会上便不平等;这期间的不平等,我觉得问题都还小,唯有一桩问题的确重大,就是在受教育的机会上不平等。一则不得受教育是人生的悲惨远过于其他的酱遇;一则不得受教育更断了他以后增进经济地位的机会:所以这种的不平等是太残酷了。然而现在的学校完全随着现社会而商业化了,学生不缴费,就不得入学读书,如同商业交易一般,绝无人情可讲。①

教育权利和机会在很大程度上属教育经费的支付者归属及比例分配的问题。在普通中小学教育阶段的经费担当,既有国家的责任或使命,也有学生家长或责任人的义务分担。梁漱溟视此期教育为人生幸福的基础及经济增长的阶梯,但更多地将责任归诸社会,显然有前期社会主义思想因素的影响。

3. 学校教育缺乏情感渗透

中国先秦的法家论教育与欧洲中世纪早期教会控制教育相类似,强调纪律、威严与控制的组织或手段,这与儒学教育的特质及文艺复兴时期人文主义教育精神有显著差异。梁漱溟是赞成后者的要求或举措的。

> 还有一层,现在的学校也太法律制裁化了;像法官一样,一切要"照章办理"。譬如一个学生犯了规则,必要惩罚他,重者还要开除他的学籍。须知国家用法律制裁人民,是一种不得已;他一面用法律制裁人,一面还望教育来补法律之不足,救法律的偏失。如果教育里面

---

① 《抱歉——苦痛——一件有兴味的事》,见中国文化书院学术委员会编:《梁漱溟全集》第四卷,山东人民出版社 2005 年版,第 844 页。

不讲教育而还讲法律,那很可不用教育了。我以为合理的人生除掉旁人不愿来接近我们外,我们是不应当无情地拒绝人的。我总不愿有开除学生的事,但我们现在都不能免呀![1]

教育作为社会事业的重要部分,是具有成就激励性并促人成长与发展的正向活动特点的;与法律相比,它更多属于塑造与完善个体,从而改进社会。因此,情感的渗透与介入成为教育有效性的杠杆之一。作为新儒学家的梁漱溟充分肯定情感力量的正当价值,既是对儒学人文主义教育情怀的复活,也充分体现出现代教育艺术性的理念主张。

(二)晓庄学校透露出新教育的曙光

梁漱溟向学校的老师和同学们详实地介绍了南京晓庄学校的情况,使广东省立一中师生认识到晓庄学校办学活动的新动向及价值。他认为陶行知办学思路有三点符合他的心意:一是合于教育的道理;二是合于人生的道理;三是合于建设乡村的道理,注重农村问题。晓庄学校办成了"改造乡村社会的中心",把四件要紧事作为育人之标准:"一要养成农民的身手;二要养成科学家的头脑;三要养成艺术家的兴味;四要养成社会改造家的精神和热心。"[2]用这四项标准培养人,晓庄学校的师生不仅要教好学好,还要自己做校务,自己管伙食,自己种田;还要直接同农村农民打成一片,做改造乡村、改革社会的事。

梁漱溟充分肯定晓庄学校办学模式下所培养出来的学生不仅有能力,而且有合理的生活。从其分析评价的取向中不难看出,他对陶行知教育思想持极大赞同的态度,例如,他曾这样描述这位以"捧着一颗心来,不带半根草去"为信条的人民教育家:"陶先生一生的美德懿行,谁都能说出好多

---

[1] 《抱歉——苦痛——一件有兴味的事》,见中国文化书院学术委员会编:《梁漱溟全集》第四卷,山东人民出版社2005年版,第844页。

[2] 《抱歉——苦痛——一件有兴味的事》,见中国文化书院学术委员会编:《梁漱溟全集》第四卷,山东人民出版社2005年版,第845—846页。

点来。陶先生在教育上的创造,更须写几本书来叙述。"①

(三)广东省立一中改革之设想

梁漱溟随后又给省立一中作了一次报告,题为《今后一中改造之方向》,在仿照晓庄学校做法的基础上,加以自我创新,进一步提出了具体的改革思路。就总体而言,梁漱溟的主要主张在于:

> 我的根本的主张,是要学生拿出他们的心思、耳、目、手、足的力量,来实做他们自己的生活。不一定是他们个人的,就是团体的,也要由他们自己去管理,去亲身经历。总要用他们自己的心思才力,去求他们所需要的知识学问。我们很不满意于现代手足不勤心思不用的教育。……总而言之,现在的学生,只站在一个被动和受用的地位;好像把学生时代,看做是人生一个短期的预备时代,是专门读书的时代,不是做任何事情的时代。……教育的本意,是要把人们养成有本领有能力;如果要使一个人有本领有能力,就非发展他的耳、目、心思、手、足不可。……②

上述言论文字就是主张培养学生的实际动手操作能力,要求他们在校求学期间努力使心、手、耳、目统一运用起来,提升自己的综合能力,将来能够更好地适应社会。梁漱溟的这一思想,体现了现代素质教育的办学理念。

在此改革思路的基础上,梁漱溟具体提出了一中改革的十大要点:③

一是废除或减少校内的杂役:

> 我们都希望学生对于照料自己一切的事情,以及整理宿舍和教

---

① 《悼念陶行知先生》,见中国文化书院学术委员会编:《梁漱溟全集》第六卷,山东人民出版社 2005 年版,第 649 页。

② 《今后一中改造之方向》,见中国文化书院学术委员会编:《梁漱溟全集》第四卷,山东人民出版社 2005 版,第 868 页。

③ 《今后一中改造之方向》,见中国文化书院学术委员会编:《梁漱溟全集》第四卷,山东人民出版社 2005 版,第 868—873 页。

室,总要生出一种兴趣来才好……能够生出兴味,而愿意动手去加以整理,这实在是个最要紧的问题,有极大的教育意义。还有一层,在废除或者减少杂役之后,先生和学生都是自己做事;上次所说的我们自视要比听差高一级的那种阶级观念,也可以因之除掉——这是第一点。

二是废除或减少校内的职员,把公共的事情交给学生自己去做。

三是废除现在吃零饭和包饭的厨房制度,让学生吃喝自己做,过集体生活。

四是废除学校现在的贸易部、西餐部以及洗衣部。

五是改善学生的地位,转变教职员和学生这种治者和被治者的状况:"我希望在先生领导中使学生自己能够造成一种秩序,并且能够维持他们自己所造成的这种秩序。……在道德论上说起来,就仿佛是自律的意思,而不是他律。"

六是让师生自己制定行动规则条文,自己自觉遵守,改革教学方法,老师指导,学生自修:

> 现在功课的科目分得很多,上课的钟点也多——一时上堂,一时下堂;一时又上堂,一时又下堂。而每堂总是一面讲一面听,我觉得教师和同学,都会感觉得太苦。尤其是对于学生方面,太使他们居于被动的地位了。我们应该想个办法,使上堂的钟点减少,而把自修的工夫加多加重。我以为有好多的功课,若是由学生自己去看书,一定要比上堂由先生讲课本,比较要方便,也要多得些益处。尤其是高中的功课,大都只要在教师指导之下,由学生自己去找参考书,比较要好些。……在学校方面,对于聘请教员,当然也要特别注意;关于那几种相联的课程,至少也请一个学识很丰富的导师。像教育学、心理学和教育心理等等,在课程里,是分做几项的,但是研究起来,都是互相关联,所以学校里一定要聘个对于那几项有关系的课程方面有很丰富的学识的教员,来指导学生自己做研究的工夫。

七是以班级为单位成立一个小团体共同去解决问题：

> 至于其他的教务、庶务以及卫生方面的事,都可以由各小范围自己商量去做。像这样分开小范围,就使许多的事情,在相当程度之下,都要容易做点;若不然,合全校的庶务、教务在一处统理,事情太多,要学生来做,一则时间来不及,二则恐怕也难于胜任吧。这仿佛和政治上的联邦制一样——各自成个小范围,做他们自己的事;中央只站在监督的地位,做些统筹及照料的事情。像这样注重小范围,使学生过惯了团体生活,将来到社会里做事,就要减少很多的困难。

八是强调注重班主任制："把许多的事,都托付给班主任。在每一个小范围里面的秩序,以及庶务、教务、清洁各方面的事,都由学生自己去做;但是要班主任去领导他们才行。所以,我想以后不要班主任担任教课,然后才可以专心去领导学生做生活上的事情。"

九是要求学生养成写日记的习惯。

十是学校注重生理卫生、体育锻炼等。

其实这十大要点总的方向是一样的,那就是："培养学生的生活情趣和公共道德,改造自己、改造社会。"

除上述十大要点之外,梁漱溟认为,学费改革问题仍是不可忽略的。不过,他吸取了山东曹州中学推行免费入学方案的失败教训,采纳古代地方府州县学和书院的弹性学费与奖学金、助学金结合的措施,显得务实而有理性：

> 有很多的学生,功课好,操行好,但是家境贫寒,没有缴纳学费的能力,我觉得我们应该想个办法来救济这个缺憾。我想分做两方面来讲:第一,如果那个学生的成绩,到了某种优良程度,而他不能缴费时,学校应该免除他的缴纳;不过要先由学校方面,定个章程,要合于我们所规定的学生,才能享受这种权利。第二,有些学生虽说很用功,却因为天资不高,能力有限,或者因疾病,缺课太多,使他的成绩不能到我们所定的程度,而的确他是个好学生,如果他不能缴费,我们就要大家

帮他的忙,替他代缴学费。①

这样的见解既能体现学习费用与学生求学态度成效之间的杠杆力量,又反映出教育群体协作力量性价值和作用,是十分周到而精致的。

从广东省立一中的"十大改革方向"所设计内容来看,现代教育理念的蕴涵是十分丰富的,如教学中学生自然性与社会化的统一,普遍性与差异化的兼顾,科学与人文的融合,师生主客体关系的协调;课程编制中课程资源的广泛与简约、继承与开发、知识与生活等诸多方面的合适张力;德育中强调主体认识建构的介入,知识学习与行为习惯兼重,规章管理与学生自觉、自愿心理渗透,如此等等,从中能反映出教育理论上的前驱特色,彰显出教育活动的动态、自主、独立、创造等实践性品性。所有这些,都体现了梁漱溟思想因子中西合璧、继承与发展、经验与理论以及仿效与独创的高度统一。在这方面,尤以学习、吸取陶行知晓庄师范经验与广东省立一中状况结合,避免搬袭成法的创造性努力堪为典范。可见,梁漱溟并没有自我封闭研究,而是积极借鉴他人的可行方法以弥补自己在教育探索中的不足,以此来实现中国复兴的道路:

> 我们要改造我们的学校,是已经决定了。不过要学南京晓庄学校的方法,则亦不能;并且也有些不能去学的地方。像学生每天要到田里去做农这件事,在我们就不能做。因为他们是乡村教育,而我们的就不是;又如他们有所谓中心小学、中心幼稚园等等,他们的师范学生就由这中心小学、中心幼稚园去求学问,这在我们也难于做到,因为他们完全是师范教育。我们虽说有一师范班,但就全体而言,究竟不是师范学校。跟这一类相关的事,还有很多,大概都是我们难于做到的。再有一层,他们的学校不大,师范学生只有七八十人,指导员也不过十几个人,而我们的学校,就要大得多了,学生也要多七八倍。当然有很多的办法,在他们是合宜,而我们却不能适用。不过他们的用意和我们的很相

---

① 《今后一中改造之方向》,见中国文化书院学术委员会编:《梁漱溟全集》第四卷,山东人民出版社 2005 版,第 873 页。

近,我们可以采取他们的意思;至于办法,就要由我们自己出了。①

这种差异是梁漱溟直接依据南京晓庄学校及广东省立一中办学实体机构的特点,通过比较分析而得出来的,是教育实验或改革案例中仿效、变通及改造的关系呈现。但在更深层次上,也反映出这两位现代教育家有关学校教育与社会关系不同方案的构建路向,这体现在乡村教育的结构、功能及途径上均有个性差异。对此,下章将作叙述。

三、理想的失落

梁漱溟的志向及兴趣绝不局限在普通学校教育或学制内教育机构的办学活动,而是着眼于社会广大民众及青少年的教育,尤其是乡村社会的教育改进,并着力于以此来实现自身的社会理想目标与人生抱负。所以,广东省立一中的办学尽管有成效,却难以满足其设计蓝图。接任广东省立第一中学校长之后,梁漱溟因乡治讲习所能否举办的问题以及对他能否坚持校长之职曾一度犹豫不定,但是到了1928年11月初,梁漱溟作为过渡的方略,缓和学校组织活动的断层及暂时矛盾,决定继续负责一中的事务,但最后仍离任辞职转道而行。其间的细节过程难于详考,据梁漱溟所述:

> 在上次的谈话里,曾经讲过要待李主席回来之后,才能解决究竟是我继续来办一中,或者我要到北方去,请教育厅另委人来办的这个问题。到现在,才决定还是由我来负责办一中的办法了。大概从此刻到明年的年底,除非是有特别的原因和情形——如政府要另委他人来办的话,在我本人,一定能负这一年的责任。虽说在这个期间以内,也许要到北方去一次;但是现在还不去,并且也并不打算去得很久。所以我在这方面,是决定至少可以做到明年年底为止的。②

---

① 《今后一中改造之方向》,见中国文化书院学术委员会编:《梁漱溟全集》第四卷,山东人民出版社2005版,第867页。
② 《今后一中改造之方向》,见中国文化书院学术委员会编:《梁漱溟全集》第四卷,山东人民出版社2005年版,第866页。

1929 年 2 月,梁漱溟将广东省立一中的具体工作交给了他的学生黄良庸来处理。在离粤北上时,又分别参观和考察了陶行知在南京创办的晓庄乡村师范学校、黄炎培在江苏昆山安亭乡徐公桥创办的乡村改进实验基地、晏阳初在河北定县翟城村创办的中华平民教育会试验区以及阎锡山在山西太原等地实行的村政。在这次漫长的考察过程中,对各地的乡村运动有了大体的了解,并发现在当时的中国,很多知识分子已经开始重视农村工作,并且在一些地方绅商富户及政权掌控的实力派支持下,致力于改造农村。由此,他更受到了极大鼓舞,坚信自己走的道路是正确的,乡村改革是解决中国社会问题唯一可行的途径,决定从乡村入手解决中国问题,替中国开出一条新路来。同时,也分析和总结了各地工作的经验和教训,一方面肯定了各地工作的成就,另一方也非常重视发现各地工作中存在的问题和不足,深刻汲取其教训。例如,他察觉到各地所进行的乡村工作都只重视一地一事,是对乡村的细枝末节的改造,而无全局观念和整体方案,或多或少存在这样或那样的问题。针对此种情况,梁漱溟认为中国问题涉及政治、经济、文化等诸多方面,单从某一方面入手,解决不了问题,因此要救济农村必须从整体上入手。总之,这次考察对梁漱溟乡村建设理论的形成具有重要意义。

梁漱溟按其先前计划离开广州而北上考察各地的乡村改进运动,但在此期间两广地区爆发了蒋桂战争,广东政局发生剧烈变化,李济深被蒋介石软禁,广东乡治运动无法继续实行,"此后留于北方,不复返,固初所不及料也"①。因此,没有按计划再回广东,而是留在了北方。不久,经好友王鸿一的介绍,又结识了河南人梁耀祖、彭禹廷等人,当时他们正在冯玉祥与其部下、河南省政府主席韩复榘的支持下,筹办河南村治学院。由于乡治思想与他们的"村治"思想接近,于是,邀请梁漱溟担任筹建中的河南村治学院教务长,并负责主编得到阎锡山资助的《村治》月刊。梁漱溟愉快地接受了邀请,并受其委托,执笔起草了《河南村治学院旨趣书》及组织大纲、学则、课程计划等文件。其中《河南村治学院旨趣书》第一次对乡村建设的旨趣、措施和方法作了较为系统的阐述,表明了经过对全国各地乡村

---

① 梁漱溟:《忆往谈旧录》,陕西师范大学出版社 2009 年版,第 131 页。

工作的考察,梁漱溟的乡村建设思想趋于成熟。

据梁漱溟所述:"村治学院即由彭任院长、梁任副院长。1929 年设筹备处时,我适从广东北返,且因广东政局改变,不回广东。经王鸿一先生介绍,与仲华、禹廷、柄程会晤于北京。我在广东原有'村治讲习所'之建议而未及实现。至此乃受聘为村院教务长,共同致力北方的乡村工作。"①由此而论,广东乡治运动的中止,并非悲情暗淡或败北萧条,而是直接为梁漱溟开展河南村治教育提供了契机。

---

① 《略记当年师友会合之缘(续)》,见中国文化书院学术委员会编:《梁漱溟全集》第七卷,山东人民出版社 2005 年版,第 419 页。

第六章　考察国内的乡村教育事业

　　20 世纪二三十年代的中国陷入前所未有的危机,帝国主义入侵、军阀混战加深了中国社会的矛盾。面对深重的社会危机,一大批以救亡图存为己任的知识分子开展乡村运动,力图以教育为手段,通过改造乡村,进而振兴国家,解决中国社会的困境与灾难。其中较为有名的有陶行知"教学做合一"的南京晓庄师范学校、上海山海工学团教育,黄炎培"造就新农民"的乡村职业教育,晏阳初"除文盲,作新民"的定县乡村平民教育,等等。梁漱溟赴河南开展村治教育前,曾到各地考察乡村建设运动,包括南京晓庄的乡村师范学校、江苏徐公桥的中华职业教育社乡村改进试验基地、河北翟城村的自治事业、定县的中华平民教育会试验区、山西的村政。梁漱溟十分赞成他们对乡村教育的重视及许多方面的工作内容、活动措施,但对其中某些做法并不赞成。通过这几次考察,梁漱溟对当时中国的乡村建设运动、乡村教育有了大体的了解,并对各地乡村建设的具体情况做了深入分析和系统总结,这些对其乡村建设理论的形成及后来开展的河南、山东村治教育与乡村教育实验有重要影响。

第一节　南京晓庄师范学校

陶行知(1891—1946)是倡导生活教育以改造社会并从事乡村教育而卓有贡献的伟大人民教育家。他早年与晏阳初合作推行平民教育,在推行平民教育活动中,愈来愈明确地认识到平民教育必须下乡才能使最穷苦的农民受到教育,于是提出平民教育下乡运动。从创办晓庄师范学校,提出生活教育理论到创办上海山海工学团,他的乡村生活教育实验始终注重创造教育,并将偏向生活与生产知识技能的实际教育作为生活教育理论体系的有机组成部分。

一、乡村生活教育实验述要

以陶行知为代表的生活教育派,把从事乡村教育与改造社会紧密相连,认为办学和改造社会是一件事,不是两件事。"改造社会而不从办学入手,便不能改造人的内心;不能改造人的内心,便不是彻骨的改造社会。反过来说,办学而不包含社会改造的使命,便是没有目的,没有意义,没有生气。"[①]他们把从事乡村教育作为改造社会的手段,而改造社会,为中华民族造一个伟大的新生命,是其根本的目标和理想。

早在1921年,陶行知就从城市教育与乡村教育发展不平衡中看到了乡村教育的必要性,认为"乡村教育是立国之本"[②]。而当时的乡村教育十分落后,"乡村教育不发达,可说已到极点,我国人民,乡村占百分之八十五,城市占百分之十五……然而,乡村的学校只有百分之十"[③]。这说明他在关心中

---

① 《地方教育与乡村改造》,见华中师范学院教育科学研究所主编:《陶行知全集》第二卷,湖南教育出版社1985年版,第128页。

② 《对于乡村教育及本校赞助人之总致谢》,见华中师范学院教育科学研究所主编:《陶行知全集》第二卷,湖南教育出版社1985年版,第135页。

③ 《师范教育之新趋势》,见华中师范学院教育科学研究所主编:《陶行知全集》第一卷,湖南教育出版社1984年版,第167页。

国的前途与命运时注意从中国国情出发,已充分认识推行平民教育只限于城市是不够的,走向乡村是必然的趋势。于是,在1924年10月,陶行知明确提出了平民教育下乡的主张,指出:"中国以农立国,十之八九住在乡下。平民教育是到民间去的运动。"①

陶行知重视乡村教育,后来又认识到改造农村的根本问题是对农村教育进行全面改造。中国向来不重视乡村教育,即便办了不少学校,又都走错了路:教人离开乡下向城里跑;教人吃饭不种稻;教人羡慕奢华,看不起务农;教人分利不生利;教农夫子弟变成书呆子。既然这种乡村教育走错了路,就必须进行根本改造,用科学实验方法寻觅一条生路。那么,生路是什么呢?"就是建设适合乡村实际生活的活教育!"②他对这种活教育还作了进一步的阐述:"活的乡村教育要教人生利,他要叫荒山成林,叫瘠地长五谷。他教人人都能自立,自治,自卫。他要教乡村变为西天乐国,村民都变为快乐的活神仙。"③这里渗透着教育与生产劳动结合,注重生利的乡村教育思想。

为此,对如何才能建设起适合乡村建设的活教育,陶行知作了细密的设想:"要从乡村实际生活产生活的中心学校;从活的中心学校产生活的乡村师范,从活的乡村师范产生活的教师;从活的教师产生活的学生,活的国民。"④1926年1月,陶行知在《新教育评论》上发表《师范教育下乡运动》一文,提出"乡村师范下乡应有训练乡村教师,改造乡村生活的使命",师范生要到"眼前的乡村","去做改造乡村之实习"⑤。1926年12月,他又为乡村教育改造绘出了一幅宏伟的蓝图:"要筹集一百万元基金,征集

---

① 《平民教育概论》,见华中师范学院教育科学研究所主编:《陶行知全集》第一卷,湖南教育出版社1984年版,第494页。
② 《中国乡村教育之根本改造》,见华中师范学院教育科学研究所主编:《陶行知全集》第一卷,湖南教育出版社1984年版,第653页。
③ 《再论中国乡村教育之根本改造——在上海青年会的演讲》,见华中师范学院教育科学研究所主编:《陶行知全集》第二卷,湖南教育出版社1985年版,第2页。
④ 《中国乡村教育之根本改造》,见华中师范学院教育科学研究所主编:《陶行知全集》第一卷,湖南教育出版社1984年版,第653页。
⑤ 朱泽甫:《陶行知年谱稿》,教育科学出版社1982年版,第18页。

一百万位同志,提倡一百万所学校,改造一百万个乡村。"[1]他把搞好乡村教育改造,从而建设好中国的农村,看成立国之根本大计。

陶行知把晓庄学校和山海工学团办成了完全不同于传统模式的新式学校,实行教育与生产劳动相结合,通过劳动实践培养学生的劳动习惯、劳动观点和劳动技能。他反对教育脱离生产劳动,主张教育与农村社会打成一片,既要从现实生活出发,又要适应现实生活的需要。其核心是面向广大农民,面向农村社会的现实生活,并唤醒他们起来改变现实落后而贫困的生活。所有这些,为中国职业教育,尤其是广大农村的职业教育理论宝库增添了养分,实践了他"捧着一颗心来,不带半根草去"的无私人生。

陶行知认为,要探索符合中国国情的教育,必须具备实验的精神和方法,"非实行实验不为功,盖能实验,则能自树立,则能发古人所未发,明今人所未明"[2]。他本着试一试的态度,于1927年3月,在南京郊区小庄(后改为晓庄)创办了晓庄试验乡村师范学校,简称南京晓庄师范学校或晓庄师范学校。这既是他乡村教育实验的起步,也是从实践中贯彻其生利主义教育的开始。

晓庄师范学校由袁观澜(后为蔡元培)任董事长,陶行知自任校长。初始学校仅设两院:第一院是乡村小学师范院,赵叔愚任院长;第二院为乡村幼稚师范院,陈鹤琴任院长。附设燕子矶、尧化门和晓庄3所中心小学。其后,增设神策门和吉祥庵小学。随着晓庄师范学校事业的发展,在1928年8月1日,正式更名为晓庄学校。又增设了三元庵、黑墨营、大象房、万寿庵(嘉善寺)等中心小学、中心幼稚园和燕子矶、晓庄幼稚园,还设有劳山中学、实验民众学校、晓庄剧社、晓庄医院等。值得一提的是,晓庄师范学校还与中华职业教育社合办"晓庄中心茶园及木作店"。木作店的性质是寓教育于职业,工友要入夜校上课,艺徒第一年里做工,晚间上课,第二年里,半日读书,半日做工。要求艺徒不但要学会做木工,而且学会

① 《中国乡村教育之根本改造》,见华中师范学院教育科学研究所主编:《陶行知全集》第一卷,湖南教育出版社1984年版,第653—654页。
② 《智育大纲》,见华中师范学院教育科学研究所主编:《陶行知全集》第一卷,湖南教育出版社1984年版,第72页。

做人。①

陶行知在晓庄师范学校从事乡村教育改造的实验过程中,创造性地提出了生活教育理论,并以之指导教育和教学活动。生活教育包括两个方面:一是"生活即教育,社会即学校",二是"教学做合一"。前者为教学原理,后者为教学方法。"生活即教育"是生活教育论的核心思想,生活决定教育,教育有改造生活的功用。"社会即学校"是"生活即教育"思想的延伸,就是把学校与社会相沟通,以社会为学校。"教学做合一"是生活教育论的方法论,主张"在做上学","在做上教",认为"在做上教的是先生,在做上学的是学生",强调"做是学的中心,也是教的中心"。②

晓庄师范学校的教学组织形式以中心学校为中心,中心学校以乡村为中心,而乡村的生产和生活又反映到学校中来,三者相互依存,构成了生活和学习的有机整体。陶行知非常重视中心学校的建设,"中心学校以乡村实际生活为中心,同时又为实验乡村师范的中心……中心小学是太阳,师范学校是行星。师范学校的使命是要传布中心学校的精神、方法和因地制宜的本领"③。

实验乡村师范实行教学做合一,课程以乡村生活为中心。围绕着这样一个中心,晓庄实验乡村师范学校将课程分为五大部分:一是中心学校工作教学做,二是分任教务行政教学做,三是征服自然环境教学做,四是改造社会环境教学做,五是学生生活教学做。晓庄师范根据生活教育原理,把教育与生活、教育与生产劳动结合起来,学员在指导员(教师)指导下生活,在做上教,在做上学。

实验乡村师范还专门成立了"社会改造部",陶行知兼任部长,部下设总务、教育、卫生、农林、交通、水利、自卫、经济、救济、妇女、编辑、调查共12个股,具体负责社会改造的规划和指导。社会改造部将学校周围的和平门、上元门、尧化门、太平门以内的地区作为改造实验区域,并规定全校

---

① 卞放:《陶行知的职业教育思想》,载《教育与职业》1996年第8期。
② 《教学做合一》,见华中师范学院教育科学研究所主编:《陶行知全集》第二卷,湖南教育出版社1985年版,第42—43页。
③ 《实验乡村师范学校答客问》,见华中师范学院教育科学研究所主编.《陶行知全集》第 卷,湖南教育出版社1984年版,第666页。

师生均须参加所有改造的活动。

1930年晓庄师范学校被封后，"九一八"和"一二·九"事件相继发生。面对严重的民族危机，陶行知除积极参加反日侵略斗争外，又深感普及教育使命的重要。为此，他在《申报》上发表近代著名教育小说《古庙敲钟录》，初步提出一种传承晓庄精神、在形式上更加灵活的新教育形式——工学团，作为普及教育和社会教育的一种组织形式。

什么是工学团呢？陶行知指出，"工是工作，学是科学，团是团体"，更清楚地说，"乡村工学团是一个小工厂，一个小学校，一个小社会"。其宗旨是"工以养生，学以明生，团以保生"。① 实际上，乡村工学团是将工厂、学校、社会打成一片的教育组织，是改造乡村而富有生命力的社会新细胞。陶行知在上海市郊创办山海工学团时列出工学团的训练内容为：普遍的军事训练，普遍的生产训练，普遍的科学训练，普遍的识字训练，普遍的民权训练，普遍的体育训练。他主张把扫盲识字教育与生产知识、技能教育和其他方面的教育融为一体，以便从农村中造就中华民族的健全分子，改造乡村，造成一个伟大国家。

1932年10月1日，宝山县孟家桥儿童工学团最先成立，陶行知派马侣贤为团长。这一天便成为山海工学团的创始纪念日，也标志着工学团实验的开始。陶行知把孟家桥儿童工学团作为山海工学团的总部，后又在红庙、沈家楼、萧场、赵泾巷、郭家桥和孙宅办了6个分校。与此同时，陶行知还帮助农民办起了棉花工学团、养鱼工学团等。到1935年，方圆十几里内的地区普遍建立了工学团，山海工学团实际上正是这一群工学团的总称。

陶行知把工学团的实验看成是"乡村教育为建国要图之一，非实验无以确定进行之路线"。工学团开展实验应包下列7种："社会即学校；生活即教育；相学相师，会者教人，不会者跟人学；先生在做上教，学生在做上学，教与学都以做为中心；在劳力上劳心；行是知之始；与大众共甘苦，同休

① 《乡村工学团试验初步计划说明书》，见华中师范学院教育科学研究所主编：《陶行知全集》第二卷，湖南教育出版社1985年版，第593页。

戚。"①山海工学团这种生活教育模式,以"靠自己动手种地吃饭"的真农人为主体,以"培养合格的人生"为真正宗旨。本着教育与一般生产劳动相结合、与社会相联系的精神,工学团以招收农民子弟为主,招生实行来者不拒的原则。课程安排一般上午上国文、算术、历史、自然等普通课,下午上两节课后参加劳动,边劳动边学习。团内举办有木工、藤工;种菜、养鱼、养鸡、养蜂;织布、摇袜等,并请师傅做技术指导。这是典型的普通教育与职业教育有机结合的形式。为培养普及教育师资,陶行知在"艺友制""小先生制"和"传递先生制"的基础上,还进一步提出设立"工师养成所"。

二、梁漱溟的参观访谈

梁漱溟曾两次访问南京城外陶行知著名的晓庄乡村师范学校。陶行知的学校是唯一受到梁漱溟毫无保留赞许的乡村改革方案,能获得这种殊荣的缘由在于碰巧和梁漱溟的思想与爱好相符合。② 梁漱溟认为晓庄学校有三点合他之意:合于教育道理;合于人生道理;注重农村问题。③ 梁漱溟说,晓庄师范学校办成了"改造社会的中心",把四件要紧的事作为培养人才的标准:一要养成农人的身手,二要养成科学家的头脑,三要养成艺术家的兴味,四要养成社会改造家的精神和热心。④ 此外,梁漱溟非常认同晓庄学校的教育方法,即"事情怎样做就怎样学,怎样学就怎样教","在我觉得这是很合于教育道理的。譬如种田是一种生活,我们就应该在田里做,就在田里学,也就在田里教。做饭吃饭是一种生活,我们便应该在厨房饭厅里做,就在那里学,就在那里教。教育要本于生活,教育必须教学做合一"。⑤

① 《创立山海工学团的呈文》,见华中师范学院教育科学研究所主编:《陶行知全集》第二卷,湖南教育出版社 1985 年版,第 650 页。
② 〔美〕艾恺著,王宗昱、冀建中译:《最后的儒家——梁漱溟与中国现代化的两难》,江苏人民出版社 2003 年版,第 115 页。
③ 《抱歉——苦痛——一件有兴味的事》,见中国文化书院学术委员会编:《梁漱溟全集》第四卷,山东人民出版社 2005 年版,第 845 页。
④ 《抱歉——苦痛——一件有兴味的事》,见中国文化书院学术委员会编:《梁漱溟全集》第四卷,山东人民出版社 2005 年版,第 845—846 页。
⑤ 《抱歉——苦痛——一件有兴味的事》,见中国文化书院学术委员会编:《梁漱溟全集》第四卷,山东人民出版社 2005 年版,第 846 页。

梁漱溟非常认可晓庄学校的一系列措施,认为照此办法培养出来的学生,至少有两种好处:

> 一、有能力。分别言之,有三种能力:A.劳作的能力。——我们却没有劳作,不能劳作。B.智慧方面的能力。他们所学都是真学问;自己学,自己做,而得的真学问。——我们注入的教授得到的学问,怕不是真学问;已有的智慧,也是假智慧。C.作团体社会生活的能力。这就是指他们的自治与学生分任校务。——我们呢,师生分作两级,治者与被治者,这是不能发展作社会生活的能力的。
>
> 二、有合理的生活。因为他们的生活很平民化,这都是他们不同于我们的地方。我们啊! 无能力又不平民化,不能做事又要享贵族生活。——社会的病痛,是学校制度给与社会的病痛![1]

由此而论,梁漱溟对陶行知的乡村教育思想及实践评价极高,用他自己的话说:

> 陶先生又是一个富有创造力,遇事能独出心裁的人。反之,"人云亦云","蹈袭故常",在他是绝没有的。陶先生既从事教育,所以在他事业里面无处不具有一段新意趣,新作风,乃至完全新的一套。你看,早的如"晓庄师范",后来的如"山海工学团",末后如合川草街子的"育才学校",不都是如此吗? 他心思用在实际问题上,总要寻个诀窍来解决问题。因此,他手到之处便见光彩。……
>
> 陶先生一生的美德懿行,谁都能数出好多点来。陶先生在教育上的创造,更须写几本书来叙述。……[2]

在晓庄参观了两天,梁漱溟向陶行知提出"借兵调将"予以帮助的要

---

① 《抱歉——苦痛——一件有兴味的事》,见中国文化书院学术委员会编:《梁漱溟全集》第四卷,山东人民出版社 2005 年版,第 851 页。
② 《悼念陶行知先生》,见中国文化书院学术委员会编:《梁漱溟全集》第六卷,山东人民出版社 2005 年版,第 648—649 页。

求,陶先生欣然答应,后来派了三名学生:潘一尘、张宗麟和杨效春到山东邹平乡村建设研究院工作。

第二节　江苏昆山县徐公桥实验区

中华职业教育社是中国近现代教育史上最早提出在乡村进行教育改革实验的教育团体。1919 年,中华职业教育社成立了农业教育研究会,着手进行农村生产、生活的调查活动。1921 年,中华职业教育社的主持者黄炎培为社刊《教育与职业》"农村教育专号"写了"弁言":

今吾国学校,十之八九其所施皆城市教育也。虽然,全国国民之生活,属于城市为多乎?抑属于乡村为多乎?吾敢断言十之八九属于乡村也。久居乡村者姑勿论,即论城市往来负贩之夫、佣役食力之辈,试一览通衢,此蹀躞其间者,吾敢断言其皆来自田间也。然则教育而不必根据社会生活状况也则已,苟其不然,教育者,宜审所趋矣;教育而无取乎为大多数人谋幸福也则已,苟其不然,教育者,宜知所重矣。吾尝思之,吾国方盛倡普及教育,苟诚欲普及也,学校十之八九当属于乡村;即其设施十之八九,当为适于乡村生活之教育。夫苟大多数受教育者之所需,明明其在彼,而施教育者之所与,乃斤斤乎在此,供求不相应;使夫受教育者无以增益其生活能力,害犹小,使夫受教育者尽弃其学,而学因以减缩其固有之生活能力,害不更大耶?然则策普及教育者,苟无以善其所施,安知不且歆虚名而贾实祸也?吾教育界同志而念此乎?乡村生活偏于农工,即乡村学校宜注重农工。就令不特设农工学校,亦宜于普通学校内设农工科;且宜于普通学校教授注重农工教材;且宜于普通师范学校外特设乡村师范学校,以养成乡村教员。①

---

① 《〈农村教育〉弁言》,见中华职业教育社编:《黄炎培教育文选》,上海教育出版社 1985 年版,第 93—94 页。

在他看来,中国开展教育,要达到普及,就必须重视发展乡村教育。1925 年 8 月,中华教育改进社在太原召开第四届年会,黄炎培在 8 月 4 日草拟了《山西职业教育计划》,送山西省督军兼省长阎锡山参考,该文经修改后在 1925 年 11 月《教育与职业》第 69 期刊登。文章的核心内容就是划区试办乡村职业教育,其中涉及的愿景由于"格于兵事,不能开办"而无法实现。然而,这一规划草案却成了中华职业教育社后来改进乡村实验的蓝图。"乃以十五年夏,就江苏昆山徐公桥组织农村改进实验区,所有学说的研究,工作的试验,根据多年的经验,辑成实施职业教育要览一小册,作为本社结晶的贡献。"①1925 年以后,中华职业教育社的农村改进实验开始有声有色地开展起来,其理论基础是黄炎培的"大职业教育主义"思想。

一、农村改进教育实验述要

中华职业教育社创办的乡村教育实验区主要有江苏昆山徐公桥、苏州善人桥、镇江黄墟、浙江诸家桥、苏北顾高社、蒲东荻山乡等。

1926 年 5 月 3 日,中华职业教育社联合中华教育改进社、中华平民教育促进会以及东南大学农科、教育科等团体联合成立了"改进农村生活董事会",黄炎培被推为董事长。同年 6 月 16 日,黄炎培访问昆山徐公桥,促成了各团体单位联合建立昆山徐公桥"乡村促进试验区"。7 月 5 日提出划区实验方案宗旨为"从农村入手,划定区域,从事实验,期以教育之力,改进农村一般生活,以立社会革新之基"②。后来,其他单位退出,由中华职业教育社单独办理,从 1928 年 4 月开始进入正式实验阶段。

徐公桥的实验工作中聘请金陵大学农科毕业生杨懋青为干事,负责具体事务,在实验区成立了"昆山徐公桥乡村改进委员会",下设总务、建设、农艺、教育、卫生、娱乐、宣传 7 个部,以推动实验的顺利进行,实验期为 6 年。他们主张"改良乡村以教育为中心",并"拟集中于一地积极办理"。派遣教员和医生下乡,在教育、公共卫生、医疗救助、文娱活动以及筑路等

---

① 《二十年来服务职业教育的回想》,见中华职业教育社编:《黄炎培教育文选》,上海教育出版社 1985 年版,第 249 页。

② 许汉三编:《黄炎培年谱》,文史资料出版社 1985 年版,第 68 页。

方面做了大量的工作。①

徐公桥实验区主要活动内容有:定门串户,动员农民禁绝烟赌,讲究卫生;建立农艺实验场,指导农民使用新式农具;组织农民修桥筑路、植桑养蚕、养蜂养鱼;修建公共仓库,帮助农民存储粮食;引进外国的种鸡,推广金陵大学培育的优良稻种,发放贷款,解决农民生活困难;举办合作社,组织妇女制作花边等工艺品;帮助农民除螟等。此外,他们还大力开展普及文化教育工作,开办民众学校、家庭识字处、娱乐室、读书室,建立图书馆、立格言牌,举行露天识字、露天讲演等,教农民识字,开展文娱表演,关心国家大事和移风易俗等。为了培训乡村改进人员,1932 年在昆山徐公桥开办了乡村讲习所,聘请著名教育家黄齐生为总干事。

1933 年秋,中华职业教育社又在上海西南漕河泾创办了农村服务专修科。由于重视办学,培养了不少农村改进的实验人才,解决了实验区对实验人员的需要。此外,1928 年该社受江苏省农矿厅委托,成立镇江黄墟农村改进实验区,为期 5 年;1931 年 2 月和 4 月,又受托到江苏省苏州善人桥和泰县顾高社开辟了农村改进实验区;1931 年春在浙江余杭诸家桥、宁波白沙、长兴渡口等地,开办了一些农村改进实验区,其实验内容与徐公桥相似。

二、梁漱溟的参观访谈

徐公桥是中华职业教育社的乡村改进实验基地,无论在职业教育史,还是早期乡村建设运动中均有重要地位,吸引众人的注意。1929 年,梁漱溟离开广东后,由黄炎培、江问渔陪同参观考察了江苏昆山县徐公桥实验区。按照中华职业教育社的本意:"我们不去培养什么新农业人才,而我们去养成新农民。新农民的养成自然不是将农民抽出到农村外可以去训练养成的。——只有到农村里面去训练养成他。我们要以新农业推行普及到农村,而农村经济农村自治亦都是相连不可分的。于是我们的职业教育中之农业教育就变成到农村里去作一种整个农村改进运动了。"②于是,

---

① 许汉三编:《黄炎培年谱》,文史资料出版社 1985 年版,第 75 页。

② 《北游所见记略》,见中国文化书院学术委员会编,《梁漱溟全集》第四卷,山东人民出版社 2005 年版,第 882 页。

中华职业教育社从城市来到农村,由城市原来的艺徒教育、店员教育扩大到农村的农民教育。梁漱溟对职业教育社的这种转变大体认同:"看到提倡职业教育的同人回转眼光视线到农业上,到农村上,而一向的职业教育运动转变成功一种乡村改进运动,或农民运动,是令我非常愉快高兴的。因我自己近年来从一种觉悟,亦回其两眼视线于这一方面来,大家彼此的注意着眼所在相接近到一处了。"①

然而,梁漱溟对中华职业教育社的诸种做法是持怀疑态度的,他认为以黄炎培为核心的中华职业教育社的乡村职业教育实验在具体作为上存在着极大偏差,主要表现为如下三点:

首先,梁漱溟认为这种做法效果很小,难以在中国大范围推广,更无力从根本上解决中国农村的实际问题。

> 但以全国之大,数十万农村之多(职业教育社出版之农村教育丛辑,有每县三四十村,全国七八万农村的算法,殊为笑话!大约加三倍算,差不多了),以这般人才钱财一概倒贴进去的作法,其人其钱将求之于哪里?若说作完一处,再作一处,并希望别人闻风兴起,却怕中国民族的命运等不得那许久呢!这都且在其次;最要紧的是照此作法不是解决问题,而是避开问题了。②

其次,梁漱溟认为,这种方案凭外面输入力量,包括人、财、物诸项,而不挖掘利用本地资源,终将缺少人才和资金的支撑。

> 我们要作农村改进运动时,所最感困难的问题:一就是村中无人,一就是村中无钱……照此徐公桥的作法:人是外面聘请来的;他的生活费是外面贴给的;办公所是外面贴钱修建的,道路是外面贴钱修筑的;教育等事亦是外面贴钱举办的。困难虽没有了,问题却并未解决——

---

① 《北游所见记略》,见中国文化书院学术委员会编:《梁漱溟全集》第四卷,山东人民出版社 2005 年版,第 882—883 页。

② 《北游所见记略》,见中国文化书院学术委员会编:《梁漱溟全集》第四卷,山东人民出版社 2005 年版,第 883 页。

避开问题了。尤其应当明白知道的,我们作农村改进运动并不是什么办新村、模范村的那一路思想派。我们不是从远处的理想而发动,而是从眼前的问题而发动的。眼前的问题是农村的"贫"与"陋",更加以近二十年急剧的凋敝。换句话说,我们的目的原是在解决一个"钱"问题,一个"人"问题。不但在我们进行中所感到工具上的困难在此,并且我们最初的问题亦初不外此。不敢逼视我们的问题,坚韧勇猛地在此死中求活,而想躲闪逃避,或偷工省力,纵有结果,其结果不是了。①

再次,梁漱溟认为黄炎培等人的做法只是站在教育家的立场上把学校办到了农村,仍是一种现代教育模式向乡村的移植,或"回流",与乡村社会根基及内部力量发挥或现代因素生长之间存在隔膜,根本上说是没有从"中国"这个大问题着眼考虑问题。

关于人才必以取才本地为原则,关于钱财必以本地富力将来自能负担为原则。而且极想在此协助他的期间,增进他的富力。然而,照此徐公桥的作法,其落入歧途是明显的了。而其所以非落入歧途不可者,就因为诸位是教育家的缘故。站在教育家的立场,秉着教育家的态度,当办学堂一样的办,哪有不如此的呢?……总之产业绝不是这样所可望开发的。产业不能开发,则其他问题都得不到解决——贫的问题不解决,则陋的问题不得解决。换言之,产业发达,文化始能增进;若单从教育上文化上作工夫,都不免枉用心力。②

尽管如此,梁漱溟还是对徐公桥教育实验区的教育意义做了肯定,并指出他与中华职业教育社在思想认识上的不同。

单就办教育说,与其办一间学校,是不如办这个事,我颇承认的。

---

① 《北游所见记略》,见中国文化书院学术委员会编:《梁漱溟全集》第四卷,山东人民出版社 2005 年版,第 883—884 页。

② 《北游所见记略》,见中国文化书院学术委员会编:《梁漱溟全集》第四卷,山东人民出版社 2005 年版,第 884 页。

大概我与诸公不同之点:诸位是在现状下尽点心,作些应作的事;而我
则要以"中国"这个大问题,在这里讨个究竟解决。自然,我的用心有
未易举似诸公的了。①

这种差异或许可以理解为,与徐公桥试验相比,梁漱溟更偏向于乡村
社会的文化伦理精神发挥,学校教育乡村本土化建构以及乡村社会建设的
整体性推进。这恰能体现出梁漱溟着力于探究新儒学思想与西化方式理
念之间融合的乡建模式,并为此而不懈努力。

第三节　河北定县翟城村的乡村平民教育

晏阳初(1893—1990),原名兴复,曾用名遇春,四川巴中人。自幼接
受教会教育,1913年赴香港圣保罗学院深造,1916年赴美留学,1918年毕
业于耶鲁大学后,赴法国开展华工教育。1920年归国,任职于基督教青年
会,担任该会平民教育科科长,赴各地开展平民教育实验。于1926年在河
北定县(今定州)从事乡村平民教育实验,将平民教育与乡村改造、乡村建
设结合起来,历时10年之久。半个多世纪以来,定县实验曾引起国内外专
家、学者的关注,对发展中国家的教育产生过一定的影响。晏阳初的乡村
平民教育主要着眼于成人补习教育、业余教育、农业生计教育,注重教育结
构、类型及途径的探讨,并根据农村社会的特点,有针对性地设计教育内容
及选择教育形式,对乡村教育作了不少有益的探索,对农村教育的发展做
出了较大的贡献。

一、定县乡村平民教育述要

由于从小受中西方教育的双重塑造,晏阳初的一生深受儒家"民为邦

---

① 《北游所见记略》,见中国文化书院学术委员会编:《梁漱溟全集》第四卷,山东人民出版社2005年
版,第884页。

本、本固邦宁"的民本思想、基督的博爱平等思想及西方民主科学思想的多元影响。面对旧中国尖锐复杂的阶级矛盾、民族矛盾,他试图以儒家思想、基督精神以及西方民主和科学思想的混合体做理论支柱,通过推行"平民教育"来解决中国社会问题。晏阳初的乡村平民教育实验在方法论上深受杜威实用主义教育思想的影响。晏阳初自欧洲归国时,实用主义教育思潮在中国正处于流行之势,杜威实用主义思潮的代表人物胡适曾参加过 1923 年以"除文盲、作新民"为宗旨的中华平民教育促进会成立大会,通过胡适介绍的实用主义思想成了平教会的理论精髓。

晏阳初深感"农村是中国 85% 以上人民的着落地,要想普及中国平民教育,应当到农村中去"①。于是,平教会于 1924 年 11 月,到河北定县等 12 个县创办乡村平民学校,使平教会工作逐渐由城市向乡村转移。1926 年 8 月,平教会把定县作为推广乡村平民教育的中心。平教会到乡村后,在推广平民教育过程中,越来越认识到:在乡村办平民教育,提高农民科学文化知识水平固然很重要,但是,如果不能把乡村平民教育与乡村经济文化建设结合起来,所办的乡村教育也还是对农村无所裨益。正如晏阳初所认为的:"在农村办教育,固然是重要的,可是破产的农村,非同时谋整个的建设不可。"②

中华平民教育促进会发生了两个方面的转变,即一方面将平民教育中心由城市转移到农村,另一方面又使乡村教育扩大成为乡村建设实验。这两个部分成为决定晏阳初到定县开展乡村建设的关键因素,并由此意味着晏阳初不但把乡村教育融入他的平民教育系统中,而且已把教育的对象从城市平民扩大到广大的农村平民,并且把农民教育同农村的建设相结合。平教会重视乡村建设之后,他们的乡村平民教育也进入到一个新阶段,那就是"耸着巨大的铁肩,担着'民族再造'的重大使命"。"对于民族的衰老,要培养他的新生命;对于民族的堕落,要振拔他的新

---

① 《中华平民教育促进会定县工作大概》,见宋恩荣编:《晏阳初文集》第一卷,教育科学出版社 1989 年版,第 53 页。
② 《中华平民教育促进会定县工作大概》,见宋恩荣编:《晏阳初文集》第一卷,教育科学出版社 1989 年版,第 53 页。

人格;对于民族的涣散,要促成他的新团结新组织。"①

平教会从事的乡村建设实验,是以一个县为单位进行实验,逐渐实现改造中国社会的宏伟理想。晏阳初曾说过:"我们觉得中国的一个县份,实在是一个社会生活的单位,不仅是行政区域的单位。中国的国家,是由10900多个县份构成的。"②以一个活的单位县作为活的实验室,进行乡村建设和县政实验,如果实验成功,可在全国大约10900个县中推广,最后达到改造中国的目的。

二、梁漱溟的参观访谈

1929年3月,梁漱溟结束对江苏昆山县徐公桥实验区的考察后,来到北京,预备寻访河北定县翟城村乡治事业创始人米迪刚、米阶平,请他们引导去看他们的乡村事业。同年4月,在冯霞娣的陪同下,梁漱溟参观了晏阳初从1926年开始主持的平民教育促进会实验区,考察了学校、农场和自治组织。翟城村是实验的核心地区,是米氏家族投入二三十年精力创办的"模范村"。该村以省内统一办法,设邻里编制,有村政委员会,主持村内事务。村中办了男、女两所学校,学龄儿童都能入学,包括妇女在内的成人扫盲工作也办得极为出色。全村300余户人家,都办起了家庭副业,颇有"家给人足"的景象。平教会与翟城村之间互相协助。平教会的主要工作是办理社会调查,推行平民教育,进行农业改良和实验,还在翟城村办了一所特别训练学校,对年富力强的高小毕业程度的本村居民加以训练,预备作村中自治的人才和新技术推广的骨干。在具体的操作办法上,又运用问题设计、项目分析及量化数理统计的科学方法,开展社会调查,具有实证主义研究风格。同时,又以"表证农家"作为奖励手段,促进农户及个人中学习应用技术,推广、实验农业工具,品种改良中的优秀者,以起到树立榜样、表率引领的效应。梁漱溟对此通过自己的观察,以独到的眼光加以分析叙述:

① 《农村运动的使命》,见宋恩荣编:《晏阳初文集》第一卷,教育科学出版社1989年版,第67页。

② 《中华平民教育促进会定县工作大概》,见宋恩荣编:《晏阳初文集》第一卷,教育科学出版社1989年版,第246页。

平教总会与翟城村之间彼此有许多互相协助之处。在平民教育之推行上,社会调查之办理上,平教总会自然得力于翟城风气之开通,自治之组织不少;而现在之翟城亦得平教会帮忙不少。翟城自治之公职人员似是有一两位兼担平教会之职务,在平教会支薪。——例如男高小校长米格如先生便是其一。又如平教会在翟城村内办得一特别训练学校(其名称记不得),是对于年富力强有高小毕业程度,而居乡务农之本村村民,给以一种训练,备作村中自治之后起人才。此用意实非常之好的,我相信这于翟城村前途有很大帮助。平教会在翟城村的工作,一部是平民教育的推行,一部是办理社会调查,而在翟城西数里路更有一农业及牧畜改良试验之农场。在定县城内我已参观过几间平民学校,在翟城又参观两处,复于离翟城时绕道东亭乡参观一处。殊自惭愧,我们没留心研究,所以批评不上来,似乎觉得还好。社会调查确乎仔细认真而且得法。——只是觉得好罢了,其实亦是外行。农场所试验而推行的工作有棉花选种及防除谷类病害等。牧场养的有羊,有猪,有鸡。养羊所费无多,而羊奶可以养人;于老年人及小孩有滋养之益。仿佛说一羊一天可得一斤多奶。养猪预备传种;——此种饲料不加而体肉发长甚快。养鸡是生蛋多而且大,据说其利颇厚。我们还去看过一个"表证农家"。所谓表证农家,即是平民教育会以其试验所得一种可靠的新法(例如新棉种或除病害药粉或养某种羊某种鸡之类),教给一家农民,嘱其照法去作,而与之相约,当其试行之后,如果有利归此农家,赔钱则会中偿给。如此则许多农家自能看到有利而仿行。表证二字似是表演证明之意。这种表证办法,大概要算很好的宣传推广办法了。平民学校之为平教会设置者均亦称表证平校(?);盖亦希望各本地人士照此仿办而不欲由会中一手包揽也。听说定县各乡区自动仿办之平校为数甚多;远多会中所设。

……

……中国农业的改进不是这样所能解决,亦是不待言的。赖先生所作教育上的研究功夫似终是平民教育家的本行本业,而为旁人所不能替代的。例如方才说过,中国农业的改进不能成功于平民教育家之手。则我们总希望着中国农业由他途以进;而果然走上了改进的大路时，按社会分工之意，农业改良研究或平民教育家无再多分心之必要，而不妨专力于自己真必要的工作；——如赖先生所作。我再进一步表示我的意思罢：平民教育在中国是需要的；但其真露出需要的时机还未到。我总希望他最好是随着需要而来；不希望他在需要时机前便先迎了上来。迎上来的总不全合适，却是有一天他总会归了本辙。平民教育运动固有一度的变化，而其前途仍当有变化。每度变化大都是进步的，此则我愿预为颂祝者。

平教会所办的社会调查部，我想是最有价值的工作。中国农村问题虽不是在一桩社会事业里面解决了的，而以社会调查归到一桩社会事业里面去办则最好不过，殆非官府所能企及；尤其是农村比都市不同。所以我认为平教会所替社会作的事，要以请李景汉先生到外县乡间去办社会调查为最大功德。①

梁漱溟参观后认为，一向作平民教育运动的教育家如晏阳初、陶行知等均将其视线转向农村、农民，开办乡村教育，"作整个的乡村改进运动"，具有重要意义。梁漱溟对平民教育的方向性转向非常赞赏：

平民教育运动在原初诚然只是单纯一种成人识字运动，尤且是多在都会地方提倡。但我们后来觉察单纯作识字运动是不行的，而且中国不识字的平民大多数在乡村而非都市。我们每在一个地方鼓吹识字运动时，很容易招致许多人的同情，作出大规模热烈的游行表示，来愿求识字的一时可有许多人。但不久人数渐渐减少；大概开首一千人，末后能卒业的不过二百人。虽然我们每天不过要他们只挪出一点钟的工夫，极力想不妨碍他们的作事或生业；继续的期间不过四个月，极力想避免他们或有的困难与减少他们的不耐烦。然而在兴趣与需要上，似乎总不能使他们有卒业的忍耐与努力，即此能卒业的二百人，亦很难由此得到什么效用。每每因不常应用，而把所识的字忘掉了。

---

① 《北游所见记略》，见中国文化书院学术委员会编：《梁漱溟全集》第四卷，山东人民出版社 2005 年版，第 889—891 页。

本来文字符号是劳心的人所需要用的,而劳力者较不需要。然在都会中的劳力者其接触文字的机会较多,需用之时亦还有;若乡下种地的人其接触文字的机会,需用文字的时候可云太少太少。而在中国不谈平民教育则已,谈平民教育便当先的是乡间大多数的农民。于是单纯识字运动在平民教育里面的不够与不行更明白了。大约中国社会的缺欠是整个的文化低陋;每个人的缺欠是整个的程度能力不足。单纯识字运动既不足为补救,而且遗却其他方面,为片面的识字运动亦实在无法可行。因此一面掉转方向到乡间农民身上,一面扩充平民教育的内容,统括了文艺教育、生计教育、公民教育三项为一整平民教育。农民的生计教育,即农业的改进;农民的公民教育,即农村组织起来,预备农村自治。于是平民教育运动到乡村去;就成了整个的乡村改进运动。①

梁漱溟进一步指出:

平民教育之转向农民身上,并扩充其内容意义,当然是一大进步;我们不能不赞颂的。想尽力办教育,这种教育是办得的;——比较办一间什么中学大学有意义得多。想尽力于社会事业,这种社会事业是应得办的;——亦比其他什么事业有意义得多。②

然而,梁漱溟认为平民教育实验区并不能真正解决中国的农村问题。其根源在于乡村建设完全依托教育的力量是不够的,还需其他社会部门的配合及保障,尤其是经费的来源过于依托摊派、集资,地方实力富有且具有事业心者赞助或政府拨款都不能长久维系,也无法从根本上解决。这与中华职教社的乡村事业相类似。

---

① 《北游所见记略》,见中国文化书院学术委员会编:《梁漱溟全集》第四卷,山东人民出版社 2005 年版,第 885—886 页。
② 《北游所见记略》,见中国文化书院学术委员会编:《梁漱溟全集》第四卷,山东人民出版社 2005 年版,第 890 页。

要问我对翟城村有何批评,则我亦可约略说两点。我于翟城现行的自治组织觉得不大合适。然我于其不合之点及如何才对,均不能在此时去说;——请俟异目。又其村中公务开支不向村民征取一钱,而一出于公产,自一面说去颇好,一面说去又不好。照我从来理想的拟议,乡村自治一切公务经费原以不取征敛摊派方法为最妙。但是公产总有限;又村人于公产易看得与己不相干;而因经费不出自己身上,对于公务亦易漠视不管;故不好也(自治经费由何而出为好亦非此时所能谈)。又村中年受省里的津贴四百元,及米格如先生等借着平教会的薪给乃得回乡担任公职,均非常法。我此话题非指摘翟城村,我不过借此指点大家看,乡村自治经费问题,及公职人员生活费何自出的问题,都尚在未想出路子来。谈乡村自治的人不要像谈得好玩,要看到这其中处处是难题。翟城所办自治事项,除两间学校外殆无所有,公款开支此一项为大宗,亦是不合适的。此点与山西村政情形相似,待后再讨论罢。

……却是"中国这个问题不是从教育上,从一种社会事业,可得解决,则须认清而不忽忘"。这一层似乎热心平教诸先生亦未尝不明白。我想说的还在进一层:农村问题亦不是如此可得解决的。期望着农村问题在这里得到解决,实为过分之想。而且以办教育的法子作乡村改进运动,必落于人才钱财一概倒贴之路(如适才批评职业教育社的)是无疑的。教育这事是天生赔钱货也。落入此路,其最大之弊即成了"替天行道",而不易激发增长其自家固有能力;又且躲避问题终于无所解决……①

总而言之,梁漱溟认为平民教育的方式无法从根本上解决中国的乡村问题,其成功的希望是渺茫的。就此而论,新儒家的梁漱溟更多地将乡村教育与乡村社会的诸多部门、领域结合,以社会学的视角考察,突破了平民教育家过于偏执于教育心理的专业化思想之弊,反而更带有整体化与务实性的特色。

---

① 《北游所见记略》,见中国文化书院学术委员会编:《梁漱溟全集》第四卷,山东人民出版社 2005 年版,第 890—891 页。

第四节　山西村政

山西村政事业发展较早,1917 年 9 月,军阀阎锡山以山西都督之职兼山西省省长后,即开始着手筹划治晋方略,村政建设是他关注的重点。阎所依据的理论,一是"村本政治",以自然村为行政单位,"为政不达诸村,则政为粉饰;自治不本于村,则治无根蒂"。二是"用民政治",用官不如用民,用民不如自用,把政治放到民间,把乡村地方上的事务交由人民自己办理,以确立民主政治的基础,造成工业化的农业,完成自治经济。阎锡山认为,要实行村政建设,第一要有稳定的社会秩序,有严密的组织;第二是建设村经济设施,发展村造产事业,增进村民经济能力,使村输出超过村输入,村中入款多于出款,以作经济发展的基础;第三是推进建设本体事业,即政治方面"村民彼此关系由意善而情美",经济发面"使村民生活由满足而优裕"。①

1929 年 5 月,在结束河北定县翟城村乡村教育与村治事业的观察后,梁漱溟沿正太路由石家庄转道太原,开始考察山西的村政。此时的山西由阎锡山主政,阎锡山得知梁漱溟要来山西考察后,立即电报相邀。梁漱溟先去五台县河边村会见正在养病的阎锡山,与阎锡山谈论村政问题。然后去太原、清源、汾阳、介休、赵城各县考察。据梁漱溟所述:

> 阎百川先生,为十八年山西政治的主持者,村治尤为其一手经营创造,此时他适病在五台县河边村家乡养息;电邀我到那里会谈。由省城到河边村汽车四小时可达。头一日我以早七时离省,次日晚七时回省。在河边两半日工夫,所谈十之七八皆乡村问题及村政,我于谈话中认识出山西十年来的村政有他不少心血在内。②

---

① 善峰:《梁漱溟社会改造构想研究》,山东大学出版社 1996 年版,第 56 页。
② 《北游所见记略》见中国文化书院学术委员会编,《梁漱溟全集》第四卷,山东人民出版社 2005 年版,第 892 页。

在结束山西之行后，梁漱溟认为山西的村政并没有其想象的那么好，自治无法真正实现。据梁漱溟所述：

> 常言说道"盛名之下，其实难副"。山西村政的实际，亦不能逃此公例。大概就人民自治一面来说，自治的真精神似乎很少。就官府所推行的几项行政来说，似乎难如所期望，而不免有流弊。①

在乡村教育方面，山西投入很大的人力与物力。这也彰显出阎锡山这位军阀任"山西王"或主政山西期间对国民义务教育、乡村社会教育给予的热心关注或高度重视，借以稳定地方社会政治秩序，并博得一些好名声。

> 敝省曾经推行贫民教育，识字的人尚多，惟识字多寡，当以教育为前提，而山僻小村，则举办教育甚为困难，即师资问题，尤不易解决，义务教育，凡各村儿童一到七岁，即强迫入学，归村政处办理，责成村长、副调查，其方法分为三层，一、身家较优者，强迫入学。二、贫寒者补助课本。三、极贫者准免入学，因极贫之家，非但无力购买课本，且须其幼子之劳动以补助贫民教育，但此实为数极少。
>
> ……
>
> 此事在前业曾办过：即令各村成年而不识字的人，于晚间工作之余，补习上课。补习学校附设于各村国民学校，即由国民学校教员兼任教授，省署颁给课本，但因受补习教育之人终日劳倦，且身居乡间，从事农业，不感觉识字之必要，故虽举办三四年，而尚未收有全效。
>
> ……
>
> 多数在此，以外全省尚有师范学校八处，而中学学生因近年生活程度增涨之故，多数无力升学者，亦相率而作国民小学教员矣。敝省在教育上整个计划，其第一步即在师资，国民师范即应此需要而生，计至民国十年，师资问题，已可将全省各村国民学校全行设立，而不感困

---

① 《北游所见记略》，见中国文化书院学术委员会编：《梁漱溟全集》第四卷，山东人民出版社2005年版，第898页。

难,但乡村瘠苦,教员薪水不多,仍不免若干之障碍。①

当时山西乡村中的第一件大事就是办学校,而学校经费支出占很大一部分,梁漱溟对此种做法持质疑态度。因为这种教育投入兴办的学校与乡村社会的需求之间相去太远,只是造成了教育资源的浪费,有限的财力因为教育模式不切合乡村实际,未被乡民接受与理解,而被消耗殆尽。这种投入与产出之间的落差极大地阻碍了农村教育的改进,也因为办教育形同"抽血"而殃及其他产业生计及文化生活的健康推进。

> 我到山西看时,村中的事第一件,便是建学校。村中一年的支出,无非以此为大宗。差不多村中皆有学校,对于到学龄之男女儿童,督促入学甚严,实在无意义。以中国简陋的小作农业,农民实无文字符号之需要。所以中国人不识字的,要到百分之八十至九十的成数,原是自然之势。幼时定要他读书,长大却去种笨地,终年看不见,用不着,种上七八年地,从前所辛辛苦苦读来的书,早都忘了。乡下女子读书,更用不着;你设想他(她)将来有余闲,能近纸笔墨砚吗? 有余钱置备纸笔墨砚吗? 亦强其读书四年,徒苦四年耳,有何意义? 山西大小村庄共四万余,学校亦有三四万。据我调查所得,村中公款,每年支出,少者三百元上下,多者一两千元,总是学校经费占其大半。平均一年一校总得二百元,统筹全省所需,将近千万之数。此千万中据我们看,怕有八百万是白费。其所以白费,一面是像才说的用不着,一面是那种学校教育,办得不高明;然而要办好教育要钱更多。②

即便如此,梁漱溟还是肯定了山西村政的一些成就。据梁漱溟所述:

> 然则村政就没有效果好处了吗? 当然不能如此说。据我看由村

---

① 《村政问答记》,见中国文化书院学术委员会编:《梁漱溟全集》第四卷,山东人民出版社 2005 年版,第875—876页。
② 《北游所见记略》,见中国文化书院学术委员会编:《梁漱溟全集》第四卷,山东人民出版社 2005 年版,第906—907页。

政生的好处,亦有几种:第一是治安好。……第二是识字人多。……第三是禁烟有几分成功。……第四是禁缠足有七八分成功。……第五是军事时期,办理征发之方便。……①

总而言之,山西村政也无法使梁漱溟完全满意,依然无力从根本上解决中国的问题。

1929 年 5 月 20 日,梁漱溟一行结束考察,回到北京。这次考察,使之对全国乡村建设运动有了一个初步的了解,并与各地乡建运动的主要领导人建立了联系,这对日后推动乡村建设运动的高涨,并成为乡村建设运动的代言人和乡村建设派的政治领袖是有好处的。这次考察,也使梁漱溟更加坚定了以乡村建设作为解决中国问题唯一途径的决心和信心。因为一路所见所闻向他表明:乡村问题正在引起社会广泛注意,到农村去从事乡村改进工作已成为国内教育界的新趋势。换言之,黄炎培、晏阳初等人认识到以前单纯从事职业教育、扫除文盲等单一方案不能有效地解决中国的问题,因此转向了总的乡村改造运动。在《北游所见记略》最后,梁漱溟写道,通过考察,才晓得国内教育界的新趋势:不但南京晓庄师范倡导乡村教育,推进着乡村改进运动;不但一向作职业教育运动的,转变成整个的乡村改进运动;而一向作平民教育运动的教育家亦转其视线于乡村、于农民与农业,而来作整个的乡村建设运动。另外,在考察中对各地所采取的措施和方法、存在的问题和困难、取得的经验和教训发表了深刻的认识及总结,对于后来主持山东乡村建设研究院和邹平实验工作,有颇多的借鉴意义。此后,梁漱溟坚信自己走的道路是正确的,乡村改革是解决中国社会问题唯一可行的途径。同时,又发现各地所进行的乡村工作基本上都局限于露天识字、平民学校、农业改良等具体问题,并没有触及农民和农村的根本问题,而中国的社会问题则是个总体工程,单从某一方面入手是解决不了的,他的有关乡村建设更为成熟、系统的思想开始逐渐形成。

---

① 《北游所见记略》,见中国文化书院学术委员会编:《梁漱溟全集》第四卷,山东人民出版社 2005 年版,第 900—901 页。

第七章　河南村治教育实验

1929—1930 年,梁漱溟受邀担任河南村治学院教务长,负责主持学院的具体工作。他以河南村治学院为依托,在河南省新乡市辉县百泉乡开展河南村治教育实验,发展乡村自治,力图从乡村入手寻求解决中国问题之路。本次教育实验虽然因战争被迫终结,但在全国引起了巨大反响,是中国近现代乡村教育改革过程中一次大胆的尝试。

第一节　梁漱溟与河南村治教育的渊源

1927 年 5 月冯玉祥进入河南,开始了其对河南三年的主政。在此期间,冯玉祥通过一系列军事政治活动,基本上肃清了各色武装,统一了河南全境。在此基础上,进行了政权建设、社会改革和经济民生建设。①河南村治学院是王鸿一、彭禹廷

---

① 康运东:《冯玉祥主政河南研究(1927—1930)——以地方政权和社会控制为中心》,暨南大学 2010 年硕士学位论文,第 50 页。

向冯玉祥建议,得到冯玉祥及继任河南省政府主席韩复榘的支持创建的。梁漱溟虽然只是担任教务长一职,主要负责日常教学与管理等具体工作,但考察该学院的酝酿、兴办及嬗变历程,都与他有着不解之缘。

一、梁漱溟村治思想的形成

梁漱溟在各地考察乡村建设运动期间,蒋桂战争爆发,李济深被蒋介石软禁,梁漱溟无法返粤,广东乡治运动及教育革新不得不终止。当时梁仲华、彭廷禹诸人筹办河南村治学院,王鸿一介绍他们结识梁漱溟,他们即商请合作。

1924 年,王鸿一与河北定县的米迪刚创办《中华报》,成立研究部,希望从"农业立国"的原则讨论一个具体的建国方案。他们有意请梁漱溟参与其事,常征求他的意见。尽管这些观点很有号召力,梁漱溟则怀疑在现代工商贸易潮涨潮落,国际竞争日益激烈至白热化的背景下,中国建立一个农业国的可行性。他仍趋向于只有工业制造与机器化生产成为新的主导经济方式,科学技术被广泛地运用于物质生产部门,才能解除中国的贫困,并使它强大,足以抵抗帝国主义的侵略。此时的王鸿一正在担任山东省议会副议长,与冯玉祥、阎锡山关系颇深,深受冯、阎二人礼遇。他"尝以世俗靡然于欧化(指欧美资本主义文化)、俄化(指苏联共产主义文化)为不平,纠集同志,草拟建国方案,深信吾华立国自有其道",此即乡村自治。他一面在北京出版《村治》月刊,一面与朋友在河南辉县筹办村治学院。

在 1920 年与王鸿一相识之前,梁漱溟主要是专心于人生问题和社会问题的理论思考,只是提出了用中国传统文化自救中国的想法,至于具体如何自救却没有具体方案。[①] 到 1923 年,梁漱溟已提出"农村立国"主张,但这一信念并不坚决,对王鸿一的村治主张并不抱太大希望。1924 年,王鸿一联合米迪刚创办《中华报》,邀请他参加,也被拒绝。王鸿一请梁漱溟为《建国刍言》作序,又遭婉拒。因为,梁漱溟担心"以农立国"只是主观上

---

① 察应坤、邵瑞:《王鸿一的"村本政治"思想及其对梁漱溟的影响》,载《山东师范大学学报》(人文社会科学版)2001 年第 2 期。

的乌托邦,如陈独秀指出的,是小资产阶级欲在自己头脑中改造社会的幻想。因此,他没有参与《中华报》研究部的实际活动。经过一段时间的讨论,《建国刍言》出版问世,书中提出《中华民国治平大纲草案》,共 17 条:民主传国体、农村立国制、村治纲目、县治与省治之实与事项、选贤与传贤、考绩制、中央行政、省行政、县行政、均田制度、因利的金融制、公营的营业制度、工商制度、礼俗、军制、度支、附则,对"农村立国"的思想作了详细阐述。梁漱溟细读后认为其有难能可贵之处,但总觉还有疑虑。

直到 1927 年,梁漱溟才基本上消除了疑虑,而决定从乡村入手,解决中国的社会问题,寻求民族发展的道路。这时他相信中国有能力通过修改和完善自己的制度,并在此基础上引进西方的"科学技术"和"团体组织"这些长处,进而由一个自然发展的社会进入理性规划发展的社会。

上面已述,在河南开展村治教育实验之前,梁漱溟曾赴广东开展乡治改革,践行其乡治理论。那时的梁漱溟认为乡治是解决中国根本问题、实现中华民族伟大复兴的出路所在。"我到广东来,自己抱着一点意思,是想试着去作我的乡治的主张。所谓乡治者,是我认为我们民族的前途的唯一出路。"[1]中国农村面积广大,农村人口众多,中国社会实际上是农村社会,中国的问题首先表现为农村问题,欲要解决中国社会的问题,必须从农村入手,"要农村兴盛,全个社会才能兴盛;农村得到安定,全个社会才能真安定。设或农村没有新生命,中国也就不能有新生命。我们只能从农村的新生命里来求中国的新生命;却不能希望从中国的新生命里去求农村的新生命。我的所谓乡治,就是替农村求新生命的办法"[2]。梁漱溟虽然有了明确的乡治主张,但一直没有机会付诸实践,1927—1928 年间的广东在桂系军阀李济深的主政之下,李济深与梁漱溟是故交,非常赏识梁漱溟的学识与才华。梁漱溟认为可借助李济深在主政广东这一便利条件开展乡治改革,实现其乡治主张,进而解决中国的根本问题。因而,在得到李济深的邀请后,梁漱溟于 1927 年 5 月,在其学生王平叔、黄艮庸的陪同下奔赴

① 《抱歉——苦痛——一件有兴味的事》,见中国文化书院学术委员会编:《梁漱溟全集》第四卷,山东人民出版社 2005 年版,第 840 页。
② 《抱歉——苦痛——一件有兴味的事》,见中国文化书院学术委员会编:《梁漱溟全集》第四卷,山东人民出版社 2005 年版,第 840 页。

广州,以期在广东这一国民大革命根据地寻求机会实现他的理想。但结果并不如愿,其乡治思想只是得到有限尝试,便无法继续推进。

王鸿一"村本政治"思想对梁漱溟一生所从事的乡村建设影响很大,无疑推动着梁漱溟村治思想形成。1926—1930 年,梁漱溟转变了对王鸿一村治主张的怀疑态度①,并在吸取其滋养并深刻反思的基础之上发展为自身的村治观念,并且成为一种实际的行动,而赴广东乡治讲习所的尝试及河南村治教育实验也与他的思想观念及认识转变密切相关。

事实上,河南一些开明人士、知识分子开办村治教育的最初动机是解决河南当地的匪患、迷信等问题,这也从侧面证明了彭禹廷开办村治学院的初衷是通过"乡村自救""乡村自卫"来解决区域社会所棘手的乡村问题。梁漱溟赴河南开展村治教育以后,情况有所变化,其灵魂核心则更多体现了他的理念和设想,创办村治学院的目的旨在从村治入手,进而解决中国社会的根本问题。

1929 年秋天,梁漱溟到了河南辉县百泉村治学院的所在地,被聘为学院教务长,他规定学院的宗旨是"研究乡村自治,及一切乡村问题,并培养乡村自治及其他乡村服务人才,以期指导本省乡村自治之完成"②。他又从河南省域出发,拓展至全国的范围,其具体主张也更带有普适性意义。强调中国与欧美之不同,以为中国社会乃"村落社会",要解决中国问题,必向三十万村落求之,故而办村治学院即求解决中国的根本问题。《河南村治学院旨趣书》从社会、政治和经济方面用中、西对比方法,阐明了当时为什么从村治入手,达到民族自救,振兴中国的目的。

> 然则吾民族自救之道将何如? ……夫我不为一散漫的村落社会乎? 一言以蔽之曰:求其进于组织的社会而已。组织有二:一曰经济的组织;一曰政治的组织。欲使社会于其经济方面益进于组织的,是在其生产及分配的社会化。生产的社会化,欧人资本社会既行之矣。

---

① 李劼:《梁漱溟乡村教育理论与实践探析》,西北师范大学 2005 年硕士学位论文,第 25 页。

② 梁漱溟:《河南村治学院组织大纲·大纲》,见河南省政协文史资料研究委员会编:《河南文史资料》第二十辑,豫刊证字第 16 号,1986 年版,第 5 页。

其分配问题犹未能焉。分配问题不解决,因缺欠组织之大者。共产革命殆为不可免也。……使旧日主于自给自足的经济而进为社会化,则散漫的村落将化为一整组织的大社会;是日社会主义的经济组织之社会。其美善岂不度越于欧人乎!欲使社会于其政治方面益进于组织的,是在其政治的民治化。……①

这种汲取社会主义政治、经济思想成分的村治思想已经大体成熟,也表现出村治与社会理想目标实现之间的显著性相关度,反映出梁漱溟在组织设计河南村治学院办学中村治教育思想的发展与提升。

梁漱溟将村治设计及实践与社会政治的民治、民主及经济的生产、分配的公平合理方案联系起来,图谋以教育因子为内核的乡村社会改良,实现社会问题及矛盾的解决,确实是一代社会改革家的情怀与远大目光。梁漱溟主持的河南村治教育实验正是通过河南村治学院得以顺利开展的,为此,学院建立了一套系统、完备的组织管理制度。

二、民族危机与河南农村的衰败

清朝末年,西方列强通过军事扩张、原料掠夺、资本输出以及商品倾销等手段对中国进行疯狂而无孔不入的侵略与剥削。国家的领土完整和主权不断遭到破坏,民族危机日益加深。政治上,列强势力不断扩张,封建制度逐渐瓦解,我国开始沦为半殖民地半封建社会;经济上,受外国资本输入和商品倾销的影响,自给自足的小农经济逐渐解体。这种状况一直持续到民国初年,北洋政府和南京国民政府相继开始了对全国的统治,但中国的社会危机并没有得到缓解,反而日益深重。于此期间,帝国主义各国大肆划分势力范围,加快了对中国进行瓜分的步伐;各地军阀之间为一己私利而常年混战,致使内战连绵不断,政局动荡不安,百姓饱受战争之苦。

而农村社会的矛盾在 20 世纪二三十年代变得十分突出,乡村破坏日

---

① 《河南村治学院旨趣书》,见中国文化书院学术委员会编:《梁漱溟全集》第四卷,山东人民出版社2005 年版,第 913—914 页。

益严重。梁漱溟认为,"乡村所由破坏不外天灾与人祸。所谓天灾,例如长江大水灾、黄河水灾、西北连年大旱、南方江浙旱灾等;所谓人祸,例如1930 年中原大战,以及种种兵祸、匪患、苛捐、杂税等"①。正如梁漱溟所说,天灾尤其是水旱灾害对我国农村地区的影响极为明显。由于我国疆域广阔,地质结构和气候条件复杂多样,自然灾害时常发生,加之此时军阀混战、政治腐朽导致水利失修,农村地区饱受水旱灾害之苦。而人祸主要表现为战乱与匪患,民国初期,各地军阀为各自利益而雄踞一方,彼此之间进行常年的混战,造成中国大地"满目疮痍""生灵涂炭"。在此社会背景下,大量难民因战乱而流离失所、无家可归,一些散兵游勇和失业流民互相结合、落草为寇,杀烧抢掠,为祸一方,扰乱了农村地区正常的社会秩序。除此之外,乡村衰败的另一个重要方面是经济的衰败。受军阀战乱的影响,我国的农业生产力急剧下降,农业生产几乎处于停滞状态,加之帝国主义向中国大量倾销商品及农产品,农村长期以来形成的牢固的自然经济受到极大冲击,逐渐走向衰败。

"覆巢之下,焉有完卵!"此时的中国一片凄凉萧瑟、血雨腥风,在全国陷入积贫积弱、千疮百孔与动荡不安的困境下,河南省亦无法幸免。河南村治教育实验正是在民国初年社会大动荡的时代环境下开展的,与当时河南社会的具体情况有着密切联系。作为全国的一个缩影,河南省的困境与全国高度相似,主要反映在如下三个方面:

(一)政局动荡不安

20 世纪二三十年代的中国处于军阀割据、列强瓜分的大背景之下,政局的一个突出特点便是动荡不安。河南省作为中原大省,在中国政治格局中有着举足轻重的地位,而其动荡不安的政局正是全国的一个缩影。1926 年至 1927 年,河南省省长先后换了七个,最短的为时月余即被赶下台,犹如过往匆匆的走马灯。② 在此期间,河南地方政权沦为军阀势力的附庸,成为其搜刮

---

① 《乡村建设理论》,见中国文化书院学术委员会编:《梁漱溟全集》第二卷,山东人民出版社 2005 年版,第 150 页。
② 徐有礼:《30 年代宛西乡村建设模式研究》,中州古籍出版社 1999 年版,第 6 页。

财产、压迫人民、扩充势力范围的工具。进驻河南的新军阀为巩固扩大自己的势力,用自己的心腹取代原有官员,官员的选拔与任用毫无法纪可言,已经到了十分荒唐的地步。各级地方官员更是无所忌惮,为所欲为,不仅不理政务,而且与土豪劣绅相勾结,巧取豪夺,鱼肉乡里,盘剥百姓。

(二)农村支离破碎

20 世纪二三十年代,帝国主义大肆向中国倾销商品和资本输出,农村经济受到严重影响,加之动荡不安的政局、项目繁多的苛捐杂税以及水旱等自然灾害的打击,此时的河南乱象丛生,各种矛盾日益突出。其中尤以河南农村的经济社会矛盾最为突出:农村生产力下降,农产萎缩,耕地荒芜,自然经济日趋衰落,农村社会动荡不安,农村金融日趋枯竭,农业破产,大量农民流离和死亡。

(三)匪患猖獗

进入民国以来,河南长期被匪患问题困扰。广大农村饱受洪水、干旱等自然灾害侵袭,农业发展相对滞后,繁多沉重的赋税更是加重了农民的负担,致使很多农民流落为难民。而军阀之间的常年混战使河南饱受战祸之苦,战争产生了很多溃兵、逃兵。在当时政局动荡、经济衰败的环境下,这些难民和溃兵、逃兵为了生计不得不铤而走险,落草为寇,流窜乡里,杀人越货,无恶不作,成为为祸一方的土匪,带来了深重的社会问题,加重了河南人民的灾难。

"天下兴亡,匹夫有责。"面对异常突出的社会矛盾,一大批知识分子以救亡图存、富国强兵为己任,奋发图强,探索救国救民之道,以求解决中国问题的根本方法,从而实现国家发展、民族复兴的目标。梁漱溟正是其中的一分子,他生活在清末民初社会大动荡的时代,历经了民族危亡与社会衰败,由他作为"总设计师"的河南村治教育实验的开展正是在此时代背景下进行的。

三、国内乡村教育运动的蓬勃兴起

中国的近代新教育产生于西学东渐之后,尤其是 1906 年科举制度的废除,使中国的近代新教育得到了比较快的发展,其显著标志是新式学堂如雨后春笋般在全国各地设立。但那时的新式学堂大多设置在城镇,农村只有少数私塾,乡村教育没有引起重视。直到五四运动时期,民主思想得到广泛传播,人们意识到保障农民受教育权利的重要性,乡村教育才逐渐引起人们的关注。到了民国初期,全国范围内推行义务教育的失败,更引起了人们的反思。不少人认为推行义务教育失败的原因,是以前的教育只注重城市,而忽略了人口占 85% 以上的乡村。古楳在 1939 年编纂的《乡村教育》一书中写道:"因为中国以前的教育走错了路,忽略了百万个乡村,直到民国八年,才有些人觉得义务教育的重要,不仅在少数的城市城镇,而尤重在这百万个乡村。由于这样一个觉悟,乃正式的起来提倡乡村教育运动。"①除此之外,西方国家,尤其是美国重视乡村教育对中国的影响,也使得国人将目光投向乡村教育,一些留美学生如陶行知、赵叔愚、傅葆琛等回国后便积极倡导乡村教育。

随着对乡村教育重要性认识的加深,全国教育界开始行动起来,不少社会团体、教育机构和地方政权开始将目光投向农村,纷纷开展乡村教育。一批以救亡图存为己任的知识分子力图以教育为手段改造农村,发展农村事业,进而改造中国,解决中国的根本问题。比较著名的有陶行知创办的南京晓庄师范学校、中华职业教育社创办的江苏昆山县徐公桥实验区、晏阳初领导的中华平民教育促进会创办的河北定县翟城村乡村平民教育等。一时间,到农村办学蔚然成风,乡村教育蓬勃开展,并逐渐汇集成为乡村教育运动。在此次乡村教育运动的推动下,梁漱溟不断完善和发展其乡村建设理论和实践,积极从事乡村教育,投身到乡村教育运动的浪潮之中。而梁漱溟开展的河南村治教育实验开创了独特的乡村教育试验模式,不仅是其整个乡村教育事业的一次重要尝试,而且是民国时期乡村教育运动的重要组成部分。

基于对中国乡村衰败的高度关注和中国社会矛盾的独特认识,以及全国乡村教育运动蓬勃发展的影响,梁漱溟决定从农村入手,积极投身乡村建设运动,进而寻求解决中国问题的根本出路。作为乡村建设运动的领军

---

① 古楳:《乡村教育》,长沙商务印书馆 1939 年版,第 60 页。

人物,梁漱溟有着独特、丰富的教育理论思索与教育实践经历。他的这些
理论与实践虽然不尽完美,但在其从事的乡村建设运动中所起的作用却是
毋庸置疑的。

彭禹廷、王鸿一等人的村治主张与梁漱溟的乡治思想只是名称不同,其
实质都是从中国的农村入手,探寻解决中国的根本问题。彭禹廷等人创办
河南村治学院的初衷是为了"乡村自救","通过研究与寻求乡村'救穷'和
'兴利'的办法,以求治本"[1],这无疑与梁漱溟的乡治思想不谋而合。理论上
的契合使得梁漱溟欣然接受王鸿一等人的邀请,担任河南村治学院教务长,
掌管日常教学与管理工作,并将乡治思想转化为村治思想,为河南村治学院
的筹备与开办注入了新鲜的血液,发挥了至关重要的理论支撑作用。

第二节　河南村治学院的建立及组织管理

河南村治学院的创办是开展河南村治教育实验的前提,为村治教育实
验提供了良好的平台与坚实的保障。梁漱溟主持的河南村治教育实验是
以河南村治学院为依托开展的,因而,介绍村治学院的具体情况有利于更
好地理解与把握河南村治教育实验的实施程序及主要内容。

一、河南村治学院的创办

1929 年 7 月,彭禹廷由镇平专程赴开封,与时任河南省政府主席的韩
复榘面商,获得他的允准,后来省府委员会做出正式决议,成立河南村治
学院。

1929 年 7 月,彭禹廷从河南巩县渡口乘木船渡过黄河,来到太行山,
选用其中的苏门山麓辉县百泉书院作为河南村治学院院址。彭禹廷请来
北大教授梁仲华任副院长,力倡乡村建设的梁漱溟任教务长;又从齐鲁大

---

① 冯文纲:《河南村治学院始末》,见河南省政协文史资料研究委员会编:《河南文史资料》第二十辑,
豫刊证字第 16 号,1986 年版,第 19 页。

学、中山大学、河南大学等校,聘请郭海封、孙廉泉、李柳溪、冯梯霞、于鲁溪等教授及六名讲师,汇集来自全国主张乡村建设的名流,雄心勃勃,意气风发,颇有一种大展身手的气魄。他力图以此来实现在五原誓师时,曾对统帅冯玉祥表示的要把孙中山《建国大纲》中有关民生理论和乡村建设思想付诸社会实践的夙愿。① 新成立的河南村治学院由彭禹廷任院长,梁仲华为副院长,王怡柯为总务长,郭海封为教育长。又聘梁漱溟为教务长兼教授,冯梯霞为农场场长。学院里边,研究乡建理论的有梁漱溟,研究经济合作的有孙廉泉,研究农业的有冯梯霞,他们都是当时乡村自治思想的积极倡导者。② 河南村治学院开学后,梁漱溟亲自任教,持续不断。"十二月招生,今年一月正式开学,我即为他们任教乡村自治组织等课,一直到现在。"③

　　梁漱溟接受王鸿一、彭禹廷等人的邀请担任河南村治学院教务长后,便动身前往河南开封,与彭禹廷、梁仲华、王鸿一等人共同协商开展河南村治教育实验。此时,河南村治学院还处于筹备阶段,尚无明确的办学规划与组织方案,各项教学、管理等规章制度还未设定,为村治学院制定办学宗旨与学则章程成为迫在眉睫的重要事宜。彭禹廷、梁仲华等人虽然是河南村治学院的开创者,对开展河南村治教育实验也十分热心,但由于缺乏村治教育的理论研究与素养,无法形成系统办学思路。而梁漱溟是国内著名乡村建设运动的领导人,不仅学富五车,担任过北京大学讲师,对东西方文化有深入研究,善于进行理论性的阐释及章则的设计,而且多次将理论投之于实践,积累了丰富的办学经验。他曾经先后开办过曹州中学、重华书院、广东乡治讲习所,起草过《曹州办学意见述略》《重华书院简章》《请办乡治讲习所建议书》,其系统而完整的乡治理论和丰富的办学经验对开展河南村治教育实验有着重要作用,因而起草河南村治学院办学宗旨和学则章程的重任便交由梁漱溟完成。据梁漱溟所述:"筹商所得结果,大家嘱

---

① 于天命:《一代完人彭禹廷先生》,华夏出版社 2008 年版,第 135 页。

② 冯文纲:《河南村治学院始末》,见河南省政协文史资料研究委员会编:《河南文史资料》第二十辑,豫刊证字第 16 号,1986 年版,第 19 页。

③ 《主编本刊(〈村治〉)之自白》,见中国文化书院学术委员会编:《梁漱溟全集》第五卷,山东人民出版社 2005 年版,第 20—21 页。

我负写定之责,因写成《河南村治学院旨趣书》《河南村治学院组织大纲》
及《学则课程》等件。"①他又在晚年所作的回忆录中对此加以补充:"由于
我搞的乡治,与他们搞的村治差不多,他们欢迎我参加,请我接办《村治》
月刊,担任河南村治学院教务长,支持学院的具体工作。我很高兴地接受
了他们的邀请。当时,河南村治学院正在筹建,我便把筹建工作抓起来。
首先起草了《河南村治学院旨趣书》,阐明了河南村治学院的宗旨。这篇
文章收入我的文集中。我还起草了村治学院的章程等。"②这三份文件是
梁漱溟根据河南村治学院办学宗旨及河南辉县实际需要,并结合其独特的
乡村自治理论而悉心制定的,是河南村治教育实验赖以开展的原则性、指
导性及纲领性文件。其中规定了开展村治教育的学院名称、学校地址、隶
属机构、办学宗旨、学院机构设置、分管工作、课程名称及其相互关系等事
宜,由此可看出河南村治学院的机制健全,分工明确。

梁漱溟在《河南村治学院旨趣书》一文中,从社会、政治和经济等多
角度论述了从村治入手,以达到民族自救、振兴中国的必要性。"顾其道
何由?曰是在村治。欲求进于组织,夫必有其着手处;则由村落以着手,
自为其天然所不易。"③"求中国国家之新生命必于其农村求之;必农村
有新生命而后中国国家乃有新生命焉。"④这表明,经过多年的研究和探
索,梁漱溟以农村为着落点,从村治(1931 年后改成乡村建设)入手寻求
解决中国问题的根本出路,从而达到民族自救、振兴中国的"村治"思想
已经基本成熟。同时,这也为河南村治教育实验的开展奠定了理论
基础。

在办学过程中,经费关系着村治学院能否正常运作。因此,彭廷禹、王
怡柯等人积极奔走,争取教育经费多方筹措,并能保持独立核算。梁漱溟
自述:"先是,河南省教育界争取得教育经费独立,成立河南省教育款产

① 《主编本刊(〈村治〉)之自白》,见中国文化书院学术委员会编:《梁漱溟全集》第五卷,山东人民出
版社 2005 版,第 20 页。
② 梁漱溟:《忆往谈旧录》,陕西师范大学出版社 2009 年版,第 153 页。
③ 《河南村治学院旨趣书》,见中国文化书院学术委员会编:《梁漱溟全集》第四卷,山东人民出版社
2005 版,第 915 页。
④ 《河南村治学院旨趣书》,见中国文化书院学术委员会编:《梁漱溟全集》第四卷,山东人民出版社
2005 版,第 917 页。

处,由教育界推举王柄程(怡柯)任处长,主持其事。柄程人格俊伟,尤长于经理营运财务,卒使全省教育经费无缺欠而外,且有储存。村治学院即赖此储存款项而得举办。"①"当时河南教育界各学校经费归省政府支出,省政府常拖欠各学校款项,学校常闹风潮。王怡柯出头倡议,说事情并不难办,我们教育界人士,可与省政府交涉,把教育经费划出来,成立一个河南教育款产处。款产处成立后,公推王怡柯为处长。王有办法,善理财,担任处长后,加以整顿,每月各校经费十足发放,不欠钱,且有节余。于是他就倡议以节余的款项办河南村治学院。"②

自从1930年6月开始,梁漱溟接办并主编《村治》月刊,发表了彭禹廷有关讲话和政治经济主张以及梁漱溟自身的乡建学说,一炮打响,引致国内外稿件信件纷纷寄来,乡建问题,成为许多学者的关注热点。梁漱溟白日讲课,组织学生日常教务,夜晚编刊,不辞辛苦,将教授们博学之文相继刊出,引发北平、上海、天津、济南、西安、开封、太原、浙江、广西等地军政热议。受此影响,河南村治学院成为全国各大报纸热衷报道的新闻热点,一时间深受进步青年青睐,他们竞相前来投考。滇、桂、鲁、陕、晋、川六省首脑,选派优秀青年前来受训。③ 此外,梁漱溟部分地修订了编辑方针,专意对青年讲话,在思想内容上则着力扭转当时社会流行的盲目地向西方学习的心理,发表了一系列从文化哲学、社会分析等角度研讨乡村建设问题的文章,逐步建立和完善了其乡村建设理论体系,使他成为中国现代史上乡建派的领袖及代表。例如,在该刊一卷一期发表《主编本刊(〈村治〉)之自白》一文,全文分四小节:一、我是怎样一个人? 二、过去几年的烦闷,产生今日的主张。三、我最近努力所在和主编本刊的由来。四、我对于国民党的态度。

1930年6—7月间,梁漱溟写出《中国民族自救运动之最后觉悟》一文,发表于《村治》月刊2—4期(连载)。全文计九段:一、觉悟时机到了;二、所谓近世的西洋人及西洋文化;三、中世的西洋社会和他们的文明程

---

① 《略记当年师友会合之缘(续)》,见中国文化书院学术委员会编:《梁漱溟全集》第七卷,山东人民出版社2005年版,第419页。

② 梁漱溟:《忆往谈旧录》,陕西师范大学出版社2009年版,第149页。

③ 于天命:《一代完人彭禹廷先生》,华夏出版社2008年版,第135页。

度;四、由中世到近世的转折关键何在;五、中国人该怎样;六、解一解中国的谜;七、我们一向的错误;八、我们今后的新趋向;九、附志。

在梁漱溟看来,所谓乡治或村治,全然不是什么当今建设事业之一,或什么训政时期的一种紧要的工作,而是一种最实在的文化运动。

> 我眼中的乡治或村治,全非所谓什么"当今建设事业之一",或什么"训政时期之一种紧要工作";我是看作中国民族自救运动四五十年来再转再变,转变到今日——亦是到最后——的一新方向。这实是与四五十年来全然不同的一新方向;——以前都是往西走,这便要往东走。我不能牵牵扯扯裹混在往西的人堆里,干我往东的事;——事原是大家的事,原要大家往东走才行,我一个人往东没有用的。如果大家于旧方向不死心断念,则我的乡治或村治即无从谈起!这时你和他说些个乡治或村治的怎样怎样办法,中什么用呀?我不开口说话则已;我说话,劈头一句,就要先打破他往西走的迷梦,指点他往西走的无路可通。①

梁漱溟强调乡村建设运动的展开是中国民族自救运动四五十年来再转再变的一个新方向,是中国民族自救运动之最后觉悟,与以前的自救运动相比较,具有本质的差异。以前的运动都是往西走,这一次则是往东走。梁漱溟与王鸿一等人一样,在原则上,反对欧化与俄化,根本否认欧洲近代社会制度在中国实现的可能性,而主张在中国固有文化的基础上融合中西文化之优点,建立民族新文化,重新建构中国社会组织系统。但是,梁漱溟不像王鸿一那样,认为乡村运动必须在国民党政府统一领导之下而进行,从根本上否认乡村建设运功是孙中山学说在新条件下的实践,而认为它是中国民族自救运动一变再变而悟出来"最后觉悟",在本质上是一种文化运动、社会运动,而非官方所能推行的。

河南村治学院是一所正规的学校,属于学校教育,但其社会教育的色彩十分浓厚,将学校教育和社会教育有机结合起来,把乡村教育与乡村建

---

① 《主编本刊(〈村治〉)之自白》,见中国文化书院学术委员会编:《梁漱溟全集》第五卷,山东人民出版社 2005 年版,第 21 页。

设运动相联系。河南村治学院设农村组织训练部,专门办理社会调查、巡回演讲及各种乡村事业之改进运动。① 又设置农业实习部,着重面向社会开展农业实习,"自粗识文字以上,迄于各种农业学校毕业者,经本院农场主任面试合格后,得院长之许可随时入场实习"②。显示其办学设计的社会化视野及综合化教育理念的认识高度。

二、河南村治学院的组织管理

(一)行政管理

行政管理机制对教育事业的运作与开展有重要影响,科学、合理的行政管理机制能够促进学生的学习,提高教师的工作积极性与教学效率,保障教育事业得以高效地展开。梁漱溟主持的河南村治学院建立了一套健全完备的行政管理制度,从而保障河南村治教育实验能够顺利开展。《河南村治学院组织大纲》中明确规定:"本院设院长、副院长各一名,由省政府任命之。院长主持全院院务,副院长襄助院长处理院务,院长不在时,代理其职务。""本院设教务长、总务长各一人,由院长聘任之。教务长商承院长、副院长,掌理教务事宜,总务长商承院长、副院长,掌理其他一切事宜。"③可见,河南村治学院实行院长负责制,院长由副院长协助总揽全局,梁漱溟作为教务长对院长和副院长负责,掌管学院的日常教务事宜。为保障村治学院的日常运作及院务的制定与实施,"特设院务会议,为院长、副院长咨询机关,以院长、副院长、教务长、总务长、各部主任、农场主任、图书馆主任、医院主任及院长特约之教员一人至三人组织之,其会议规程另订之"④。由此而论,院务会议的参加人员涵盖了村治学院各机构,是制定学

---

① 梁漱溟:《河南村治学院组织大纲·大纲》,见河南省政协文史资料研究委员会编:《河南文史资料》第二十辑,豫刊证字第 16 号,1986 年版,第 6 页。
② 梁漱溟:《河南村治学院组织大纲·学则及课程》,见河南省政协文史资料研究委员会编:《河南文史资料》第二十辑,豫刊证字第 16 号,1986 年版,第 8 页。
③ 梁漱溟:《河南村治学院组织大纲·大纲》,见河南省政协文史资料研究委员会编:《河南文史资料》第二十辑,豫刊证字第 16 号,1986 年版,第 5 页。
④ 梁漱溟:《河南村治学院组织大纲·大纲》,见河南省政协文史资料研究委员会编:《河南文史资料》第二十辑,豫刊证字第 16 号,1986 年版,第 6 页。

院大政方针政策的最高行政会议。而河南村治学院具体事务的实施与执行,则由院务办公处负责,"本院置院务办公处,为全院中枢办事机关,以副院长、教务长、总务长合组之,督导事务人员分左列各股办事:一,教务股;二,注册股;三,文书股;四,会计股;五,庶务股。办公处共用事务员八人,书记二人,由院长委任之,承命办事,其办事细则另订之"①。综而论之,河南村治教育实验的开展得益于村治学院科学、合理的管理体制,院长、副院长通过院务会议和办公处总揽全局,教务长负责学院的日常教务事宜,院务会议负责制定村治教育实验方针政策,办公处负责具体事务的执行。而其管理机构与人员都十分精简,避免了机构冗杂的缺陷,从而提高了村治学院的行政管理效率。

(二)教学管理

完善的教学管理对教学工作的顺利展开具有重要作用,是教育教学工作顺利开展的重要保障。为确保河南村治教育实验教学任务的顺利开展,河南村治学院设立了专门的教学部门,建立了一套系统、完整的教学制度。"本院教学,分农村组织训练部、农村师范部二部,并附办村长训练部、农林警察训练部、农业实习部等部,其学则另订之。前项附办各部,得由院务会议之议决,呈准省政府,增置或减设之。""本院教学各部,置主任各一人,会同各学科教员,分任指导各该部学生作业事宜。各部作业课程另订之。"②可见,河南村治教育实验的教学主要是通过农村组织训练部和农村师范部展开的,村长训练部、农林警察训练部、农业实习部起辅助作用。教学各部设主任一人,为各部的最高领导,负责各部的教学工作并与各科教员协作指导学生作业。而各部的具体教学工作是以班级为单位展开的,据《河南村治学院组织大纲》之"学则及课程"记载:"农村组织训练部,农村师范部,各分设正班及速成班,正班各以修满二年为结业期限,速成班各以修满一年为结业期限。""村长训练部,以修满六个月为结业期限,农林警

---

① 梁漱溟:《河南村治学院组织大纲·大纲》,见河南省政协文史资料研究委员会编:《河南文史资料》第二十辑,豫刊证字第16号,1986年版,第5页。
② 梁漱溟:《河南村治学院组织大纲·大纲》,见河南省政协文史资料研究委员会编:《河南文史资料》第二十辑,豫刊证字第16号,1986年版,第5—6页。

察训练部,以修满一年为结业期限,农业实习部,不定期结业,但至低限度,不得少于三年。"①农村组织训练部、农村师范部分设正班与速成班,根据各部不同的性质采用不同的修业年限,体现了河南村治学院教学机制灵活、变通的特点。对此,梁漱溟主持制定的《河南村治学院组织大纲》中有如下记载:

> 第十四条　农村组织训练部,关于应办社会调查,巡回讲演,及各种乡村事业之改进运动,由部主任、各教员及学生成立本部指导作业室,分股办事,其组织及办事等章则,由该部提出,经院务会议订定之。
>
> 第十五条　农村师范部,在本院左近乡村应办之实验小学,及教育推广等事项,由部主任、各教员及学生成立本部指导作业室,分股办事,其组织及办事等章则,由该部提出,经院务会议订定之。
>
> 第十六条　村长训练部、农林警察训练部,于十四条、十五条之乡村社会活动,有应参加者,由各该部主任会商农村组织训练部、农村师范部各主任,指导学生会合办理,一同进行,不另立组织。
>
> 第十七条　农村组织训练部,农村师范部,为商讨各该部作业进行,及各项设计,得由主任召集各该部务会议,由各该部主任、教员及主任所特约之人员组织,其会议规程另订之。②

由上述可见,村治学院的教学各部职能与分工不同,农村组织训练部注重开展社会式教育,从事各种乡村建设运动;农村师范部注重开展学校式教育,举办实验小学及教育推广。农村组织训练部和农村师范部部长通过召开部务会议,确保教学各部职能的实施与开展。而教学各部组织及办事章程由各部自主制定,表明教学各部拥有较大的教学自主权,也彰显了河南村治教育实验科学、合理的教学体制。

---

① 梁漱溟:《河南村治学院组织大纲·学则及课程》,见河南省政协文史资料研究委员会编:《河南文史资料》第二十辑,豫刊证字第 16 号,1986 年版,第 7 页。
② 梁漱溟:《河南村治学院组织大纲·大纲》,见河南省政协文史资料研究委员会编:《河南文史资料》第二十辑,豫刊证字第 16 号,1986 年版,第 6—7 页。

（三）学生管理

河南村治学院的学生管理采用部主任制,此制度并非梁漱溟独创,而是对广东省立一中及国内其他学校的一种有效借鉴。梁漱溟认为,该制度能够促进师生之间的交流,从而有利于河南村治教育实验的开展。"近年广东省立第一中学,实行班主任制,颇能发生师生间真实关系,增进教育效率。又闻民国八年山西省立国民师范学校,亦曾有类此之制度,甚著成绩。本院今仿其意。"①根据《河南村治学院组织大纲》之"学则及课程"第三十二条规定:"置农村组织训练部主任、农村师范部主任、村长训练部主任、农林警察训练部主任各一人。于必要时,经院务会议议决,于部主任下,增置班主任,辅助部主任执行其职务。"②各部主任除了负责教学任务外,主要担负学生的日常管理工作,包括学生的身心活动、日常起居、思想性情等。依照规定,各部主任需亲自指导学生的身体训练和精神陶冶活动,负责组织学生聚会并与学生同起居共饮食,及时了解及体察学生的思想、习惯、性情,以便更好地开展学生工作。梁漱溟制定的"学则及课程"中作了相关规定:

> 第三十三条　各部主任对于各该部学生之身心各方面活动,皆负有指导照管之责。凡学生精神之陶铸,学识之培益,身体之保育锻炼等,固自有学科课程分别作业,分别训练,但必得部主任之指导照管为中心乃有所系属。
>
> 第三十四条　各部主任应与各该部同学同起居共饮食,除学生课业,别有教员指导,不定须参加外,皆以时常聚处为原则。
>
> 第三十五条　各部主任对于学生之教导,要在能事事以身作则,人格感化之。
>
> 第三十六条　各部主任对于各该部学生之性情、资质、思想、习

---

① 梁漱溟:《河南村治学院组织大纲·学则及课程》,见河南省政协文史资料研究委员会编:《河南文史资料》第二十辑,豫刊证字第 16 号,1986 年版,第 14 页。

② 梁漱溟:《河南村治学院组织大纲·学则及课程》,见河南省政协文史资料研究委员会编:《河南文史资料》第二十辑,豫刊证字第 16 号,1986 年版,第 12—13 页。

惯、家庭环境等,须时加体察而了解之,以为设计施教之所资。又依第二十八条之规定,部主任应逐日查阅学生日记而批改之。①

部主任的另一项重要职能是指导学生成立自治团体,培养学生的自治能力。按照《河南村治学院组织大纲》之"学则及课程"的规定,学生可在各部主任的指导下成立自治团体,对各部的各项事宜进行学生自治。"各部主任指导学生在本院许可范围内,成立各该部学生自治团,进行自治。凡经本院划归该部自行办理之教务、庶务、卫生等事,及指定之该部指导作业室、宿舍庭除等,均得在各部主任指导监督之下,自行料理之。"②这表明河南村治教育实验十分注重培养学生的自主性与自治能力,这是与村治学院培养乡村自治人才的办学宗旨相适应的,是一项具有独特性的管理制度。

此外,各部主任还要承担学生日记的批阅、指导工作。"据广州第一中学班主任制试验之结果,逐日批阅学生日记,为极有关系之点。班主任于此,可增进其对于学生之了解,而因宜指导之。学生于此,可时有自己身心之省察注意,至于文思之显著进步,又其余事也。"③通过广州一中的教学改革实践,梁漱溟认识到批阅学生日记具有重要的意义,它能够增进师生之间的良好关系,使教师更加了解学生的生活状况及心理状态,从而有利于各部主任更好地开展学生工作。

第三节　河南村治教育实验的实施

梁漱溟认为,真正的教育应当将学校教育和社会教育紧密地联系或

---

① 梁漱溟:《河南村治学院组织大纲·学则及课程》,见河南省政协文史资料研究委员会编:《河南文史资料》第二十辑,豫刊证字第16号,1986年版,第13页。

② 梁漱溟:《河南村治学院组织大纲·学则及课程》,见河南省政协文史资料研究委员会编:《河南文史资料》第二十辑,豫刊证字第16号,1986年版,第13页。

③ 梁漱溟:《河南村治学院组织大纲·学则及课程》,见河南省政协文史资料研究委员会编:《河南文史资料》第二十辑,豫刊证字第16号,1986年版,第14页。

融合起来。"两种教育之分判初无学理真据,即于形式上亦复有时难辨。然则何为而有此对称之两种教育见于今之世耶?曰,今之学校教育,一传统教育也;今之社会教育,一新兴教育运动也。正唯传统学校教育有所不足,或且日益形见其缺短,乃有今之所谓社会教育(或民众教育或成人教育)起为补救;此固近今史实之所昭示矣。于此,一以见今日学校教育之不完不妥;一以见今日社会教育亦为一时的措施:两者各不足为准理当事的真教育。真教育行且见其为两者之融合归一。"①可以说,学校教育与社会教育的结合方能构筑教育形式及力量的全体。这种认识成为梁漱溟一生办学活动与事业开展的信念支撑。直到1937年6月,梁漱溟在成都作《中国今日需要哪一种教育》的讲演时仍然强调:"今日我们应当拿社会教育与学校教育合起来作。我们的意思,就是如果要成立一个教育机关,或是叫他一个学校也罢,他是要负着这一个社会区域内的教育责任的,这一社会区域内的成年男女以及青年儿童都是他教育的对象,至于用学校的方式,或社会的方式,都不成问题。在我们看学校式也好,社会式也好,只要需要哪种方式就用哪种方式,哪样适宜就一定用哪样去作。这一个教育机关,是同时要作社会教育与学校教育这两种工作的。"②可见,梁漱溟认为,在当时的社会环境下,将学校教育与社会教育合为一体对待是切合时宜的。河南村治学院的办学模式包含学校教育与社会教育两方面内容,以下具体探讨村治教育实验推行的主要程序及活动。

一、入学及试学

《河南村治学院组织大纲》之"学则及课程"对入学时间、入学资格等入学事宜作了明确的规定。河南村治教育实验在冬季办理招生及入学试验等入学手续,教学各部大体从春季开始正式授业,"本院除农业实习部外,各部均定为春季始业,每年先于冬季定期举行入学试验,其报名手续、

① 《社会本位的教育系统草案》,见中国文化书院学术委员会编:《梁漱溟全集》第五卷,山东人民出版社2005年版,第395页。
② 《中国今日需要哪一种教育》见中国文化书院学术委员会编:《梁漱溟全集》第五卷,山东人民出版社2005年版,第967—968页。

试验科目等项,在期前一个月内宣布之"①。河南村治学院教学各部依据其不同的教学性质,制定了不同的入学条件。农村组织训练部正班及速成班均招收高级中学毕业生及同等学力者;农村师范部速成班招收高级中学毕业生及同等学力者,正班招收初级中学毕业生及同等学力者;村长训练部实行保送制,由当地各村信誉良好的现任村长或曾任村长指定保送;农林警察部招收小学毕业及同等学力者;农业实习部则不限定入学资格,"凡年力足任农场工作,自粗识文字以上,讫于各种农业学校毕业者,经本院农场主任面试合格后,得院长之许可随时入场实习"②。以上入学资格的规定只适用于本省学生,而对于外省自备路费求学者,河南村治学院不限定其入学资格,但招收名额大大少于本省学生。"本院得应外间请求,酌收外省自备资斧前来附学者,不限资格,亦无结业,经院长、副院长得教务长同意而许可入学。其名额不得逾本院现有学生十二分之一。"③这表明河南村治教育实验主要针对本省展开,具有一定的针对性与地域性,其性质是培养乡村自治之人才的地方性教育实验。

在正式教学授业之前,河南村治学院学生要经历一段试学期。学院根据学生在试学期的表现来决定其是否能够继续留在村治学院求学。而教学各部的试学期限及考察标准并不相同,"农村组织训练部,农村师范部学生,均定以入学初三个月为试学期,本院于此期间,得就其资性、体质、思想、行为,加以甄别而去留之。""农业实习生,定以入学初一个月为试学期,农场主任得视其能耐劳作与否而去留之"④。可见,村治学院教学各部的试学期是根据各部的不同性质灵活制定的,对考查学生的实际能力与素养具有重要意义。而河南村治教育实验实行试学规定的原因在于:"本院期在培养实地服务之才,故于学生之资性、体质、思想、行为,

---

① 梁漱溟:《河南村治学院组织大纲·学则及课程》,见河南省政协文史资料研究委员会编:《河南文史资料》第二十辑,豫刊证字第16号,1986年版,第8页。
② 梁漱溟:《河南村治学院组织大纲·学则及课程》,见河南省政协文史资料研究委员会编:《河南文史资料》第二十辑,豫刊证字第16号,1986年版,第8页。
③ 梁漱溟:《河南村治学院组织大纲·学则及课程》,见河南省政协文史资料研究委员会编:《河南文史资料》第二十辑,豫刊证字第16号,1986年版,第9页。
④ 梁漱溟:《河南村治学院组织大纲·学则及课程》,见河南省政协文史资料研究委员会编:《河南文史资料》第二十辑,豫刊证字第16号,1986年版,第9页。

不能不加意,而一度之入学考试,又未足以知其如何,故特设为试学期之规定,唯村长训练部,肄业期短,农林警察训练部,服务较易,均不适用此项办法,故无其规定。"①由此而论,河南村治学院对学生有着严格的要求,十分注重对学生各方面素质的考查,只有德、智、体全面发展的学生才具备入学资格。

二、课程编制

河南村治学院课程种类齐全,强调知识内容在社会生产与生活中的实用性。河南村治学院重视自卫常识的学习和技能训练,培养学生的军事能力,在其开设的农村组织训练部之作业课程、农村师范部之作业课程、村长训练部之作业课程以及农林警察训练部之作业课程中,都规定开设自卫问题研究、军事训练、拳术及其他等目,并且自卫常识和技能训练的课程时间每周约占 11 小时。② 河南地理位置十分重要,自古是兵家的必争之地,战乱、匪患问题严重,河南村治学院所在地辉县自然也不能幸免。村治学院自成立那天起就一直受匪患困扰。因此,实施自卫理论和实践的教育和训练是十分必要的,而村治学院的办学也因此而突出了军事训练并带有自卫性。

河南村治学院主张人才培养的实用性:"本院教育以养成实际作事能力为主,所有各部课程,概不出:(一)各种实际问题之讨论、研究及其实习试做;(二)为解决或应付实际问题所必要之知识技能之指授训练;(三)实际作事之精神陶炼。"③在此原则的指导下,河南村治学院的各部课程包括精神陶炼,自卫常识、技能训练,农村经济研究、社会调查以及农村政治问题研究,种类齐全且凸显出社会实用性。对此,我们可从农村组织训练部的作业课程中了解其实情:"甲、党义之研究,概括《三民主义》《建国大纲》《建国方

---

① 梁漱溟:《河南村治学院组织大纲·学则及课程》,见河南省政协文史资料研究委员会编:《河南文史资料》第二十辑,豫刊证字第 16 号,1986 年版,第 9 页。

② 梁漱溟:《河南村治学院组织大纲·学则及课程》,见河南省政协文史资料研究委员会编:《河南文史资料》第二十辑,豫刊证字第 16 号,1986 年版,第 14—15 页。

③ 梁漱溟:《河南村治学院组织大纲·学则及课程》,见河南省政协文史资料研究委员会编:《河南文史资料》第二十辑,豫刊证字第 16 号,1986 年版,第 14 页。

略》,及其他等目。乙、乡村服务人才之精神陶炼。丙、村民自卫之常识及技能之训练,概括自卫问题研究、军事训练、拳术,及其他。丁、农村经济方面之问题研究,概括经济学大意、农业经济信用、生产消费各项合作、簿记社会调查及统计、农业常识及技术、农产制造、农家副业、水利、造林,及其他等目。戊、农村政治方面之问题研究,概括政治学大意、现行法令、乡村自治组织、地方自治、户籍、土地、公安、风俗改良、卫生、筑路,及其他等目。"①

从这些内容的专题名称或条目来看,既有社会各领域的专门技术及知识文化,也包括乡村礼俗道德、精神伦理以及西方近现代的思想与专业知识技能,尤其突出了农村社会特定组织模式与结构场景的现实需求。

在河南村治学院所设课程涉及的内容中,农村经济问题与政治问题研究处于十分重要的地位。其中农村组织训练部、农村师范部及村长训练部对开设经济问题的课程有明确规定。可见,农村经济问题研究是河南村治教育实验的重要内容,涉及经济理论、生产消费、经济实证调查、农业技术及与农业相关的各项产业。而政治问题的研究是农村组织训练部、村长训练部学生的必修课程,其内容涉及政治理论、法律法规、地方自治组织、户籍制度等多个领域。此外,农村师范部还开设农村小学教育问题研究的课程,"农村小学教育之问题研究,概括教育原理、教育心理、农村小学各科教材及教法、学校行政及组织、学校教育推广、乡村教育行政,及其他等目"②。这表明农村师范部注重农村小学教育理论的研究,为培养农村基层教育人才、发展乡村教育事业奠定了理论基础。而农林警察训练部开设的课程主要涉及农林知识技能及农林事业保护方法:"农林知识及技能之训练,概括农艺、森林、园艺、畜产、兽医、蚕桑、病虫害等学科之大意,及其他等目。""农林事业保护方法之训练,概括关于农场林野之巡查、管理、警戒、劝导等事项,又动植物病害之预防扑灭等技术,及其他等目。"③

---

① 梁漱溟:《河南村治学院组织大纲·学则及课程》,见河南省政协文史资料研究委员会编:《河南文史资料》第二十辑,豫刊证字第 16 号,1986 年版,第 15 页。
② 梁漱溟:《河南村治学院组织大纲·学则及课程》,见河南省政协文史资料研究委员会编:《河南文史资料》第二十辑,豫刊证字第 16 号,1986 年版,第 15 页。
③ 梁漱溟:《河南村治学院组织大纲·学则及课程》,见河南省政协文史资料研究委员会编:《河南文史资料》第二十辑,豫刊证字第 16 号,1986 年版,第 16 页。

河南村治学院开设的课程种类齐全且注重实用性,涉及政治、经济、军事、文化各个方面,学生通过在校学习,综合素得到明显提升。村治学院通过多种措施和手段开展教育,不仅扫除了一些文盲,推动了社会进步,使农民及其子弟受文化教育的程度与普及面有所提高和扩大,并且在开发民智方面,使儿童、妇女、成人都受到了不同层次和内容的启蒙教育,把科学技术引入农村,促进了农业生产,改良了风俗,有利于乡村社会的进步。值得指出的是,梁漱溟在乡农教育中特别强调"精神陶炼"的教育作用,把它看作教育的核心,提高了乡村民众的道德水平和心理素质。

梁漱溟等人所从事河南村治学院办学活动,依据河南辉县的实际情况,制定合理的组织大纲和学则课程,以培养农村社会实际有用的人才为目标,注重教育的实用性,把学校教育和社会教育有机结合起来,对当地农村教育的发展具有促进作用。尤其是在培养农业技术人才和致力于乡村改造的建设者,提高农民的文化素质,改造农村社会风俗等方面,取得了一定的成绩。作为中国现代乡村建设运动的区域性案例,该教育实验促使当时一批知识分子将目光投向农村,认为中国社会要有出路必于农村求之,于乡村教育求之。这充分反映了梁漱溟对中国社会的深刻认识及其所产生的广泛而深刻的效应。

三、基础设施

完善的教育基础设施是提高教学质量、优化教育环境、实现学校可持续发展的基本前提和重要保障。河南村治学院基础设施主要包括教学设施、图书馆、体育场馆、实验设备、实习基地、学生宿舍、后勤保障等。梁漱溟、彭禹廷等人十分注重河南村治学院的基础设施建设,专门设立农场、图书馆和医院,为河南村治教育实验的正常开展保驾护航。《河南村治学院组织大纲》有明确记载:

第九条 本院置农场,一部为农业改良试验,一部为经济经营,并附办农家副业。设主任一人,技师二人,均由院长聘任之。主任商承院长、副院长,掌理全场场务,技师承主任委托,分任技术事宜,并协助主任分理场务。农业实习部实习生,随同主任、各技师实习技术,并承命办理场中杂务。场内组织章程及办事细则另订之。

农场主任、各技师均兼本院教员,负指导学生作业之责。

第十条　本院置图书馆,设主任一人,由院长聘任之,主管本院图书事宜。助理员二人,由院长委任,承主任命,助理馆中事务。其办事及阅览等规程另订之。

第十一条　本院置医院,设主任一人,又中医师一人,由院长聘任之,主管本院及院外左近乡村医药卫生事宜。助手看护各一人,由院长委任之,承主任命,办理医院各事。①

与一般学校不同,河南村治学院的基础设施建设具有一定的独特性,尤其突出其教育模式的"村治"特点,其中最具代表性的便是农场的设立。农场不但为河南村治教育的农业改良试验与农业经营提供场地支持,而且是河南村治教育实验的实习基地。农业实习部的实习生在此学习、劳作,开展农业实习。这充分体现了河南村治教育实验注重培养乡村自治及服务人才的教育目标。而图书馆和医院的设置表明梁漱溟主持的村治教育实验十分重视乡村文化建设及乡村卫生事业,虽然规模有限,但对当地乡村建设事业的发展及教育、医疗水平的提高具有重要作用。诚然,河南村治学院的基础设施建设水平有限,与当时国内的国立高等院校及教会大学还有很大差距,但作为乡村教育实验的一种有效尝试,河南村治学院注重开展基础设施建设的理念与实践在乡村建设运动中是非常具有前瞻性的。

四、院内公共生活秩序

学校公共生活包括与学生学习、生活和学校教学、管理有关的公共安全、卫生、财政、秩序、文体活动以及学校定期举办的典礼、集会等方面的内容。学校公共生活秩序是教师、学生和学校管理人员在学校公共生活中必须遵守的行为准则,《河南村治学院组织大纲》之"学则及课程"对师生的作息时间、文体活动等公共生活秩序作了合理的规定,确保了河南村治教

---

① 梁漱溟:《河南村治学院组织大纲·大纲》,见河南省政协文史资料研究委员会编:《河南文史资料》第二十辑,豫刊证字第 16 号,1986 年版,第 6 页。

育实验的正常开展和有序进行。河南村治学院没有寒暑假期和周末,在办学期间所有在学院内住宿的教师和学生必须遵守公共生活秩序。学生每日的生活作息划分为两个阶段,分别是昼作阶段和夜息阶段。"自早五时起,迄晚八时五十分止,为昼作段。晚八时五十分以后,至翌日早五时,为夜息段。届昼作段,鸣钟起床,届夜息段,鸣钟休息,不得后时。"①而学生起床的时间根据季节的变化也有所不同,"前项起床休息之规定,于每年一月、二月及十一月、十二月四个月内,均各延迟一时,即以早时六时鸣钟起床,晚九时五十分鸣钟休息"②。

学生起床后有 20 分钟进行盥漱,之后要到学院礼堂集合进行朝会。朝会是村治学院教师和学生必须参加的一项集体活动,"朝会规定三十分钟,自院长以次各教职员,有告诫劝勉于同人及学生者,于此致词。院务办公处及各部馆院,有应提示或报告于众者,于此致词。时间不足,得延长之"③。在规定的时间内,老师和学生进行静默和反思,之后将自己所悟的心得体会与众人分享,这种静默与反思的教学方式与宋明理学静默以悟天道的方式十分相似,它实际上是复兴宋明讲学之风的一种实践。梁漱溟多年办学大都率领学生作朝会,这种教学活动最早可以追溯到民国十三年(1925 年),彼时梁漱溟曹州办学遭遇失败,返回北京与其学生及朋友共同居住,探究学问,通过朝会的方式共勉互进,讲求策励。他认为朝会可使人受益良多,增进教师与学生的良好关系,促进师生心性的修养和品德的提高。他在《东西方文化及其哲学》一书中提倡:"如宋明人那样再创讲学之风,以孔颜的人生为现在的青年解决他烦闷的人生问题,一个个替他开出一条路来去走。"④可见,朝会是复兴古人教学的一种教学活动,注重通过静默的方式引发教师与学生的反省之念,进而开辟出一条解决问题的出路。

---

① 梁漱溟:《河南村治学院组织大纲·学则及课程》,见河南省政协文史资料研究委员会编:《河南文史资料》第二十辑,豫刊证字第 16 号,1986 年版,第 11 页。

② 梁漱溟:《河南村治学院组织大纲·学则及课程》,见河南省政协文史资料研究委员会编:《河南文史资料》第二十辑,豫刊证字第 16 号,1986 年版,第 11 页。

③ 梁漱溟:《河南村治学院组织大纲·学则及课程》,见河南省政协文史资料研究委员会编:《河南文史资料》第二十辑,豫刊证字第 16 号,1986 年版,第 11 页。

④ 《东西文化及其哲学》,见中国文化书院学术委员会编:《梁漱溟全集》第一卷,山东人民出版社2005 年版,第 539 页。

朝会之后,全体学生须到体育场集合,练习健身拳术 30 分钟。"习拳术后二十分钟,在食堂朝餐。午餐应定在正午十二时至一时之间,晚餐应定在晚五时至六时之间。凡本院职员,均须与学生同席共餐,教员得听其便。"①这表明村治学院实行严格的军事化管理,师生的起床、朝会、习拳、进餐、请假等院内公共生活都有严格的规定。值得一提的是,河南村治学院实行独特的休假制度,不设寒暑假及星期例假,而是根据农业劳作的季节时令安排假期。"一般学校之寒暑假期星期例假,实为沿袭西洋人生活习惯,在教育上初无何等意义,识者因已议之。本院在养成乡村人才,于此不合农业社会之习惯,应予矫正,又结业期促,亟须爱惜时光,故决为废除之规定。"②这表明河南村治教育实验是根据河南当地乡村的实际情况开展的,具有一定的灵活性和针对性。

此外,《河南村治学院学则及课程》第四章中对学生的洒扫涓洁、庭院清扫任务及教师指导学生日记等作了规定,由于这些规定并不是河南村治教育实验所特有的,在这里便不再赘述。

五、学生待遇与结业出路

河南村治教育实验是在军阀割据、社会动荡的大背景下展开的,虽然得到冯玉祥、韩复榘的大力支持,但其条件异常艰苦。然而,在十分困难的环境下,河南村治学院对学生的在学待遇十分重视,为学生的生活和学习提供了便利条件。河南村治学院学生在学期间享有一定的待遇,学生的伙食、住宿由学院统一安排,"本院学生,除前第十条所规定外省附学者外,一律由院供给膳宿,并每年发给单棉制服各一套,理发沐浴,亦由本院设备"③。另外,村治学院教学各部所用讲义由学院统一免费发放,其他学习用具则由学生自备。"本院教学,注重讨论、研究及实习,其各科间有提纲

---

① 梁漱溟:《河南村治学院组织大纲·学则及课程》,见河南省政协文史资料研究委员会编:《河南文史资料》第二十辑,豫刊证字第 16 号,1986 年版,第 11 页。
② 梁漱溟:《河南村治学院组织大纲·学则及课程》,见河南省政协文史资料研究委员会编:《河南文史资料》第二十辑,豫刊证字第 16 号,1986 年版,第 12 页。
③ 梁漱溟:《河南村治学院组织大纲·学则及课程》,见河南省政协文史资料研究委员会编:《河南文史资料》第二十辑,豫刊证字第 16 号,1986 年版,第 9—10 页。

等,由院编印发给,不征讲义费外,所有参考书籍笔墨纸张等,概归学生自备。"①

村治学院的办学目的是培养乡村自治及服务人才,因而对学生结业有严格的要求,"凡学生结业,必须具有解决乡村各种问题之知识能力,及勤劳奋勉之精神,乃副初旨。其有修业期满,而不足以副此者,本院得缓予结业,或不予分派服务"。而不能达到要求的毕业生则要受到一定程度的惩罚,"本院学生,未经结业,中途自请退学者,或因重大过犯,开除学籍者,应追偿其修业期间膳宿服装各费"。② 学生毕业后,村治学院对合格毕业生分配工作,把不同部门的学生分置于不同的工作单位,《河南村治学院组织大纲》之"学则及课程"对学生结业待遇的相关内容作了详细规定:

> 第十六条　农村组织训练部、农村师范部、村长训练部,各学生修业期满,经本院准予结业者,结业后由本院呈请省政府分派各地方或发交各本县服务。其农林警察部结业学生,酌留本院,余由本院分派或介绍各处服务。各结业学生服务情形,每月须向本院作详细报告,以便考验其成绩而为之指导。
>
> 第十七条　本院结业学生,经分派服务后,如有自行他就者,应追偿其修业期间膳宿服装各费。
>
> ……
>
> 第十九条　农业实习生,以农业技术实习有成,经本院农场主任认许者为结业,结业后愿在本院服务者,量给薪资,自愿他就者亦听。
>
> 农业实习生入场满一年未经结业,而农场主任认为工作成绩优良者,亦得酌给津贴。③

---

① 梁漱溟:《河南村治学院组织大纲·学则及课程》,见河南省政协文史资料研究委员会编:《河南文史资料》第二十辑,豫刊证字第 16 号,1986 年版,第 10 页。

② 梁漱溟:《河南村治学院组织大纲·学则及课程》,见河南省政协文史资料研究委员会编:《河南文史资料》第二十辑,豫刊证字第 16 号,1986 年版,第 10 页。

③ 梁漱溟:《河南村治学院组织大纲·学则及课程》,见河南省政协文史资料研究委员会编:《河南文史资料》第二十辑,豫刊证字第 16 号,1986 年版,第 10 页。

河南村治学院出于对培养乡村自治及建设人才紧迫性及其现实意义的高度认识,对学生入学后的学习及生活给予充分保障,学生结业也有服务农村社会领域或部门工作的定向性安排,同时允许部分毕业生自主就业,这对办学的有序稳定及质量效果都有促进作用。但是,这样的计划设计显然带有理想主义的成分,对教育经费需求量加大,长此以往将会造成对办学持续性的经济压力。

第四节 河南村治教育实验的终结

在教育行政管理的统辖归属上,河南村治学院隶属于河南省政府,不受省教育厅管辖。这虽然在一定程度上突显了其地位及意义的特殊之处,却又因其管理的归属而发生混乱,并易于产生办学权责及义务的纷争。村治学院在具体办学中,就遭到教育厅和建设厅的反对,学院的工作进展很困难。"该院创办伊始,因系彭禹廷直接向省府接洽的,'不隶属于教厅,而教厅反对;因为校址在百泉,须要第六区农场作实习,而建设厅反对'(《彭禹廷讲演集》),所以学院的一切事情都相当困难。"[1]

河南村治学院最终因蒋阎冯中原大战而终结,从建立到终结不满一年。梁漱溟回忆称:"1930年蒋阎冯中原大战,村院成立未满周年,即以蒋军入主开封而告终。学生三百余人结业散去,其中有以精神感召始终不失联系者数人,为孟宪光,赵道一(德庆),李健三、常泰和等。"[2]彭禹廷在一篇讲演中对此也有印证:

> 当兄弟办河南村治学院的时候,本打算办上三二年,仔细研究,确有心得之后,再到乡间为大家谋幸福。不料村治学院才开学半年,内

① 冯文纲:《河南村治学院始末》,见河南省政协文史资料研究委员会编:《河南文史资料》第二十辑,豫刊证字第16号,1986年版,第19—20页。
② 《略记当年师友合合之缘(续)》,见中国文化书院学术委员会编:《梁漱溟全集》第七卷,山东人民出版社2005年版,第420页。

乱就起来了,河南又偏偏是作战区域,交通梗阻,添招新生困难,兼之
韩主席去后,帮学院忙的人很少,实在是不容易往前进行!……辉县
县长李晋三收抚几百土匪,首先与学院为难,把学院抢掠一空。省城
贪污之辈,根本上不赞成村治,又竭力从中破坏。①

河南村治学院办学一年多的时间,即匆忙停办,其直接或最大的原因,
或许归诸军阀之间的战争,即中原大战导致的社会混乱和危机历史场景下
的牺牲品,但是也与办学经费筹集不畅,河南省政府部门间推诿、敷衍经费
拨付,乃至于下调款项数目,对学院办学带来直接打击有更紧密关系。

彭禹廷离院不久,蒋介石的部队进驻开封,河南省代主席张钫下令将
河南村治学院取消。紧接着,刘峙到省,省政府正式成立。前河南省主席
韩复榘电请予以维持,因复将该案提出,交民政厅核办。民政厅长张钫拟
改设地方行政人员训练所,经省府会议通过。村治学院得此消息后,以各
部学生结业期近,即结束院务,办理交接。河南村治学院停办后,农场地亩
拨归建设厅,藏书归汲县城内之河南省立第五师范,院址归省立百泉乡村
师范学校。

俗语称:"皮之不存,毛将焉附。"并非是教育实验低效或教育质量自
身的缘由致使河南村治教育实验的基地停止活动,而是社会环境动荡及办
学基础动摇自然导致了该教育实验流产并终结。河南村治学院停办以后,
原副院长梁耀祖专程去济南向韩复榘报告,韩复榘表示欢迎他们到山东继
续试办。他们商量之后以为"村治"一词不如"乡村建设"通俗易晓,又以
河南村治学院偏于训练人才而缺乏研究之意,遂决定易名为"山东乡村建
设研究院",并决定建校于山东邹平县。从中可以看出梁漱溟投身乡村建
设活动顺序更替的衔接,同时体现出活动内容的转变过程中阶段间的链接
关系。

---

① 冯义纲:《河南村治学院始末》,见河南省政协文史资料研究委员会编:《河南文史资料》第二十辑,
豫刊证字第 16 号,1986 年版,第 20 页。

第八章　山东邹平乡村教育实验(上)

　　1931 年 6 月,山东乡村建设研究院成立,长达 7 年的山东邹平乡村教育实验工作由此开始。1933 年 1 月,梁漱溟主持创设"邹平县政试验县",进行了一场集政治、经济、文化为一体的综合教育改革实验。该实验试图通过在乡村实行学校教育与社会教育的多种组织形式,并对乡村教育培养目标、课程编制及教学内容、组织形式、教学方法等方面加以具有特色的设计,实现乡村复兴、民族独立、国家富强的社会现代化理想目标。通过梁漱溟及其同仁的努力,在民国时期乡村建设运动史上创立了名震一时的"邹平模式"。

第一节　山东邹平乡村教育实验概述

　　20 世纪二三十年代在中国兴起的乡村教育实验,旨在从教育农民着手,改进乡村生活和推进乡村建设。作为一种教育思潮或教育运动,乡村教育吸收或综合了以前教育改革的一些理论成果,加以不同的取舍,从不同的角度、层次,以广大乡村为园地进行种种试验,取得了丰富的理论成果与实验成效。其产生的原因似较复杂,一般说是当时农村成了社会政治、经济、军事等各方面问题的中心与焦点,农民问题引起了社会的广泛关注,思想界对东西文化,尤其是人生问题争论激烈。反映在教育上,一些教育家认为中国近代教育制度是抄袭外国的,不适合社会的现实,更不适合中国农村社会的需要,农村教育特别落后,亟待改革。尤其是在中国近代农村饱受天灾人祸,农村经济处于崩溃破产的边缘之后,有的教育家就提倡到乡村去、民间去,不但极力鼓吹,制造舆论,而且实地从事,见诸行动。他们将前阶段的平民教育思潮引向乡村,并吸收他种教育思潮的滋养,加以糅合改造,通过实验,提出关于乡村教育的种种观点、学说。此后,关于复兴农村、建设农村的呼声就成为一种社会思潮。无疑,梁漱溟主持的乡村建设派山东邹平乡村教育实验在其中独领风骚,堪为一枝独秀。

一、山东邹平乡村教育实验简介

1929 年韩复榘任河南省主席时,曾支持彭禹廷、梁仲华等在河南辉县百泉设立河南村治学院。1930 年,韩复榘就任山东省主席,在梁仲华等人的请求下又把河南村治学院的大批人马搬到山东继续搞乡村建设实验。韩复榘代表省政府的支持与赏识,是山东乡村建设研究院得以建立和推广乡村建设的早期主要缘由。"搞改造,自己没有实验的地方,必须依靠上层力量,省主席是上层,不划给我们地方,我们就没法干,是靠他们取得的机会。"[1]

山东乡村建设研究院拥有三块实验区,分别是邹平、菏泽、济宁。这三处分别处于梁漱溟、孙则让、梁仲华的领导下,体现出各自的特点。邹平实验区作为研究院的第一块实验区,得到研究院、山东省府、其他乡村建设流派乃至国民政府关注,成就最大,实验内容较全面,涉及乡农学校、村学、乡学、合作经济、县政改革、乡村自卫、医疗卫生等。研究院秘书徐树人曾问过梁漱溟乡村建设运动为什么一定要在山东搞,梁漱溟这样回答:

① 成学炎:《梁漱溟先生谈山东乡村建设》,见山东省政协文史资料委员会、邹平县政协文史资料委员会编:《梁漱溟与山东乡村建设》,山东人民出版社 1991 版,第 86 页。

　　除了山东之外还有什么地方能允许我们这样搞呢？原来意趣不一致的，到事实面前可能渐渐一致；原来意趣一致的，遇到事实又可能不一致了，天下事只可能因形势造形势，一处打钟多处应，虽然我们在此地搞，我们的目光却不局限于一时一地，事实上经济问题、政治问题、农民问题，又哪能在一时一地得到解决的呢？①

　　这说明梁漱溟对乡村建设运动的复杂性及实施中可能遇到的困难有充分估计，并且乡村建设的方案及成效并非只有区域性的价值定位，而是谋求全国的大面积推广。

　　对于当时中国的政局，梁漱溟有自己的看法。他认为由于中国没有西洋那样强大的资产阶级，不可能形成一个现代统一国家。中国的统一只有在乡村建设的地方自治的基础上实行联合才能实现。这种看法为地方军阀割据提供了部分依据，直接满足了时任山东省政府主席韩复榘巩固和加强其军阀统治的需要。"韩复榘对梁漱溟先生非常尊敬，称之为梁先生而不名，在有关乡建工作方面可谓言听计从，任凭他放手去做。有一次韩复榘在省政府纪念周上讲话说：'我就是迷信梁先生啦。'"②这段对话充分说明了韩复榘对梁漱溟和乡村建设研究院的支持程度。山东省政府对管辖或控制下的有利于自己统治的乡村建设行为都是支持的。以经费为例，韩复榘1931—1934年分别拨款额为：107580元、117780元、122900元、116700元。③没有这几十万元的经费支持，梁漱溟的试验可谓"巧妇难为无米之炊"，寸步难行。国家宪政要以地方自治为基础，省也是地方，但是太大。从基础做起，就是从最基层开始做，搞乡村的自治，从一乡一村的地方自治；一乡一村的自治搞好了，宪政的基础也就有了；自治需要具备一定的能力，就要培养农民的团体意识。因此，乡村建设应注重成立合作社以培养农民的合作意识和团队精神，办乡农学校以教会识字，以形成行使自治权利基本的能力。

①　徐树人：《我担任邹平实验县县长的前前后后》，见山东省政协文史资料委员会、邹平县政协文史资料委员会编：《梁漱溟与山东乡村建设》，山东人民出版社1991年版，第97页。
②　万永光：《梁漱溟先生及其在山东从事乡村建设活动》，见山东省政协文史资料委员会、邹平县政协文史资料委员会编：《梁漱溟与山东乡村建设》，山东人民出版社1991年版，第28页。
③　韩明汉：《中国社会学史》，天津人民出版社1987年版，第159页。

正是基于这种理解和认识线路,自1931年到1937年,在梁漱溟主持下,乡村建设的改革办法在山东全省许多地区推广实行。1937年"七七事变"之后,日本侵略军的铁蹄大举侵入山东。随着山东省军阀、省政府主席韩复榘的不战而逃,梁漱溟在鲁呕心沥血创办的长达7年之久的乡村建设实验不得不中止。在张澜的支持下,梁漱溟来到四川,同部分乡村建设的骨干创办了南充民众教育馆,由于民众教育馆有亲近共产党的倾向,国民政府容不下它的存在,最后被迫停办。无奈之下,他来到了抗战的大后方重庆。在重庆北碚继续其"勉仁学系"的办学育人与讲学著述活动。

二、现代乡村教育实验的历史背景

1840年6月鸦片战争爆发,西方列强凭借强大的军事力量打开中国大门,导致中国的社会性质发生变化,中国的领土完整和国家主权遭到破坏,民族危机日益加深。洋务运动、维新变法、清末"新政"虽在某些方面取得一定成绩,但无法从根本上改变中国落后挨打的局面。1911年辛亥革命爆发,推翻了统治中国两千多年的封建帝制,使中国大地经历了一次民主的洗礼。1912年中华民国的建立,开创了中国首个民主共和政体,使民主共和观念得到广泛传播。然而,好景不长,袁世凯篡夺辛亥革命的胜利果实,对外勾结帝国主义,对内实行独裁统治,复辟帝制,引起全国各界的不满。袁世凯倒台后,中国陷入军阀分裂割据的局面,军阀常年混战,帝国主义加紧瓜分中国,社会动荡不安,百姓生活苦不堪言。南京国民政府成立后,虽在形式上统一中国,但新军阀之间战争不断,帝国主义仍然通过不同方式操纵中国,致使民族危机丝毫没有得到缓解。

在经济方面,农村经济日益衰败。鸦片战争后,资本主义列强向中国大肆倾销农产品,中国自给自足的自然经济受到极大冲击并逐渐解体,农业发展严重滞后,农村经济陷入凋敝。民国建立后,这一状况非但没有得到改善,反而更加突出。各地军阀长期混战,土地兼并现象十分严重,自然灾害和匪患严重,农民赋税负担沉重。这些因素加剧了农村经济的衰败,使农村的经济发展受到极大冲击。

在教育方面,农村教育日益落后。先前,农村子弟可通过科举考试进入仕途,但科举废除后,农村教育的发展十分滞后,农村子弟失去接受教育以及进入仕途的渠道。从清朝末期开始,现代学制和教育被引入中国,传统私塾被各类学校代替,但新式学堂大多集中在城市,广大农村仍旧只有少数私塾,乡村教育没有引起重视。此外,教育机会不平等,受教育权被城市所垄断,农村子弟很难有机会进入新式学堂接受新教育。

> 从前念书的机会很容易得到,破庙里面,一样苦读;寻常书房中,贫寒子弟,束脩可拿可不拿,或者少拿。现在念书,必进学校,学校是大规模的团体,章程律则,限制极严(学费须照章缴纳),不得有情面的通融,渐走入机关固定里去,非复从前之灵散活便矣。从前念的书,不外"四书""五经",得来甚易;现在愈是高等学校,愈要念外国书,或到外国念书,上学费用,较前甚相悬殊。供给一个中等学生,须是有很多田产的人家;间有贫苦的学生,也是很少的例外。大学留洋,更非一般穷苦的人所敢妄想。而在教育上机会优越的人(就是垄断学术的人),同时其在政治上的机会亦优越——易于得"权",经济上的机会亦优越——易于得"财",有权有财的人,其子弟愈得受高等教育,愈得营利,愈得掌权;如此辗转相连,逐渐走往垄断里去。从前士非世袭,现在则比较固定;从前士无垄断,现在则渐有垄断:此是教育机会的被垄断。[①]

在当时的这种社会历史背景下,一些爱国教育家和教育团体,幻想用改良主义的方法,通过乡村教育发展农业生产,改造农民生活,恢复或改善农村的伦理风尚,稳定农村社会。在内容与方法上集中在三方面:一是乡村教育的普及化,二是乡村教育的社会化,三是乡村教育的职业化。教育家围绕着这三个中心问题开展试验,进行深入探讨,掀起了一股强劲有力的乡村教育思潮。据《第二次中国教育年鉴》统计,到 1935 年,各种教育实验区有 193 处,遍及全国各地。其中影响较大的,在南方有中华职业教育社的农村改进实验、陶行知创办的晓庄乡村师范学校和山海工学团;北方有中华平民教育促进总会的定县实验区和梁漱溟的乡村教育实验等。

---

① 《乡村建设理论》,见中国文化书院学术委员会编:《梁漱溟全集》第二卷,山东人民出版社 2005 年版,第 210—211 页。

教育家及其他人士对乡村教育理论的探讨及有关的实践活动主要是通过乡村教育实验来体现的。

乡村教育实验,泛称为乡村教育运动,时限范围约在 20 世纪 20 年代末至 1937 年"七七事变"日军发动全面侵华战争,各项包括教育在内的社会建设事业被迫中止。大约 10 年的时间里,全国各地兴办的乡村建设、农村改造、民众教育、自治实验计划共 63 处,列表如下:①

名　称	所在地	开始年份	主办机关
中山村	安阳	1925	中华农村促进会
北碚峡防团务局	四川北碚	1927	峡防团务局
开弦弓丝业合作社	吴江	1927	本地自办
徐公桥乡村改进会	昆山	1928	中华职教社
唯亭山农村服务社	唯亭	1928	苏州青年会
东乡自治区	萧山	1928	国民党党部及本地
黄墟农村改进会	镇江	1929	中华职教社等
善庆农村学校	绍兴	1929	中华职教社
汤山实验区	南京	1929	省立汤山民教馆等
河南村治学院	辉县	1929	豫省府
新农试验场	绥远萨拉齐	1929	绥省府
社桥村实验民众教育馆	无锡	1930	江苏省立教育学院
高长岸实验民众教育馆	无锡	1930	江苏省立教育学院
中冷新村	镇江	1930	江苏义教联合办事处
十家墩新农村	唯宁	1930	江苏建设农矿厅
乌江实验区	和县	1930	金陵大学
台山实验区	台山	1930	女青年会
福生园实验区	烟台	1930	女青年会

---

① 　杨懋春:《近代中国农村社会之演变》,台湾巨流图书公司 1984 年版,第 107 页。

名　　称	所在地	开始年份	主办机关
新造乡民学校	番禺	1930	不详
镇平自治区	镇平	1930	本地自办
黄沙坞村信用兼营合作社	海盐	1930	本地自办
清河镇乡村社会实验区	清河	1930	燕京大学
俞塘改进区	上海俞塘	1930	俞塘名教馆
定县实验区	定县	1930	平教会
五里亭改进区	闽侯	1930	闽教厅
善人桥农村改进会	吴县	1931	中华职教社
顾高庄农村改进会	泰县	1931	中华职教社
诸家桥农村实验学校	余姚	1931	中华职教社
白沙改进区	鄞县	1931	中华职教社
香泉学校	汲县	1931	不详
羊山实验区	九龙	1931	香港青年会
界沟实验区	南汇	1931	地方自办
山东省乡村建设研究院	邹平	1931	鲁省府
长安村农村改进区	萧县	1931	不详
北夏普及民教实验区	无锡	1932	江苏省立教育学院
惠北普及民教实验区	无锡	1932	江苏省立教育学院
西善桥乡村实验区	江宁	1932	省立南京教馆
山海工学团	宝山	1932	不详
东安农村改进区	武进	1932	本地自办
湖塘桥农村改进区	武进	1932	本地自办
龙山农村服务社	济南	1932	齐鲁大学
李村九水等乡建设办事处	青岛	1932	青岛市府
东阳家庄农村改进社	太原	1922	铭览学校

名　　称	所在地	开始年份	主办机关
华北工业改进社	北平	1932	中华基督教协进会
丁桥农村服务社	芜湖	1932	芜湖青年会
湖南棉业试验场	长沙	1932	省县合办
广西垦镇水利试验区	柳城	1932	广西省府
下蜀自治实验区	句容	1932	省立南京民教馆等
高俞卫生实验区	上海	1933	上海市政府
莫干农村改进会	莫干山	1933	本地自办
浙江第一农村合作社	杭县	1933	浙建厅
湘东乡生活改进实验区	萧山	1933	湘湖乡师
平山村自治实验区	惠阳	1933	惠阳乡师
土屋民教实验区	济南	1923	鲁省立民教馆
祝甸民教乡村实验区	济南	1933	鲁省立民教馆
河北省县政建设研究院	定县	1933	冀省府
洛阳实验区	洛阳	1933	中国社会教育社等
北平师大乡村教育实验区	杭县	1933	北平师大
金家巷农村会二社	上海金家巷村	1933	大夏大学
浙江第一农村合作实验区	杭县	1933	浙建厅
江津实验区	江津	1933	江津平教会
沈家村横板桥顾家桥	杭县留下	1934	浙江地方自治专修学校
凌家桥民众教育实验区	杭县	1934	浙江省立民教馆

　　乡村教育是乡村建设的组成部分,也是重要途径或方式。乡村建设倡导者的立场、观点并不相同,所办的乡村事业也各有特点。有的以教育为中心,有的以生产为中心,有的以政治组织为中心,有的把政治、经济与教育事业综合进行,众多的乡村教育实验对社会改革与教育实践产生了不同

程度的影响。

三、梁漱溟文化改造观视野下的乡村教育

早在北京大学教育实践的后期，梁漱溟即完成了由佛向儒的思想转变，其代表性的作品即为《东西方文化及其哲学》，"这本书的内容主要是把西洋、中国、印度不相同的三大文化体系，各予以人类文化发展史上适当的位置，解决了东西文化问题"①。促成他完成这项工程或转变历程的场景，确实有与王守仁遭贬黜困居贵阳郊区山岭阳明洞的"龙场顿悟"相似的戏剧性一幕。不过，与创立"心学"体系的王守仁由理学转型、改造而成心学派不同，梁漱溟不仅实现佛儒的更替，更是带有对儒学掺入西学思想方法及知识观念的新阐释。梁漱溟的教育实验明显带有西学特色以及现代科学的方法，当然也具有更稳健、积极的精神。

20世纪30年代，梁漱溟应山东军阀韩复榘之邀，赴山东邹平创设"乡村建设研究院"，并主持乡村教育实验。与陶行知等以改革学校教育特别是教学中存在的弊端作为出发点不同，梁漱溟以"中国文化失调和重建理论"为依据，基于中国社会困境的出路探寻而转向乡村教育实验，更带有社会化及整体性的一面。"我心中的问题，归纳起来主要的不外两个：人生问题与社会问题（中国问题）。我早自少年时期对人生问题有过烦闷，有过追求。而当我是一个中学生的时候，又对社会问题——处于危亡之中的中国如何自救图存十分关心。"②

（一）中国社会问题是一个文化的改造问题

在梁漱溟看来，中国自道光时期开始的近百年历史，可以说是一部乡村破坏史，主要原因就是西方文化传入后，中国传统文化抵御不了，为了求生存，只好向西方学习；但中西文化不同，中国文化的特征是乡村文化，而西方文化是一种都市文明，这种文化的冲突，最终导致了中国文化的日趋崩溃。即乡村社会的衰落，完全是由于中国文化的改变和破坏所造成的。

---

① 梁培宽编：《梁漱溟自传》，江苏文艺出版社1998年版，第46页。
② 鲍霁主编：《梁漱溟学术精华录》，北京师范学院出版社1988年版，自序第2页。

由此，他主张通过一个全新的文化建设，来拯救陷入水深火热之中的农村，用他本人的话，"乡村建设"包含两层意思："一因乡村破坏而有救济乡村之意；二因中国文化要变而有创造文化之意。"乡村建设运动就是"从创造新文化上来救活旧农村"①。"从我所要作的社会运动看去，正是一种最实在的文化运动。我的乡治主张正是切就政治问题经济问题，而为人生大道的指点。"②

梁漱溟由文化的讨论进一步深入到对中国社会组织结构的探讨。这种路向仍属于其文化探讨的一部分。他认为，一个社会的文化要以其社会组织构造为骨干，中国既不同于西洋近代社会"个人本位、阶级竞争"的资本主义社会，也不像俄国那样"社会团体本位、无产阶级国家独裁"的社会主义社会，更不是中国共产党所说的阶级对立，存在着帝国主义、封建主义和官僚资本主义"三座大山"的半封建半殖民地社会，而是一个"伦理本位，职业分立"的社会。所谓"伦理本位"，就是指人与人之间的关系没有阶级利益的冲突，整个社会受着"伦理关系（情谊关系）""义务关系"的支配，讲"礼让"，重"不争"。这种关系始于家庭，并表现于社会政治、经济的各个方面。所谓"职业分立"，就是在中国只有一行一行不同的职业，而不存在两面对立的阶级。③ 为士、为农、为工、为商，各有前途可求，而没有阶级之间的对立，既没有贵族与奴隶、资本家与劳工阶级、地主与农民的对立，也没有官与民的对立。从皇帝到芝麻官都是"父母官"，人人平等，人人都有升迁的机会。维持中国的社会秩序，靠的是社会礼俗，重在教化，而不是法律。

自西洋文明输入以后，中国的这种传统组织结构被破坏了，陷入一种"旧辙已破，新轨未立"的境地，这种境地便是文化的失调。"中国问题并不是什么旁的问题，就是文化失调；——极严重的文化失调，其表现出来的

① 《乡村建设大意》，见中国文化书院学术委员会编：《梁漱溟全集》第一卷，山东人民出版社 2005 年版，第 615 页。
② 《主编本刊〈〈村治〉〉之自白》，见中国文化书院学术委员会编：《梁漱溟全集》第五卷，山东人民出版社 2005 年版，第 24 页。
③ 《乡村建设理论》，见中国文化书院学术委员会编：《梁漱溟全集》第二卷，山东人民出版社 2005 年版，第 168—170 页。

就是社会构造的崩溃,政治上的无办法。"①正因为如此,"不从根底上为整
个社会重建一新机构的工夫,而只是想消极地消灭军阀,或片面的安设一
政治制度(起草中国宪法,讨论民主抑或独裁),都是梦想"②。梁漱溟在这
里实际上指出了中国问题的关键在于社会重建。现代中国许多人都认为
现代化的任务只是一个制度建设的问题,却没有看到制度底下的社会结构
才是制度得以真正建立和良性运转的保证。基于此,中国问题千头万绪,
关键在于社会构造问题,而文化的改造及重建则是其中的制衡杠杆或内在
机制。

(二)只有乡村问题解决了,社会才有出路

什么是乡村建设? 梁漱溟说:"自中西两个不同的文化相遇之后,中国
文化相形见绌,老文化应付不了新环境,遂不得不改变自己,学西洋以求应
付西洋;但结果学西洋没有成功,反把自己的老文化破坏了,把乡村破坏
了。"所以,现在最要紧的就是得赶快想办法,"创造新文化,救活旧农村",
"开出新道路,救活老民族",这就叫作"乡村建设"。关于乡村建设的内容,
顶要紧的是"改良农业,办合作社,办乡村教育,办乡村自治、乡村自卫等
等",其中"农民自觉乡村组织是解决乡村问题的基本条件"。③

乡村建设即文化问题,但目的却不只在文化本身,而应是政治、经济、
文化诸问题的综合解决,它是"从乡村开端倪,来创造一个新文化,创造一
个新社会制度"。乡村建设或乡村自治不是狭隘的"当今建设事业之一",
而是整个社会自救和重建一个新社会组织构造的要求,"我是看作民族自
救运动四五十年来再转再变,转变到今日——亦是到最后——的一新方
向。这实是与四五十年来全然不同的一新方向"④。所以,从事乡村建设

---

① 《乡村建设理论》,见中国文化书院学术委员会编:《梁漱溟全集》第二卷,山东人民出版社 2005 年
版,第 164 页。
② 《乡村建设理论》,见中国文化书院学术委员会编:《梁漱溟全集》第二卷,山东人民出版社 2005 年
版,第 165 页。
③ 《乡村建设大意》,见中国文化书院学术委员会编:《梁漱溟全集》第一卷,山东人民出版社 2005 年
版,第 614—615 页。
④ 《主编本刊(〈村治〉)之自白》,见中国文化书院学术委员会编:《梁漱溟全集》第五卷,山东人民出
版社 2005 年版,第 21 页。

运动,就是中国民族自救运动的最后觉悟。

梁漱溟断言:"其实是要农村兴盛,全个社会才能兴盛;农村得到安定,全个社会才能真安定。设或农村没有新生命,中国也就不能有新生命。我们只能从农村的新生命里来求中国的新生命;却不能希望从中国的新生命里去求农村的新生命。我的所谓乡治,就是替农村求新生命的方法。"① 又说:"只有乡村安定,乃可以安辑流亡;只有乡村产业兴起,可以广收过剩的劳力;只有农产增加,可以增进国富;只有乡村自治当真树立,中国政治才算有基础;只有乡村一般的文化能提高,才算中国社会有进步。总之,只有乡村有办法,中国才算有办法,无论在经济上、政治上、教育上都是如此。"②

20 世纪二三十年代,中国思想界出现了以农立国还是以工立国的争论。20 年代的论战,双方阵线比较明朗。一方是以章士钊、董时进为代表的以农立国派,主张放弃工业化道路,"返求诸农";另一方是以杨明斋、恽代英、孙倬章等为代表的以工立国派,主张坚定地走工业化道路。30 年代论战参加者甚多,加上参战各方出发点不尽相同——有的是意于如何促进工业化,有的更关注如何挽救目下的经济危机,有的从农村着眼,有的从都市出发,所以论战并没有形成 20 年代那种对一个问题两派对垒的鲜明格局。③ 其中,梁漱溟主张的是"先农后工",认为在中国特定的社会背景中,复兴农村,或建设农村是第一要务。工业化是不可避免的,甚至是必需的,但只有农村得以复兴,工业化才有望成功,整个民族经济才能健康运行。梁漱溟后来在山东邹平进行的以教育为核心的乡村建设运动及实验,其思想内涵也即在于此。这种认识生成的历程及渊源关系却是在其早期地方教育活动的摸索之中。

可以说,梁漱溟始终坚持中国社会的出路及目标在于工业化与现代

---

① 《抱歉——苦痛——一件有兴味的事》,见中国文化书院学术委员会编:《梁漱溟全集》第四卷,山东人民出版社 2005 年版,第 840 页。

② 《山东乡村建设研究院设立旨趣及办法概要》,见中国文化书院学术委员会编:《梁漱溟全集》第五卷,山东人民出版社 2005 年版,第 225 页。

③ 周积明、郭莹等:《震荡与冲突——中国早期现代化进程中的思潮和社会》,商务印书馆 2003 年版,第 352、358 页。

化，而不是其他，这也正是新儒者的除旧布新之所在，明显地与国粹派或文化守旧主义有本质差异。新中国成立后的 1956 年 9 月，梁漱溟从报纸上得知中共八大召开的消息。中共八大宣告，"无产阶级与资产阶级之间的矛盾已经基本解决"，"今后的主要任务是把我国尽快地从落后的农业国变为先进的工业国"。他惊呼："这个结论实在太妙，好得不能再好。"其实是在期盼中国能掀起一个新的经济建设高潮。梁漱溟在临终前的 1988 年上半年，还曾对访谈者汪东林说了如下诚挚动人的话：

> 的确，那时的我，连做梦也未曾想到，在我返回重庆不多久，蒋介石就撕毁了停战协定和政协协议，全面打响了内战；更没有想到，在短短的三年之后，蒋介石国民党真的垮了台，而以毛泽东为首的中国共产党人创建了中华人民共和国，终于在中国开始了长时期的认真的经济建设，实现了我当初梦寐以求而不知如何得以实现的梦想。[①]

梁漱溟的乡村建设与教育理论是有关国家富强、民族振兴的一整套设计方案，而非仅仅是为了解决乡村问题。正如他自己所说："我所主张的乡村建设，乃是解决中国的整个问题，非是仅止于乡村问题而已。"他认为中国社会的崩溃源于中国文化的失败，必须把引自西方的"团体组织"和"科学技术"应用于乡村，推行乡村教育，构造新的社会组织，复兴农业，从农业引发工业，实现国家的工业化，才能完成中国社会的现代化重建和民族复兴。

（三）乡村建设之道在实行乡村教育

以经济建设为中心的中国社会发展是梁漱溟一生矢志不渝、努力奋斗的理想目标。他在 1946 年日本战败投降后为国内和平、民主大计二次赴延安，对毛泽东、朱德、任弼时等中共领导人兴冲冲地讲述了自己的人生愿望及现实感受：

---

① 汪东林：《1949 年后的梁漱溟》，当代中国出版社 2007 年版，第 44 页。

本世纪初以来,中国就是不间断地军阀割据,你争我夺,只有破坏,没有建设。南京国民政府名义上统一了中国,实际上也忙于打仗,内战没有打完,便来了日本人,在战火中又过去了八年,同样什么建设也没有搞。

我本人是清末民初的同盟军会会员和国民党党员,虽然后来脱离了,进大学教书,又搞乡村建设运动,但曾经对国民党执政后能认真而长时期地进行经济建设寄予希望。但末后我失望了,他们没有能这样做,相当不少的人做了官就只顾肥私,国家、民族的利益被丢在一边,腐败的现象一天比一天严重。政府部门和官员对经济建设没有长期的规划、方针,有的也订了发展计划,实际上大都是一纸空文,不实行亦无人追究,占第一位的始终是为不断打仗而不断扩大的军队、武器和军需。对国民党执政近20年的状况,大失所望的不仅仅是我,所有真正为国家、民族前途设想的人都不满意,连国民党人士中的若干朋友也不讳言。[1]

梁漱溟认为,担当民族自救的乡村建设运动离不开教育,或者说,运动的本身就是一项教育工程。因为中国的社会改造实质就是"如何企及现代文明之问题",就是"融取现代文明以求自身文化之长进"的工夫,而"此融取而长进的工夫固明明为一巨大之教育工程,则势且必特有其教育设施而后可"。[2] 那么,什么是他所理解的教育呢?"在学校里读书是教育,在家里做活也是教育,朋友中相得的地方是教育,街上人的谈话,亦莫不是教育,教育本来是很宽泛的东西。"总之,他认定的教育是广义的,凡生活均有教育。"教育的功用,不外为'绵续文化而求进步'。换句话说,就是'不使文化失传,不使文化停滞不进'。"在他看来,这种教育功用强大无比,不仅能培养人,传播文化,还改造社会。"如果教育能尽其功用,论理说社会上不应当再有暴力革命,因为社会出了毛病,教育即可随时修缮改正,固不

---

① 汪东林:《1949年后的梁漱溟》,当代中国出版社2007年版,第42页。
② 《社会本位的教育系统草案》,见中国文化书院学术委员会编:《梁漱溟全集》第五卷,山东人民出版社2005年版,第401页。

待激起暴力革命而使社会扰攘纷乱也！人类社会所以有革命,就因为教育不居于领导的地位。"①

　　他又从新的社会组织何以重建角度论述:"现在已破坏到体无完肤,不堪收拾,非从头建设起不可！这一个从头建设的工作,全是教育工作。我们一点一滴的教育,就是一点一滴的建设,一点一滴的建设,无非是一点一滴的教育;只有从一点一滴的教育着手,才可以一点一滴的建设！"②这样,走教育的路,以理性的办法来改造中国,而不是靠暴力"强弄""硬造",就成为逻辑思辨的结果,也是明智选择的唯一出路。那么,教育的路又从何而起步呢？起点不在城市,却在乡村。乡村建设之道在于实行乡村社会教育,"此刻的中国,天然的要着重民众教育,或说社会教育。此民众教育或社会教育,即乡村建设。中国的民众多在乡村,故民众教育即乡村民众教育。中国社会是乡村社会,故社会教育即乡村社会教育。此种教育是很活的,很实际的教育,此教育即乡村建设"③。由此可见,这里关于教育的含义理解重在非制度化的社会教育,而非学校教育,但又未排斥学校的组织机构及办学形式;乡村教育与乡村建设不仅是途径与目标的关系,而且是带有一体化与同构性的统一。对此,下节还将进一步阐述。

第二节　梁漱溟乡村教育实验的理论建构

　　梁漱溟主持的在山东邹平、菏泽、济宁等地进行的乡村建设改革实验是以教育为中心设计并推行的,在整个区域内将政治、经济、文化与教育结合为一体,因此,也是一种教育社会化或大教育工程的实验。该项实验的

---

① 《社会教育与乡村建设之合流》,见中国文化书院学术委员会编:《梁漱溟全集》第五卷,山东人民出版社 2005 年版,第 433—434 页。

② 《社会教育与乡村建设之合流》,见中国文化书院学术委员会编:《梁漱溟全集》第五卷,山东人民出版社 2005 年版,第 435 页。

③ 《社会教育与乡村建设之合流》,见中国文化书院学术委员会编:《梁漱溟全集》第五卷,山东人民出版社 2005 年版,第 436—437 页。

指导思想就是梁漱溟经过探索加以建构的独特而丰富的乡村教育实验理论,而其中的某些内容又在乡村建设与教育改革的实践基础上有所补充,并加以丰富和具体化的总结。

一、乡村建设的意义

中国自古以来就是一个农业国家,农村经济的好坏对国民经济有着至关重要的影响。20 世纪 30 年代初,由于帝国主义的侵略、统治者的掠夺和天灾人祸的打击,农村经济出现了严重衰落。

随着农村经济衰落程度的加深,一些有识之士认识到农村问题的严重性,以救济乡村为目的的乡村建设运动逐渐兴起。作为现代新儒家殿军的梁漱溟指出,乡村建设运动的兴起源于乡村的破坏。乡村破坏的原因,一是天灾人祸以及乡村社会的风气转变:

> 乡村所由破坏不外天灾与人祸。所谓天灾,例如长江大水灾、黄河水灾、西北连年大旱、南方江浙旱灾等;所谓人祸,例如 1930 年中原大战,以及种种兵祸、匪患、苛捐、杂税等。又从破坏乡村的力量去分,也可分为国内的与国际的两面。上所叙多偏乎国内;而国际的力量破坏所及,尤为深远。所谓国际的,例如日本强据东北,影响于内地农村者甚大;列强经济侵略尤为谈农村经济崩溃者所殚述,可无待言。[1]

> 我看破坏乡村最重要的还是在乡间风俗习惯的改变。因为风俗习惯的改变,让乡村破坏更渐渐地到了深处。这句话怎么讲呢?本来在一个社会里边,顶紧要的就是他的那个社会制度。一个社会制度,就是他那社会里边人人所共循共由的道路。大家循由,则社会秩序安宁;否则社会秩序紊乱。所以说他实在是社会里边最要紧的一个东西。这个社会制度,有的是多由国家法律规定的,有的是靠他那个社会上的风俗习惯。我们中国即属于后者。[2]

---

[1] 《乡村建设理论》,见中国文化书院学术委员会编:《梁漱溟全集》第二卷,山东人民出版社 2005 年版,第 150 页。

[2] 《乡村建设大意》,见中国文化书院学术委员会编:《梁漱溟全集》第一卷,山东人民出版社 2005 年版,第 604—605 页。

而导致中国近几十年乡村破坏的更深层次缘由则完全是盲目学习西洋文化：

> 中国人既与西洋人见面之后，中国文化便发生了变化。……变法维新用意是如此，辛亥革命两次北伐，用意通统是如此。可是结果怎么样呢？事实俱在，我们无须讳言；所有的变，可以说通统没有成功，通统没有变好。当第一次变后，没有变好，于是再变一下；再变还是不好，于是再变；再变还不好，还不好再变……一变再变，老不见好，这可就糟了！旧的玩艺几乎通统被变的没有了！中国乡村就在这一变再变七十二变中被破坏了！①

中国是一个农业国家，秉承的是道德为主的乡村伦理文化，盲目学习以都市为本的工业国家，在东西方文明的冲突中，中国的乡村被破坏了。当务之急是必须救济乡村，乡村建设也由此而来，他说：

> 我们说过："因为近几十年来的乡村破坏，中国文化不得不有一大转变，而有今日的乡村建设运动。"因为乡村破坏而有救济乡村运动，这尚是乡村建设之由来的浅一层的意思；更深一层言之，乡村建设之由来，实由于中国文化不得不有一大转变，因为要转变出一个新文化来，所以才有乡村建设运动。②

梁漱溟指出，西洋精神与中国的精神本是不相合的。中国人没有过过团体生活，没有组织能力，当前的中国最重要的是要有团体组织。而要求得团体组织之道，在中国必须是发挥伦理精神，发挥义务观念。西洋的组织之道在由"权利观念"向"义务观念"转变，这样就达成中西具体事实的沟通调和。乡村组织，即中西具体事实的沟通调和。从乡村组织做起，从乡村开端

---

① 《乡村建设大意》，见中国文化书院学术委员会编：《梁漱溟全集》第一卷，山东人民出版社2005年版，第607—608页。
② 《乡村建设大意》，见中国文化书院学术委员会编：《梁漱溟全集》第一卷，山东人民出版社2005年版，第610页。

倪,渐渐地扩大开展成功为一个大的新的社会制度,这就是乡村建设。乡村建设包含两层意思,一因乡村破坏而有救济乡村之意;二因中国文化要变而有创造新文化之意。也就是说,"创造新文化,救活新农村"便叫作"乡村建设"。因此,他在谈到乡村建设的意义时强调:"救济乡村便是乡村建设的第一层意义;至于创造新文化,那便是乡村建设的真意义所在。乡村建设除了消极地救济乡村之外,更要紧的还是在积极地创造新文化。所谓乡村建设,就是要从中国旧文化里转变出一个新文化来。"①从中不难发现,乡村建设运动的内容及目标与乡村问题出现渊源是对应的,救济乡村与重构乡村文化是乡村建设这一核心问题不可分割乃至统一的两个部分。

　　梁漱溟又从中西文化冲突与国际竞争的关系背景下分析中国社会内部变动的机制,以进一步阐明乡村建设的必然趋势及活动方向。在他看来,近代中国人把问题看得过于简单,又急于求成,病急乱投医,今日学英国,明日学日本,后天学俄国,"于中西文化的不同,谁也没有根本地认识,而能为徐徐有步骤有计划地调整改变;只有任他支支节节在刺激与反应中,往复激宕机械地演变去。……于是,自救适成为自乱。在这自乱当中,外力更易施其技而加强其破坏。那就是说,中国社会在失其自身原有组织条理时,更失去其应付环境的能力;愈崩溃,愈陷于无能力的境地"②。中国的困境是旧辙已经脱失,而新轨却未立。"中国人现下就夹在这有意识地否认旧辙,无意识地不接受新轨的当间。而更有难者,有意识的一面代表西来的时代精神;无意识一面代表民族固有精神;二者有无可以融通之道,固已不可知;犹且是我们似乎照顾了精神,还应须照顾到事实,——如何应付现在脚下所践处的环境世界。世界是国际资本帝国主义竞争侵略的世界;我们本身是一个为其侵略下的生产技术简拙,文化老衰的民族。"③所以要解决中国问题,"须从头上起,另行改造。从哪里改造起?何

---

① 《乡村建设大意》,见中国文化书院学术委员会编:《梁漱溟全集》第一卷,山东人民出版社1989年版,第611页。
② 《乡村建设理论》,见中国文化书院学术委员会编:《梁漱溟全集》第二卷,山东人民出版社2005年版,第200页。
③ 《主编本刊(〈村治〉)之自白》,见中国文化书院学术委员会编:《梁漱溟全集》第五卷,山东人民出版社2005年版,第10页。

从理头绪？何处培苗芽？还是在乡村"[①]。因中国社会的组织构造已完全崩溃解体,舍重新建立外,实无其他办法。乡村建设乃是中国社会之新的组织构造(政治经济与其他一切均包括在内),其目标并不限于乡村问题,乃是解决中国的整个问题。

在此之前,许多关于中国问题的探讨,无非是通过改良或革命,即通过单纯的制度层面政治手段,而梁漱溟却另辟蹊径,要从社会结构的改造入手,的确见得气魄之大。他认为中国的问题在于其几千年来相沿袭的社会组织构造已经崩溃,然而新的还没有确立起来;千百年来维系中国社会和中国人之间的纽带——社会秩序已经失去了作用;礼俗、法制、德治全部遭到了破坏,中国文化失调了。中国乡村首先就是要恢复这一传统文化,农村是中国能首先恢复建设秩序的最佳选择。既然传统秩序被破坏,现有的政党、政府又毫无办法,其他的道路行不通,也与秩序的建立无益,所以就必须靠以教育为核心的乡村建设运动。

二、乡村教育的理论基础——以新儒学文化为核心

中国早期现代化的生长点与突破口都选在了工业化社会的设计及试行之中。从 19 世纪末到 20 世纪初,中国工业化思想经历了一个从无到有、由潜转显的过程。从洋务运动提倡机器大工业到戊戌变法康有为呼吁将中国"定为工国";从孙中山制定《实业计划》再到五四运动对科学与民主的宣传,都在这一轨道中行进、拓展,摇晃中前行。随着国内形势的发展和部分知识分子的不断鼓吹,工业化思想成为中国经济思想发展的主流,传统的农业经济思想遭到摈弃和冷落。然而,正当中国工业化思想风起云涌之际,向为国内知识界景仰的西方,发生了第一次世界大战。战争不仅吞噬了无数生命,破坏了大量的物质财富,也磨损了战后余生的人们对工业文明的景仰。受其影响,战后西方思想界开始了对工业化弊端的反思;中国的一部分知识分子也抬起东方文化的旗帜,高唱起农业文明的伟大。其中将改造了的儒学为代表的传统文化与乡村

[①] 《自述》,见中国文化书院学术委员会编:《梁漱溟全集》第二卷,山东人民出版社 2005 年版,第 27 页。

社会建设结合起来加以阐述并实践的代表当属梁漱溟。正是由于中国在现代化的道路上屡屡受挫,种种西方制度到了中国便成逾淮之橘,使得有头脑的人不能不看到,中国问题不是任何简单现成的方子可以解决的。它目前所处的危机与困境,在现代化进程中所遭遇的挫折及其出路,都与文化的特殊性有莫大关系。在一定层面上甚至可以说,中国现代文化问题的实质,实际是社会的出路问题。这一点恰如五四时期"科玄论战"中持玄学派捍卫中国本土文化观点的清华大学张君劢教授所称:"凡念及吾族之将来者,莫不对于文化之出路问题,为之绕室彷徨,为之深思焦虑。"①当然,梁漱溟构建用于指导乡村建设的新儒学文化思想内容不是传统儒学的翻版,而是有其独特的内涵及特色的。

(一)制定乡约,培养民众的团体意识

梁漱溟对传统的文化有很深的感情,深信中国文化仍然有强大的生命力。当面对国家的沦落和民族命运的转型时,梁漱溟选择了到古人那里寻求答案。他认为西方的社会制度本身不完整,会产生道德的堕落和一系列的罪恶,并不适应中国的实际情况。所以,实现国家的自治还需要以中国的文化作基础,这种"中体西用"的思想牢牢地占据了他青年时期的心。梁漱溟找到了一项传统的中国基层社会组织的制度——乡规民约,简称乡约,作为提高农民团体精神和合作意识,从而实现宪政与自治的良方。乡约是邻里乡村人互相约定制定的一种制度。通过共同遵守约定和相互救济,达到保民安民、安定乡村、保持秩序的目的,借以实现乡村成员共同生活和进步的理想。这就成了古代社会一些政治家或文人士绅常用的安定农村的组织形式。因其利于封建社会基层农村的政治统治与伦理教化的有效推行,所以常常受到统治阶级的推崇。梁漱溟更是对此钟情有加,甚至奉若神明,顶礼膜拜,不啻"救世法宝",直接视为乡村社会组织构造的"神符"以及文化教育的精神灵魂:

---

① 《〈明日之中国文化〉自序》,见黄克剑、吴小龙编:《张君劢集》,群言出版社1993年版,第73页。

于此我们看出，乡约这个东西，可以包含了地方自治，而地方自治不能包含乡约，如果拿现在的地方自治与乡约比较，很显然的有一个不同。现在的地方自治，是很注意事情而不注意人；换言之，不注意人生向上。乡约这个东西，它充满了中国人精神——人生向上之意，所以开头就说"德业相劝"，"过失相规"。它着眼的是人生向上，先提出人生向上之意；主要的是人生向上，把生活上一切事情包含在里边。地方自治则完全是注意事情，没注意到人生向上。这种乡约的组织，实在是西洋人所不能想象的，他做梦也梦不到能有这么一个组织。他很容易一来就到宗教里去，成为教会组织；到宗教里去就不对了，非自觉的相劝向上之意了！再不然，他就单从人的生活、事情、欲望、权利出发，而成为一个政治的组织，不含有人生向上之意。在西洋不为宗教的组织，即为政治的组织，绝不会有像乡约似的一个组织。①

梁漱溟非常崇拜明朝思想家王阳明，常常自叹不如。"我更喜欢王阳明底下的王心斋（王垠）。他是社会下层的一个人，是一个盐场的工人，并且他的门下，王心斋这一派，有许多都是农工，很普通的人。上层讲学问的人容易偏于书本，下层的人他读书不多，或者甚于没有什么文化，可是他生命、生活能够自己体会，这个就行了。"②梁漱溟既对王门学派如此钦佩，又对传统文化如此钟爱，所以乡约就成了他改造农村的首选法宝。

梁漱溟又诙谐幽默地说这就叫"老根发新芽"。他以北欧的丹麦为例，"丹麦的老根是它的旧宗教精神。它发新芽的'发'，是靠它的教育，它的新芽是指它从民众教育生长出来的新社会"③。中国也要从一个老根上（老文化、老社会）发新芽。这就是要借助于经过"补充改造"了的中国自古以来的乡规民约制度和儒家的伦理教化方式，将民众组织在一种具有伦理情谊化的组织内，"德业相劝""过失相规""礼俗相交""患难相恤"，使

---

① 《乡村建设理论》，见中国文化书院学术委员会编：《梁漱溟全集》第二卷，山东人民出版社2005年版，第322页。
② 梁培宽编：《梁漱溟自传》，江苏文艺出版社1998版，第327页。
③ 《精神陶炼要旨》，见中国文化书院学术委员会编：《梁漱溟全集》第五卷，山东人民出版社2005年版，第504页。

人们联结起来，共谋改良的事，以达到追求社会的整体进步。梁漱溟从乡村入手恢复秩序、建设团体组织、培养团体意识的灵感来自于中国古人的乡约制度。他对乡约进行了补充和改造，并运用到邹平乡村教育实验学校式机构乡农学校的建设之中。

> 我们的乡农学校，是讲求进步的组织，它是《乡约》里边的——它也就是乡约。所谓"就是《乡约》"怎讲？因为在《乡约》里边，有所谓约长，此即相当于乡农学校的校长；常常办事的有所谓值约，此即相当于常务校董；约史即有书记的意思；约众即相当于学生(我们名之曰学众)。在《乡约》内所有的，乡校内也都有，只有在乡校里边的教员一名词，在《乡约》中无与相当者，所以大体上说《乡约》与乡农学校就是一个东西。《乡约》也就是乡村改进会。怎么说明？约就是会的意思，《乡约》就是乡民大会。约来干什么呢？作好事情，作改进乡村的事情。《乡约》是一个旧名词，用新的名词来说，就是乡村改进会。《乡约》、乡村改进会，名词虽不同，其意义则是一样。不过我们的乡农学校与乡约是合而为一的，但与乡村改进会不同。我们是着重学，以学包事，以人生向上放在前面而包括了事；乡村改进会则是以事为主。①

可见，梁漱溟的乡村建设理论是在近代中国的大背景下，对中国传统乡约进行的技术处理，以期有助于推进形成一种新的社会组织形式。例如，他将旧乡约偏于个人的内容改变为重视社会及团体组织，从而使散漫落后的乡村社会组织起来。他又主张乡约的履行应该依托民众的自主意愿，作一项新的文化运动，使农村中大多数人自觉地养成"新政治习惯"。而当我们注意培养"新政治习惯"时，必须认取应和中国的旧伦理精神，而不能用西洋组织政党竞争选举，三权对立的办法。"中国从前有五伦之说，我们现在可以再添一伦，就是团体对个人，个人对团体，彼此互为尊重，

---

① 《乡村建设理论》，见中国文化书院学术委员会编：《梁漱溟全集》第二卷，山东人民出版社2005年版，第350页。

互有义务是也。人类生活,大家如都以对方为重,的确可以增进社会连带关系;社会连带关系,的确可以愈来愈密!"①

(二)建设新礼俗,完成新的社会组织构造

梁漱溟认为,中国的自救之路,在于建设一个新的社会组织构造。他整个乡村建设的构想,在一定程度上是建立在他的"社会组织构造"概念上的。这个"社会组织构造",主要是指"礼俗",所谓解决问题,也就是要讲建设。

> 所谓建设,不是建设旁的,是建设一个新的社会组织构造;——即建设新的礼俗。为什么? 因为我们过去的社会组织构造,是形著于社会礼俗,不形著于国家法律,中国的一切一切,都是用一种由社会演成的习俗,靠此习俗作为大家所走之路(就是秩序)。我常说:人类的生活必是社会生活,而社会生活又须靠有秩序,没有秩序则社会生活不能进行。西洋社会秩序的维持靠法律,中国过去社会秩序的维持多靠礼俗。不但过去如此,将来仍要如此。中国将来的新社会组织构造仍要靠礼俗形著而成,完全不是靠上面颁行法律。所以新礼俗的开发培养成功,即社会组织构造的开发培养成功。新组织构造、新礼俗,二者是一件东西。②

中国过去维持社会秩序靠礼俗,将来仍是如此。因为中国在短期里不能建立国家权力。有了国家权力才有法治,没有强大的国家权力只能靠礼俗。而且,法律是一种强力,强力使人感觉痛苦,中国将来即使有法律,也一定产生于礼俗形成之后。"中国将来的新社会组织构造成功,虽然也要

① 《我的一段心事》,见中国文化书院学术委员会编:《梁漱溟全集》第五卷,山东人民出版社2005年版,第537页。
② 《乡村建设理论》,见中国文化书院学术委员会编:《梁漱溟全集》第二卷,山东人民出版社2005年版,第276页。

有法律制度,可是法律制度产生必在礼俗已形著之后。"①新组织即新礼俗就是中西文化的调和,其建设的成功与否,决定人民能否成功自救,决定整个中国的命运。

> 我们讲新的建设,就是建设新礼俗。那末,所谓新礼俗是什么?就是中国固有精神与西洋文化的长处,二者为具体事实的沟通调和(完全沟通调和成一事实,事实出现我们叫他新礼俗),不只是理论上的沟通,而要紧的是从根本上调和沟通成一个事实。此沟通调和之点有了,中国问题乃可解决。现在中国问题所以不好解决,就是因为这个问题已经到了深微处——中西人生精神的矛盾,找不出一个妥帖点,大家只在皮毛上用力,完全不相干!所以我们必须从此根本矛盾处求其沟通调和,才是真的解决。从根本矛盾求得沟通调和之点,把头绪找清楚了,然后才有用力处;如果用不上力量,则你建设也是白建设!再找补一句,当中国精神与西洋长处二者调和的事实有了时,就是一个新社会的实现,也是人类的一个新生活。新社会、新生活、新礼俗、新组织构造,都是一回事,只是名词不同而已。②

乡村自治、新的政治习惯以及新的政治组织是梁漱溟改革乡村社会、实现社会理想方案的主要内容要素,而其中的支点或方式则依托于乡约与新礼俗的建构。应该说这种带有旧形式外衣下的思想与目标是富有现代意义的。

(三)调和中西文化的精神

梁漱溟被美国学者艾恺称为"中国最后一个儒家",是新儒学的代表人物,自幼深受源于家族与社会的儒家文化熏陶,传统文化对其乡村建设思想的形成有很深的影响。他的父亲梁济是一位身体力行的儒家道德的

---

① 《乡村建设理论》,见中国文化书院学术委员会编:《梁漱溟全集》第二卷,山东人民出版社 2005 年版,第 278 页。
② 《乡村建设理论》,见中国文化书院学术委员会编:《梁漱溟全集》第二卷,山东人民出版社 2005 年版,第 278—279 页。

实践者,一生既恪守儒家的修齐治平的道德理想,又是一位力主维新并亲身实践者,正是在其父亲身上,梁漱溟看到儒家文化的生命力,看到中国传统文化在本质上并不拒斥西方文化。这种成长环境和所受的早期教育,对其乡村建设与乡村教育理论的形成产生了很大的影响。

受西方经典现代化理论影响的人,往往会误以为乡村建设就是对现代化的反动,因为现代化的主要特征之一就是城市化或都市化。可梁漱溟的方案恰恰是要将一个缺乏组织系统的前现代的中国变成一个现代中国。他认为当时的"自救之道"即在设法使国人向理性方面去发展,应向有组织方面去求进步。"有组织"的含义很丰富,如增加国民的知识,增加人与人的感情及关系,"知识感情与关系的增进,即理性的发展"。"中国目前所急需者,是组织、秩序、条理和理性。希望速成一个有组织、有条理、有秩序、有理性的国家。"①上述内容正是典型的现代性的要求。

梁漱溟并非仅仅想弘扬传统文化,而是要创造一种超越传统中国文化和现代西方文化的新文明形态。中国社会政局的混乱、风气的不振,还是与文化中的痼疾有关:"西方文化总是向前去下手;中国文化只是求之于己,持让人的态度,所以对于在上的威权没有抵抗的意思。中国人如果永远走这条文化的路,永远不会弄好。以前虽有革命的一个机会弄来一条新路,因为大家不加注意,所以始终不曾走好,弄得现在这般光景。所以必须根本将文化改变,否则没有法子往下去走。"②梁漱溟心目中新的或理想的中国文化也就是未来的人类文明,与全盘西化论者不同,他以树木的老根、新芽关系比喻文化构造、转型的关系,别有洞天。

> 一个民族的复兴,都要从老根上发新芽;所谓老根即指老的文化、老的社会而言。这在丹麦即是如此,丹麦的老根是它的旧宗教精神。它发新芽的"发",是靠它的教育,它的新芽是指它从民众教育生长出来的新社会。丹麦农业与合作的发达,完全是从这个新萌芽生长出来

---

① 《对于东省事件之感言》,见中国文化书院学术委员会编:《梁漱溟全集》第五卷,山东人民出版社2005年版,第298页。

② 《在晋演讲笔记(十篇)》,见中国文化书院学术委员会编:《梁漱溟全集》第四卷,山东人民出版社2005年版,第680—681页。

的。中国亦要从一个老根上(老文化、老社会)发新芽。自一面说,老
的中国文化、中国社会已不能要了,一定要有"新芽"才能活;可是自
另一面说,新芽之发还是要从老根上发,否则无从发起;所以老根子已
不能要,老根子又不能不要。中国老根子里所蕴藏的力量很深厚,从
此一定可以发出新芽来。①

梁漱溟曾在《东西文化及其哲学》中阐述中西两种文化精神根本不
同,此时又说两者应该融合,其中的道理何在呢? 分析其中的缘由有两方
面:其一,中国人与西洋人同是人类,同具理性,彼此之间到底说得通,"我
们的理他们承认,他们的理我们也承认"。人与人本来是说得通的,所以
说不通的,实在还是习惯的问题。但是人类历史走到现在,情境变迁,已经
渐往接近里去。其二,事实的变迁让他们走到融合里去。何谓事实的变迁
呢? 这是指一方面我们要有一个团体组织,另一方面西方人的团体组织之
道要变。"从现在看,虽只是意识上的一天天的接近,而具体融合的事实
尚未出现,但是为期已经不远。就在中国旧社会组织构造崩溃之后,所要
有的未来的中国新社会,将不期然而然的是一个中西具体的融合,人安排
都不能安排得如此之巧,几乎是一条条一点点统统融合了。"②他一生致力
于中国传统文化和儒家学说的研究,同时接受西方思想文化的渗透,吸收
其中的合理成分,以寻求中国民族自救。

三、乡村建设与乡村教育的关系

那么"乡村建设"这一概念或名称究竟由何而来? 在以前几年为何没
有人谈乡村建设? 现在大家又为何谈得这么起劲呢? 梁漱溟认为可用一
句话来回答:"因为近几十年来的乡村破坏,中国文化不得不有一大转变,

---

① 《精神陶炼要旨》,见中国文化书院学术委员会编:《梁漱溟全集》第五卷,山东人民教育出版社
2005年版,第504—505页。
② 《乡村建设理论》,见中国文化书院学术委员会编:《梁漱溟全集》第二卷,山东人民出版社2005年
版,第279—280页。

而有今日的乡村建设运动。"①乡村建设与乡村教育的关系是令人纠结的话题，也是十分重要的问题，须加以考订与分析。

（一）乡村教育是乡村建设的主要手段或方式

据梁漱溟的学生李渊庭先生考证：1931年初，梁漱溟与河南村治学院一部分同仁、学生到山东邹平，开始筹备工作。他与梁仲华等同人商议，不沿用"村治"或"乡治"两词，提议用"乡村建设"一词，并改学院为研究院，此即"山东乡村建设研究院"名称的由来。②

梁漱溟在后来的《自述》中就此概念的使用进行了说明：

> 十七年我在广州时用"乡治"，彼时在北方若王鸿一先生等则用"村治"，如出版《村治》月刊，在河南设立村治学院等等皆是也。民国十九年河南村治学院停办。诸同仁来鲁创办类似于村治学院性质之学术机关。我等来鲁之后，皆以"村治"与"乡治"两名词不甚通俗。于是改为"乡村建设"。这一个名词，含义清楚，又有积极的意味，民国二十年春季即开始应用。但我之主张，则仍继续已往之村治主张，并未有所改变也。还有我们所主张之乡村建设可以包括一般人口中所常说"乡村建设"；但一般人口中所常说的"乡村建设"则不能包括我们所主张者；因为他们的主张，还多是局部的，非若我们之整个也。最近六七年来，我皆是在研究并实际从事于此种乡村建设运动中。③

关于提倡乡村建设运动的缘由，梁漱溟已在1929年所写的《河南村治学院旨趣书》一文中有所阐述。经过一年多的办学实践，他决定把乡村建设研究工作与具体实验工作在有机的联系中同时开展，这种认识的提高与丰富集中反映在1930年所写《山东乡村建设研究院设立旨趣及办法概

① 《乡村建设大意》，见中国文化书院学术委员会编：《梁漱溟全集》第一卷，山东人民出版社2005年版，第604页。
② 李渊庭、阎秉华编写：《梁漱溟先生年谱》，广西师范大学出版社1991年版，第80页。
③ 《自述》，见中国文化书院学术委员会编：《梁漱溟全集》第二卷，山东人民出版社2005年版，第31页。

要》一文中,内称:"(乡村建设运动)题目便是辟造正常形态的人类文明,要使经济上的'富'、政治上的'权'综操于社会,分操于人人。其纲领则在如何使社会重心从都市移植于乡村。""自救之道,要在建设一个新社会组织构造,或曰新礼俗,新秩序。新礼俗何指?即中国固有精神与西洋文化的长处二者为具体事实之沟通调和。""此新社会组织以伦理情谊为本原,以人生向上为目的,可名之为情谊化的组织,或教学化的组织。""纯粹是一个理性组织。"理想的新社会应是:农业工业似乎顺序适宜配合;乡村为本,都市为末;人为主体,人支配物而非物支配人;伦理本位合作组织,不落于个人、社会两极端;政治、经济、教育三者合一不分;理性代武力,教育居于最高领导地位。①

梁漱溟倡导的乡村建设,就总体而言,是一种企图在保留现存社会关系的基础上,通过乡村教育的方法,由乡村建设引发工商业,以实现国民经济改造和政治改良的社会运动。乡村教育是梁漱溟乡村建设理论及实践的重要组成部分。

梁漱溟把乡村建设作为一项系统工程,强调乡村的经济建设、政治建设,都有赖于乡村教育的发展。在他看来,推动乡村社会进步,表面上是以经济建设为主,骨子里却在于教育工夫,这就是他所说的:

> 然此推进整个社会向前进步的工作,表面上是经济建设为主,骨子里无处不是社会教育工夫。建设、教育二者,不能分开。新社会之所以为新社会,要紧的还是在人上,在社会关系上;不过人的提高、关系的合理,离不开经济条件就是了。从人一面说,就是教育;从物一面说,就是建设。物待人兴;建设必寓于教育。乡村建设本没旁的意思,就是要求中国社会的平均发展真实进步,其不能不归于教育一途,势所当然。②

---

① 《山东乡村建设研究院设立旨趣及办法概要》,见中国文化书院学术委员会编:《梁漱溟全集》第五卷,山东人民出版社 2005 年版,第 231—239 页。
② 《乡村建设理论》,见中国文化书院学术委员会编:《梁漱溟全集》第二卷,山东人民出版社 2005 年版,第 471—472 页。

（二）乡村建设与乡村教育的渗透关系

乡村教育与乡村建设的相关性不仅是手段、方法与任务、目标的线性联系，也不全是部分与整体的概念所属逻辑，而是渗透与融合的彼此相依、相互促进的协同共生关系。梁漱溟说：

> 大家身躯上都有中国社会问题的负担与压迫，在探求方向时，在寻求自家工作或自家事业如何办法才对之时，不期然而殊途同归；办教育者除非不想办真正的教育，如果想如此，非归到乡村建设不可；从事于乡村建设工作者，除非不欲其工作之切实，亦非走教育的路子不为功。乡村工作者在探求方法时只有归之于教育，教育者在寻找方向或目标时也只有归之于乡村建设，这都是中国社会问题逼迫他们如此走。[①]

甚至在有些场合或从某一层面上加以判定，乡村建设就是乡村教育。在梁漱溟看来，要实现中国文化的复兴并使之成为一种世界文化，一方面是保存和建设中国古代的以理性为核心的文化，另一方面要充分借用西方的科学技术和团体组织来补中国的不足，而这些功夫只能从乡村建设做起。因为中国社会是乡村社会，一方面80%的居民生活在乡间，更重要的则是在乡村尚保存有较多的理性，即中国文化的根在乡村，乡村尚具有从容建设的条件，故理性的胚芽可以并且只能在乡村慢慢地培养生长起来。[②]

正因为乡村建设与乡村教育的交集很大，甚至有笼统、模糊而产生的混淆之感，因此，当时的教育会议、乡村建设会议参加者身份角色及话题沟通便十分相似。

---

① 《自述》，见中国文化书院学术委员会编：《梁漱溟全集》第二卷，山东人民出版社 2005 年版，第33 页。

② 孙培青、李国钧主编：《中国教育思想史》第三卷，华东师范大学出版社 1995 年版，第264 页。

去年夏季七月半前后,在邹平举行之乡村建设讨论会(其后改为乡村工作讨论会),前来参加者,以教育机关为多,如定县平民教育促进会,无锡江苏省立教育学院,上海中华职业教育社等;明明为一乡村工作讨论会而乃以教育机关前来参加者为最多。又如去年八月间中国社会教育举行第二届年会于济南,本院亦前往参加,年会讨论之中心问题且为"由乡村建设以复兴中华民族";明明是一个教育团体的年会,而讨论之中心问题亦复是"乡村建设"。①

这一个从头建设的工作,全是教育工作。我们一点一滴的教育,就是一点一滴的建设,一点一滴的建设,无非是一点一滴的教育;只有从一点一滴的教育着手,才可以一点一滴的建设!②

从乡村建设的实际需要出发,梁漱溟非常重视乡村民众教育,这在《山东乡村建设研究院设立旨趣及办法概要》一文中已有许多文字言论加以论证。又在1934年1月所作《自述》的讲话中加以阐述:

记得十九年率领河南村治学院学生赴北平参观时,现任师范大学校长李云亭(蒸)先生招待同仁等于公园内,席间他演讲曾提到,在他心目中看,村治学院亦是民众教育的工作。……彼时我心实未敢苟同此意,以为我们所办理的,明明白白的为乡村自治自卫,我们何尝从教育出发?何尝在办教育?但过了数年到此时我已经回味到李先生说的不错,乡村建设也就是民众教育。民众教育不回归到乡村建设就要落空;乡村建设不取道于民众教育将无办法可行。③

民众教育虽然是从教育对象视域立论的,但其内涵带有教育的民主

---

① 《自述》,见中国文化书院学术委员会编:《梁漱溟全集》第二卷,山东人民出版社2005年版,第32页。

② 《社会教育与乡村建设之合流》,见中国文化书院学术委员会编:《梁漱溟全集》第五卷,山东人民出版社2005年版,第435页。

③ 《自述》,见中国文化书院学术委员会编:《梁漱溟全集》第二卷,山东人民出版社2005年版,第32页。

性、公平性特质，并由此产生教育范围的广阔而普遍，应该是乡村教育的对应性称谓转换，是对等的线性关系，其中的层次、阶段教育或专门领域教育均可视为其组成部分或分支项目。因此，乡村建设与民众教育的关系可理解为乡村建设与乡村教育的对应函数。

（三）社会教育与成人教育在乡村教育体系中的独特地位

梁漱溟认为，当时社会正处在改造期，教育应从偏向学校正规学制的儿童青少年学校教育往社会教育与成人教育转移：

> 社会改造期之教育宜着重于成人，与平时教育之着重在社会未成熟分子者异。……此时整个社会生活正企图转进于一新方式，大多数成人虽届成年，而对于此新生活方式所需之习惯能力则方为未成熟者，势非经教育不可。
>
> ……
>
> ……社会改造期则必以社会式教育为主，即参用学校式，亦必变通之。盖社会改造期的教育既着重在生产大众，而于此生产大众万不能使之脱离生产行程而教育之也。此其一。又此期教育既要在风气习惯组织关系之改进，当然从实地之社会问题着手。个人之长进既在社会进步之中，却不能使个人离开环境得到长进，再为社会之长进。例如地方团体意识之养成，农民合作组织能力之训练，一种生产技术之发达，早婚缠足等陋俗之戒除，必无离开实地问题，别设为环境以行其教育之理也。此其二。①

1933 年 2 月教育部召集社会教育专家讨论推行社会教育方案时，社会教育与学制系统的关系受到与会者的关注，许多教育家认为社会教育有教育行政而于学制上无地位，限制了社会教育的作用与发展，应该在学制上为社会教育谋一个地位，因此，提出了两种意见，"一是将社会教

---

① 《社会本位的教育系统草案》，见中国文化书院学术委员会编：《梁漱溟全集》第五卷，山东人民出版社 2005 年版，第 398—400 页。

育加入现行学制系统","二是于学校系统外另定一平行之社会教育系统"。对于这两种意见,梁漱溟都不赞成,主张应"以社会教育为本而建树一系统,今之学校转在此系统中,求得其地位也"①。梁漱溟所拟订的这个"以社会为本的教育系统草案",基本宗旨在于试图以社会为本位来创新一个适应中国国情的教育系统,其要点如下:一是"学校教育、社会教育不可分"。把教育分成学校教育和社会教育,既无"学理真据",在"形式上亦复有时难辨",由于两者都有不足,学校教育"不完不妥",社会教育"亦为一时的措施",所以二者都不能成为"当事的真教育","真教育"应为"两者之融合和归一"。据此他主张应创新"完整合理的一个教育系统",实现学校教育和社会教育的统一。二是"教育设施包含社会生活之基本教育、各项人才之培养训练、学术问题之研究实验等一切而言。其间得随宜运用学校教育、社会教育各种方式,而无分所谓社会教育、学校教育"。三是国家设立国学、省学、县学、区学、乡(镇)学五级。各级学校都有自己的"职能""程度""编制"和"设备",在组织上"兼用社会教育及学校教育两种方式"。②

梁漱溟从"改造文化,民族自救"的角度来强调乡村建设中的成人教育,尤其是社会教育的重要性:

> 在平常的时候可以重在儿童教育,加速使社会中未成熟的分子成熟,好让他们来绵续文化而求其进步。在中国的此刻已非平常的时期,应着重成人教育,应以全力办民众教育,办社会教育,因为我们着意在改造文化,创造文化,而不是绵续文化。我们的此刻正是中国文化的一个转变期,正是除旧布新的时候。所谓除旧,旧是在成人的身上,除旧则必对成人下工夫;所谓布新,尤须对成人而言,比如改良农业,或作农业推广,你不对成年的农人作教育的工夫,又能如何呢?所以要创造文化,故施行成人教育,施行成人教育即所谓创造文化,即所

① 《社会本位的教育系统草案》,见中国文化书院学术委员会编:《梁漱溟全集》第五卷,山东人民出版社 2005 年版,第 393 页。
② 《社会本位的教育系统草案》,见中国文化书院学术委员会编:《梁漱溟全集》第五卷,山东人民出版社 2005 年版,第 400—407 页。

谓乡村建设,即所谓社会教育。乡村建设与社会教育,是一而二,二而一者。①

梁漱溟在这里又一次强调中国问题就是极严重的文化失调,乡村建设的实质就是一个中国文化的改造问题,他的乡村建设实验最重要的一项内容就是教育改革,试图通过发展乡村的教育来稳定农村社会,发展农村经济。

按照当代教育学体系内容设计,学校教育属于标准的制度化设计形态,此外尚有非制度化编制或组织的家庭教育与社会教育,尤以社会教育的影响力为大,是"大教育"观念下对人的一生有更广泛、复杂和丰富影响的一种教育形态,其对象则主要是成人失学者及需继续教育者。显然,社会教育、成人教育与乡村教育是可以合轨的,并不是断裂或划分为两截。而按梁漱溟的设想,社会教育与成人教育两者的统一,就在于汇入乡村建设的洪流之中。

正是由于梁漱溟寓建设于教育之中,把建设与教育融为一体,所以他主持的山东乡村建设研究院,虽未标明其目的在谋求中国教育之改造,但中外人士多视该院为从事教育改造工作的一个机构。

1932 年 12 月,国民政府召开第二次内政会议,邀请国内地方自治专家梁漱溟、晏阳初、王柄程、梁耀祖等讨论乡村建设及地方自治问题。据 1933 年 1 月 20 日《村治》第 3 卷第 2—3 期所载会议消息称,在会上,国民政府主席林森宣布:"训政时期,着重内政,内政之要,首在地方,次则乡村建设。"从官方政府立场将复兴农村、建设农村的旗号正式打出。翌年 5 月,国民政府行政院成立"农村复兴委员会",作为全国从事乡村建设的领导机关。在国民政府的号召下,各地政府先后设立各种乡村建设的研究或实行机构,从而使乡村建设在某种程度上作为一种官方运动而展开。② 与此相应,梁漱溟主持的乡村建设研究院实际上与县政改革、地方自治改革

---

① 《社会教育与乡村建设之合流》,见中国文化书院学术委员会编:《梁漱溟全集》第五卷,山东人民出版社 2005 年版,第 435—436 页。
② 虞和平主编:《中国现代化历程》第二卷(启动与抉择),江苏人民出版社 2001 年版,第 758 页。

合一,于是原来比较浓厚的民间团体色彩越来越淡薄;而更多希冀依靠政权的力量去实现他们乡村建设的理想。1933年国民政府教育部召集民众教育会议,亦邀请乡村建设研究院参加。梁漱溟自己对此作了颇具幽默色彩的说明:

> 本院定名为"乡村建设研究院",并未标榜其目的在谋中国教育之改造,而中外人士之视本院,则多认为本院乃是从事于教育改造工作的机关,如美国哈佛大学教师霍金、哥伦比亚大学教授罗格等来华考察教育之结果,莫不视本院是一个谋教育改造的机关。广州中山大学教育研究所主任庄泽宣先生于去年赴欧洲参加世界新教育会议,讲及中国之新教育运动时,特于本院在邹平之工作,介绍颇多。各省人士来本院参观之后,多北上又去定县参观;本院与定县双方自身并未自己说我们是相同的工作,而外人之视本院与定县则为同样工作。这些都是事实。
>
> 又如二十一年南京国民政府内政部召集之全国第二届内政会议,被邀参加者有本院,有定县平民教育促进会,有无锡教育学院。本来,内政会议讨论地方自治问题而请本院出席,原无足异;但又邀请定县与无锡参加者,可知在内政部方面看,不论邹平,定县,无锡皆是做的地方自治的工作。又事前曾简派各省地方自治筹备员,山东为我,河北为晏阳初先生,江苏为高阳先生亦可见。再次,二十二年一月间教育部召集之民众教育会议,定县、无锡被邀请出席,固极应当;但亦请本院参加,可知教育部的看我们,都是从事民众教育工作者。当真的我们乡村建设之推行机关所谓乡农学校或乡学村学者,亦就是民众教育机关。因此之故,不待为理论之申明,乡村建设与民众教育已不可分,事实上已合而为一矣。①

梁漱溟的这番表白恰能反映乡村建设、乡村教育、成人教育、社会教育以及民众教育之间的复杂纷繁或多线性联系,而在这种剪不断、理还乱的

---

① 《自述》,见中国文化书院学术委员会编:《梁漱溟全集》第二卷,山东人民出版社2005年版,第32—33页。

因素交错之中,教育,尤其是乡村教育在乡村建设中的地位和价值始终是明确并显著的。

第三节　山东邹平乡村教育实验的
选址与发展阶段

选择邹平作为乡村教育实验基地并非随机而作或兴之所至,而是有实验样本的典型性,且与实验的意图及目标有直接关系。邹平乡村教育实验的过程、经历、变革及调整的努力,其间既有实验内容、方法的变动,同时更是梁漱溟乡村教育思想观念嬗变的反映。

一、邹平乡村教育实验基地的选择

梁漱溟认为搞乡村建设,要从社会基层入手,选址邹平为实验区推行乡村教育实验的原因主要有三个方面:第一,该县当时人口不过 18 万,不大不小,规模比较合适;如果这个县很大,人力不够便照顾不过来。第二,该县靠近胶济铁路,交通便利;第三,该县没有大地主,乡村建设易于进行。此外,乡村教育实验的进展过程自始至终都需要及时地跟省政府常常联系,如果离济南太远,不太方便。

邹平工商业不发达,一直是农村社会,西距济南 170 公里,东南距胶济铁路之周村站 35 里,城北 40 里的孙家镇经小清河可西达济南,青岛到周村的汽车穿城而过,水陆交通可谓便利。当时邹平全境东西 43 里,南北 80 里,在山东为第三等县,山水众多,东南土地平沃,于普通农作物外兼有蚕桑。西北地势较高,多植棉。全县共拥有耕地约 71 万亩,无过瘠过肥之差别,其土地分配,大致亦颇平均,鲜阶级不同之悬殊。民风较淳朴,农民 80%—90% 务农,86% 的土地掌握在自耕农手中。这样,基本符合实验要求的邹平就被选中了。山东乡村建设研究院设在邹平县城东关之外,其东南半里之遥设有农场一处。

二、邹平乡村教育实验的发展阶段

邹平的乡村教育实验大体可以分为两个阶段,1931 年 3 月至 1933 年 7 月为第一个阶段,称乡村建设实验时期,为初级实验阶段,主要试办乡农学校。此外,尚未开展实质性的活动或工作。该阶段主要做思想发动、培养人才和组织准备工作,并未进行实质性实验。例如,为了使当地农民了解乡村建设的意义,针对小学教师有文化、接受新鲜事物快以及同当地群众关系密切的特点,举办了乡村教师假期讲习班。从 1931 年 9 月 1 日开始,连续举办了两期小学教师讲习班,每期 4 周,共培训教师 400 人。讲习班以山东建设研究院导师为教师,一方面说明乡村建设情况及实验县区各项实验办法,征求意见;另一方面介绍当时教育思潮,指导改良教学方法。然后把经过培训的教师分配回农村,通过他们把乡村建设思想带回到农村,这为后来研究院和实验县的工作带来了很大的方便。再如,为了让当地农民对乡村建设有感性认识,特别组织举办了农产品展览会,1931 年 10 月 25 日,研究院举办了第一次农产品展览会,会期原定 3 天,后又延期 1 天。到会参观的农民达 4.6 万人次,占全县人口的 1/3。1932 年 10 月 25 日又举办了第二次农产品展览会,会期 3 天,这次的规模远远大于第一次,参加的人员有来自济南、青岛等山东省内 20 多个县市以及河南省部分地区的代表,展品也比上次丰富,相当于第一次的一倍,参加展览会的人数达到 5.7 万之多。展览内容包括新型农业技术、优良种子、农业设备等。通过举办两次农产品展览会,不仅让当地及周边地区的农民了解了外面的世界,增长了知识,同时,也扩大了研究院在当地的影响,为以后推动乡村建设工作带来了方便。[①]

1933 年 10 月到 1937 年 10 月日本帝国主义发动全面的侵华战争,铁蹄践踏山东大好河山,实验被迫中断,此为第二个阶段,称为县政实验时期,为高级实验阶段。1932 年 12 月,国民党中央召开全国内政工作会议,梁漱溟和全国其他地区的乡村建设著名人士晏阳初、梁仲华、李景汉等均

---

① 王景新、鲁可荣、刘重来编著:《民国乡村建设思想研究》,中国社会科学出版社 2013 年版,第 83—84 页。

被邀请出席会议。会议通过县政改革案、地方自治改革案等，要求每个省建立 1—4 个县的社会政治改进实验区，这些实验区可以不受中央和省政府法规的约束，自由地进行各种形式的乡村改革实验，并且允许实验区截留 50% 的财政收入作为实验经费。根据会议精神，山东省政府制定了山东省县政建设研究院实验区条例 11 条和实验区条例实施办法 20 条，先后将邹平、菏泽、济宁划为实验区。据此，实验区由原来的"乡村建设实验区"改称为"县政建设实验区"，进行县以下地方自治的实验以及社会改进实验。① 主要是按照乡村建设理论及试验计划推行实验，开办村学、乡学是其中的核心要素及项目。

对于前后两个阶段的转变及工作内容差异，梁漱溟自己的叙述尤为明晰：

> 这个阶段的工作，同以前的工作有两点不同，第一我们注重实验工作不注重训练工作。从前注重训练工作，培养到乡村服务的人员，现在政府既然给我们这一好机会，我们就把训练工作暂停一年，将院内所有的教师暨毕业的学生通统分配在邹平、菏泽两县的乡间工作。我们的工作最初注重训练，现在不甚注重训练了，这是一个变动。

> 还有一个变动，就是所谓实验区工作的内容也与以前不同了。以前只是想从这个社会的改进，渐渐的达到乡村建设，对于行政改革没有包含在内，这时我们有机会来做，而事实上也要求作，因为乡村种种事情，实在是与县政的关系太密切了。②

梁漱溟第二阶段所设计的乡村建设方案具体内容可以分为下面三个方面：

> 经济一面，政治一面，教育或文化一面。虽分三面，实际不出乡村

---

① 王景新、鲁可荣、刘重来编著：《民国乡村建设思想研究》，中国社会科学出版社 2013 年版，第84 页。

② 《我们在山东的工作》，见中国文化书院学术委员会编：《梁漱溟全集》第五卷，山东人民出版社2005 年版，第 1014 页。

生活的一回事;故建设从何方入手,均可达于其他两面。例如从政治方面入手,先组成乡村自治体;由此自治体去办教育,去谋经济上一切改进,亦未尝不很顺的。或从教育入手,由教育去促成政治组织,去指导农业改良等经济一面的事,亦可以行。但照天然的顺序,则经济为先;必经济上进展一步,而后才有政治改进教育改进的需要,亦才有作政治改进教育改进的可能。如其不然,需要不到,可能性不够,终是生强的做法。我们从事乡村建设,原是作促进社会进步的工夫,固不能待其天然自进;然于此中相因相待之理不知留意,建设必将无功。①

这里所构想的通过"教育或文化"工作努力达到政治、经济的改进成为乡村教育实验综合化的特征,而其中又突出经济建设之于政治进步、教育文化发达的先决条件或基础作用,表明梁漱溟关于社会改革思想已由道德伦理文化精神向产业技术、经济资本方向调整、转移,这是一种富有现实性的进步。当然,这种变化明显地反映在第二阶段的教育实验之中,下面拟从两个阶段主要内容比较的基础上加以进一步阐述。

乡农教育是梁漱溟乡村教育实验的标签,也是特征或符号,其实,围绕乡村建设开展的办学机构及实践活动前后有互相联系的演进过程,大致以邹平实验县 1933 年的成立为分水岭,前期的典型为乡农学校,后期则包括村学、乡学、师范学校以及一系列的学校式教育结构或社会化培训机构。根据当时中国乡村的实际情况,梁漱溟把乡农学校、村学、乡学作为推行乡村建设的基本组织形式。乡农学校是他前期的实验机构,先在菏泽县试点,后来推行到济宁等 14 个县的实验区。村学、乡学是他在邹平实验时采用的办学体制。从乡农学校到村学、乡学,组织形式上看并无性质上的差异,但社会教育与学校教育的结合渗透以及初等教育与民众教育的联系沟通则更多地从村学、乡学中得以实现,成为后期教育进入乡村社会、学校融入社会改造的主要模式或组织机制。

---

① 《山东乡村建设研究院设立旨趣及办法概要》,见中国文化书院学术委员会编:《梁漱溟全集》第五卷,山东人民出版社 2005 年版,第 227—228 页。

乡农教育是广义的,无论是教育对象,还是课程内容,均不限于学校式教育。从教育对象上看,是以成年农民为主要对象,兼及儿童和青年;从课程内容上看,将学校式教育与社会式教育相结合,并且先从平淡处入手,即从做日常工作入手,学习识字、唱歌、讲话等功课。

梁漱溟将乡农教育的组织形式——乡农学校课程分为恒常与特殊两大类。恒常的课程是各乡农学校所同有的,在高级部设有党义、精神陶炼、国学、史地、自卫、农业问题等;在初级部设有党义、精神陶冶、识字、史地、歌乐、国术等。特殊的课程按当地的需要和问题而设,因时因地制宜。例如,六、七区设凿井,二区设造林,二、三区设蚕桑,五区设自卫,七区设机织等课。显然,梁漱溟把科技知识技能、职业技术教育作为其乡农教育的部分内容。但从总体思想方案及乡村建设与教育的实践而论,显然偏向于传统文化知识、伦理道德、卫生医疗、社会历史以及乡村具体领域组织管理内容的讲授及培训,而非聚焦于乡村社会农、工、商及其他社会事业的专业知识与技术教育或针对性的职业训练。这不仅是梁漱溟自身新儒学人文主义教育特色使然,而且是他取径、借鉴甚至推崇丹麦农村教育的结果及必然取向。"它的教育是非实用的,非职业的训练,非养成技术人才的训练;现在有人好说'生产教育',那末,最初的'丹麦的教育'恰可名为'非生产的教育'。它又不是一种讲书本子的教育,几乎可以说它不是教人念书;它那种教育,恰在技能训练与书本教育以外。那末,它究竟是什么教育呢?在头脑粗浅的人,实想象不到。它那种教育很难说,仿佛是一种'人生的教育',或'精神的教育'……很近乎我们精神陶炼的意思。"所以,看着丹麦教育是非实用的,可是后来完全变成了实用的。我们中国的教育,自废科举兴学校以来,大家就是着重实用;如果找出当初废科举的理论,则可知原来就是讲求实学,讲求致用。中国从一开始感受西洋文化的影响,即行注重实用,注重职业训练,注重养成专门人才;凡此皆是注重西洋科学技术的缘故。后来又有人提倡职业教育,组织职业教育社;现在虽没有生产教育社,但已有人倡言生产教育。总之,自兴办学校以来,从来没有人说不是办讲求实用的教育,可是结果与丹麦相反,完全成了非实用的教育;所以我们由丹麦教育不禁联想到我们的教育。"'丹麦教育'不是从职业入手,不是从生产入手,而结果成了职业的、生产的。其原因还是我们刚才说的,知识技能是工具,工具是靠人运用。'丹麦教育'不从工具入手而从运用工具的人入手,使人先活起来。""中国教育之失败,我敢说就是失败在讲求实用。"①但反观后期山东乡村建设研究院县政实验中学、乡学的工作方案,可以觉察梁漱溟的教育内容设计除了乡村社会化及乡村各领域主题的鲜明特征外,已经强调或凸显了实用化及职业教育的特征,表明了前后的变化很大。

---

① 《精神陶炼要旨》,见中国文化书院学术委员会编:《梁漱溟全集》第五卷,山东人民出版社 2005 年版,第 496—499 页。

第九章　山东邹平乡村教育实验(下)

　　20 世纪 30 年代,梁漱溟以"中国文化失调和重建理论"为依据,应山东军阀韩复榘之邀,赴山东邹平创设"乡村建设研究院",开始山东乡村教育实验。1933 年 1 月,创设邹平县政试验县,由他主持进行了一场集政治、经济、文化与教育为一体的综合教育改革实验。该试验试图通过在乡村实行学校教育与社会教育的多种组织形式,借以重建并改造受到冲击的原有秩序,在乡村教育内容、组织形式、课程、方法、培养目标等方面都非常有特色,创立了乡建运动中名震一时的"邹平模式"。以下探讨该乡村教育模式通过实验建构的组织形式、实验类型、教育内容及方式方法等相关内容。

第一节　山东邹平乡村教育 实验的组织建设

　　梁漱溟设想的乡村建设的具体步骤是:由乡村建设运动者

通过政教合一的乡农学校组织,以及后来在目标内容与形式方法上加以变通调整后的村学、乡学教育机构对儿童青少年、农民实施精神陶炼、自卫训练和生产知识教育,以推进整个乡村社会的改良。因此,乡村建设面临的首要问题便是设立一个专门机构用于培养乡村建设运动领袖、骨干分子以及服务人员,然后再由他们去教育培养新型农民及其子弟,故而梁漱溟首先成立了山东乡村建设研究院来承担这一任务。

据 1933 年梁漱溟在《山东乡村建设研究院设立旨趣及办法概要》中的设计,山东乡村建设研究院一要负责研究乡村建设问题,二要指导乡村建设的实施。研究院的内部组织主要分为三块:乡村建设研究部、乡村服务人员训练部和实施乡村建设的实验县区。其他相关的设施和组织包括农场、医院、图书馆、社会调查部和邹平师范学校。

山东乡村建设研究院的行政组织:院长、副院长各一人,下设总务处,掌握行政事务。新建阶段由梁仲华担任院长,孙则让任副院长,叶云表任总务主任。与在河南村治学院时的情况相类似,梁漱溟在山东乡村建设研究院创办之初,虽然不负主要的和最高的行政责任,但由于他具有思想家的性格和行为方式,因此实际依然是研究院的灵魂人物,办院的原则与章程不仅大都出自他的手笔,而且在相当程度上也确实体现了他的教育思想和办学方法。

一、乡村建设研究部

乡村建设研究部的任务有两项:一是普遍提倡具体研究,以为学术界开风气;二是要具体规划本省各地方的乡村建设方案。[①] 同时招收研究生,对象为大学毕业生或同等学力者,学制 2 年,目的是培养高级乡村建设干部,毕业后分配到实验县任县府科长、乡指导员等。梁漱溟担任研究部主任一职,亲自讲授乡建理论和进行研究指导。

研究程序是:“先作一种基本研究;——那便是乡村建设根本理论的研究。次则为专科研究;随着各人以往学识根柢的不同,和现在兴趣注意的不

---

① 《山东乡村建设研究院设立旨趣及办法概要》,见中国文化书院学术委员会编:《梁漱溟全集》第五卷,山东人民出版社 2005 年版,第 232 页。

同,而自行认定一科或数科研究之。"①学生先进行乡村建设理论培训,主要是学习梁漱溟的乡建思想、社会进化论、党义、军事训练等。然后开始探讨,可以根据自己的基础或兴趣选择一科或数科,例如农业改良、农村经济、产业合作、乡村教育、乡村自治、乡村自卫等科目。但是,科目的认定必须得到研究部主任的审量许可,作业的进行须听从部主任及教师的指导。

研究部采用导师制,在全国大学里聘请特约导师担任指导工作。除必要外,极少使用讲授法授课,主要使用个别谈话或集体讨论的教学方式。研究生在导师的指导下自学讨论,学生以更多的时间在乡下实习,将实践中的问题带回来,提出解决办法,毕业时以论文形式提交研究成果,作为考核标准。

研究部于1931年6月第一次招生,限招30名,学生学习期间的膳宿由研究院负责,并提供制服,每月还给予津贴10元。生源有户籍限制,限于山东本省。外省学子可自费入学,但名额不能超过本部学生的1/10。研究部前后办了3期,共毕业50—60人。研究生毕业后大部留本院或实验区工作。"结业后,通常有一般人继续留在研究院里,其他人则转到山东各县的高级行政岗位上或其家乡类似岗位上。从它的教育作用看,这个部门是研究院制定政策和计划的机构。"②

二、乡村服务人员训练部

乡村服务人员训练部负责培养预备到乡村服务的人才,即乡村建设基层工作干部,学制1年,由梁漱溟的学生、毕业于北京大学哲学系的陈亚三担任训练部主任。

（一）乡村服务人员训练部的招生

乡村服务人员训练部的生源主要是"就地取材",需要满足三个条件:一是世代居乡,至今仍在乡村居住的。这样的学生不仅熟悉乡村情形,而

---

① 《山东乡村建设研究院设立旨趣及办法概要》,见中国文化书院学术委员会编:《梁漱溟全集》第五卷,山东人民出版社2005年版,第233页。

② 〔美〕艾恺著,王宗昱、冀建中译:《最后的儒家——梁漱溟与中国现代化的两难》,江苏人民出版社2003年版,第175页。

且保持着乡村习惯,容易和村民打成一片,有利于乡建工作的开展。二是具有初中文化程度,有知识,具备运用文字的能力,能够为公众服务。三是年纪在 20 至 35 岁之间,年富力强而且比较稳重。训练部招生覆盖全省,限每县 10 至 20 人,邹平名额较多,前后共招收 3 期,合计 1040 人。此外,还以各种方式集训了约 1500 人。学员结业后,回原籍充任各乡县乡村建设基层工作干部。训练部的招生工作特别仔细,由招考委员会分组出发到预先制定招生的县进行招考宣传,然后分区就地进行考试。

训练部所录用的人员都采取公费制度,限于本省户籍,外省人若求学可以自费旁听。到 1935 年的时候,由于前来求学旁听的人很多,为应对一般需要,梁漱溟对训练部的招生和学制做出两项调整。一是训练部招生不再限制省籍,取消公费制度,一律改为自费,另外设立奖学金补助贫寒学生;二是根据投考学生的学历,将学制改为一年制和两年制两种。高中或师范毕业者训练一年,初中及同等学力者训练两年。远道而来求学的有河南、广西、湖南、浙江等地的学生,一方面是因为受国内乡村建设热潮的影响,另一方面也是因为山东乡村建设研究院声名在外。

(二)乡村服务人员训练部的组织管理

乡村服务人员训练部以 40 名学生为一班,每班配班主任和助教各一名,各班主任之上有部主任负责管理。班主任的"指导照管"是训练的中心,"指导照管"涵盖的内容很多,比如学生身心活动、精神的陶冶、学识的增益、身体的锻炼、日记的改阅等。这些工作要求,便有了班主任"应与学生同起居共饮食""以时常聚处为原则"的规定。训练部各班学生成立自治团,在班主任的指导下自行办理教务、庶务、卫生清洁等事。

训练部的一年课程期里是没有假期的,星期例假、纪念节假和寒暑假一概不休息。一是因为功课多但学制短;二是因为梁漱溟认为既然是培养乡村人才,就要合乎乡村社会的习惯,乡村是没有放假停工一说的。研究部排定公共生活时序表,午前、午后、晚间三个作业段共 8 个小时。何时起床、盥洗、朝会、就餐、作业等,通通遵循该表的计划安排,这是河南村治学院管理规程思想的延续及实践运用。所谓作业,不全是讲课读书,尤其在周日多安排院外活动,如野外操练、巡回讲演、乡村调查等。

（三）乡村服务人员训练部的教学内容

乡村服务人员训练部学生要先接受三项训练,然后才能转入正常学习。这三项训练也就是学生培养阶段主要学习内容:实际服务的精神陶炼、从事乡村建设的实际知识教育、解决乡村实际问题的基本能力教育。按梁漱溟自己的说法:"一、实际服务之精神陶炼。——要打动他的心肝,鼓舞他的志趣,锻炼他吃苦耐劳、坚忍不拔的精神;尤其要紧的,是教以谦抑宽和处己待人之道。二、为认识了解各种实际问题之知识上的开益。——非有一番开益其知识的工夫,则于各种实际问题恐尚不易认识了解。三、为应付解决各种实际问题之技能上的指授。——例如办公事的应用文,办合作的应用簿记,办自卫的军事训练等。必须受过了这三项训练,而后乡村服务人才的条件才得完具。"

为了实现这三项训练,训练部的课程安排有:"甲、党义之研究;概括三民主义、建国大纲、建国方略,及其他等目。乙、乡村服务人才之精神陶炼。丙、村民自卫之常识及技能之训练;概括自卫问题研究、军事训练、拳术,及其他等目。丁、乡村经济方面之问题研究;概括经济学大意、农村经济、信用生产消费各项合作、簿记、社会调查及统计、农业常识及技术、农产制造、水利、造林,及其他等目。戊、乡村政治方面之问题研究;概括政治学大意、现行法令、公文程式、乡村自治组织、乡村教育、户籍土地各登记、公安、卫生、筑路、风俗改良,及其他等目。"[①]

其中《乡村建设理论》是一门主课,每周一到两次,每次一个小时左右。上课时两三个班集中在研究院大礼堂里,由梁漱溟亲自主讲。"梁先生讲课语调较慢,很清楚。每次讲完,我们对梁先生的见解、主张都很赞成。"[②]

训练部特别关注学生的思想道德教育。学生每人发一本笔记本,每天记一篇,记日记也是一门主课,由班主任批阅,以便通过这种方式了解学生

---

① 《山东乡村建设研究院设立旨趣及办法概要》,见中国文化书院学术委员会编:《梁漱溟全集》第五卷,山东人民出版社 2005 年版,第 234—235 页。

② 刘溥斋:《我在研究院训练部学习和从事乡建活动的经过》,见山东省政协文史资料委员会、邹平县政协文史资料委员会编:《梁漱溟与山东乡村建设》,山东人民出版社 1991 年版,第 58 页。

的思想状况,采取有针对性的方式更有效地培养学生的道德品质。与以前的办学活动相同,朝会仍是一种主体性道德的涵养方式每日采用。训练部还比较重视军事课,从部队请来教官,每周至少三次军训。同时,对学生的生活也有严格规定,要求学生艰苦朴素,合乎民风,禁止穿奢华的衣服,也不许留长发。其目的是为了先从形式上和农民沟通关系,便于将来乡村工作的开展。对于上述组织内容及活动方式,艾恺作了简要分析:

> 按照梁漱溟以前的"班长制",学生分成一些小组,每个小组有自己的班主任。每一个小组作为一个自我管理的团体在一起生活、学习和工作,几乎没有在一起娱乐的机会,梁漱溟的儒式职业习惯根本没有考虑到星期日或休假日。每天的生活从上午五点半开始就被一个安排得很紧的、严肃得如同修道院的时间表支配着以进行有目的的活动。此外,每个学生还被要求作日记,对他的工作、周围环境及他本人做出考察和反省。这种日记要定期上交给班主任进行检查。
>
> 每天拂晓,全校师生在天还没亮时就集合在一起做一段时间的静思。梁漱溟或其他教师做一段"朝话",这种朝话是进一步思考的材料。梁漱溟希望通过这种体验方式把学生锻炼成为研究院解决山东农村问题的合乎需要的坚强先锋。他们将习惯于在无亲属关系的集体中生活和工作,习惯于艰苦的劳作,明了自己工作的深远意义,满怀儒者的热忱去发挥道德影响。①

教学内容规范着教学组织形式,组织形式又反作用于内容的实施,两者互动联系,共同完成教学目标任务的规定,并体现了办学者的思想理念设计。

(四)训练部毕业生的流向

训练部从 1931 年夏至 1935 年 10 月,共举办 3 期,为全省 107 县共培养乡建实施人才 1040 人。另据 1937 年的统计,研究院与所属实验区,共

---

① 〔美〕艾恺著,王宗昱、冀建中译:《最后的儒家——梁漱溟与中国现代化的两难》,江苏人民出版社 2003 年版,第 176 页。

培养、训练学生累计达 3000 人。毕业生绝大部分返回本乡从事乡村建设工作。[①]

据训练部第一届学生于长茂回忆：

> 在两年的学习中，每日亲听先生讲授《中国民族自救运动之最后觉悟》和《乡村建设理论》等课。在讲授中梁先生忧国忧民的心情每每流露于言表。每日授课三四个小时，其苦口婆心谆谆悔人的精神，以及那精湛的论述和铿锵有力的语言，深深打动着每一个受教育者的心。由于先生耳提面命，言传身教，我和同学深受感化，过去热心向往城市生活的同学，结业后都愉快地到贫穷落后的农村去工作。[②]

1936 年研究院的训练部纳入师范教育体系，改成"山东省第一乡村建设师范学校"，菏泽分院与原有的省立第五师范合并，改称"山东省第二乡村建设师范学校"。

三、邹平实验县区

山东乡村建设研究院是研究农村救济建设等问题的学术研究机构，学术要变成现实，必须要靠实验区来实验，实验有了成效，才能在更大范围内推广。山东省政府在该研究院成立之时就把山东邹平划为乡村建设实验区，一切事情隶属研究院，有关乡建的各项政策措施都在此加以实验。实验区是梁漱溟乡村建设理论的实践基地，既作为专供学生实习乡村建设实际工作的场所，也是乡村建设的示范区域。1933 年，选定邹平为实验县。随着乡村建设运动的开展，又相继选定菏泽、济宁等 10 余处为实验区，在各县辖区内广泛开展乡村建设与教育活动。邹平实验县县长一职先后由梁秉锟、朱桂山、王怡柯、徐树人等担任，梁漱溟也曾短暂兼任（1935 年 6 月）。

---

① 宋恩荣：《梁漱溟的乡村教育实验》，载《教育研究与实验》1988 年第 2 期。
② 于长茂：《沉痛悼念梁漱溟先生》，见梁培宽编：《梁漱溟先生纪念文集》，中国工人出版社 2003 年版，第 67 页。

(一)村学—乡学—县政府

邹平县原有的 7 个行政区,改划为 14 个乡,城区为首善乡,乡以下为村,乡设乡学,村设村学,城区设实验小学,取古代"政教合一"制度,基层的学校机构,同时发挥行政管理职能,以此融合政治于教育之中,取学校与社会育人作用之所长汇聚冶炼为一炉之中。这样邹平实验区就形成了村学—乡学—县政府三级行政机构。村学、乡学的设置集中体现了梁漱溟以传统儒家为基础的思想,希望采用"古人的道理"教育村民,以达到道德约束的目的。例如,在村学设立民事纠纷调解委员会,尽量采用温和的手段化解矛盾。

(二)行政机构设置

1.村学机构

各村学设立以下机构:村部,设村队长 1 人,在县警卫队培训的人员中选取担任,负责全村联庄会员的训练,同时负责维持本村的自卫治安。民事纠纷调解委员会,由村学学长、理事和村中选出的 1—3 名德高望重公正人士组成,负责调解村内民事纠纷,减少诉讼。户籍员,在村中选出一名有文化、有责任心的村民担任户籍员,负责全村的户籍工作,直接受乡户籍主任的领导。

2.乡学机构

各乡学设立以下机构:乡队部,设乡队长、副队长各 1 人,由县政府委派,由县警卫队培训的一年制学员担任。乡队长负责全乡自卫治安和联庄会员的训练工作。户籍室,由乡副队长兼任户籍室主任,负责全乡户籍管理和禁缠足、戒早婚、禁烟、禁赌等工作。卫生所,卫生所的工作人员由县医院培训的卫生人员担任,每乡分配 1 人,负责全乡医疗卫生工作。

3.县政府机构

县政府依照工作性质及管理职能共分为五个方面:第一科,负责全县民政工作。第二科,掌握全县武装。其下设青年农民征训所,直辖警卫队。有军事教官数人,负责培训各乡学的乡队长和副队长。第三科,掌全县财政和省款、地方款的预算、决算事项。第四科,掌管全县公路、水利、电话和度量衡。县电话事务所总机,装有 70 多部话机,各乡乡学都通电话,县城东西两城门内,安有公共电话两部,任人使用,便利 5 个自然村庄。乡设乡学,村设村学,乡学是村学的上级。除首善乡设实验小学外,其余 13 个乡按序号排列称为第×乡学。村学、乡学作为学校,负责本村、本乡的行政事务。第五科,负责全县教育工作。[①] 其中,第一科科长田慕周,第二科科长窦学岩,第四科科长钱子范,第五科科员李守文和宋乐颜都是乡村建设研究部培养出来的学生。此外,还设有户籍室,其中户籍室主任一名,下有户籍员、统计员 4 人,掌管全县户籍工作,如人口生亡、户口迁移等。又有秘书室(负责保管档案材料、规章文件)、承审室(掌管司法、民事诉讼等)、公报处(负责刊登本省、本县重要消息)、民众问事处(负责解答乡下农民进城询问不明白的事情)、金融流通处、农民自新习艺所、乡村饭店等辅助机构。

村学和乡学机构的活动内容以及所发挥的功能主要有以下几个方面:一是村学、乡学设儿童共学处、小学部(内分初小、高小两个阶段)、成人部职业训练部,因陋就简,随处施教,注重对合作社职员、社员冬春训练蚕业、机织传习等,工作范围包括办理学校教育和社会教育,尤其侧重职业技术教育。二是推行各项改良措施,如禁缠足、戒早婚及买卖婚姻、禁烟、戒游堕、戒斗殴、农业改良、造林、修路、讲卫生等社会改良事业。三是扶助农民组织生产、消费、运销、信用等各种合作社,其中又以办生产、运销合作社为主。各乡经常办合作训练班,训练合作人员,凡村学教员均须为合作函授班毕业,通晓指导办合作的知识,养成相关的能力。高小及成人部教育加入合作内容,把合作社作为从经济上组织农民的主要手段,辅以技术指导、良种推广,推动合作组织普遍发展,从而促进农民生产效益的增长。四是办理乡村自卫,自卫组织名为"联庄会",先由各乡选送青年施以严格的军训,委任各乡的乡队长、副队长。办理联庄会训练班,每年办一次,训期两个月。受训后按地段编组,每村编为一组,设村组长、副组长。全乡编为一乡队,受乡学节制及乡队长的指挥,维护治安,防护青苗。在不妨碍农事原

---

① 卢资平:《山东邹平实验县的片段回忆》,见山东省政协文史资料委员会、邹平县政协文史资料委员会编:《梁漱溟与山东乡村建设》,山东人民出版社 1991 年版,第 120 页。

则下,每月至乡学集合一次,举行"乡会乡射"操练练习,以实现乡村自卫的要求。从上述四方面内容来看,乡学和村学的教育内容比较广泛,侧重于农村社会的实际,大致包括伦理、风俗、职业培训、技术传授、军事训练等各个方面。

四、农场

乡村建设有"富、教、养、卫"四大任务,"富"为首要任务。所以,山东乡村建设研究院还在邹平城郊黄山西北角的德国天主教堂一带开辟了一座农场,占地200多亩,内设田艺、园艺、畜牧、养蚕和兽医五个组,还建了一个酱油厂,用以对大豆深加工。农场制定周详的计划,开展种猪、鸡种、蚕业改良设计和美棉推广设计。于鲁溪任场长,之后乔礼卿任场长。于鲁溪是山东淄川县人,金陵大学农科毕业。农场的主要工作是畜牧、育种、试种美棉美烟等,并负责指导组织"梁邹美棉运销合作社"及棉花打包厂。农场主要任务是指导改良农业,发展农村副业,推广实验经验,繁荣农村经济,同时为学生在农场进行各项农业实习提供条件。训练部有关农业常识及技术课程,就由农场主任及技术人员担任。农场积极培育优良品种,并通过实验推广、谋求生产工艺及技术的改进,在一定范围内受到了农民的欢迎,既加深了他们对乡村建设研究院的认识,也使农民获得了一些农业科学技术知识。

五、邹平师范学校

按照梁漱溟1922年所作《社会本位的教育系统草案》一文的构想,要建设一个涵盖村学、乡学、县学、市学、省学、国学的完备教育系统。县学应酌设升学预备部、职业训练部、自由研究部、乡村师范部等。由乡村师范部负责训练村学、乡学教员。此时在梁漱溟的设计中,师范教育并没有作为一个单独的部门独立出来。之后在山东的乡建实验中,山东乡村建设研究院的训练部承担了诸多培养基层教师的任务,几乎成为村学、乡学教师的主要来源。

1933年,根据梁漱溟"村有村学,乡有乡学,县有县学"的乡村建设思想,设立县学师范部,位于邹平县城南门里路东的文庙(孔庙)内。他所讲

"县学"，不只"师范部"一个部，还有其他部，因为各方面条件不成熟，其他部并未得到实施。1935 年在县学师范部的基础上成立邹平县简易乡村师范学校，又称邹平师范学校。"它的创办，开创了邹平办中等普通学校的历史。由此开始，凡取得高小毕业以上文化程度的青少年，不必远去济南求学，或者到办有中学、师范学校的长山、惠民、益都、曲阜等县就读，可以直接就近在本县升学了。"①学生住在文庙前的廊坊内，破门烂窗，四壁透风，条件艰苦，但毕竟有了便于升学求知的机构场所，终属来之不易的好事。师范学校招收的学生很杂，有高中、初中、小学毕业的学生，生源有本县也有外地。邹平简师的活动受乡村建设研究院的制约。1936 年春张宗麟离开邹平后，简师并入乡村建设研究院师范部，后又将师范部并入"山东省第一乡村建设师范学校"，成为该校的简师部。

1935 年 8 月，张宗麟应聘到邹平县简易乡村师范学校任校长，并实施了一系列的改革。

张宗麟（1899—1976），中国近现代教育家，浙江绍兴人。1925 年东南大学教育系毕业后，协助陈鹤琴办南京鼓楼幼稚园，为中国第一位男性幼儿教师，力求创办适合中国国情的幼稚园，主要研究成果成为教育部 1929 年颁布的《幼稚园课程暂行标准》的依据。他主张幼稚教育乃一切教育的起点，对人生和社会都至关重要；幼稚教育的宗旨在于养成健康活泼的身体，培养良好习惯和能力；以自由和自然为原则，从儿童的需要出发；要求教师热爱儿童，尊重儿童，向儿童学习，做儿童的朋友。1927 年任晓庄学校幼稚师范指导员，次年任该校指导员主任。1932 年任厦门集美乡村师范校长，主编《初等教育界》杂志。次年离闽，先后任桂林师专教师、重庆教育学院教务长、湖北教育学院教育系主任和山东邹平简易师范学校校长。1936 年协助陶行知办生活教育社，他提出学校教育和实际生活打成一片，提倡到农村去普及幼稚教育，为劳苦大众服务。抗日战争爆发后，在上海办救亡训练班，主编抗战读本。1942 年离上海赴新四军淮南根据地，任江淮大学秘书长。先后还担任延安大学教育系副主任、北方大学文教学

---

① 罗琪等：《邹平县简易乡村师范学校师生的抗日救亡活动》，见山东省政协文史资料委员会、邹平县政协文史资料委员会编：《梁漱溟与山东乡村建设》，山东人民出版社 1991 年版，第 231 页。

院院长和华北大学教育研究室主任。中华人民共和国成立后,历任北京市军管会文教接管部副部长、高等教育委员会秘书长、教育部高等教育司副司长、高等教育部计划财务司司长等职。著作有《张宗麟幼儿教育论集》和《张宗麟乡村教育论集》。[①]

作为陶行知的学生,张宗麟积极提倡"生活即教育、社会即学校""教、学、做合一"的教育思想,因此,他主持下的邹平简易乡村师范学校基本承袭晓庄师范学校的做法,取得了良好的教学效果,在当时社会上影响很大。同时,也为邹平实验区的村学、乡学培养了一批初小教员,保证了乡建活动的顺利开展。

(一)改善学校环境

邹平师范学校位于县城的孔庙内,教育设施简陋。张宗麟带领学生拆除残墙断壁,整修校舍,按他的话说是"打造成花园式学校"。通过各种努力,整修了两间教室,并开辟出一块体育场作为活动场地,筑造大讲台作集会之用,还建了一间办公室,并广植花草树木,学校的面貌焕然一新,一扫过去的古刹气氛,而呈现出充满朝气及活力的文明校园景象。现代学校教育是在经过办学者设计的环境下进行的,良好的校园环境拥有育人益智的潜在功能。

(二)改革教学方式

张宗麟到任不久,就对学校的教学组织方式进行改革。他主张实行"道尔顿制",主要的教学方法是讨论式。教室内设四张长方形课桌,学生分四组围坐。上课前各科老师提前告知学习内容,学生先进行自学。课堂上学生经过自学提出问题,师生讨论,最后教师做总结性点评或讲解,再布置必要作业。道尔顿制强调学生独立工作能力的培养,最大限度发挥了学生的主动性、积极性。师生之间通过讨论产生思想的交流与碰撞,不仅活跃了课堂气氛,增强了师生情谊,而且有助于针对学生的差异性,长善救

---

① 教育大辞典编纂委员会编:《教育大辞典》第10卷(中国近现代教育史),上海教育出版社1991年版,第293页。

失,因材施教,同时培养学生的实践操作能力。

为培养专业人才,师范学校还采用小组教学的方式,把学生分为文学、数学、史地、理化、教育学、社会学、军事、音乐、美术等学习组,对参加各组学习的学生分别提出学习要求,这种方式有些类似于今日的分科分组教学。"如学历史要求弄懂中国农民起义失败的原因、辛亥革命的教训等;学地理要算一算中国还有多少干净土地,帝国主义侵占了我们多少领土;军事组要学会步枪、手枪、冲锋枪、手榴弹的使用,学习阵地战、游击战知识,练习露营野餐,学习战地救护。"①这种组织方式的改变,很快改变了过去死读书的状况,学生的精神面貌发生很大的改变,学习积极性空前高涨。

(三)多种教育形式相结合

张宗麟到任后,在孔庙的大成殿设学校阅览室,备有《大众生活》《大众哲学》《铁流》《社会科学》《世界知识》《中日力量对比》《中国农村》等进步书籍和刊物,还有《大公报》《邹平实验县报》等报纸,供学生课外阅读,开阔学生的视野,丰富学生的精神生活。值得一提的是,这些宣扬进步思想和新知识的书籍报纸,被置于象征中国传统文化的孔庙大殿上,形成鲜明的对比和反差。

除了常规的课堂教学外,张宗麟还让部分学生办理"午学共学处",具体做法是:在附近农村选适当地方,在中午饭后,召集村内失学男女儿童或青年,由师范学校的学生教他们唱歌、识字。秋季水灾的时候,邹平县不少灾民暂居南关、北关和黄山的庙里,又增添了十余处共学处对灾民中的失学儿童进行教育,教他们唱歌、识字,直至他们灾后返乡。

秋天的时候,他又组织一部分高年级师生到乡里露营锻炼,带有行军锅煮饭,夜晚宿在帐篷里,大家轮流放哨。白天分组宣传,向群众讲演、教唱歌曲、做社会调查;访谈农民生活情况,或考察学龄儿童就学情况,或在老师指导下采集植物标本。这种亲历乡间调查的做法可视作学生的社会实践活动和教师的直观教学活动。

---

① 宋一平、王景五、耿巨吾:《邹平县简易乡村师范学校与张宗麟老师》,见山东省政协文史资料委员会、邹平县政协文史资料委员会编:《梁漱溟与山东乡村建设》,山东人民出版社1991年版,第236页。

张宗麟早在 1927 年就加入中国共产党,用梁漱溟的话说"他的思想偏左",在教学中这种"偏左"的思想渗透在各个方面。比如鼓励学生阅读进步书籍,亲自教授学生唱进步歌曲《锄头舞》《凤阳花鼓》,启发教育学生分辨敌我等。

《锄头舞》又称《锄头舞歌》,由人民教育家陶行知在 1927 年 11 月 9 日创作,让晓庄师范学校的师生每天咏唱,20 世纪二三十年代曾流传于国内学校校园中。歌词内容如下:"一:手把个锄头锄野草呀! 锄去野草好长苗呀! 绮呀海,雅荷海。锄去野草好长苗呀! 雅荷海,绮呀海。二:五千年古国要出头呀! 锄头底下有自由呀! 绮呀海,雅荷海。锄头底下有自由呀! 绮呀海,雅荷海。三:天生了孙工做救星呀! 唤醒锄头来革命呀! 绮呀海,雅荷海。唤醒锄头来革命呀! 绮呀海,雅荷海。四:革命的成功靠锄头呀! 锄头锄头要奋斗呀! 绮呀海,雅荷海。锄头锄头要奋斗呀! 绮呀海,雅荷海。"[①]

1935 年 7 月 6 日,国民政府北平军分会代理委员长何应钦在日本华北驻屯军参谋部威胁下被强迫致电天津日本驻屯军司令官梅津美之郎,表示接受日方提出的苛刻要求,内容包括:"取消河北省内包括铁路党部在内的一切国民党党部;撤退驻河北的东北军第五十一军、国民党中央军及宪兵第三团;解散国民党军分会政治训练处及蓝衣社、励志社等机关;撤免河北省政府主席于学忠及平、津两市市长;取缔反日团体及反日活动。"[②]这一协议,习惯上称《何梅协定》。它的出笼,遭到中国人民的抗议与揭露。在张宗麟的引导下,邹平师范学校暗涌这一股革命思潮。全校师生举行了大规模的游行示威,反对《何梅协定》,事件结束后,张宗麟被迫辞职离开了邹平。

1936 年,山东乡村建设研究院的训练部纳入师范教育体系,改成"山东省第一乡村建设师范学校",校址位于山东乡村建设研究院内。研究院正门朝南,挂有两个牌子,一为"山东乡村建设研究院",一为"山东省第一

---

① 华中师范学院教育科学研究所主编:《陶行知全集》第四卷,湖南教育出版社 1985 年版,第 59—60 页。

② 李华兴主编:《近代中国百年史辞典》,浙江人民出版社 1987 年版,第 450 页。

乡村建设师范学校"。梁漱溟任校长,张俶知任教务长,黄艮庸任总务长。下设特师部和简师部,各部设部主任,班设班主任。特师部招收初中毕业生,学制3年;简师部招收高小毕业生,学制4年。两部学生结业后,都分配充当乡农学校、乡学、村学的教师。特师部招6个班,学生300余人;简师部前后共招3个班,分一、二、三年级,学生约有150人。各部对学生实行军事管理,每人发蓝制服,按时出操、打靶和野外训练。[①]

1928年10月24日,国民政府明令,大学院改设为教育部,任命蒋梦麟担任部长。此后,国民政府与教育部颁行了一整套有关学校教育的法规体系。有关中等师范教育的主要变更有:一是中师以独立设置为原则,招收初中毕业生,学制3年;二是师范学校以公立为原则,私人或社团不得举办;三是师范生恢复免费待遇,但毕业后须完成规定的"服务期限";四是可单设女子师范和乡村师范,还可附设特别师范科、简易师范科和幼稚师范科;五是在师资匮乏地区,可单设简易师范学校。上述内容集中规定在《师范学校法》(1932年12月17日)、《师范学校规程》(1933年3月18日)文中,具有法制地位。在这种背景下山东第一乡村师范学校的办学组织及课程内容也和其他普通乡师大体相同了。因为当时山东省教育厅规定,学生毕业时,必须参加全省会考,会考不及格的不发给毕业证书。但是,在梁漱溟乡村教育理论引导下,该校仍然在一定程度上保持了上述部分课程的有序开设,这种校本课程体现了地方学校的目标差异及个性特征。

第二节　乡农学校教育实验

根据当时中国乡村的实际情况,梁漱溟把乡农学校、村学、乡学作为推

---

① 贾巨川:《山东省第一乡村建设师范学校及邹平乡村建设实验情况》,见山东省政协文史资料委员会、邹平县政协文史资料委员会编:《梁漱溟与山东乡村建设》,山东人民出版社1991年版,第243页。

行乡村建设的基本组织形式。乡农学校主要是他前期设计的实验机构,先在菏泽县试点,逐渐推行到济宁等 14 个县的实验区,在邹平县政建设实验时仍有局部延续。

一、乡农学校的办学目标

乡村建设训练部培养了乡村建设人才后,他们回乡如何服务?各县乡村建设实验的实施从何处着手?梁漱溟说办乡农学校最为相宜,即用乡农学校的组织去具体推行乡村建设。"邹平的乡村工作,是以乡农学校来进行。乡农学校就相当于江南一带的乡村改进会,或农村改进区;也相当于北方定县的平民学校。不过都不很相同。""我们的办法,是在相当大小范围的乡村社会以内,成立乡农学校。"①要在 200—500 户的自然村落建立乡农学校,是以小范围乡村社会组织而成的。"乡农学校不是一个零碎设置的,此乡校与彼乡校是要有联络的;更重要的是乡校之上须有一个大的团体或机关来指导提携他们进行。这就是说乡校里边的教员(乡村运动者)不是孤单的,他是大的团体分派出去负着使命作新的运动的。"②这个"大的团体"应该就是山东乡村建设研究院。

乡农学校的办学主体由三部分人组成:乡村领袖、乡村运动者和成年农民。这三种人在校内的关系是校长、校董、教员和学生。其开办过程大致是:先由山东乡村建设研究院结业学生到乡村去,从各地乡村中寻找有声望有力量的人士,通过他们组织乡农学校董事会,董事会聘请当地知识较佳者担任校长,办理招生等一切事宜。所谓学生,则是当地全体民众,至于乡农学校教师,则由山东乡村建设研究院乡村建设研究部结业学生担任。梁漱溟深信通过乡农学校这一包容政治、经济、教育各方面的制度模式,在受过儒家文化教育的一批知识分子指导下,农民群众一定能创造出一种地方自治与经济合作相结合的新型组织体制,使中国文化重光于世。到 1932 年,邹平县共成立乡农学校 91 所,学生总数达 30966 人。

---

① 《乡农学校的办法及其意义》,见中国文化书院学术委员会编:《梁漱溟全集》第五卷,山东人民出版社 2005 年版,第 347 页
② 《乡农学校的办法及其意义》,见中国文化书院学术委员会编:《梁漱溟全集》第五卷,山东人民出版社 2005 年版,第 352 页

根据当时中国乡村的实际状况,梁漱溟前期的乡村教育实验主要是通过乡农学校的组织机构展开的。乡农学校一面为社会教育民众训练机关,一面又是下级行政机关,也就是政教合一的农村基层组织。梁漱溟认为只有通过乡农学校的形式,把乡村组织起来开展自救,才能解决中国乡村存在的种种问题,故乡农学校既是教育机关,又是梁漱溟实行"乡村建设"的组织形式。梁漱溟在山东乡村建设研究院刊行的《乡村建设·乡农学校专号》曾发表以下言论:"乡农学校是什么？是中国大众的全人教育。我们说'以乡农教育推进乡村建设',我们的意思是要指明乡村建设与乡农教育是不能分的。乡农教育的目的只有一个——改造乡村生活;乡农教育的方法也只有一个——去与乡农生活。"乡农教育的内容围绕着这一方向目标而设计,主要包括:在个人方面是增进学识的语文教育、扶持健康的健康教育、学习技能的职业教育、启发心灵的品性教育、引导乡农参与并改进社会及文化生活的公民教育;在国家方面是加速普及教育,培养健全国民,实现民本政治,扶植民族生命;在乡村社会方面是为了改良农业、提倡合作、充实农村经济、扫除文盲、化民成俗、刷新乡村文明、倡导自卫、除暴安良奠定太平基础,减去乡建之阻力,增大乡建势力,使乡建事业之推行无阻亦无弊,可大亦可久。他的这些见解,突出了教育—乡村建设—社会改良的连环关系。

二、乡农学校的办学组织

乡农学校的学制程度分初、高两级。初级乡农学校招生的对象是文盲或半文盲,依教育对象的不同,将学众分为成人、妇女和儿童三种部门进行施教。各部的设置"视力之所及又事之所宜"而定,不勉强设置。如成人部、妇女部、儿童部可以全设,也可以只设两部。但高级部的设置必须在较大范围内的乡村社会,如一区或十余个乡才行。

上述乡农学校教育是广义的,无论是教育对象,还是课程内容,均不限于学校式教育。从教育对象上看,是以成年农民为主要对象,兼及儿童和青年;从课程内容上看,将学校式教育与社会式教育相结合,并且先从平淡处入手,即从做日常工作入手,学习识字、唱歌、讲话等功课。

成人教育部农闲时上课,所有男性成人均须参加,授课时间为每晚

7—9 点。课程有公民学(故事、时事和精神训练等)、识字、基础知识、唱歌、武术等。课程设置以"因时因地制宜"为原则。妇女教育部一般为下午开课,课程基本与男性成人教育相同,增加了育婴及家政等内容。儿童教育部每天上课(女童只上半天课),农忙时停课,课程有国语、算术、常识和公民等,以"适用"为原则,重视精神陶冶。需要指出的是,各部的教学除了有以上提到的"恒常类"课程,还有按当时当地需要和问题而设的"特殊类"课程,如有匪患的地方设讨论匪患的功课,养蚕种棉的地区随时成立短期补习班。乡农学校高级部招生的对象为曾经进过学校受过 4—5 年教育,年龄在 18 岁以上的青年人,课程以史地和农村问题为主,目的是培养乡村建设干部人才。史地课程是让他们明白历史的变迁,而有自己所处时代地位的自觉。因为在梁漱溟看来,非明白历史的变迁,必不会应付现在的环境而创造未来的前途;非从深处认识问题,就不知道问题的来历,得不到解决问题的方法。农村问题课程是让他们从眼前感受种种问题,往深处认识之、了解之。此外,还要对他们进行乡村事业的技术训练,以培养乡村工作的技术能力。

三、乡农学校的课程与教学方法

从课程设置看,乡农学校的教育内容很丰富,有知识技能教育、人生行谊教育(精神陶冶)、体育、美育及综合教育等。但是,在具体的施教过程中,各项教育内容并非同等并列,人生行谊教育,即道德教育或精神陶炼,是教育内容的基点与核心。因为山东的乡村建设不是一般的乡村建设,而是一种文化改造、民族复兴。精神陶冶主要包括三方面内容:合理的人生态度与修养方法,人生实际问题的讨论以及对中国历史文化的分析,而这三者皆以"中国民族精神"为核心。梁漱溟指出,要使中国人认识自己,认识自己的民族精神。"人类之所以为人类,在其具有理性;中国古人很早就认识了人类的理性,发挥了人类的理性,所以中国民族虽遇今日之难关而无碍。"[1]要开发理性,就要大大发扬中国民族精神。而所谓民族精神,

---

[1] 《精神陶炼要旨》,见中国文化书院学术委员会编:《梁漱溟全集》第五卷,山东人民出版社 2005 年版,第 504 页。

中国人的精神不是别的,就是以孔子为代表的儒家的伦理思想。通过思想陶炼和灌输,期冀达到如下目标:"启发大家的深心大愿";"替他从苦闷中找到出路,从彷徨中找到方针,从意兴消沉中仿佛叫他有了兴趣";"让乡下人活起来,不但使他脱离了迷信与习惯,并且使他脱离了彷徨及苦闷;必如此,农业方可改良,合作社方可组织"。①

梁漱溟立足中华传统文化来思考中国社会的改造,注重民族精神的再造,他独创的"朝会"形式被应用在学校中。乡农学校每天都举行朝会,教师以此形式进行精神陶冶讲话。朝会的鼎盛时期是在山东乡村建设研究院的早期。据梁漱溟回忆:

> 我若干年来办学,大都率领学生作朝会;尤其自民国二十年夏至民国二十三年夏一段,我自任乡建院研究部主任时,行之最勤。天天黎明起来就作朝会(冬天都须点灯),极少间断过。后两年,便不暇天天亲自出席了。在朝会上的精神如何,与这一整天大家(师生)的精神都相关系。即朝会作得好,则这一天大家的生活都要自然温润些,奋勉些。当时讲话很不拘定,有时一次中零碎讲了几点,没有一个题目;有时一个题目一次讲不完,次日续讲。多半是有感而发;或者从自己身上发出的感想,或从学生身上发出的感想,或者有感于时事。②

梁漱溟将朝会活动一直坚持下来,不论是在广东、河南还是山东,都曾带领学生去做,还不止一次地将其定为学校的教学制度。朝会这一教学方法并不在意知识的传承,而是侧重个体人格的修养和精神的陶冶。在他看来,只有品性高尚的人才有望成为国家栋梁,朝会正是实现梁漱溟办学理想目标的一个重要手段。

当代教育史学者对于此举有所评估,颇有见识:近代社会出现了对传统文化的简单否定和激烈反对的狂热情绪,不能不导致一些人崇洋媚外,

---

① 《精神陶炼要旨》,见中国文化书院学术委员会编:《梁漱溟全集》第五卷,山东人民出版社 2005 年版,第 499 页。
② 《朝话·增订版叙言》,见中国文化书院学术委员会编:《梁漱溟全集》第二卷,山东人民出版社 2005 年版,第 38 页。

甚至错误地主张全盘西化。在这种背景下,梁漱溟敢于提倡传统儒家文化,取其精华,剔其糟粕,并吸收西洋文化的长处,使中西文化有机结合;大力提倡并发展乡村教育,提高广大国民素质,进而完成对传统文化的改造和社会改造,这显然不是空穴来风,而是务实之举。[①]

"小先生制"是人民教育家陶行知在推行义务教育中采用的教学组织方法,为乡村教育各派教育家所采用。其实,这属于"导生制"的演绎和实践方式。乡农学校借鉴了陶行知的"小先生制",创立了"共学团制",团内设团长、团副及秘书长,均由学生担任。学生按程度高低分成两部分,程度高的称"导友",程度低的称"学友";导友又分文化导友、政治导友和经济导友三种。每团下设 5 组(处),每组由 3 名导友、3—10 名学友合成。"各村学每次派一二位学习较好的高年级学生对识字学员进行识字教学,教育对象是文盲或半文盲及无力上学的少年儿童。农闲时间或午休时间,在村头、街头树下挂小黑板即可进行教学,男女老幼皆可参加。"[②]教学形式分为直接教学、分组教学和野外教学三种,学习方法采用"自学辅导制"。"小先生制"教学方法的实行,不仅是"导生制"的延伸和扩张,更是为青年农民提供了学习的可能和机会,也给高年级学习较好的学生提供了一次锻炼的机会,学以致用,并反过来促进反省自己的不足和薄弱之处,以得到更好的教育和充实完善整个生活。

四、乡农学校的办学特色

在乡村教育应从何处入手这个问题上,梁漱溟与其他乡村教育领袖见解不同。他既不从扫盲这个提高民众识字率的基本问题入手,也并非立足于促进农业职业教育、改良农业技术方面,而是以"人生行谊教育"为视角切入乡村社会,这也就成为邹平乡农教育实验的鲜明特点。

所谓人生行谊教育,就是关于人生态度、品德、道义等方面内容的教育。梁漱溟从其生命哲学观出发,认为知识技能是生活的工具,是死的;只

---

① 苗春德主编:《中国近代乡村教育史》,人民教育出版社 2004 年版,第 177 页。
② 王峻明:《简述邹平实验县第十三乡乡学》,见山东省政协文史资料委员会、邹平县政协文史资料委员会编:《梁漱溟与山东乡村建设》,山东人民出版社 1991 年版,第 222 页。

有生命本身才是活的。个体必须以活泼的生命去进取、去运用,而后才能获得知识技能。倘若生命消沉无力,则知识技能一切谈不到,"而果得生命活泼,亦自然知所进求运用,正自不难著其功"。因而,在他看来,"中国教育除非从此没办法则已,如其有办法,必自人生行谊教育之重提,而后其他一切知识技能教育乃得著其功;抑必将始终以人生行谊教育为基点而发达其他知识技能教育焉"①。人生行谊的特质在于富有情感活力与勤勉恒毅的态度,这是梁漱溟融合中、西、印三种文化路向的优化选项,具有个人及民族理性的持续价值,处于文化中"动""静"相宜的合适张力。

> 动不是容易的,适宜的动更不是容易的。现在只有先根本启发一种人生,全超脱了个人的为我,物质的歆慕,处处的算账,有所为的而为,直从里面发出来活气——罗素所谓创造冲动——含融了向前的态度,随感而应,方有所谓情感的动作,情感的动作只能于此得之。只有这样向前的动作才真有力量,才继续有活力,不会沮丧,不生厌苦,并且从他自己的活动上得了他的乐趣。只有这样向前的动作可以弥补了中国人夙来缺短,解救了中国人现在的痛苦,又避免了西洋的弊害,应付了世界的需要,完全适应我们从上以来研究三文化之所审度。这就是我所谓刚的态度,我所谓适宜的第二路人生。本来中国人从前就是走这条路,却是一向总偏阴柔坤静一边,近于老子,而不是孔子阳刚乾动的态度;若如孔子之刚的态度,便为适宜的第二路人生。②

他坚信在当前剧变的世界中,必须从人生问题上启发指点,使农民从"窘闷消沉"转向"乐生"后,才能谈得上识字运动和农业改良运动;否则,农村各项事业既无法推行,也难以取得成效。就梁漱溟所从事的邹平乡村建设,亦即其邹平教育模式而言,也是以此为出发点的。关于乡村建设运动与人生行谊教育之间的关系,梁氏之门生黄艮庸先生亦有其

① 《丹麦的教育与我们的教育——读〈丹麦民众学校与农村〉》,见中国文化书院学术委员会编:《梁漱溟全集》第七卷,山东人民出版社2005年版,第679—681页。
② 《东西文化及其哲学》,见中国文化书院学术委员会编:《梁漱溟全集》第一卷,山东人民教育出版社2005年版,第538—539页。

真知灼见：

> 人生态度之提醒，乃乡村运动之根本原动力也；此力不活，一切均
> 为死的，政治经济上之实际问题，吾决其无解决之日矣，且吾人之乡村
> 运动，为人类而尽责也，亦为自己性命尽责也……吾愿吾师则以人生
> 态度重提一义为重，而将乡村运动的名称，迳称之为'新人生的运
> 动'，使本末轻重所在，一望了然，而青年人又可从根源处着力耳。

他进一步指出：

> 在今日之社会现象，人人穷饿，非衣食足，不能兴礼义，此何待言。
> 然吾人以经济一言以号召天下，吾知其饿者之易易，吾知其能唤醒饿
> 者之起而求食，非能晓起饿者以求生也。苟能唤起饿者以求生，则其
> 道并非经济的可能为力也。其道何由？吾应之曰，厥仍首在教育……
> 今日之教育，应注重人生行谊，使人与人之间，各以其生命相感召，以
> 成吾民族生机之大潮。①

由此可见，乡村建设的途径在于以人生行谊教育为出发点，以唤起乡
民的生命活力为核心，这成为梁漱溟及其学生的共识，并且成为当时邹平
乡建同仁的共识。曾在南京晓庄师范学校任教，后受梁漱溟之邀来到邹平
从事乡农教育的杨效春就曾指出："乡农教育所指望的，对于乡农是整个
的人生教育；对于乡村是整个的社会再造。"②在邹平县印台乡从事乡农学
校工作的尹明甫告诫乡农说："不要单看重有形的洋钱，要看重无形的做
人的道理。"③所有这些，都是对上述思想及实践的生动阐述。

---

① 黄艮庸：《黄艮庸先生寄梁漱溟先生书》，载《乡村建设》第 2 卷第 17、18 期合刊，1933 年 1 月 11 日。
② 杨效春：《乡农教育释义》，载《乡村建设》第 2 卷第 9 期，1932 年 10 月 21 日。
③ 尹明甫：《邹平印台乡农学校报告》，载《乡村建设》第 2 卷第 21 期，1933 年 2 月 21 日。

第三节　邹平村学、乡学的学校式教育实验

学校式教育以成年农民为主要对象,正式的教育组织分为成人教育、儿童教育和妇女教育三部分。村学酌设成人部、妇女部、儿童部等,对他们施行生活所必需的教育;乡学酌设升学预备部、职业训练部等,与村学互为补充。

一、村学、乡学的办学目标

梁漱溟在他的乡村建设与教育的专题论著中强调:我们中国现在所急切的就是要有团体组织,就是要往团体组织里去变;而求得团体组织之道,在中国是必须发挥伦理关系,发挥义务观念。这种组织在乡村就是村学、乡学——要使父老兄弟合村团结成立村学,全乡的人团结成立乡学。村学是乡学的基础,乡学是村学的上层。村学、乡学既是教育机关,又是县以下的乡、村级政权机关。山东邹平乡村建设研究院师生在梁漱溟亲自指导下,到邹平各区乡调查研究,试办乡村教育,总结经验,制定出一套改革办法,就是乡农学校、村学及乡学制度,自 1932 年开始逐步在全县实行。村学、乡学教育的目标恰是梁漱溟的乡村教育思想与对乡村社会实际状况调查分析相结合的产物。

梁漱溟的教育社会化设计核心是将从前的区公所、乡镇公所取消而代之以村学、乡学。"村学、乡学在这里不仅是个机关,并且是个团体。它包括学长、学董、理事、教员以及一村中或一乡中男女老少人众等而言。""村学是乡学的基础;乡学是村学的上层。"[1]按学业程度划分有普通部、高级部,按入学年龄划分有少年部、成人部、耆老部,按性别划分还有妇女部。梁漱溟还对村学、乡学的组织形式作了阐述:"村学虽像是代替从前的乡

---

[1]　《村学乡学须知》,见中国文化书院学术委员会编:《梁漱溟全集》第五卷,山东人民出版社 2005 年版,第 448 页。

公所,乡学虽像是代替从前的区公所;但村学乡学本身实是教育机关,并非地方自治组织兼下级行政机关者。不过内容隐寓有自治组织之意,至多是自治组织的一种预备,不是正式自治组织。"①也就是说村学、乡学既是社会教育机构,又是学校教育机构,不仅要担负社会教育的任务,而且还要完成学校教育的任务。

当然,与此同时,村学、乡学也同样具有乡村自治、行政权力和社会改良机关的特征,以之取代了原有的区公所、乡镇公所,负责起和乡村有关的一切事宜。尤其是这样的地方基层社会组织机关是以教育的外在形式呈现的,以"新礼俗"和文化的重建为目的。通过教育组织方式以达到社会政治改造的目标,其方式特征必然是柔性、婉约、细腻或含蓄蕴藉的,却是持久而深刻的手段。

对梁漱溟的上述村学、乡学组织结构设计,学者往往惯称为"政教合一"的方案,这是合适的。当然,梁漱溟说的"政教合一"的意思不是政治与宗教合一,而是政治与教化合一,也就是团体帮助个人人生向上。这与封建时代的"政教合一"有根本区别,其内容和本质是现代的。从表面看,梁漱溟的传统色彩很浓厚,其实他比西化派人物更注重现代化的技术要求,而且后者往往习惯于移植西方现成的模式,无力探求建设现代化中国的具体要求和问题。

二、村学、乡学的组织构成及教学内容设计

(一)人事构成及活动

村学、乡学行政组织由学董会、学董、学长、理事、教员和学众构成。在梁漱溟看来,学董会由该区、村中有地位、有声望的人组成;学董不仅为学众之一,且为乡村领袖,由社区推荐,负责公共事务,到县政府办事由常务学董(即理事,村学有村理事、乡学有乡理事)一人办理,负责办村学或乡学;学长作为乡村最有威望最有品德的人,由学董会推荐,然后由县政府礼

---

① 《村学乡学须知》,见中国文化书院学术委员会编《梁漱溟全集》第五卷,山东人民出版社2005年版,第462页。

聘遴选委任，主持教育，教育及训练一村或一乡的人，主要为调和众人，不负事务责任；教员多由从事乡村建设活动分子或当地学者名流担任，是村学或乡学聘请的先生，曾在山东乡村建设研究院受过训练，他们多半是本村或本乡的人，富有推行村学、乡学的使命，对学员进行"训导"，起上传下达的作用。

各村学可以自聘教师，经县教育部门审核合格后获取任教资格。学众是村中乡中的所有男女老少。在乡学里还有辅导员，是代表县政府下乡村去的，多半在研究院受过训，担负帮助乡下人的重任。辅导员和教员的地位不同，教员是村学或乡学聘请的先生，而辅导员则是代表县政府下乡去工作的，不属于乡学的组成人员。他们的职责主要是辅助乡学的学长、学董和教员，各尽职守，并巡回视察指导各乡学所属各村学的种种活动。他们也大多是山东乡村建设研究院研究部和训练部的毕业生，并常驻乡村，唯有时常回县参加县教育行政会议。就其职责而言，辅导员的作用是在县政府与地方之间，一方面代表县政府传达意旨于地方，同时又将地方情形和民意反馈于县政府，以加强二者之间的联系。

全乡各村学每年春季集中在乡学驻地举行学生讲演、体育等各种文化科目表演观摩大会，促进教师教学、学生学习的积极性。每年各乡学学生在研究院大操场举行观摩大会，由各乡队长带队，在大操场做军事操练，县领导做出点评。

（二）办学层次及教学内容

有的学者对梁漱溟的村学、乡学教育设计的功能作了很好的总结，认为他办的村学、乡学具有如下特点：第一，纳社会改造于教育之中，用教育来完成社会改造；第二，教育着重于成人，与平常教育着重于儿童不同；第三，着重于社会教育，力求把教育普及到全体民众之中，与平常教育着重于学校学生不同；第四，化社会为学校，就所在社会环境施教，与平常教育只囿于学校施教不同；第五，教学内容、学习资料根据经济、政治、国防的需要来定；第六，注意集体生活习惯的养成。① 应该说，这些是梁漱溟乡村学校

---

① 苗春德主编：《中国近代乡村教育史》，人民教育出版社 2004 年版，第 183 页。

教育办学理念的写照,这种个性化的思想主张深深地反映在其教学内容与教学组织方法之中。

村学酌设儿童部(即小学部)、成人部和妇女部,各村原有一切教育设置,如小学校、民众学校等就被分别编入上述三部之中,统属村学。

儿童部学制 4 年,相当于国民小学的初小部,白天上课,其课程也与国民小学差不多,有国语、算术、史地、自然、体育、音乐、公民教育等。所不同的是教材可以根据自己需要编写,如新闻消息、乡建活动、精神陶冶、人生向上等。此外还采用各类教育形式,如编写乡土材料,唱《植树歌》《农夫歌》《放足歌》《戒烟歌》《吃饭歌》《朝操歌》等。课外活动时间,经常由教员带领高年级学生,通过演讲、办板报、喊口号、演话剧等形式,宣传男子剪发、女子放足、禁止早婚、破除迷信、新法接生。通过这些活动,不但巩固了课本上学到的知识,还对乡民进行了教育,可谓一举两得。

成人部和妇女部主要是晚上上课,尤其是冬天农闲季节的晚上上课,故又称"冬学"。开设的课程主要有:识字课,课程以杨效春编的《乡农的书》为主,全书 100 课,每晚一课,一冬学完;唱歌课,歌唱上面提到的规定歌曲,这些歌的歌词都寓意深刻,易唱易懂;精神讲话,主要叙述中国民族历史概要,使学员知道中华民族悠久的历史及民族的领袖人物;讲解"村学乡学须知",使学员了解村学乡学组织以及如何当好学众,阐发古人的道理,使学员恢复已失去的合理观念,从而树立起生活的自信力,变意志消沉为积极向上。以上四门课是所有村学的成人部和妇女部都有的,特别是"精神讲话"课,各村学都特别重视。妇女部的成员是中年以上的妇女,从事副业生产,如学习手工编织之类。

各村学设一处夜校,对成年人进行教育,由村学教师每晚 7 点到 9 点授课 2 个小时,农民可以在现有课程中选修。1935 年以后,农闲季节里,16 岁到 30 岁之间的男村民都必须修 10 周的短期课程。因为夜校主要集中在冬季农闲时间教学,所以又称"冬学"。夜校虽然面向全乡村民招生,不限男女,但当时风气未开,女性入学的很少,基本上都是男学生。开设的课程有文化知识、精神陶冶、时事、农业知识、唱歌、武术等。教师是小学教师、学长、村理事、村队长等人。据美国学者艾恺的描述,成人教育部的课程有如下内容:公民学(包括讲故事、时事、梁漱溟思想和精神陶冶等项目)、识字、基础知识(有关合作社、农艺和公共卫生的)、音乐、军事技术。下午为妇女开设的课程大致相似,只是还包括托幼和家庭经济方面的训练。① 共学处的课程主要有识字、唱歌、卫生讲话、礼节练习与游戏。

此外,每年的春冬两季,在乡学中不定期举行培训,轮流训练18至40岁的男子。乡学教师负责教授文化课,乡队长教授军事课,辅导员、乡理事、学长分别承担教授乡建知识、识字明理、时事新闻等课程。

关于村学、乡学的设置及经费情况,据曾于1932年至1933年在邹平县辉里镇镇立高级小学任教的卢资平回忆:

> 全县一至十三乡,每乡都有乡学一处,学生人数不同,小乡一个班,大乡两个班,每班四五十人,都是小学五六年级,叫高级部。各村学教师二三人,学生人数不等,至少有一个复式班。村学是一至四年级,叫初级部。课程:高级部主要是国语、算术、史地、自然、劳作、体育、唱歌等,各乡随时增设乡土课程,如山区增加林业知识,棉区增加农业种植等。初级部课程主要有国语、算术、常识、体育、唱歌(也叫唱游)。教师的工资待遇,校长30元,教导主任25元,高级部18—22元,初级部教师12—15元(都是月工资,那时候叫薪金)。经济来源:除了乡学教师和村学中由研究院、县派来的教师开支省款外,其他初级部教师都是开支地方款,也叫县款。②

此处由当年切身经历者叙述村学、乡学的办学活动,其中包括组织结构、师资选职、经费筹集及使用等相关内容,一方面可确证乡村教育实验的实况,另一方面也在提供鲜活例证的同时,丰富了相关的信息。

---

① 〔美〕艾恺著,王宗昱、冀建中译:《最后的儒家——梁漱溟与中国现代化的两难》,江苏人民出版社2003年版,第180页。

② 卢资平:《山东邹平实验县的片段回忆》,见山东省政协文史资料委员会、邹平县政协文史资料委员会编:《梁漱溟与山东乡村建设》,山东人民出版社1991年版,第125—126页。

（三）村学、乡学核心教学内容的分析

综上所述，邹平村学、乡学学校式教育实验的教学内容很丰富，有知识技能教育、精神陶冶、农业教育、音乐教育等。我们很明显可以看出精神陶冶是教育内容的核心。梁漱溟从其生命哲学观出发，认为知识技能是生活的工具，是死的；只有生命本身才是活的。必须以活泼的生命去进取、去运用，而后才能获得知识技能。生命消沉无力，则知识技能一切谈不到；而果得生命活泼，亦自然知所进求运用，正自不难著其功。因而，他坚信在当前剧变的世界中，必须从人生问题上启发指点，使农民从"窨闷消沉"转向"乐生"后，才能谈得上识字运动和农业改良运动。否则，农村各项事业既难以推行，也难以取得成效。就梁漱溟所从事的邹平乡村建设，亦即其邹平教育模式而言，正是以此为出发点的。

梁漱溟把精神陶冶归于"有定的功课"一类。其包括三部分，即"合理的人生态度与修养方法的指点，人生实际问题的讨论及中国历史文化的分析"①。而"所谓历史文化的分析，就是指点中国文化的特质（就是民族精神）；所谓合理的人生态度，是讲中国古人的人生态度，也还是民族精神；乃至于讲修养的方法，也是源于古人，资借于民族精神"②。梁借助村学、乡学的形式，试图把社会上人与人之间复杂的关系，纳入师生情谊之中，企图在伦理本位的基础上，重建中国社会新秩序，形成"新礼俗"。一切行政倡议，通过村学、乡学中的日常功课发挥作用，由过去的行政强制，改为知识道德感化。

从表面上看，精神陶炼的内容似乎是文化保守、复古主义，实际则不然，它充满了骚动活力和积极向上的精神，涉及人生观、价值观和历史观等道理。"大概起初要先顺着他的心理，以稳定他的意志，将中国的旧道理巩固他们的自信力。"③这里的"旧道理"是指以孔门儒学为代表的传统思

---

① 《精神陶炼要旨》，见中国文化书院学术委员会编：《梁漱溟全集》第五卷，山东人民出版社 2005 年版，第 501 页。

② 《精神陶炼要旨》，见中国文化书院学术委员会编：《梁漱溟全集》第五卷，山东人民出版社 2005 年版，第 507 页。

③ 《乡农学校的办法及其意义》，见中国文化书院学术委员会编：《梁漱溟全集》第五卷，山东人民出版社 2005 年版，第 350 页。

想文化，"指着孔子的这个学派，或者说孔子就是代表。在精神陶炼里大概要讲许多古人的道理，要在古人所创造的学问中有所探求，来帮助我们今天的生活"①。但新的探求却应排除乾嘉考订或桐城辞章或理学心性主观精神的路径，而是引入西学内容，"再输入新的知识道理来改革从前不适用的一切，以适应现在的世界"②。

梁漱溟之所以能对东西文化都持既有肯定，又有否定和批评的态度，与他将文化的本质理解为人生态度有关。他所肯定与维护的中国文化，实际上只是一种人生态度，所以传统对梁漱溟来说基本上不是一个负担，他对待传统也不像许多维护传统的人那样教条。普遍国民性所带有的持中调和、怡然自得、田园牧歌般的人生态度，对于要经历现代巨变的中国来说，可能稍显消极。因此，他又把孔子"刚"的态度提出来，并居于显著地位。"刚之一义也可以统括了孔子全部哲学，原很难于短时间说得清。但我们可以就我们所需说之一点，而以极浅之话表达他。大约'刚'就是里面力气极充实的一种活动。……刚也是一路向，于此路向可以入的浅，可以入的深；所以他也可以是一种非常粗浅极其简易的。我们自然以粗浅简易的示人，而导他于这方向，如他有高的可能那么也自进于高。我今所要求的，不过是要大家往前动作，而此动作最好要发于直接的情感，而非出自欲望的计虑。"③显然，他是希望这个重新表述了的人生态度可以满足现代中国的要求，为未来中国文化的发展奠定基本方向。

三、村学、乡学学校式教育实验的教学组织及方法

（一）教学组织

村学、乡学主要的教学组织形式是班级授课制，将学生编成固定的班级

---

① 《精神陶炼要旨》，见中国文化书院学术委员会编：《梁漱溟全集》第五卷，山东人民出版社2005年版，第507页。

② 《乡农学校的办法及其意义》，见中国文化书院学术委员会编：《梁漱溟全集》第五卷，山东人民出版社2005年版，第350页。

③ 《东西文化及其哲学》，见中国文化书院学术委员会编：《梁漱溟全集》第一卷，山东人民出版社2005年版，第537页。

进行教学。由于师资、生源、经费等原因,在小学高级部又采用复式班的方法来组织教学。共学处采用陶行知的"小先生制",也就是国外的"导生制"。

过去的私塾基本是讲授法,要求学生死记硬背。村学、乡学反对以往填鸭式、注入式的教学,采用讲授法、探究法、五段教学法、道尔顿教学法、直观教学法等多种教学方法,跟以往的教学方法相比更能激起学生的主观能动性,取得良好的教学效果。

邹平学校式教育实验中的"城里实验小学",就是邹平县小学,梁君大任校长,后改名为"邹平实验小学"。梁君大是梁漱溟同族的侄子,他在实验小学进行了一系列的改革:破除旧习俗,男女生同校同班;组织出板报、唱歌、体育、野外写生、春游等活动,丰富学生的课外生活;改革教材和教学方法;培养学生的集体生活习惯和自制能力。

为普及邹平教育,《邹平实验县设立共学处注意事项》规定各村学乡学把各所在村镇6—14岁的失学儿童,在经过调查与召集村老谈话取得其同情理解后,编入共学处,由各乡学学生及村学三、四年级学生担任导友,学生称为学友,由导友对学友进行教育。邹平实验县政府还颁布了《邹平实验县教育辅导方针》,规定对16—30岁失学青年的教育采用导友制,分为识字导友与专科导友。①

梁漱溟在《东西文化及其哲学中》对西方文化"向外逐物"的人生态度有保留和批判,但对其奋发向前的人生态度还是肯定的。人的存在方式是必须动的,但要合适地动,其中的态度、内容、价值及方式取向上都以动的合理度为取向,中国自汉唐以后,人生哲学、教育文化均受道家影响,走向静态柔媚为主,需要恢复孔子儒学的弘毅强劲,又吸取西学的思想内容及精神特质。

共学处学生以3—10人为准,教学时间与地点由各导师(即教员)与导友斟酌当地情形自行决定。导师每日至少须对所办之共学处巡视一周,并随时予以指导。② 学生由导友自由招生,小孩邀小孩,亲切又自然。每天利

---

① 张石方等:《邹平乡学概述》,见萧克木编校:《邹平的村学乡学》,邹平乡村书店1936年版,第173页。

② 徐瑞芹:《邹平郭庄村学共学处开办之经过及其活动》,见萧克木编校:《邹平的村学乡学》,邹平乡村书店1936年版,第294—296页。

用他们吃过午饭后的 1 个小时,乡学、村学儿童部的导友把教育送到他们门上去。课程主要有:识字、唱歌、卫生讲话、礼节练习与游戏。每一个导友有学生在 3 名以上,便成立一处,钉上第几共学处的牌子。各村共学处在该村成立全村共学处联合大会,每星期日举行一次,地点在各乡村学。由导友表演,讲故事,讲公民常识、公民道德等。学友联合唱歌,做团体游戏等。[①] 当代著名历史学专家、中国社会科学院近代史研究所研究员郑大华的描述可以丰富认识:梁漱溟在各村学附设"共学处",组织小学部的优等生,利用午饭、晚饭前 1 至 1 个半小时的空闲时间教失学儿童读书识字。当时这项工作的主持人是梁漱溟从南京晓庄师范学校邀请来的祝超然。具体的组织办法是:将每 10 个左右的失学儿童组成一组,每组派小学部或高小部的在校学生 2 人担任教师。教具是小黑板一块,粉笔几支,教师(即小先生)既教识,也教讲,还教写,学生自带石板、石笔和练习本。由于此种教育既不增加失学儿童家庭的经济负担,也不影响他们白天下地帮助父兄干活,因此,参加的失学儿童非常踊跃。对于教者来说,在教他人的同时,也巩固了自己所学的知识,而且还可养成助己助人、为社会服务的精神。[②]

共学处还组织导友教学研究会,对在教学中遇到的问题共同研究对策。邹平县郭庄乡共学处导师还组织导友讨论对学友以下三个方面的要求:一是注重礼节,二是守秩序,三是讲卫生。还规定了细目要求,如对父母、兄弟姐妹、邻居长辈、客人、同学、老师等应有的礼节,上课要遵守的纪律及养成具体的卫生习惯等。[③] 导师还对导友提出了要求,如要有真心,有毅力,有牺牲精神,要守时间,行计划,不推诿退缩,不畏艰难困苦,才能做出不朽的事业来。

邹平各村各乡共学处的导友在教员的鼓励与指导下,不管是在炎炎的烈日下,还是在凛冽的寒风中,都坚持去教学友识字、唱歌等,为普及儿童教育做出了贡献。

---

① 祝超然:《邹平短期义务教育的实施》,载《乡村建设》第 5 卷第 4 期,1935 年 9 月 30 日。

② 郑大华:《民国乡村建设运动》,社会科学文献出版社 2000 年版,第 267 页。

③ 徐瑞芹:《邹平郭庄村学共学处开办之经过及其活动》,见萧克木编校:《邹平的村学乡学》,邹平乡村书店 1936 年版,第 303—305 页。

（二）教学方法

梁漱溟虽倡导学生自学,但并不意味着要废除其他以教师组织引导为主的教学方法,相反,他认为在村学、乡学为主的乡村教育机构实际的教学活动中多种教法应各显神通,共同为教学目的的实现及教学任务的达成服务。其中包括讲授法、讨论法、五段教学法、直观教学法和快乐教学法。

讲授法就是学校教员通过简明且生动的口头语言向学众传递知识和技能。讲授法一直是教学史上最主要的教学方法,在学校教学中既经济又有效,是梁漱溟教学活动中最为常用的一种方法。讨论法是在教员的科学指导下,学众以班级或小组为单位,围绕教学材料的中心问题,通过讨论或辩论的形式获得和巩固知识。在山东邹平简易乡村师范学校运用的主要教学方法就是讨论法。"教室内除教桌外,设了四张长方形课桌,学生分四组围坐,各科任课教师事先把学习的内容告诉学生,学生经过自学提出问题,然后教师作总结式的讲解,再布置必要的作业。"[1]五段教学法起源于德国近代教育家赫尔巴特学派的程序教学阶段,指在课堂内教师按照"准备—提示—比较—概括—应用"五个步骤来教授知识。曾在邹平县辉里镇镇立高级小学任教的卢资平就提到了这一教法,他说当时学校"主张对学生启发诱导,反对填鸭式、注入式,同时也并入了五段教学法,即预备、提示、比较、概括、应用。每一课要先引起动机,再决定目的"[2]。直观教学法,是以直接感知为主促进学生有效理解知识,掌握学科概念及原理的教学方法。教员通过组织参观或对具体实物、直观教具的演示刺激学众的感官认知,从而有助于学生的内化及建构。曾在邹平实验小学任教的邹晓青回忆说:"我们除鼓励学生多看参考书,开阔知识面外,又办起地理、数学、自然等科的教学室。教学室陈设模型,挂上图画、图表等物,进行直观教

---

① 宋一平、王景五、耿巨吾:《邹平县简易乡村师范学校与张宗麟老师》,见山东省政协文史资料委员会、邹平县政协文史资料委员会编:《梁漱溟与山东乡村建设》,山东人民出版社1991年版,第235页。

② 卢资平:《山东邹平实验县的片段回忆》,见山东省政协文史资料委员会、邹平县政协文史资料委员会编:《梁漱溟与山东乡村建设》,山东人民出版社1991年版,第126页。

学，并引导学生实际操作，从动眼、动脑到动手，获取全面的知识。"①直观教学具有形象性、真实性，与讲授法相结合，保证了教学质量。

快乐教学法是面向全体学生，着眼于人的全面发展的教育，体现教师主导、学生主体"双边作用"，实现在教学中求愉快、在愉快中求发展的一种教学方法。快乐教学法是融心理情感积极性与操作手段为一体的教学技术或方式，带有教学艺术的灵活性与审美性。这种教学方法最早源自孔子的"寓教于乐"，"知之者不如好之者，好之者不如乐之者"的教学理念。"寓教于乐"的"教"是教学、教育，"乐"是乐趣、兴趣，即教师通过操纵教育中的各种因素来激发学生的潜能和学习动力，使学生最大限度地体会学习的乐趣，努力提高学生的素养，促进其全面和谐地发展。

梁漱溟所谓的快乐教学法不仅仅局限于在课堂教学实施过程中营造欢乐轻松的气氛，而是要把这种教学法贯穿到整个教育活动中。例如，如何培养农民和学生追求知识和文化的乐趣，进而有效提高民众的整体素质，这是乡学、村学教育广泛推行的关键性因素。作为新儒学家，他借鉴传统儒家的教育方法，强调寓教于乐，把礼乐教化作为一门主要课程。寓教于乐是邹平各乡学、村学精神陶冶课的主要教学手段，也是一种原则要求。因为"在我们看现在中国的乡村社会，不止是经济破产，精神方面亦同样破产。这是指社会上许多旧信仰观念风尚习惯的动摇，而新的没有产生。以致一般乡民都陷于窘闷无主，意志消沉之中"②。有鉴于此，焕发民众沉睡、萎靡的心理精神，培植其昂扬蓬勃的朝气，激活其生命潜能的力量便显得十分重要！寓教于乐的重要途径或手段便是音乐歌唱及游戏活动，以期用这种快乐的方法激发民众团结奋斗，努力拼搏，救国救民。这种寓教于乐的快乐教学法收到了显著的效果，许多农民学会了唱农夫歌、军歌和普通歌曲等 30 余首。农民可以从这些歌词中增长知识，提高觉悟，树立信念，促进乡村建设运动的顺利开展。比如当时颇为流行的《精神陶炼歌》：

---

① 邹晓青：《回忆三十年代我在邹平县从事教育工作的经历》，见山东省政协文史资料委员会、邹平县政协文史资料委员会编：《梁漱溟与山东乡村建设》，山东人民出版社 1991 年版，第 185 页。
② 《乡农学校的办法及其意义》，见中国文化书院学术委员会编：《梁漱溟全集》第五卷，山东人民出版社 2005 年版，第 349—350 页。

思想、思想、思想,养成纯洁与清高。升官发财自私利,丝毫切莫要!效国救民此为本,应看作至宝。愿我同胞常自省,兽欲恶念全都消!

精神、精神、精神,养成牺牲和奋斗。直接献身于地方,间接把国救。本此精神去建设,丰功可立奏。愿我同胞齐努力,走此正大光明路!

行动、行动、行动,务要时时守纪律。吾人生在世界上,名誉为第一。秋毫无犯岳家军,到处民欢喜。愿我同胞齐效法,切戒妄为招人嫉!

工作、工作、工作,军人须要劳动化。操作而外习农工,自救不二法。各人手艺学精巧,能力真无价。愿我同胞俱热心,实行兵工救中华!

习惯、习惯、习惯,养成吃苦与耐劳。怠惰苟安畏难心,务须快除掉。贪诈虚伪恶根性,一切都莫要。愿我同胞时自励,提起朝气往前跑!

责任、责任、责任,第一肃清土匪患。自治自卫双方进,保障我闾阎。常备后备同奋勉,铲除匪根源。愿我同胞齐担负,捍卫地方作中坚!

目的、目的、目的,民团希望有两层。目前秩序能维持,社会得安宁。再为将来图建设,愿我同胞主意定,三民五权能实行![1]

很显然,通过浅显易懂的歌词向农民传达了深刻的道理,振奋了民族的精神,养成团体生活、遵守规章秩序等习惯,精神陶冶课程内容丰富,效果很明显。

梁漱溟所提倡的快乐教学法为学生提供了一个欢快愉悦的内心体验和教学氛围,既减轻了学生的压力、负担,又遵循了教学规律,教师越教越乐教,学生越学越乐学。寓教于乐,寓学于乐,其乐无穷。在快乐环境下自

---

[1] 王建五:《忆邹平实验县自卫训练及第五乡乡学》,见山东省政协文史资料委员会、邹平县政协文史资料委员会编:《梁漱溟与山东乡村建设》,山东人民出版社1991年版,第197页。

主体验地学习知识,熟练技能,健全心理,培养道德,确乎不失为一种良好的教学方法。

第四节　邹平村学、乡学的社会式教育实验

1934 年 2 月,梁漱溟在《村学乡学须知》中明确地将村学、乡学的工作分为甲、乙两项,甲项工作为学校式教育工作,乙项工作为社会式教育工作。梁漱溟赋予村学、乡学社会教育的功能,希望以社会教育的手段达到改造社会的目的。根据《邹平实验县区设立村学乡学办法》的规定,村学、乡学要倡导本村、本乡所需要的社会改良运动,如禁缠足、禁早婚等;还要兴办本村、本乡所需要的社会改进事业,如兴办合作社、植树造林等。乡学设立的机构包括乡队部、户籍室和卫生所等。乡队部负责全乡自卫治安,户籍室负责全乡户籍工作和禁缠足、戒早婚、禁烟、禁赌等,卫生所负责全乡医疗卫生工作。社会式教育是一种广义的教育,相比较学校式教育来说,社会式教育更是村学、乡学的主要工作。梁漱溟非常重视面向成人为主的社会教育,他指出:

> 现在很有些人提倡施行农业教育于未成年的儿童。不知在农业教育未推广到成人以前,绝不能推行到未成熟的分子,因为你没有许多榜样给他。比如说做父亲的尚未能改良农业,他的儿子,一个很小的孩子,究如何去改良农业?所以想把社会文化安排停当,在中国的今日,即应着重成人教育。再者,此刻中国乡里的成人在年龄上算得成人,若对新的生活方式来说则尚未成人,犹等于儿童,当然需要教育,总之,你不想改造中国文化则已,否则非要注重成人教育不可![1]

---

[1] 《社会教育与乡村建设之合流》,见中国文化书院学术委员会编:《梁漱溟全集》第五卷,山东人民出版社 2005 年版,第 436 页。

邹平村学、乡学的社会式教育实验主要表现在经济建设、乡村自卫、医疗卫生、社会风俗、自新习艺所五个方面。

一、经济建设

梁漱溟在《山东乡村建设研究院设立旨趣及办学概要》中简略说明了乡村经济建设的要求：

> 所谓乡村经济的建设，便是前所说之促兴农业。……所谓促兴农业又包括两面的事：一是谋其技术的改进；一是谋其经济的改进。技术的改进，是求生产的品质与量数有进益，诸如改良种子，防病除虫，改良农具，改良土壤，改良农产制造等事皆是。经济的改进，是求生产费之低省与生产值之优厚，一切为农家合算着可以省钱或合算着多赚钱的办法皆是；其主要者即为各项"合作"。如信用合作、产业合作等。这两面的改进自有相连相需之势，即技术上的改进，每有需合作才能举办者；而合作了，亦会自求其技术的改进。二者交济，农业之发达是很快的。农业果然兴起，工业相因而俱来。或应于消费的需求，径直由消费合作社举办；或为农业原料之制造，由产业合作社而举办；其矿冶等业则由地方自治体以经营之。由此而来的工业，自无近代工业所酿的危害。在适宜情形之下，农民并可兼做工人；近代工人生活机械之苦于此可免，那是文化上更有意义的事。①

梁漱溟并不打算照搬英法自由竞争的资本主义制度，而提倡伦理本位、互助合作的社会构造，主张从农业"平稳过渡"到工业。应该说，贯彻梁漱溟乡村教育实验的核心内容及思想理念的是科学与道德两大要素，与新文化运动的两面旗帜"科学"与"民主"有更多的一致性，但也有其差异性。梁漱溟对中西文化的对垒以及中国社会道路的走向并没有激进民主主义者如胡适、于文江、鲁迅及易白沙等人那样火爆或决断，也缺乏早期马

---

① 《山东乡村建设研究院设立旨趣及办法概要》，见中国文化书院学术委员会编：《梁漱溟全集》第五卷，山东人民出版社2005年版，第228页。

克思主义者陈独秀、李大钊那样果敢、勇猛，而是糅合中西、有所选择，但其趋向及理路仍是现代化的努力，这一点直到他在新中国成立初期遭遇困境之后的 20 世纪 60 年代仍然执着地坚持。

在乡村建设中，让饥饿的农民吃饱穿暖，得到实实在在的实惠，要比单纯的道德说教更有吸引力。梁漱溟通过建立运转美棉运销合作社、金融合作社、研究院农场、金融流通处等机构，积极聘请金陵大学、齐鲁大学等高校的农学家来讲学等手段，选择条件好、入社早的农户作表征农家（示范性的农家），积极发展当地的经济。这使得表征农家的收入提高，激起了农民参加合作社的热情，较快地引进了棉花、猪、鸡等良种，提高了粮食的产量。通过乡村金融流通处也引进了中国银行等大批贷款，给贫瘠的乡村补充了金融命脉。

邹平所成立的农业合作社主要有三种形式：信用合作社、林业及蚕丝合作社、运销合作社。信用合作社为农民提供信贷业务，具体有两种类型，一种是凭谷物借贷，另一种是直接借贷税金，总的目的是挽救农村经济，增加农民收入，提高农民抵御天灾人祸的能力。林业及蚕丝合作社和运销合作社都是为了改变落后的一家一户的生产方式，使农民在农作物的生产、运销上进行合作，保护自身的权益，少受损害与盘剥。它们兼有职业技术训练和指导农林牧生产的功能，并且陶冶了农民的团体合作精神，意图通过这些合作社促进农业生产的恢复和发展，进而以"农业引发工业"，以振兴中国社会的产业及经济。

二、乡村自卫

乡村自卫是梁漱溟组织成人教育的形式之一。乡村自卫的办法以当时中国乡村秩序混乱、乡民极度缺乏安全感为契机，参照了中国古代乡约的思想内涵和瑞士的民兵制度，以 18—30 岁的成年农民为主要对象，寓教育于军事，不仅要对成年农民进行军事训练以起到保护乡民、维持社会治安的目的，而且注重知识的传授以帮助其文化的进步和精神的提升。

乡村自卫组织最具代表性的当属山东邹平的自卫组织，名之为联庄会训练班。其组织编制以地段为界，当时邹平全县有 27000—28000 户，以 25 户为一间，约 1200 间，每间选送两名 18 岁以上 25 岁以下并且有身家田产的青年到各乡进行考试,择优录取一人入县集中训练,成为联庄会会员。联庄会训练班自 1933 年 12 月开始至 1936 年结束,共举行过 4 期训练,均在冬季进行,每期招收 500 余青年,训练时间为 2 个月。这 2 个月中,前六个星期各会员不分乡籍,混合编制;后两个星期按各会员的乡籍分别编制,并由该乡的分队长统一训练。

训练结束后,所有会员一律按所在的乡编为乡队,邹平分为 14 个乡,故编为 14 个乡队。每乡队由征训学员中选取正副队长各一人,直属于该乡学并受乡理事的指挥与监督。14 个乡队的联庄会员各居住在本村,一个村或相邻两三个小村的会员编为一个村组,并选取正副村组长各一人,直属于该村学,受村理事的指挥监督。村组直辖于乡队。

联庄会会员接受训练后有以下责任:"遇有火灾,领导村民灭火;遇有水灾,领导村民堤防;遇有盗贼,领导村民警戒;遇有土匪,领导村民抵御;有害于乡村之人,随时呈报;有害于乡村之物,随时查禁;其他如劝诫与纠正村民之不良习惯,襄助与指导成年村民的军事训练等等。……每年的夏防冬防期间,各乡队分批征调会员于乡学,一面训练,一边警备,并由乡队长率领到各村巡逻设卡,每批 10 天,每次防期 2 个月。"[1]

乡会乡射是联庄会训练班的补充教育。联庄会会员在联庄会训练班结课后,定期(每月一次,每次一天)参加以乡队为单位进行的补习训练,上午开会名为"乡会",下午射击会操名为"乡射"。"乡会"主要讲述乡村的各项问题,报告县政府及本乡当月工作,包括取得的成绩、遇到的困难,并且协商解决方法,提出下月工作开展计划;"乡射"则是乡队长带领联庄会员赴野外打靶。

梁漱溟认为乡会乡射具有以下四种积极作用:第一,上午的训话和下午的射击操练,使得会员的知识、技能得到定期补习;第二,以此形式定期集会,可加强会员间交流,增进友谊,进而有助于组织的稳固;第三,使会员养成集合的习惯,遇到情况可以及时调集而不延误时机;第四,会员在乡会乡射之日,往返乡村之时可进行全乡巡逻,并借以威慑匪类。

乡村自卫以成年农民为主体,将军事训练和文化教育有机结合,既是

---

[1] 郑大华:《民国乡村建设运动》,社会科学文献出版社 2000 年版,第 279 页。

一个军事组织又是一个学习组织，是梁漱溟因时因地而创设的充满教育智慧的成人教育组织形式。

三、医疗卫生

1934 年上半年，山东乡村建设研究院成立卫生院，同年 9 月，与齐鲁大学医学院合作，在邹平城区设立医院，作为卫生医疗推行机关，负责乡村卫生工作。在各乡则分设卫生所。卫生所原计划在全县 13 个乡各设一所，但一时财力物力不及，第一期先后设立了 6 个乡卫生所。卫生所多隶属于乡学，但业务和技术方面则受到卫生院的直接指导，其人员、医药、器材也直接由卫生院供给，医院经常派人到各乡协助工作。卫生所的活动内容一方面是普通疾病的门诊和巡回治疗、重大疾病的护理和转院；一方面是学校卫生、妇幼卫生、预防注射、传染病调查等项。在工作内容的计划安排上，通常是上午门诊治疗，下午搞卫生工作；每年春秋（主要是春季）都要为婴幼儿和小学生举行种痘；每年夏季则重点进行霍乱预防注射，伤寒、白喉等免疫注射则在门诊进行；在胃肠病流行期间进行井水消毒工作；每逢庙会举行巡回医疗。各乡卫生所医院内设有病床 30 张，并有手术室、化验室、药房等，每天门诊诊治 50—100 人次。"七七"事变发生后，为了应对战时的需要，医院举办了救护人员训练班，受训者约计 50 人。①

医院重视社会卫生教育，设立卫生陈列室、巡回演讲队，对村民进行卫生宣传和教育。为了给卫生所培养人员，先后训练了两班卫生员，约 30 人，训练时间为 1 年。在第二班结业并将要成立其余各乡卫生所的时候，因日军入侵而停顿。

为了开展妇幼卫生工作，医院又开班训练接生员。截至 1937 年 9 月，先后训练了约 100 名接生员。每人发给接生箱一个，并且以后继续免费供给其所需要的药品材料等。在接生员之外，还训练了一班妇幼卫生宣传员，约 30 人。

在学校卫生方面，则于"小学教员暑期培训班"内增设一门卫生课程，

---

① 王冠军：《回忆抗战前的山东乡村建设》，见山东省政协文史资料委员会、邹平县政协文史资料委员会编：《梁漱溟与山东乡村建设》，山东人民出版社 1991 年版，第 10—12 页。

因而医院和卫生所去学校从事卫生工作活动时,就比较容易展开起来。在县的实验小学内,成立了卫生室和卫生队,并且医院派人担任卫生课,在有卫生所的乡学里,虽不再设卫生室,但也都有卫生队和卫生课。

齐鲁大学医学院高年级学生的乡村卫生实习工作,都在邹平地方进行。每人实习一个月,轮流住在县医院和乡卫生所,受医院的指导,负责一定的具体工作,并担任医学、卫生、疾病预防等课程讲授。

四、社会风俗

梁漱溟十分看重对乡村不良风俗的改革,而移风易俗也是乡村建设实践中一项很重要的内容。

> 乡间礼俗的兴革,关系乡村建设问题者甚大。不好的习俗不去,固然障碍建设;尤其是好的习俗不立,无以扶赞建设的进行。所谓合作,所谓自治,都与从前疏离散漫的社会不同。人与人之间关系日密,接触日多,所以行之者必有其道。此道非法律而是礼俗。法律只可行于西洋,行于都市;若在中国社会,尤其是在乡党之间是不行的。何况有法律,亦要有礼俗才行;即法律之行,亦莫不有资于习俗。古时如吕氏乡约等,于此是一种参考;第如何因革损益,大不易言。①

当时移风易俗主要是剪发辫、禁缠足、戒早婚、取缔赌博。邹平乡村经常开展各种文体活动,向农民宣传革除旧风俗的必要性。比如有演文明戏、放电影、开办农民运动会的形式,既丰富农民的业余生活,又弘扬文明的生活方式和文化意识,以清除落后有害的旧风俗。文明戏,即现代话剧,内容大都是有关社会教育或宣传旧风俗之害的。以第九乡为例:

> 第一幕剧是关于开展社会教育的,剧情是:在未开展民众教育的社会情况下,群众愚昧落后,书信、文契不能看……后来,接受了宣传

---

① 《山东乡村建设研究院设立旨趣及办法概要》,见中国文化书院学术委员会编:《梁漱溟全集》第五卷,山东人民出版社 2005 年版,第 230 页。

教育,参加了乡农学校……不再受人愚弄欺骗。另一幕剧是宣传缠足危害的,剧情是:一家财主有两个女儿,大女儿缠足,是闺阁秀女,二女儿是未缠足的洋学生。一天深夜,财主家遭到绑票,其二女儿翻墙跳到外院逃走;大女儿脚小,跳不起,跑不动,被绑架,哭哭啼啼被绑票者架走。老财主为此花了一大批银元,最后醒悟到:还是天足好。①

研究院和县政府经常组织放映队下乡为农民放电影。电影内容丰富,既有故事片,又有宣传农业科技常识的科教片。当时所放映的影片大多是从国外进口,没有声音,隔几个镜头会有一段外文说明,由研究院的工作人员加以解释说明。据王向浦回忆:"1933 年深秋的一个晚上,我在本乡(第九乡)宋家村看过一场研究院和县政府组织的电影。电影有四个方面的内容:一是从正反两方面反映兴修水利的好处。正面是兴修水利后的农田灌溉、水路交通情况;反面是不重视水利建设,雨季到来,山洪暴发,农田被淹,村舍被毁,造成水灾。二是优质牛羊、波支猪、安哥拉兔、来克行鸡,成群满圈,体大膘肥,肉蛋奶的生产超过一般品种好几倍。三是农业机械生产情况。播种和中耕机、康拜因等,机械化生产代替了人力耕作,生产效益事半功倍。四是兴办社会教育情况。男女青少年及其他社会成员入校学习,课外开展丰富多彩的活动,接受多方面的培养教育。"②

演话剧,宣传新文化;放无声电影,普及自然科学知识。这些活动既能引起村民的好奇心,又能以广闻乐见的形式让村民减少抵触心理,收到了良好的教育效果。

由于坚持"教育化导"与行政处罚相结合的原则,邹平的移风易俗工作取得了一定的成效,旧俗虽然没有完全禁绝,但数量明显减少,特别是禁蓄发和禁缠足取得的成效较为明显。另外,梁漱溟还重视宣传传统中优良的伦理道德规范,诸如尊老爱幼、抑恶扬善、勤劳朴素等,对乡村陈旧落后风气的转变和社会的进步有很大作用。

---

① 王向浦:《乡建时期邹平农村宣传、文体活动的片段回忆》,见山东省政协文史资料委员会、邹平县政协文史资料委员会编:《梁漱溟与山东乡村建设》,山东人民出版社 1991 年版,第 180—181 页。
② 郑大华:《民国乡村建设运动》,社会科学文献出版社 2000 年版,第 315 页。

五、自新习艺所

自新习艺所是类似于成人劳教所的一种机构。1933 年 6 月邹平县为改造吸毒人员、肃清烟毒成立戒烟所。1934 年 1 月为改造乡间小偷、地痞、赌徒等不良分子设立成人教育特别班。1935 年 9 月,将戒烟所与成人教育特别班合并,取名"自新习艺所",对品行不良者以劳动和劝善的方式施以特殊的成人教育。

综上所述,村学、乡学除了担负学校教育的功能外,更是一个广泛的社会化教育工程,寓教育于经济管理、军事管理、社会生产、生活活动以及卫生事业之中。在邹平乡村教育实验中,梁漱溟强调以教育的手段重新整合乡村社会,在这一前提下,衍生出学校式教育与社会式教育两项工作内容,即甲项工作与乙项工作。学校式教育开设农业知识、劳作、卫生等课程,这些科目渗透了社会式教育的内容,以服务社会为指向;而社会式教育在许多方面借助依托学校式教育的形式和资源,例如:"卫生节育等知识方法须于成人部、妇女部传习之;又如合作社之簿记,某项工艺之技术须于成人部特设一种训练班或讲习班等类是。此时孰为甲项工作孰为乙项工作即难强分。两项工作连锁如环,学校式教育、社会式教育适当运用,乃村学活动之准则。此教员、辅导员所宜知者。"[1] 可见,学校式教育和社会式教育之间存在一种相互独立又相互渗透的关系,梁漱溟则使用"连锁如环"四字来形容这种关系。

梁漱溟不是山东乡村建设研究院的首任院长,但是他的乡村建设思想是研究院的精神支柱和思想灵魂。梁漱溟通过研究部和训练部讲解其思想,做到了在思想上占领人的头脑。在梁漱溟的周围团结着一批不计报酬的知识分子,他们不计个人的得失,不辞辛苦地来到邹平这个地方,实践着知识分子的社会责任。山东乡村建设研究院是一个知识分子的集合体,他们来自天南地北,他们的工资不及河北省定县的 1/10,却以个人的知识和才能在梁漱溟乡村建设思想的领导下为农村贡献力量。梁漱溟利用传统

---

[1] 《村学乡学须知》,见中国文化书院学术委员会编:《梁漱溟全集》第五卷,山东人民出版社 2005 年版,第 460 页。

和儒家思想，以及部分经过改造消化的西方思想文化因素，通过培养农民的组织意识和传授生产技术，使其乡建思想在邹平得到真正彻底的落实。以村学乡学为中心、以县政改革为特色的邹平在民国乡村建设运动中的成就显著，影响也最大，引来了大批的参观者，奠定了梁漱溟的乡村建设领袖的地位。以至于很多人，一谈起现代的乡村建设运动，就把它等同于邹平乡村建设。

　　1937年7月7日，北京西郊宛平县城爆发了"卢沟桥事变"，日本全面侵华战争拉开序幕，中国进入了伟大的抗日战争时期。在这一民族生死存亡、社会矛盾剧烈变化的历史时刻，梁漱溟曾力劝山东省主席、地方军阀韩复榘守土抗战，终不能奏效。该年末，随着韩复榘军队的南撤，山东沦陷。梁漱溟及大部分"乡建派"人员撤离了山东，坚持了7年之久的山东邹平乡村教育实验落下帷幕。诚如上文所述，梁漱溟提倡的乡村建设运动就是试图通过乡村教育实验及推行来改造中国的农村，进而改造中国社会。因为，在梁漱溟看来，乡村和民族精神是中国文化的根本。近百年来西方资本主义入侵，乡村社会受西洋潮流的刺激，引起中国社会风气改变，乡下人精神"破产"，这是"乡村破坏"的主要方面。因此，社会问题的解决或出路并不是对谁革命，而是要走"乡村建设"的道路，作广义的教育功夫，使政治伦理化，经济合作化，力求乡村内部"团结自救"。这又依赖他对教育的理解及功能的认识。教育是一个"很宽泛的东西"，其作用在于"绵续文化而求进步"。"如果教育能尽其功用，论理说社会上不应当再有暴力革命。"[①]尽管梁漱溟的理解以及所进行的实验，并不能从本质上揭示中国社会的根本矛盾，也未能实现社会改造的理想目标，但他的实践探索及理论总结依然有某种实际的实效及创新，成为同期乡建运动独具特色并富有完整理论体系的山东"邹平模式"。

---

① 《社会教育与乡村建设之合流》，见中国文化书院学术委员会编：《梁漱溟全集》第五卷，山东人民出版社2005年版，第433—434页。

第十章　重庆北碚的办学活动

　　抗日战争爆发前,梁漱溟 1931—1937 年在山东邹平从事以教育为中心的乡村建设运动,办乡村建设研究院。在进行教育实验的同时,又积极主张抗日,并奔走各方,宣传抗日。他一方面动员群众起来抗日;一方面给政府当局做工作,游说有组织地实施全民抗战。同时,还教导学生抗日,进行自卫。他说:"在七七卢沟桥炮声未响之前,我们抗战的情绪已经紧张了。"梁漱溟不但在山东做群众工作,宣传抗日斗争,而且还受刘湘的邀请,到四川宣传抗日,在成都、重庆、北碚等地,向各界人士30 多次演讲,说的是"我们为何抗敌"[①]。这在一定程度上奠定了他日后在重庆北碚的抗日宣传活动以及办学活动。

　　抗日战争爆发后,梁漱溟更为积极地向国民政府做工作,主张团结抗日。在山东邹平,因办学需要与山东省主席韩复榘交往甚多,曾多次劝韩复榘积极抗日,但韩复榘并不听,令他很是气愤。后来由于韩复榘仓皇撤退,日寇的铁蹄踏遍华北,在

[①] 重庆北碚梁漱溟学术研究会编:《梁漱溟学术研究会会刊》,1995 年第 2 期(内刊),第 66 页。

山东所办的乡村学校与乡村建设实验都不能继续进行下去。由此,通过教育复兴乡村,由农业现代化进而实现国家工业现代化的美好理想随即付诸东流。无奈之下,他来到了抗战的大后方重庆,自此开始了重庆北碚"勉仁"系列办学的新征程。

第一节　梁漱溟在渝办学的社会背景

梁漱溟一生关心国事,少年时期就阅读各种时报,中学参加京津同盟会,毕业之后(1911年)即投入革命,1913年同盟会改组为国民党,梁漱溟便自动离去了。1916年,袁世凯因"洪宪帝制"美梦破灭,在众叛亲离、忧惧恐慌中病死。黎元洪继任大总统,恢复国会,实现南北统一。是年8月,梁漱溟得时任司法总长张耀曾(名镕西,1903年东渡,辛亥年回国,1915年参加西南义师讨袁,袁死后,作为西南势力代表出任司法总长)的推荐,担任司法部秘书。1917年5月中旬,安徽督军张勋拥清逊帝溥仪复辟,政府改组,张耀曾下野,梁漱溟去职南游,10月由湖南回北京,到北大任教。1924年离开北大赴山东办学,开始了坎坷的乡村教育实验与建设之路。梁漱溟推行乡村建设运动的最终目的在于解决中国社会问题,因而他时刻关注中国时局变化,作为一名乡建领导者,他及时调整乡建内容与方式来应对环境变化,同时作为一名爱国热血人士,又经常需要奔波各地参与政治活动。1937年"七七事变"爆发,日本悍然侵华。梁漱溟坚持军民团结抗日,一面动员群众宣传抗日,一面对韩复榘的不抵抗和撤退行为进行说服并抗争。

其实在此之前,梁漱溟便应时任四川省主席刘湘的邀请,于1937年5月底飞抵重庆和成都两地,在此盘桓的一个月内为如何抗敌作了30多次演讲。例如,6月13日,他在成都省党部大会场作了《我们如何抗敌》的讲演,说明平时努力的乡村工作和抗战的关系:"我们正是准备抗敌,才从事乡村工作。""乡村工作,不但是根本的工作,还是积极救亡的工作,眼前抗敌,非此不可。"中国今日要抗敌,应采取两原则:"一是必须靠无限的兵力……又一是不求摧敌于一朝,而要能与之作持久战,取得最后胜利。"因之需要,一方面"增厚国民抗敌的情绪与能力";另一方面"加强政府的统治力量"。并指出当时存在的问题,"上下之情未通";"民众都缺乏组织与训练";"要政府的力量强大,希望老百姓支持政府似难,要下层机构健全灵活更做不到";"要启发出老百姓拥护政府的情绪,并且加以训练及组织才行"。要从农业和农民入手作功夫,"所谓从农业和农民入手的工夫有二:一、先解除农业上种种妨害(灾害、匪患、苛捐杂税等等);更进而积极促兴农业(技术、金融、合作等等)。二、切近农民日常生活予以组织训练(自卫、自治、合作等等);更进而为临时对外抗敌的组织训练"。而为何定须如此作功夫的理由在于:"一、国民之大多数在农民。二、非政府关切农民生活问题,替他设法,则农民不会爱国,不会拥护政府。三、非感情相通,则组织训练不会成功。四、非有日常生活上的组织训练,则临时抗敌的组织训练就无根。""我们的乡村建设工作,正是切近农民日常生活加以教育及组织,健全地方下层机构,为政府统治运用之准备;正是解除一点农业上痛苦,培养农民爱国情绪,并增加其抗敌能力的。所以我们正是从事抗敌的工作。""我们主张扩大乡村建设工作以应敌。"①

1937 年 6 月 29 日,梁漱溟出四川经武汉北上,7 月至北京,7 月 5 日回邹平检视乡村建设工作,旋即回到济南准备南下,自此之后即为抗战而东奔西走。

1937 年 6 月至 8 月,两个月时间内,梁漱溟奔波于成都、重庆、武汉、北平及上海之间,宣传抗日,参加社会政治活动,围绕教育与抗战的问题撰写论著。1937 年 8 月 11—12 日,在上海《大公报》发表《怎样应付当前的大战?》一文,提出抗战"实行系统化、民主化、国力化"的观点。即主张:第一,全国军民的动作乃至他们的生活,都要在最高统一的军令、政令下面而动作而生活;第二,政治要民主化,政府与社会要打成一片;第三,有钱的出钱,有力的出力,有知识的出知识。同时提出十四条具体主张,其中包括:国家及地方行政的大改革,教育制度的改革,政治的改造。其中战时教育改革的设想非常独到,且对成都演讲作了拓展及深化的设计。② 他在文中

---

① 李渊庭、阎秉华编著,梁漱溟亲修:《梁漱溟》,群言出版社 2011 年版,第 116—117 页。
② 《怎样应付当前的大战?》,见中国文化书院学术委员会编:《梁漱溟全集》第五卷,山东人民出版社 2005 年版,第 1033—1037 页。

对战时国家各种力量的统一配合及合理调控、发挥出结构功能的作用作了构思,分为两大系统来加以论述,可以作为梁漱溟抗战时期教育问题认识的基础,也是北碚办学讲学的思想导向。

论文发表的第二天,上海淞沪战役爆发,梁漱溟即启程去南京赴会,同日抵达南京。8月17日,梁漱溟被首次邀请参加最高国防会议参议会,他自认为这是其参与上层(中央一级)政治活动的开始。

在参议会上,梁漱溟第一次见到了周恩来。参议会结束之后,梁漱溟自觉国民党方面令人失望,便萌生了去延安看看的想法。1938年1月1日,梁漱溟从武汉乘飞机抵达西安,在林伯渠的帮助下到达了延安。梁漱溟到延安主要是做两件事:"一是对于中国共产党作一考察。二是对于中共负责人有意见要交换。"抵达延安后,他首先见到的是张闻天,在他的安排下与毛泽东进行了会谈。谈话的地点不在窑洞而是在一间瓦房里,屋内没有炉子却很暖和,在这里梁漱溟和毛泽东进行了两次重要的谈话。第一次谈话是自下午6点至次日凌晨,讨论的是中国的前途问题。第二次谈话也是自下午6点,不同的是,这次直到天明仍欲罢不能,谈话的内容集中于如何建设一个新中国的问题。在这个问题上,梁漱溟和毛泽东的分歧较大。他在晚年回忆这场争论时说:

> 我讲了许多,毛泽东耐心听着,有时插话。他强调说,中国社会有其特殊性,有自己的传统,自己的文化,这都是对的,但中国社会却同样有着与西方社会共同性的一面。他说我的观点是太看重了中国社会的特殊性一面,而忽略了共同性即一般性的一面。我则说他是太看重了一般性的一面,而忽略了最基本、最重要的特殊性的一面。两人相持不下,谁也没有说服谁。

> 现在回想起这场争论,使我终生难忘的是毛泽东的政治家的风貌和气度。他穿着一件皮袍子,有时踱步,有时坐下,有时在床上一躺,十分轻松自如,从容不迫。他不动气,不强辩,说话幽默,常有出人意料的妙语。明明是各不相让的争论,却使你心情舒坦,如老友交谈。他送我出门时,天已大亮。我还记得他最后说,梁先生是有心之人,我

们今天的争论不必先做结论,姑且停留听下回分解吧。①

　　两次长谈之后,梁漱溟参观了延安,惊觉延安条件很差,但人的精神风貌却很好。梁漱溟便将随行而来的胞妹新铭之子邹晓青留在延安,参加了革命。1月25日梁漱溟回到西安,后又去了开封、曹州、徐州进行抗日宣传工作。7月6日至15日,国民参政会在汉口召开第一届第一次会议,梁漱溟被选为参政员参加大会,在会上提出了一个建议案、三个询问案。

　　此后,因时局变化,梁漱溟以国民党参政员的身份由武汉转到了重庆。10月28日至11月6日,梁漱溟出席在重庆召开的第二次参政会,就上届有关问题的提案是否进行,进行到何种程度进行询问,然而并无答复,由此感到国民党猜忌排外。另外,梁漱溟人虽在大后方重庆,却常常惦记那些熟悉的人和地,因此决定到鲁豫苏皖地区巡视考察一番。1939年2月2日,梁漱溟率同黄艮庸、王靖波、王福溢、李建三、翟茂林、张荫平六人自重庆启程,经西安、洛阳,共历经豫东、皖北、苏北、鲁西、鲁南、冀南、豫北、晋东南各敌后游击区,后渡黄河返抵洛阳至成都,届时艰苦行程才算告一段落。这次行程出入于敌后游击区域8个月,到过6个省的8个地区,经过的县市有50多个(只是山东就有22个),食、宿过的集镇、村庄将近200个。经历多次惊险奔波,备尝饥渴风雨之苦,而且多数是在黑夜赶路,其辛苦可想而知。② 其间梁漱溟脚部受伤,后又患了痢疾。同年10月初,梁漱溟在成都会见晏阳初、黄炎培诸公,他们一致认为国民党顽固派破坏抗日民族统一战线的举动势必造成国共两党的矛盾而妨碍抗战,将来也有可能产生内战,因此必须联合第三者解决。于是,有了成立"统一建国同志会"的举动,这个"统一建国同志会"便是"中国民主政团同盟"的前身。1939年11月29日,"统一建国同志会"成立,其宗旨是"集合各方热心国事之上层人士,共就事实探讨国是政策,以求意见之一致,促成行动之团结"③。

　　1941年皖南事变发生之后不久,各党派深感团结抗战十分必要。梁漱

① 汪东林:《梁漱溟问答录》,湖南人民出版社1988年版,第63—64页。
② 李渊庭、阎秉华编著,梁漱溟亲修:《梁漱溟》,群言出版社2011年版,第139页。
③ 汪东林:《梁漱溟问答录》,湖南人民出版社1988年版,第69页。

溟与黄炎培、左舜生、章伯钧、罗隆基、张君劢相聚,正式决定将"统一建国同志会"演变、扩大为"中国民主政团同盟"。同年 9 月 18 日,中国民主政团同盟机关报《光明报》在香港创刊,梁漱溟任社长。之后,中国民主同盟会便以中间党派的身份出现在国民党统治区,开始独立的政治社会活动。

1944 年 9 月 19 日,中国民主政团同盟在重庆上清寺召开全国代表会议,将"中国民主政团同盟"改为"中国民主同盟",打破了三党三派团体的局限,向无党派人士敞开了大门。作为民盟的九名代表(张澜、沈钧儒、黄炎培、张东荪、章伯钧、罗隆基、张君劢、张申府、梁漱溟)之一,梁漱溟出席了 1946 年 1 月 10 日在重庆召开的政治协商会议。会后不久,梁漱溟再赴延安,到达延安的第一天就见到了毛泽东。次日,毛泽东与共产党内的十位领导人听取了梁漱溟的发言,对中国文化传统和社会进行了分析,表达了自己的希望与理想。1946 年 4 月,梁漱溟接任民盟秘书长,参与国共和谈,李公朴、闻一多血案发生后,协同民盟总部秘书处主任周新民前往昆明调查。年底,梁漱溟为之努力的国共和谈破裂,梁漱溟也随之陷入苦闷之中,自感心力交瘁,搞不了政治,决心退出和谈,由此辞去民盟秘书长一职,退居重庆北碚。

以上岁月中震撼人心的重大事件及各项业绩如果以这位大儒在重庆北碚的人生踪迹加以考察,则又可以梳理出另外的表述文本。

梁漱溟在重庆的活动大致可分 3 个时期:第一时期为 1939—1941 年,在重庆积极投身于抗日救国活动。1939 年梁漱溟到达重庆,后与沈钧儒、邹韬奋、章伯钧等筹建"统一建国同志会"(民盟前身)。1940 年,他在璧山县来凤驿创办私立勉仁中学(1941 年迁至北碚金刚碑),同时成立勉仁书院。第二时期为 1945—1946 年,在重庆奔走于国共两党之间,企图以第三方身份消弭内战、促成和平。抗战胜利之后,梁先生由广西回到重庆,抱着"以进步达到平等,以建设完成革命"的人文主义情怀,为停止内战、民主建国而多方周旋,希望能促成国共和谈,终至失败。[①] 第三时期为 1946—1950 年。1946 年,梁漱溟奔走和谈无果,回到北碚金刚碑,在北碚主持创办勉仁国学专科

① 杨孝容:《梁漱溟"勉仁"学校的定位及其文化价值:以重庆缙云山为例》,载《重庆社会科学》2010 年第 8 期,第 104 页。

学院(后改为勉仁文学院),并致力于《中国文化要义》的撰写与宣讲,一直到 1950 年初应毛泽东、周恩来之邀前往北京。这一时期的状况,用梁漱溟自己的话说就是"专力于文化研究工作,陆续以其思想见解主张贡献于国人。对于时局,在必要时是要说几句话的,但不采取任何行动"①。

由上述可知,从抗战到新中国成立,梁漱溟已远不是以乡村建设派为代表、新儒学教育家为本职工作的实践者,而是将大量时间、精力投向社会局势的道路选择及努力,诚为社会活动家责任担当及操守人格的坚守。当然,他未能舍弃讲学及育人活动,穿插其间的便是重庆北碚缙云山麓的办学及著述事业。

梁漱溟在重庆办的勉仁中学至勉仁文学院系列学校都以"勉仁"命名,这与梁漱溟受儒家思想的影响有关,众所周知,儒学思想文化的核心思想就是"仁",勉仁学校,顾名思义就是取儒家"勉以行仁"之意。据当年勉仁文学院的学生唐宦存解释:"梁先生办学,目的在于对学生'勉以行仁',教学生'认识旧中国,建设新中国'。"②

第二节　"勉仁"学系的发展历程

梁漱溟在重庆期间的"勉仁"学系办学活动虽然对以前的乡村教育实验思想及活动仍有执着及保留,但由于种种原因已经开始有所转向,主要表现为新儒学教育的实践以及将儒、佛、西学三者糅合建构的思想探索历程。

一、北碚——勉仁的生长土壤

梁漱溟的"勉仁"系列办学活动都是在重庆北碚进行的,那么,为什么会选择北碚作为他的办学基地呢? 有一个众所周知的理由就是因为国民

---

① 《给各方朋友一封公开的信》,见中国文化书院学术委员会编:《梁漱溟全集》第六卷,山东人民出版社 2005 年版,813 页。

② 佚名:《梁漱溟在北碚》(上),见重庆市政协网站,http://www.cqzx.gov.cn/zxdt_show.aspx? id = 2451。

政府迁都重庆,大批知识分子来到陪都,而北碚离重庆城区有一段距离,受政治中心的束缚较少,文化上更开放。另外,还有两个主要原因:一是缙云山嘉陵江风景秀美,自然环境宁静宜人,适合办学;一是与卢作孚的支持和帮助分不开。

(一)北碚风景

20 世纪初,北碚是巴县的一个小乡镇。1927 年 3 月,民族实业家卢作孚接任江北、巴县、璧山、合川四县特组峡防团务局局长,驻防北碚,以此为中心,在嘉陵江三峡地区开展乡村建设。到 1936 年 4 月,正式成立嘉陵江三峡乡村建设实验区时,北碚已是初具规模的小市镇了。但是,北碚的真正兴旺发展,却始于抗日战争时期,重庆定为陪都,北碚被划为迁建区之后。一时间,在北碚及其附近的乡镇,迁进了上百的政府机关、科研机构、大专院校、文化单位,云集了上千的政治家、科学家、教育家、文学艺术家,北碚也从此闻名遐迩,被人们称为"陪都的陪都"。

北碚生态环境优美,青山常翠,碧水长流。缙云山是国家级自然保护区,长江上游亚热带阔叶植物宝库,这道绿色生态屏障,减少了主城区的"热岛效应"。北碚气候宜人,生态良好,环境优美,是适宜居家、求学、创业的"花园城"。

抗日战争时期在北碚居住的文人墨客也对北碚有着深厚的感情,对北碚始终念念不忘。

如石港在《怀念北碚》一文中这样写道:"北碚——嘉陵江上一颗璀璨的明珠,即便是在那中华大地烽火漫天的抗日战争年代,她那秀丽山川与追求进步的欣欣向荣景象,始终熠熠闪光。我曾一度在那里绝处逢生,找到生命的转折点,年代久远,记忆有些模糊了,但有些生动的片段,至今一想到她,不禁一阵温馨,一阵怀念。"①

又如周俊元在《北碚——重庆的一颗明珠》中写道:"北碚——重庆的一颗明珠,我在复旦大学读书时,在这里生活、学习了几年。毕业后,我在

---

① 石港:《怀念北碚》,见重庆市北碚区政协文史委员会编:《抗日战争时期的北碚》,重庆市北碚区三峡印刷厂 1992 年印,第 373 页。

重庆办了《人生画报》，由于抗战时期，各界志士仁人、名流云集在北碚，我还经常去组稿。因此，这颗明珠一直深藏在我心里，它是那样的亲切可爱。每逢星期天，我必去温汤峡的北温泉，两岩山势秀削，古松虬蟠，每当月朗风来，松韵与泉声互答。北温泉虽不及古代华清池、现代南京汤山，也可算是北碚的休沐游览的好地方。"①

如今的北碚是著名的花园城市，荣获"国家级可持续发展综合实验区""全国首批风景名胜区""国家级山水园林城区"以及"全国造林绿化十佳城市"等荣誉称号，2003年又获建设部"中国人居环境范例奖"。全区有公园8座，小游园和绿化广场20多处。绿化面积5.52平方公里，绿化覆盖面积5.76平方公里，森林覆盖率30%以上，城区森林覆盖率达40%以上，公共绿地1.15平方公里，人均公共绿地8.7平方米，城镇居民人均住宅使用面积达14.3平方米。北温泉公园集山、水、林、泉、洞、寺庙为一体，堪称重庆市公园的典范。

（二）卢作孚与"勉仁学系"的渊源

提到卢作孚，一般都认为他是一位爱国实业家。他创办了民生实业股份有限公司，短短10年间，发展成为旧中国最大、最具影响的民营航运企业。因此，他被誉为"中国船王"，其倡导的"民生精神"也被誉为20世纪"20年代至40年代内企业文化建设卓有成效的一个典范"。20世纪50年代中期，毛泽东在与黄炎培谈及中国民族工业发展过程时说，有四个实业界人士是万万不能忘记的，他们分别是"搞重工业的张之洞，搞化学工业的范旭东，搞交通运输工业的卢作孚和搞纺织工业的张謇。他们都是为发展我国民族工业有过贡献的人"②。

值得注意的是，卢作孚同时也是一位教育家，诚如卢作孚所言："自己现在是办实业的，但实际上是一个办教育的，几乎前半生的时间都花在办教育上，而现在所办的实业，也等于是在办教育。"③他早期从事记者、教学

---

① 周俊元：《北碚——重庆的一颗明珠》，见重庆市北碚区政协文史委员会编：《抗日战争时期的北碚》，重庆市北碚区三峡印刷厂1992年印，第340页。
② 有清、华忠：《状元改行——张謇小传》，载《青年一代》1982年第1期。
③ 卢作孚：《如何彻底办教育》，载《嘉陵江报》1948年4月22日。

工作,开展民众教育实验,后期投身民生公司航运业后实践职工教育和乡村建设实验。梁漱溟说:"作孚先生还热心致力于地方和农村建设事业。重庆北碚就是他一手筹划和开创而发展起来的,作孚先生及其胞弟卢子英,从清除匪患,整顿治安入手,进而发展农业工业生产,建立北碚乡村建设实验区,终于将原是一个匪盗猖獗、人民生命财产无保障、工农业落后的地区,改造成后来的生产发展、文教事业发达、环境优美的重庆市郊的重要城镇和文化区,现在更成为国内闻名的旅游胜地。"①

除了自己积极开展乡村教育实验之外,他还帮助志同道合的人一起来办教育,其中梁漱溟在重庆的勉仁学校就是得到了卢作孚的鼎力相助。卢作孚与梁漱溟结交约在抗日战争军兴(1937年)前后,而在这之前梁漱溟早就听说过卢作孚的大名并生敬仰之心。抗战前,他受卢作孚、卢子英兄弟的邀请,来到重庆,考察了卢作孚建立的嘉陵江三峡乡村建设实验区,并作了两次演讲。抗战爆发后,被迫停止山东邹平的乡村教育实验,梁漱溟来到四川,在张澜的支持下,同部分乡村建设的骨干创办了南充民众教育馆,由于民众教育馆有亲共倾向,国民政府容纳不下它的存在,被迫停办了。1940年2月,又由川北辗转至重庆璧山县来凤驿,创办了勉仁中学,梁漱溟自任董事长。由于勉仁中学不同于当时其他中学,在教学上采取了新的措施和教学内容,不为国民党当局所容,因此采取了各种办法来阻止勉仁中学的继续开办。此种情况下,多亏卢作孚、卢子英兄弟的鼎力相助,1941年复将勉仁中学迁到北碚金刚碑。

梁漱溟在《怀念卢作孚先生》一文中提到:"1941年我将创办不久的勉仁中学迁至北碚。1946年尾,我退出和谈、辞去民盟秘书长职务后,便在这景色宜人的北碚息影长达三年之久,静心从事著述;《中国文化要义》一书即写成于此时。1948年我又与一般朋友创办勉仁文学院于北温泉,从事讲学活动,直到1949年底四川解放后来北京,才离开北碚。在上述我在北碚从事的种种活动中,自然得到作孚先生以及子英先生的热心帮助。"②

---

① 《怀念卢作孚先生》,见中国文化书院学术委员会编:《梁漱溟全集》第七卷,山东人民出版社2005年版,第526页。
② 《怀念卢作孚先生》,见中国文化书院学术委员会编:《梁漱溟全集》第七卷,山东人民出版社2005年版,第526页。

可见,卢作孚对梁漱溟在北碚办教育活动帮助之大。此外,在重庆与卢作孚的交往中,梁漱溟对卢作孚的评价也是极高的:"那是因抗日战争爆发,我撤退到大后方的四川之后。当时作孚先生与我所从事的活动虽不同,但地点均多在重庆,因此交往较多。在彼此交往中,更感到作孚先生人品极高。我尝对人说:'此人再好不过! 他心中完全没有自己,满腔里是为社会服务的事业。这样的品格,这样的人,在社会上找不到。'作孚先生有过人的开创胆略,又具有杰出的组织管理才能,这是人所共见。人们对他的了解较多的在此,人们常称道他的自然也多在此,但岂知作孚先生人品之高尚更是极难得的呀!"①

二、从勉仁中学到勉仁文学院

(一)勉仁中学的兴办

梁漱溟来渝时间很早,早在 1937 年 6 月,他就受卢作孚、卢子英兄弟的邀请来到重庆,1937 年"七七事变"之后,日本侵略军的铁蹄大举侵入山东,山东省军阀、省政府主席韩复榘不战而逃,把山东拱手让给日本强盗。梁漱溟在鲁呕心沥血创办的乡村建设实验县前后长达 7 年之久,而今大敌当前,则被迫把所经营组建乡村建设的班子迁到大后方,但其乡村建设的思想从未终止,抗战前在河南、山东等地提出的乡建实验目标也未曾忘却。面对来势凶猛的日本侵略者,他更坚定了信念:中国要想繁荣昌盛只有走乡村建设的道路,而要使中国逐步发展起来,最终战胜日本帝国主义,也唯有以乡村建设为本。为此,在张澜的支持下,同部分乡村建设骨干创办了南充民从教育馆,由于被当局怀疑亲共,国民政府将其赶出南充。但他继续争取为人民办事,在卢作孚等的提议下,1940 年 2 月,他来到重庆璧山县来凤驿,创办勉仁中学,亲任董事长。

梁漱溟从"改造旧中国,建设新中国"的深心大愿出发,主张"教育救国",提出了一套社会本位教育系统理论和方案。1933 年 8 月 22 日,梁漱

---

① 《怀念卢作孚先生》,见中国文化书院学术委员会编:《梁漱溟全集》第七卷,山东人民出版社 2005 年版,第 525—526 页。

溟先生推出了《社会本位的教育系统草案》,明确指出:本案基于三根本见地,即"学校教育社会教育不可分","教育宜放长于成年乃至终身"和"教育应尽其推进文化改造社会之功"。在中国办教育"必须理会以上三根本点",否则"必无从尽其应负荷之任务,必失其教育之功用,而不免转为社会病"。① 这个教育纲领,标志着梁先生教育理论的成熟。为实现这个方案,梁先生不遗余力地开办村学、乡学、乡农学校等乡村教育机构,重庆勉仁中学、勉仁文学院等中高等教育场所,同时提倡民众教育馆、图书博物馆、公共体育场、公共剧场、民众识字班等社会教育组织。

但与此同时,梁漱溟也认识到一个国家教育制度的改造,有其客观条件,不可以急功近利,自己的能力有限,他认为青年期是人生的关键期,所以来到重庆后,首先把中等教育放在第一位,然后再逐步改造,这是他人生后期教育的新转向。基于以上思想,勉仁中学得以产生。

梁漱溟为此撰写《创办私立勉仁中学校缘起暨办学意见述略》,阐明了他对中学教育格外关注的认识背景:"一国教育制度之根本改造,有其时,有其势;客观因素不至,吾不能急切以求之也。理想制度之实施,既且有待;现行学校教育之补偏救弊,夫何能已。若中学教育尤为人所关切者。青年期(12 岁至 18 岁;亦曰成丁期)为人一生关键,其心理生理之发育开展在是,而易受贼害,亦在乎是。中等教育适当此期,于此而不得其当,心窃伤痛之也。"②

至此,便决定兴办勉仁中学。梁漱溟与同道中人商量办学的注意事项,命名为"办学意见述略",具体工作由陈亚三和黄艮庸筹备。为什么要这两人筹备呢?梁漱溟认为陈亚三参加过山东邹平的教育实验,而黄艮庸亲历过广东省立一中的办学活动,可以说两人对中学的办学都比较有经验,现在两人又恰好在四川,让他们两个来筹备是再合适不过了。早先开办的曹州六中,同时设了重华书院,重华书院是教师进行学习来提升自己的地方。基于此,梁漱溟也有建一所书院的想法,只是因为当时条件尚未

---

① 《社会本位的教育系统草案》,见中国文化书院学术委员会编:《梁漱溟全集》第五卷,山东人民出版社 2005 年版,第 393—400 页。

② 《创办私立勉仁中学校缘起暨办学意见述略》,见中国文化书院学术委员会编:《梁漱溟全集》第六卷,山东人民出版社 2005 年版,第 59 页。

成熟,只好先开办勉仁中学进行讲学。在勉仁中学开办后不久,勉仁书院
也开办了,梁漱溟邀请其好友熊十力主持。勉仁书院的开办也圆了在勉仁
中学开办之初梁漱溟想开办书院的一个梦想。

勉仁中学于 1940 年秋开学,分设高中部、初中部。高中部两个班,初
中部两个班,均要进行入学考试,不合格者不予录取,学费为平民价格。班
上学生不等,其中初中二班有 50 来人,有璧山当地的,有附近各县的,还有
从沦陷区来的。当时梁漱溟的儿子梁培宽和梁培恕、陈亚三的儿子陈道宗
都在此班学习。学校开办不久,由于上文已述的原因,梁漱溟在卢作孚、卢
子英的帮助下将勉仁中学从重庆璧山县迁到了北碚。

(二)勉仁文学院的兴办

1945 年,梁漱溟从广州来到重庆,一方面参加国共调停工作,一方面
致力于学术研究。抗日战争胜利后,1945 年 10 月 1 日,中国民主同盟在重
庆召开临时全国代表大会,会上选举张澜等 18 位中央常务委员,梁漱溟亦
在其中,并积极参加国内和平调停。因为一直忙于宣传抗日并且为了争取
国内和平而奔波劳碌,他反对国民党的"先安内后攘外"的消极抗日政策,
并全身心投入抗日的斗争和国内和平事业。然而,对自己所办学校的教
务、教学无暇顾及。1946 年 10 月底,因国共和谈破裂,梁漱溟辞去民盟秘
书长,来到北碚金刚碑定居,又在嘉陵江温汤峡畔五指山成立了勉仁国学
专科学校,张俶知任校长,陈亚三任副校长,梁漱溟自己任董事长。梁漱溟
将勉仁国学专科学校作为勉仁文学院的预备,他认为求人不如求己,就在
勉仁中学的基础上成立了勉仁国专,这样较为简单一些。在此期间,他除
了主持学校的工作以外,最主要的工作就是写作《中国文化要义》一书。
为了体现教学相长的教育理念,曾将其研究的成果每周给学生讲两次课,
时间 4—6 小时。另外,他还与勉仁中学和勉仁专科学校的教师一起讨论
中国文化问题。1948 年春,勉仁国学专科学校迁到北碚北温泉后松林坡,
同年暑期改为勉仁文学院,即在原国学专科学校基础上成立勉仁文学院。
董事会有卢作孚、晏阳初、张群等,梁漱溟为董事长。学院分哲学、文学、历
史三个系。梁漱溟亲自兼任哲学系主任。梁漱溟早有建立一文化研究机
构的要求,但是当时抗战开始,因忙于为抗战奔走,所以一切就搁置了。在

《勉仁文学院创办缘起及旨趣》中梁漱溟指出："勉仁文学院为何而创立？它是为要作当前文化问题之研究。所谓漱溟之心愿者，即是自己蓄心从事于此研究已久，更愿创立一文化研究机构，萃聚师友以共同从事也。"①

梁漱溟指出中国屡次改革都没有成效，没有使之摆脱贫穷，是中国固有的文化造成的。如何创造文化的新局面，以摆脱当前的矛盾，完成历史的转变，是现代人的任务，现代人都应该关心并想办法解决。

"如何创造文化之新局？此不能不把人类历史从过去到现在弄清楚。要知：一切未来莫不本于过去；矛盾之解决，还从矛盾中求得。对于旧的文化，新的文化，东方文化，西方文化，任何一面绝不容掉以轻心。只有向此中深深作理会，才得看出一条路来。就中国说，认识老中国实为建设新中国之本。却是我们一向缺欠恰在此。"②梁漱溟对设立文学院的缘由及计划作了独特构思：

> 文学院为大学制之一独立学院。在大学各学院中，文理二院之所讲求为学术根本所在，与法、商、农、工、医之主于学术应用者不同。文学院各种学问之主要对象在人，又与理学院各种学问之主要对象在物者不同。文学院之文，盖人文之文也。吾人为文化问题之研究，开办一特殊组织之研究所最直接。不然，则办大学亦有足取。大学不徒为一教育机关，亦为一研究机关；且可以培养继起之研究人才。而其着手，则莫要于先办文学院。中国学问一向详于人事，忽于物理；而西洋反是。径不妨说，西洋学问在理学院；中国学问在文学院。吾人求认识老中国，文学院其必居先，无可疑也。前既言之，一切文化转变、文化矛盾要在人生态度价值判断之间。理学院所讲，纯为科学；科学虽无所不究，独不及此。此为哲学所特有事；哲学则文学院之主科也。且文化出于历史；欲知未来，莫不要审其过去。历史，又文学院之主科也。他日进一步，当开办毗于文学院之法学院。人事之学问在此，文化建设之研

---

① 《勉仁文学院创办缘起及旨趣》，见中国文化书院学术委员会编：《梁漱溟全集》第六卷，山东人民出版社 2005 年版，第 795 页。

② 《勉仁文学院创办缘起及旨趣》，见中国文化书院学术委员会编：《梁漱溟全集》第六卷，山东人民出版社 2005 年版，第 797 页。

究亦在此也。至于一切研究之有资于物质科学生物科学者,诚亦不少;是则赖于国内外学术机关之交换配合。凡事必有其重点;人务自抒其所长。以同人之力量绵薄,即此已感弗胜任,一时不敢侈言其他。①

梁漱溟一生关注的主要问题就是如何从中国的传统中开出未来中国文化的道路,可以说创办勉仁文学院是其理想的一个实现途径。在梁漱溟的领导下,勉仁书院和勉仁文学院集中了一大批著名的教授和学者。他们以认识老中国为其宗旨,致力于中国传统文化的研究,并把这种研究与时代的发展结合起来,从传统文化中吸取有价值的东西。

《中国文化要义》一书于 1949 年 6 月完成,由开明书店出版。梁漱溟晚年自述一生中的五部重要著作,最看重的就是完成于重庆北碚缙云山麓勉仁书院的《中国文化要义》以及晚年所著的《人心与人生》。《中国文化要义》集中体现了梁漱溟的新儒学理念,是他对中国传统文化思考成熟的代表作,书中阐明了中国文化的重要意义和精神所在,也即中国文化的特殊性。

三、“勉仁”的办学特点及重要人物

“勉仁”在当时能有如此巨大的影响力,除了与其他学校有某些相同之处外,自然也有其不同于其他学校的办学特色,比如它的朝会和班主任制等是当时学校办学所没有的。诚然,每一个新生事物的发展都离不开重要人物的支持,勉仁中学、勉仁书院、勉仁文学院离不开那些兢兢业业、甘于付出、不求回报的仁人志士的支持。

(一)办学特点

梁漱溟先生在北碚创办了中学、书院、国学专科学校(后改为文学院),还有农场,梁漱溟为何将他创办的这些学校都冠以“勉仁”之名呢?首先用梁漱溟先生自己的话来说吧:“儒家之学在求仁,‘仁者,人也’。即

---

① 《勉仁文学院创办缘起及旨趣》,见中国文化书院学术委员会编:《梁漱溟全集》第六卷,山东人民出版社 2005 年版,第 801 页。

实践其所以为人者而已。""力求实践其所以为人者所必勉之者而已。勉乎此,虽不能至,而于仁为近,于不仁为远矣。"①

重庆地方史研究者、勉仁文学院当年的学子唐宦存先生这样解释:"仁,是二人,许多人,大家友好相处。仁是做人的最高境界。梁先生办学,目的在于对学生'勉以行仁',教学生'认识旧中国,建设新中国'。"②勉仁中学校训:"仁以立志,奋勉求学。"③梁漱溟在创办勉仁文学院时曾对学生胡应汉说:"吾无复邹平实验之趣,亦无意与政治为缘。所望于及门诸生者,能将吾之学问传下去,自有开花结果之日。"④而仁道正是儒学的核心要旨,也符合和谐文化建设需要,属于儒家传统精华,是弘扬中华文化、建设中华民族共有精神家园的基本内容。

勉仁学校的办学特色也无不贯彻了"勉以行仁"的思想,特别是其教育内容,更是勉仁思想的演绎。

来看一下"勉仁"办学的几个特点:

第一,为了减轻学生负担,让更多的学生有受教育的机会,所收学费比其他私立中学低一半。梁漱溟办的勉仁中学每期每人缴黄谷四斗,只够全校每期开支的30%,尚需70%的巨额经费,全靠自筹,如学校自办农场、工厂、商店,组织募捐,还得到卢子英区长的支持,参与北碚面粉公卖处的推销,抽取一点酬劳费等。全部自筹经费,都用于学校的开支。⑤

由于梁先生一直倡导平民教育的办学思想,学费一直十分低廉,一直靠苦心经营勉强支撑。为给教师发工资,他甚至把夫人的结婚首饰都变卖了。1946年末,他退出国共和谈之后由南京返回北碚,正值所创办之勉仁中学与勉仁书院(梁漱溟又将之合称为勉仁学校)陷于债务之中,为解燃

---

① 《礼记大学篇伍严两家解说合印叙》,见中国文化书院学术委员会编:《梁漱溟全集》第四卷,山东人民出版社1990年版,第9页。

② 佚名:《梁漱溟在北碚》(上),见重庆市政协网站,http://www.cqzx.gov.cn/zxdt_show.aspx? id = 2451。

③ 佚名:《教育家梁漱溟重庆轶事》,http://news.ifeng.com/history/gundong/detail_2012_09/17/17660506_0.shtml? _focusnewsduba123。

④ 唐宦存、杜林:《师足寻迹——记现代新儒学宗师梁漱溟》,重庆市北碚区三峡印刷厂2003年印(内部书刊号048713),第145页。

⑤ 黎炎:《张俶知与勉仁中学》,见政协西南地区文史资料委员会编:《抗战时期西南的教育事业》,贵州省文史书店1994年版,第254页。

眉之急他在重庆《大公报》上刊出《梁漱溟为勉仁学校、书院募捐启事》：

> 　　勉仁学校今有初中三班高中三班国学专科两班。书院则有待充
> 实，地址在北碚温泉右侧，为二十九年秋漱同友人所创办，后以奔走大
> 局疏于经营，今日归来颇负债务，又建筑一礼堂未竣，停工待举，敬请
> 各界同情人士海内知交惠予援助，或现款或图书设备，或建筑资料，均
> 当为同人拜受之。惠捐五万元以上当作书（对联屏幅匾额等）为报，
> 百万以上并当走谢。专此布恳，敬希公鉴。[1]

　　此外，梁漱溟虽然没有明确加入共产党，但是他的做事行为上是支持
共产党，反对国民党的，这一思想倾向同样反映在他办学实践活动之中。
比如说，校内不挂蒋介石像，不订《中央日报》，只订《新华日报》，掩护校内
中共党员。凡遇有学生运动的报道，《新华日报》送报人必先找张俶知，再
经他介绍跟几位共产党员联系。这些都可以看出梁漱溟是支持共产党的。

　　第二，学生必须参加农场的劳动锻炼，实行勤工俭学、培养体劳结合的
建设者。勉仁学校很重视劳动教育，每周开设劳动课。劳动课大多是去西
寿寺教师宿舍附近菜地种菜。勉仁中学的首任校长张俶知早先在广东省
立一中任职时，就特别重视劳动教育，把在学校学到的理论知识同实践应
用结合起来，对学生进行阶级教育和革命知识教育，着重培养工农革命分
子，直至办勉仁中学，学生参加生产劳动，这既是乡建理论的体现，也是他
在广东省立第一中学实行半工半读、勤工俭学思想的继续。

　　第三，增选《论语》中的精华作为教材，让学生了解教育家孔子的言行
思想和修齐治平的主张。勉仁学校不上国民党政府教育部规定的公民课，
却增选《论语》精华作为教材（梁漱溟本人曾亲自编讲义给学生讲授仁义
道德），让学生了解儒家先贤孔子的言行思想和"修身齐家治国平天下"主
张，继承文化遗产，弘扬民族文化。

　　第四，开展朝会，实行班主任责任制。所谓朝会就是大家坐在一起互

---

① 《梁漱溟为勉仁学校、书院募捐启事》，见中国文化书院学术委员会编：《梁漱溟全集》第六卷，山东
　人民出版社 2005 年版，第 701 页。

相讨论学问、聊天交友,从而提升师生知识水平和道德修养。梁漱溟很早就有设立朝会的想法,但一直没有认真去做,民国十三年,他辞去北大教职,和一些朋友到曹州去办高中,后来又辞职回北平,回去之后才开始认真去做朝会,而朝会在勉仁学校的设立也是其思想的继续。此外,在办学活动中,注重通过班主任责任制对学生全面指导、督促、检查。

(二)"勉仁"背后的仁人志士

每一所学校的创办,每一个理想的实现,都离不开朋友亲人的帮助和支持,勉仁学校也是同样如此,如果只凭梁漱溟一己之力是难以开办并维持下去的。正如前面所讲,勉仁中学在开办之初,就得到了实业家卢作孚的帮助,在勉仁学校开办期间,有大批专家学者汇集于此,他们只有微薄的薪水,却将满腔热血倾洒在了勉仁,也正因为如此,才有了勉仁后来辉煌的成就。为勉仁做出过巨大贡献的有很多人,比如吴宓、李源澄、邓子琴、曹慕樊、赵放卿、陈亚三、黄艮庸、李渊庭、张俶知、熊十力等。这里不一一列举,简单介绍张俶知、熊十力与勉仁学校的关系。

1. 张俶知——勉仁中学首任校长

张俶知(1896—1989),四川丰都人,1953年入四川省文史研究馆,北京大学肄业,曾任山东乡村建设研究院总务主任及研究部导师,四川南充省立民众教育馆代馆长,北碚勉仁中学、丰都中学校长。勉仁中学建立后,第一任校长就是张俶知,他对勉仁中学具有深厚的感情。张俶知热心教育、公益事业,本着"人生以服务为目的,社会因教育而光明"的理念,让更多学生入学来接受教育。这与他的个人经历有关,张俶知自幼家贫,求学艰难。他在回忆录中写道:"我小的时候,家庭是很困难的,完全靠公费读书。从读小学、川东师范、成都高师,都是公费。"[1]基于这一点,他为了培养更多的下一代,不怕苦不怕累,有甘当老黄牛的精神。勉仁中学的许多办学特点也与张俶知息息相关,他为了下一代,甘愿牺牲自己,这种精神值得每个办教育的人学习。正如他在回忆录中所写的:"我协助梁漱溟办乡村建设学院,

① 黎炎:《张俶知与勉仁中学》,见政协西南地区文史资料委员会编:《抗战时期西南的教育事业》,贵州省文史书店1994年版,第254页。

以后办勉仁中学、勉仁文学院,花费了我大半辈子的精力,都是为了办教育事业,为了中国的前途在工作,没有想到自己的前途如何。"①

2. 熊十力——梁漱溟邀请的办学者

熊十力(1885—1968),著名哲学家,新儒家开山祖师,国学大师,湖北省黄冈人。

1919 年梁漱溟任北京大学讲师时,忽然接到熊十力先生从天津南开中学寄来的一张明信片,上面大体的意思就是:梁漱溟之前在《东方杂志》上发表《究元决疑论》质疑熊十力先生,熊十力说他骂得对,希望有机会面谈。不久,学校放暑假,熊十力到北京找到了梁漱溟,两个人谈得很愉快,这就是两个人结交的开始。1922 年,熊先生来到北京大学,与黄艮庸、王平叔等多人,朝夕相处多年。1924 年夏,梁漱溟辞去北大教职,应邀去山东曹州讲学,熊十力也辞北京大学教职与梁漱溟同往;第二年梁漱溟偕诸友回京,熊十力也同时北返。梁漱溟居处每有转移,熊十力与他相从不离。

抗日战争爆发后,梁漱溟四方奔走,熊十力也居无定所,两人直到 1940 年才相聚在四川璧山来凤驿。梁漱溟与几个弟子发起创办勉仁中学,后来又在北碚建立勉仁书院,邀请熊十力主持勉仁书院,熊十力答应过来主持。后来,梁漱溟忙于国事,先是组建中国民主同盟会,又去香港办《光明报》,后来又长期居住在桂。熊十力一直住在北碚,从事讲学和著述,经常向学生们宣传民族精神,砥砺气节,使他们确信"日本人绝不能亡我国家,亡我民族,亡我文化"。他以深沉的忧患意识和真挚的情感倾注在中国文化的存亡继绝上,改造传统学术,自创新论,以此也为勉仁书院的发展和中国的抗日工作做出了重要贡献。② 可见,多亏好友熊十力的帮助,勉仁书院才得以顺利经营。

在重庆的 8 年,是熊十力进行学术研究的重要时期,正是在此期间,进一步充实、发展、完善了他在 30 年代初建立的哲学体系,弘扬中国传统哲学,发掘中国传统哲学的世界价值和现代意义。所以,在重庆的日子,尤其在勉仁书院期间,对熊十力本人也是具有重大影响的。

---

① 黎炎:《张俶知与勉仁中学》,见政协西南地区文史资料委员会编:《抗战时期西南的教育事业》,贵州省文史书店 1994 年版,第 256 页。

② 重庆社会科学院哲学研究所编:《文化与人生——梁漱溟先生诞辰 110 周年纪念文集》,重庆出版社 2004 年版,第 242 页。

第三节　"勉仁"学系办学的广泛影响

"勉仁"学系的办学活动是梁漱溟前期办学与乡村教育实验的转折,活动内容虽然有很大的不同,但作为文化传承与人才培养的教育,本质是一致的。"勉仁"的教育实践不仅体现了梁漱溟新儒学的思想精神,同时他的办学载体与人才培养都成为重庆后续高等教育的有效资源。另外,如果从当时重庆北碚办学活动的横向比较来看,他与晏阳初将乡村平民教育实验从河北定县、湖南衡阳转向内陆大后方——重庆、四川,并开辟华西平民教育实验区,以及陶行知在重庆的育才学校、社会大学办学实践等都有相互联系。尤其是晏阳初此时的乡村教育实践已深受梁漱溟乡村教育与建设思想或模式的深刻影响。

一、"勉仁"办学的薪火相传

1949 年 7 月,北碚金刚碑勉仁学院停办,而随之勉仁中学高中部亦关闭歇业。学校行将结束使命,当时暑期留校师生曾推派代表面谒梁漱溟董事长请求继续办理,但仍无结果,即将失学同学厥状甚惨。勉仁学校的停办固然有经费方面的原因,但更为重要的应是政治因素。勉仁的办学经费主要来自社会支持和募捐。由于梁漱溟一直倡导平民教育的办学思想,学费一直十分低廉。梁漱溟一直靠苦心经营勉强支撑。为继续开办学校,他做出了很多努力,为给教师发工资,把夫人的结婚首饰变卖了,他甚至想到了"卖"字筹经费。

作为学富五车的思想大家,书法虽不是梁漱溟学生的"主业",但他那极具书卷气的笔墨,却受到许多人的追捧。据其学生及后人回忆,在此之前,梁先生为人作书从来都不收润笔,而这次破天荒地在报纸上公开发表自己的有偿服务启事,完全是为了给办学筹募经费。据说启事刊出之后,前来向梁漱溟索要书作的人络绎不绝,也暂时缓解了办学经费的燃眉之急。

1950 年 1 月中旬,梁漱溟受毛泽东、周恩来的邀请,去北京参加政府工作。勉仁文学院即由院委员会副主任邓子琴先生任代理院长。虽然勉仁的办学状况一直处于惨淡经营的境地,但此时勉仁中学及勉仁文学院的停办,其主要原因恐怕还不是经费问题。

在1949年3月初出版的《大公报(重庆版)》上,还曾看到勉仁中学及勉仁文学院"伙食团未雨绸缪,煤米油盐可用一学期"的报道。据7月19日《国民公报》的消息称,其停办理由据梁漱溟表示:与理想相违背。①

据1947年就读于勉仁文学院的唐宦存说,梁漱溟将学校冠以"勉仁"之名,目的在于对学生"勉以行仁",是其"教育救国"理想的具体实践。由此看来,之所以停办,其根本原因还是对时局的彻底绝望。

梁漱溟曾追记说:"我对主席陈明我在川中办学情况。主席指示勉仁文学院可交西南大学文教部接收,所有教职员工及学生各予适当安排。其中随我工作多年的人亦可以令其来京仍随我工作。当下主席对林老林伯渠嘱咐:梁先生的这些人员到京之时,请林老决定安置。至如勉仁中学可以续办一时期,以后再交出,全由国家统一办理。其后勉仁文学院教职员工和学生多并入西南师范学院,其中副院长陈亚三则来京,以我的秘书名义安置在政协。勉仁中学最后亦交出,改为重庆第二十二中学。"②

按照毛泽东主席所说,勉仁文学院由西南大学文教部接收并入西南师范学院,成为现今西南大学文科重要组成部分,对川渝两地乃至全国高等教育事业都有所贡献。勉仁中学又续办一期也移交给政府,1993年更名为重庆市第二十二中学,后改为重庆市勉仁职业中学,2003年成为市级重点职业中学。2004年勉仁职中与北碚职业教育中心合并,同年,该校被民营重庆市华杰职业学校租用,挂华杰职业学校牌同时挂北碚职业教育中心勉仁教学部(亦称勉仁职业教育中心)牌,算是保留了梁漱溟创建80多年、在重庆也存续70年的勉仁文化品牌最后一点痕迹。正因为勉仁书院不一般的运作方式,也因为梁漱溟对儒学不一般的理解,对社会本位教育系统不一般的坚持,才使得勉仁成为民国所创书院中唯一能在现今还发生

① 佚名:《勉仁文学院院刊》,http://www.booyee.com.cn/bbs/thread.jsp? threadid=853980。
② 《追记在延安北京迭次和毛主席的谈话》,见中国文化书院学术委员会编,《梁漱溟全集》第十卷,山东人民出版社2005年版,第443—444页。

影响的书院。虽然这种影响更多呈隐性,但显性的也不能说没有,毕竟勉仁中学本身还在(尽管名称几经变更),某种意义上勉仁的精神应该也还在。尤其是近年,当代书院作为传统文化载体在全国范围掀起一波又一波复兴热潮。

梁漱溟及其主导下的师友团体所创办勉仁系列学校,特别是勉仁书院和勉仁文学院,对中国现代教育史有较大影响,在新儒学发展史上也有重要地位。

二、梁漱溟与晏阳初在重庆教育活动的比较

作为中国乡村教育的同志同道,晏阳初和梁漱溟生活于相同的历史时期,共同把视角聚焦于中国广袤的农村,针对中国国命所寄的农村、农业和农民的实际问题,执着地求索。他们抱着良好的主观愿望,试图在不触动生产关系与社会秩序的前提下,通过教育的力量而实现中国农村的改造。比较而言,晏阳初与梁漱溟经历不同、信仰各异,为学之路、个性特征、思想观点有许多不同之处,导致了他们从事乡村教育的路径、内容和策略具有相当的独特性和互补性。此处从两者比较的角度折射"勉仁学系"办学对晏阳初平民教育乡建流派的参照及影响。

(一)晏阳初在重庆的教育活动

1936 年,日本帝国主义对华北的侵略步伐步步逼近,晏阳初和中华平民教育总会在战争威胁下离开定县,向南撤退。1937 年"七七事变"后,平教会组织了 12 个抗战教育团分赴南方,为抗战服务。同年,晏阳初接到湖南省政府的邀请,希望他协助动员普通民众参与抗日。晏阳初到任后,撤销了将近 2/3 的县级官员,招募了近 5000 名学者和科学家参与政府工作,这是中国历史上最大规模的一次基层政治改革试验。1939 年,平教会迁到重庆。平教会迁到重庆不久,1939 年 7 月 29 日,晏阳初就在重庆召开了平教会同仁会,会议通过了《中国乡村建设学院缘起及旨趣》,确定了乡建院办学宗旨和教育目标。在卢作孚等人的帮助和支持下,晏阳初在北碚歇马办起了中国乡村建设学院,使这一时期的平民教育运动有了新的特点。晏阳初在总结以往乡村教育的经验后,把平民教育运动与乡村建设运动结

合起来做,主要是培养平民教育和乡村建设的人才。乡建院开设有研究部和专科部,分设教育学、社会学、农学、农田水利学四个系。平教会由以前对农民开展识字教育、扫除文盲为重点的活动,转向了以帮助农民发展农村经济为重点工作。这一时期,中国的平民教育在抗战大后方得到了延续性的发展,晏阳初领导的平教会在重庆北碚璧山进行了广泛的平民教育实践活动。他所兴办的中国乡村建设学院,培养了大量平民教育的人才,把对农村农民的识字教育与乡村改革建设结合起来,重视农业生产新技术在农村的传播与推广。这与梁漱溟的村(乡)治建设及山东邹平教育实验的思想方案及行动措施有明显的共同性。

(二)梁漱溟和晏阳初教育思想的对比

晏阳初和梁漱溟两人在抗日战争爆发之后,并没有放弃乡村教育,都把各自进行的实验迁到了后方,大约在1940年又同时在重庆搞教育:一是梁漱溟在重庆北碚创立了勉仁中学、勉仁书院等;一是晏阳初在北碚歇马办起了中国乡村建设学院。两人都在此前后对乡村教育做出了自己的贡献,同时也出席各种社会活动,以自己的实际行动支持抗日。另外,晏阳初深受梁漱溟乡建理论影响,也正因为如此,始有后来中国乡村建设学院之动议。

晏阳初在河北定县开展乡村平民教育实验的思想基础是西方现代民本政治观及实用主义教育哲学,但也吸取"民为邦本,本固邦宁"的传统儒家民本主义思想,并在内涵和精神方面赋予其时代意义和实践价值,从而形成了他从事平民教育和乡村建设的精神支柱和理论核心。梁漱溟从事乡村建设的出发点是其现代新儒学政治观及西方生命哲学理念。新儒学政治观是他反思资本主义社会政治、经济弊端的结果,同时吸纳了西方工商业社会科技文化思想的因素。他从中国的传统出发,对中国的基本国情、社会性质等问题以儒家的理性伦理进行了深入的探索,以此寻求中国现代化的生长点。在重庆北碚时期他们都继续遵循这一思想,使自己的思想与办学活动等结合起来。

当然,这两位乡村教育大师的各种活动都属于在旧政治制度中的改良主义性质的运动,且最根本之处在于他们都没有认清中国社会的阶级矛盾及半封建半殖民地社会的本质,尤其是对通过制度革命推翻封建主义、官僚资本主义与帝国主义三座大山,最终解放中国、振兴民族国家这一根本道路缺乏清醒认识。因此,他们的乡村建设运动不可能解决农民的实质问题,结果导致动机与效果之间产生了巨大的反差。但应该客观地承认,他们的努力及实践活动,思想总结、理论探索等都在很大程度上促进了中国乡村教育的发展,并在一定程度上改变了乡村社会的落后面貌。

与此同时,晏阳初和梁漱溟在这一时期创办学校,培养人才,在实现他们理想之余,也积极参加抗日活动,关心国家命运,从这一点看来两人都是爱国主义教育家。

(三)晏阳初对梁漱溟乡建思想的吸纳与中国乡村建设学院的创立

晏阳初对梁漱溟的乡建理念亦多有所认同吸纳。他在河北定县进行的乡村平民教育运动因抗战爆发中断,退到重庆继续从事乡村工作,即改用了乡村建设名称。1937年还曾在《十年来的中国乡村建设》中大段引用梁漱溟《乡村建设理论》一书的内容。如谈到"中国问题的认识与解决的着手"所讲:

> 中国今日之所以有问题,可以说完全由外来势力所激起。假如中国没有外力进门,环境不变,或者还会沉沉地长睡下去。自外力闯入以后所发生的剧烈变化,使中国整个的国家日陷于不宁和纷乱的状态,而受祸最烈的莫若乡村。
>
> 中国社会是以乡村为基础,并以乡村为主体的。所有文化多半是从乡村而来,又为乡村而设——法制、礼俗、工商业等莫不如是。在近百年中,帝国主义的侵略,固然直接间接都在破坏乡村,即中国人所作所为,一切维新革命民族自救,亦无非是破坏乡村……国人因鉴于乡村之破坏乃有起而有救济之举。更因为乡村无限制地破坏,迫得不能不自救,乃再进而有乡村积极建设的要求,于是乡村救济运动就成为积极的乡村建设运动。且更进而有重建一新社会构造的要求,认为中国问题为整个的社会结构问题,所以"乡村建设,实非建设乡村,而意

在整个中国社会之建设"。①

由上可见晏阳初受梁漱溟乡建理论影响之深。也正因为如此,始有后来中国乡村建设学院之动议。1939 年 5 月,晏阳初以中国乡村建设学会教育委员会名义提出,学会理事会讨论通过,由他在重庆负责筹办"乡村建设育才院"(1945 年改称"乡村建设学院"),成为中国第一所乡村建设学院,着手乡建人才培养,梁漱溟、卢作孚皆为学院董事会成员。乡村建设育才院 1940 年正式开办,次年在璧山县设实验区作为学生研究实习基地,1946 年经省府同意将实验区扩到四川省第三行政区全区,称华西实验区,包括巴县、江北、合川、江津、永川、綦江、璧山、铜梁、荣昌、大足和北碚管理局 10 县 1 局,进行了卓有成效的乡村建设工作。

值得一提的是,以梁漱溟为指导顾问、梁漱溟学生遵其乡建理论仿山东乡村建设研究院在成都筹办的四川乡村建设学院,与 1940 年由晏阳初创办的私立中国乡村建设学院,以及梁漱溟自办的勉仁文学院,皆为西南大学的前身,而且两所乡建院都专为乡村建设培养培训人才,实地进行乡建实验,直接服务于乡村发展。虽然时代不同,但这与当前统筹城乡、建设小康社会仍有相通之处,依然具有启示意义。

---

① 马秋帆、熊明安编:《晏阳初教育论著选》,人民教育出版社 1993 年版,第 187—188 页。

第十一章　梁漱溟对现代教育
　　　　　理论的探索

　　梁漱溟是一位思考并行动着的新儒者,以下两章系统阐述梁漱溟自求学、任北大教职开始,到后来投身乡村教育和后期讲学及社会活动中积累并开拓的教育学理论,以还原或确定其现代原创型教育家的地位与身份。随着梁漱溟人生经历的变化和思想的逐渐成熟,并经过自身不断的实践和理论创新,其教育理论也经历了一个逐渐完善和深入的过程;而从所论述或阐析的内容来看,反映了这位乡村教育家关注社会教育、终身教育与成人教育的思想特点。当然,由于本书以上诸章已将许多思想观点渗透到行文叙述以及分析之中,不宜赘述;同时,梁漱溟也有不少时间和精力参与普通教育,包括大学教育的从教或办学活动,所思考探讨的内容自当包括教育学理论的整体,至少兼及学校教育的普遍、共同问题。这是需要挖掘并有所呈现的。基于现当代教育学理论的观点及结构规范,为了使梁漱溟的教育思想与之沟通,实现跨越与诠释,作者着眼于在现代中国教育流派色彩斑斓的场域下建构现代教育学的一种文本结构及体系;在挖掘、分析的同时,力图将其教育理论的诸多方面与同时代陶行知、晏阳初等教育名家的观点、特色进行比较分析,以探讨梁漱溟教育理论的学术价值与对当今教育不同侧面的启发意义。

第一节　教育目的论

作为一位在现代中国颇具影响力的思想家、教育家,梁漱溟一生中大多数时间都没有离开教育,其本意并非为教育而教育,而是探求"人生问题"和"中国问题"。正如他自己所言:"我省思再三,我自己认识,我实在不是学问中人,我可算是'问题中人'。"①由此看出,其与教育结缘带有一种不得不然的宿命论味道。但毋庸置疑的是,梁漱溟一生几乎从未离开教育,对教育问题进行了深入思考和探索,并在实践中不断总结,最后形成了自己独具特色的教育思想,从中折射出他对教育的认识是一个由浅入深、由感性到理性的过程。

教育目的实为教育活动的方向与灵魂,至为重要。按照当代教育目标分类学理论,不同类型、层次的教育以及相应学校教育均须根据自己的具体任务确立相应的培养目标。梁漱溟视域所及在整个社会,作为子系统的教育既有制度化的,也有非制度化的,而在后者,尤以乡村教育为中心,这也恰是他的教育目的观特色之所在。

一、梁漱溟教育目的论主要内容——从历史嬗变的视角分析

梁漱溟关于教育目的论的体会及理解是一个变化过程,并非一蹴而就的,伴随着其人生经历与教育生涯的变化而调整或丰富。

(一)为学术而教育

1917—1924 年,梁漱溟在北大的任教经历,可以说是为学术而教育。北京大学的学术研究氛围浓郁,"教学与研究相统一"这一理念在梁漱溟

---

① 梁漱溟:《我生有涯愿无尽——梁漱溟自述文录》,中国人民大学出版社 2004 年版,第 37 页。

身上也得到了体现。进入北大后,梁漱溟一边苦读,一边教书,力求在学术上有大的进展。先后撰写了《印度哲学概论》《东西文化及其哲学》等重要哲学与文化论著,这也是梁漱溟学术思想走向成熟的开始。

梁漱溟的心思和精力远不止是开设一些学校规定的课程,而是更多地集中于东西方文化及其哲学的研究工作。1918 年,他在《北京大学日刊》发表一则启事云:"顾吾校自蔡先生并主讲诸先生皆深味乎欧化而无味乎东方文化,由是倡为东方学者尚未有闻。漱溟切志出世,不欲为学问之研究;今愿留一二年为研究东方学者发其端……"①此后,他将大量精力投入儒学问题思考,做了一系列关于"东西文化及其哲学"的讲演。他后来回忆出佛入儒的思想转变时说:"正是由于我怀人生是苦的印度式思想,一朝发现先儒这般人生意趣,对照起来顿有新鲜之感,乃恍然识得中印两方文化文明之为两大派系,合起来西洋近代基督教的宗教改革下发展着现世幸福的社会风尚,岂不昭昭然其为世界文化文明三大体系乎。"②梁漱溟对东西文化的比较是开创性、富有成效的,这也奠定了他在北大的学术地位。

由此可以得知,梁漱溟在北大至少完成了两个人生转变:一是由佛学转向儒学,抛开出家思想,转而入世,肯定教育具有现实、社会的目的诉求及人生价值;二是儒家本身强烈的入世思想,使梁漱溟逐步走出书斋,关注民族前途和社会现实生活,并使他最终走出北大,用儒家社会教育及人本教育的功能理念,融合西方近现代教育制度设施及思想主张去办属于自己的教育。

(二)为青年而教育

梁漱溟离开北大,而去山东曹州办学,是由于当时的北大以至于其他学校都无法实施其对教育问题的新构想,无法践行自己的教育意图。1924年 6 月,他拟于曹州高中部基础上筹划曲阜大学,并对此作了描述及阐发:

---

① 李渊庭、阎秉华编写:《梁漱溟先生年谱》,广西师范大学出版社 1991 年版,第 34 页。
② 《自述早年思想之再转再变》,见中国文化书院学术委员会编:《梁漱溟全集》第七卷,山东人民出版社 2005 年版,第 186 页。

现在的学校只是讲习一点知识技能而已，并没照顾到一个人的全生活，即在知识技能一面也说不到帮着走路。单说在知识技能一面帮着走路，就当是对每个学生有一种真了解——了解他的资质和其在这一项学问上之长短——而随其所需加以指点帮助；……要办教育，便需与学生成为极亲近的朋友而后始能对他有一种了解，始能对他有一些指导。我们办学的真动机，就是因为太没有人给青年帮忙，听着他无路走，而空讲些干燥知识以为教育，看着这种情形心里实在太痛苦，所以自己出来试做。①

由此得知，随着对教育问题的不断思考，梁漱溟已经改变了为学术而教育的单纯目的，他认为当时学校教育只注意知识传授，没有涉及学生人生道路的指导，这是不可取的。教育应该注重"一个人的全生活"，即教育的价值取向不仅在传授学生知识，还要注重每个学生生活，引导他们走正确的道路。

我办学的动机是在自己求友，又与青年为友。所谓自己求友，即一学校之校长和教职员应当是一班同志向、同气类的，彼此互相取益的私交近友，而不应当是一种官样职务关系，硬凑在一起。所谓与青年为友，含有两层意思，一是帮着他走路，二是此所云走路不单是指知识技能，而是指学生的整个的人生道路。而当时的学校教育，至多是一些知识技能而已，并没有顾及到学生的全部人生道路……我想的新教育，则应与他们为友，堕落的能引导他奋勉，烦闷的能指点他得到安慰、勉励以至于意气奋发……我们办学实是有感于亲师取友的必要，而想聚拢一班朋友共处共学，不独造就学生，还要自己造就自己。②

上述两段引论中同时透露了梁漱溟关于教育，尤其是教学问题的主张

---

① 《办学意见述略》，见中国文化书院学术委员会编：《梁漱溟全集》第四卷，山东人民出版社 2005 年版，第 784 页。
② 汪东林：《梁漱溟问答录》，湖南人民出版社 1988 年版，第 47—48 页。

或倾向,其精神内涵包括:良好师生关系的建立必须是教育共同体双方的沟通交往基础上达成;教育活动应以学生的特点及需要为基础,不是高压灌输,强制被动,而是要激发学生主体精神及自觉能动性;教学应以学生差异性设计作为组织及评定的合理依据,而不是以绝对的统一或共同标准作为活动过程及结果的衡量工具;"长善救失",弥补差距是卓越有效教学的理念,这既可视为教育目的论的拓展,也是达成理想目标的途径方式。

为青年而教育是这一时期梁漱溟的办学目的。在他出任曹州中学校长后,甚至采取"量力乐输""以人情行之"的方式听凭学生自愿交纳学费,足以体现其一切为了青年学生的信念,但正是其过于理想化的办学构想,以及社会实际条件的缺乏或不够充分,致使曹州中学难以为继,从而也无法在现实意义上全然实现其教育目的。

(三)为乡村而教育

中国在 20 世纪二三十年代出现了一场延续时间长达 20 年之久的乡建运动,其中教育活动是重要组成部分。梁漱溟是乡建流派中的典型代表、鲜活样本。他的乡村建设与教育活动发端于 1925 年山东曹州的教育设想与 1929 年广州的乡治讲习所活动;产生于 1930—1931 年河南村治学院实践;稍后延续于山东乡村建设研究院的实验,渐趋高潮;1937 年 7 月日本侵华战争后转向重庆,重心在文化学术传承及人文教育。梁漱溟教育目的思想遂通过乡村教育的实践模式作为载体得以体现,从中可以反映出他对此命题的理解。

梁漱溟认为,中国的社会问题就是由于东西文化相遇,中国文化相形见绌,为应付新环境而学西洋,结果中国老文化破坏殆尽,中国农村破产崩溃。因此,当务之急是"创造新文化,救活旧农村",而中国本来就是一个大的农业社会,中国的建设问题归根到底是"乡村建设"。

1. 乡村教育之内涵

梁漱溟认识到现今的学校教育不合于教育的道理,使聪明的人变得愚钝,使有能力的人变成无能的废物:

　　……使得乡间儿童到县城里入了高等小学以后,便对他旧日乡村简朴生活过不来：旧日饭亦不能吃了，旧日衣亦不能穿了；茶亦没得喝，烟亦没得吃，种种看不来，种种耐不得。而乡村农家应具的知识能力，又一毫无有，代以学校里半生不熟绝不相干的英文、理化等学科知识；乡间的劳作一切不能作，代以体操、打球运动与手足不勤的游惰习惯。①

由此可见，当时学校教育盲目模仿西方，脱离乡村实际，上述现象正是其写照。梁漱溟认为进行乡村教育势在必行："所以三十年间新式教育的结果，就是一批一批地将农村人家子弟诱之驱之于都市而不返。……故新式教育于乡村曾无所开益，而转促其枯落破坏。然中国固至今一大乡村社会也；乡村坏则根本摧。教育界之有心人发见其非，于是有乡村教育之提倡。"②

为适应乡村教育特定对象范畴的探讨，就势必要对教育的含义作大教育视野考察与界定。梁漱溟认为，在学校里读书是教育，在家庭里做活也是教育，街上人的谈话亦莫不是教育。教育本来是很宽泛的东西。至于教育的功用，不外为"绵续文化而求其进步"。换句话说，就是"不使文化失传，不使文化停止不前"。人类不能不有生活，有生活就不能不有社会，有社会就不能不有教育，教育是很天然的。③ 同时，教育有两个必要条件，教育之一应当一面在事实上不离开现实社会；而一面在精神上要领导现实社会。因此，教育理应存在于乡村建设的方方面面：

> 因教育两字很活而阔，教育这一回事，是人类社会自然之作用，人类社会无教育，即无任何前进。故社会之进步，全靠教育，要推进社会之运动，无疑的为教育运动，此运动以社会为对象而下工夫，如改善乡

---

① 《抱歉——苦痛——一件有兴味的事》，见中国文化书院学术委员会编：《梁漱溟全集》第四卷，山东人民出版社 2005 年版，第 843 页。

② 《丹麦的教育与我们的教育——读〈丹麦民众学校与农村〉》，见中国文化书院学术委员会编：《梁漱溟全集》第七卷，山东人民出版社 2005 年版，第 678 页。

③ 《社会教育与乡村建设之合流》，见中国文化书院学术委员会编：《梁漱溟全集》第五卷，山东人民出版社 2005 年版，第 433 页。

村风俗习惯,指导农民合作,启发农民自觉等,都是教育,故可以认我们的乡村运动,就是乡村教育运动。①

他把乡村建设等同于乡村教育,"民众教育或社会教育,即乡村建设"。换言之,"乡村建设也就是民众教育。民众教育不归到乡村建设就要落空;乡村建设不取道于民众教育将无法可行"②。于是,就应该"让教育往乡村跑","让地方自治往教育上跑"。乡村建设即知识分子带领民众完成文化改造的活动,其着重点始终全在教育,乡村建设必始于教育。梁漱溟从四个方面对乡村建设运动作了进一步深入的解释:其一,"乡村建设运动,是由于近年来的乡村破坏而激起来的救济乡村运动"。其二,"起于中国乡村无限止的破坏,迫得不能不自救;乡村建设运动,实是乡村自救运动"。其三,"乡村建设运动实是图谋中国社会之积极建设的运动"。其四,"今日中国问题在其千年相袭之社会组织构造既已崩溃,而新者未立;乡村建设运动,实为吾民族社会重建一新组织构造之运动"。最后一层的意思,"乃乡村建设真意义所在"。梁漱溟认为,今日整个中国日趋崩溃,向下沉沦,在此大势中,其问题实非一乡一邑或某一方面所能单独解决。所以,"乡村建设,实非建设乡村,而意在整个中国社会之建设,或可云一种建国运动"。③

综上所述,在梁漱溟的理论及活动视野下,由于教育内涵从制度化的学校教育向部分属于非制度化的乡村教育转移,教育对象也从青少年儿童的在校生变为包括失学儿童、少年、成年大众在内的全体乡村人员,教育目的自然不能限于社会对教育部门机构的规范要求以及学生的成长发展上,而应在非制度性及社会生产与生活方面着力。教育目的设计突破了学校质性因素的组合,而走向了乡村社会的民众转变及社会改造。这其中既有物质技术,也有道德规范、行为习惯,更有伦理精神、文化风尚。从另一角

---

① 梁漱溟:《我们的乡村运动》,见钟离蒙、杨凤麟主编:《中国现代哲学史资料汇编》第二集第8册,辽宁大学出版社1982年版,第191页。

② 梁漱溟:《我的努力与反省》,漓江出版社1987年版,第93页。

③ 《乡村建设理论》,见中国文化书院学术委员会编:《梁漱溟全集》第二卷,山东人民出版社2005年版,第149—161页。

度来看,教育目的内涵的调整是为了适应城市走向乡村教育,以乡村教育改造或实现乡村建设的整体任务,进而达到复兴农村、重振中国社会的蓝图愿景。当然,梁漱溟的乡村建设与教育实践虽然以大农村为基地,体现大教育的思路,但其中也有带有组织计划及干预控制手段、方式的学校教育机构,即乡农学校及村学、乡学,甚至还办理过简易乡村师范以及成人教育的专门教育培训机构。当然,这些机构都带有社会特性及组织管理行政化色彩。无论如何,这样就增强了教育目的论的社会教育学意义。

2. 乡村教育之目的

梁漱溟乡村教育理论的发展经历了三个阶段:第一,萌芽时期。梁漱溟在曹州进行有关"乡村立国"的演讲,标志着其乡村教育的产生。第二,发展时期。梁漱溟乡村教育理论从初创进入基本成熟阶段。通过实践活动,他试图从文化伦理本位的高度谋求乡村整个建设的和谐与统一,并充分认识到中国社会的特殊性决定了中国不可能走欧洲国家道路,"知欧化不必良,欧人不足法"[①]。第三,完善时期。以"改造乡村、再造民族"为目的进行乡村教育实验,进一步丰富和完善了乡村教育理论体系。

概括起来说,乡村教育的目的在个人方面是增进学识的文化知识教育、增进体魄的健康教育、学习技能的职业教育、启发心灵的品性教育、引导乡农参与并改进社会及文化生活的公民教育;在乡村方面是为了改良农业,倡导自卫,除暴安良,奠定基层社会秩序的基础,减去乡村建设的阻力,增大乡村建设的势力,使乡村建设事业推行;在国家方面是为了加速普及教育,培养健全国民,实现民本政治,扶持民族生命。如此丰富复杂的乡村教育目的又可归诸乡村新的社会组织建设:"所谓建设,不是建设旁的,是建设一个新的社会组织构造"[②],而"新社会、新生活、新礼俗、新组织构造,都是一回事,只是名词不同而已"[③]。这个新的组织只能通过理性来求得,所

---

① 《河南村治学院旨趣书》,见中国文化书院学术委员会编:《梁漱溟全集》第四卷,山东人民出版社2005年版,第918页。

② 《乡村建设理论》,见中国文化书院学术委员会编:《梁漱溟全集》第二卷,山东人民出版社2005年版,第276页。

③ 《乡村建设理论》,见中国文化书院学术委员会编:《梁漱溟全集》第二卷,山东人民出版社2005年版,第279页。

谓理性,也就是教育。这就是说,梁漱溟乡村教育的目的就是建立一个新的社会组织,这一组织在固有文化的基础上,吸收西方社会的优点:民主与科学。民主即团体组织的平等生活,科学就是改革社会、转变人生所应具有的工商业性质的科学文化,尤其是增进效率的工具手段和实用技术。这就避免了大教育观下教育目的论泛化而无法捉摸,或者"学校教育消亡论"者对教育目的的淡漠乃至边缘化的偏颇,使其具有教育制度框架内分析的合理空间。邹平乡村教育实验前期设立的乡农学校实际上就是这一社会组织的雏形。

梁漱溟在开展乡村教育的过程中,无论是对于组织机构、教育对象,还是教育内容等,都提出其自身应有的目的。

第一,从乡村教育实施机构来看,包括前期的乡农学校及后期的村学、乡学。乡农学校的教育目的是:"我们必须启发村人自觉……乡农学校是一个安排;这个安排干什么? 就是让乡村人发生自觉。"①梁漱溟想通过选择一系列的人文教育、科学教育及乡土风情民俗的课程资源,以多种组织方式及教学活动加以编制并实施,借以增强乡村儿童少年及民众的知识技术、能力素养,达到提高村民自觉意识的目的,使他们认识到"天下事无论什么都要靠他本身有生机有活气;本身有生机有活气,才能吸收外边的养料","这样事情才有办法,乡村以外的人才能帮得上忙"。②

村学、乡学的目的就在于以上述各类教育资源的合理编选及落实,"培养新政治习惯(即新礼俗),启发大家的注意力与活动力,让多数人从被动地位转到主动地位,从散漫消极变积极团结"③。所以,以乡村为根,以中国的"老道理"为根,"从中国旧文化里转变出一个新文化来"④。这也注定了乡村建设所成就的乡村组织并非完全是东方化的产物,必然是一个

---

① 《乡村建设理论》,见中国文化书院学术委员会编:《梁漱溟全集》第二卷,山东人民出版社 2005 年版,第 353 页。

② 《乡村建设大意》,见中国文化书院学术委员会编:《梁漱溟全集》第一卷,山东人民出版社 2005 年版,第 618、621 页。

③ 《我的一段心事》,见中国文化书院学术委员会编:《梁漱溟全集》第五卷,山东人民出版社 2005 年版,第 535 页。

④ 《乡村建设大意》,见中国文化书院学术委员会编:《梁漱溟全集》第一卷,山东人民出版社 2005 年版,第 614 页。

"中国固有精神"和"西洋文化长处"这两样"中西具体事实之沟通调和"①。既然乡村建设做的是"改造中国文化和补充中国文化的工夫",那么作为其乡村组织的村学、乡学就不是我们所认为的一般意义上的教育组织了,梁漱溟赋予其新使命:乃是推动社会、组织乡村,带领大家"齐心学好向上求进步"。

第二,从教育对象来看,乡村教育的客体,主要成员包括民众及未成年学生。梁漱溟指出中国处于社会改造的特殊时期,教育"宜放长及于成年乃至终身",乡村教育应以农村成年民众为主要教育对象。他认为,"创造新文化,救活旧农村",不能忽视农民这一主体力量,所以农村教育要注重对农民的培养,尤其是成年农民的教育。1935年前后,梁漱溟在邹平全县范围内推行义务教育和成人教育,有步骤、有计划地对青年进行军事、精神陶冶、职业知识技能等多方面训练,并形成了以启发民族意识、培养组织能力、增进生活常识、陶炼服务精神为宗旨的乡村成人教育目标。

与此相对照及区别,未成年在校学生的教育目的设计为:教育的团体精神、合群意识的培植;学生主体性学习、心智能力的发展以及联系社会、注重实用操作技术的训练。梁漱溟所提供的思路和主张是:

> 我的根本的主张,是要学生拿出他们的心思、耳、目、手、足的力量,来实做他们自己的生活。不一定是他们个人的,就是团体的,也要由他们自己去管理,去亲身经历。总要用他们自己的心思才力,去求他们所需要的知识学问。我们很不满意于现代手足不勤心思不用的教育。……总而言之,现在的学生,只站在一个被动和受用的地位;好像把学生时代,看做是人生一个短期的预备时代,是专门读书的时代,不是做任何事情的时代。……教育的本意,是要把人们养成有本领有能力;如果要使一个人有本领有能力,就非发展他的耳、目、心思、手、足不可。②

---

① 《乡村建设理论》,见中国文化书院学术委员会编:《梁漱溟全集》第二卷,山东人民出版社2005年版,第278页。
② 《今后一中改造之方向》,见中国文化书院学术委员会编:《梁漱溟全集》第四卷,山东人民出版社2005年版,第868页。

简言之,就是要着重培养学生的实际动手操作能力,使心、手、耳、目统一运用起来,将来能够更好地适应社会。即培养学生的生活情趣和公共道德,提升自己的综合能力,从而担负起改造自己、改造社会的历史责任。

第三,从教育内容来看,包括德育、智育与情意教育三个部分。

首先,德育之目的。梁漱溟认为中国乡村精神已经破产,一切旧的风尚、规矩、观念都由动摇而摧毁,新的风尚、规矩此刻尚未建立,道德教育的目标就是让乡下人活起来,恢复他们的安定,使之有自信力。由于人类生命的意义在创造,德育就是为了帮助人创造,"工夫用在许多个体生命上,就其内在的进益开展,而收效于外"①,也即成就个体生命的德性。

其次,智育之目的。梁漱溟主张乡村教育的成效如何重在开启民智。为此,应在社会与学校教育活动中,设立文化常识、历史社会、西方近现代科学技术、农业生产、工商贸易基础、乡村建设,以及知识文化素质、生产技术及精神陶炼科目,培养农民的道德自觉意识,开发农民智慧,在"人生向上"方面,"不仅使被训练者成为一个有知识的分子,而且使其成为能合理地运用其知识,具备高尚人格的一个人"②。也即通过智能开发,促使人求进步,指向人生积极性可能性的向上发展。

再次,情意教育之目的。中国社会是"伦理本位,职业分立"的社会,中国人向来注重"人生行谊"的情意教育。情意教育的目的就是让农民养成团体合作的习惯,合作是靠大家都遵循一个"礼"的方式,凡事大家商讨着来解决。另外,梁漱溟提出"准情夺理,以情义为主,不囿于法律条文"③。即要用情意道德的手段代替法律进行乡村教育。

梁漱溟在其乡村教育活动中也一直倡导和渗透着"伦理主义,人生向上"的思想。人生向上里面含着自爱爱人的深厚意思,是人类生命力量的源泉。"伦理主义,人生向上"也是其乡村教育的灵魂,梁漱溟倡导发扬中

---

① 《朝话》,见中国文化书院学术委员会编:《梁漱溟全集》第二卷,山东人民出版社2005年版,第96页。

② 梁耀祖:《山东乡村建设研究院设施概况》,见董宝良、周洪宇主编:《中国近现代教育思潮与流派》,人民教育出版社1997年版,第484页。

③ 《乡村建设大意》,见中国文化书院学术委员会编:《梁漱溟全集》第一卷,山东人民出版社2005年版,第707页。

国传统伦理的情义精神,把人格平等的意识注入其中。他的这一思想是对当时旧中国封建伦理礼教的彻底批判与否定,它体现了梁漱溟教育改革的取向的主体在于社会理想目标的实现。即乡村建设的目的:"救济乡村便是乡村建设的第一层意义;至于创造新文化,那便是乡村建设的真意义所在。乡村建设除了消极地救济乡村之外;更要紧的还是在积极地创造新文化。所谓乡村建设,就是要从中国旧文化里转变出一个新文化来。"①而创造新文化的途径便是乡村教育。乡村建设是对中国农村社会全方位的整体性的改良活动,所以其最终目的就是要从中国旧文化里转变出一个新文化来,"从创造新文化上来救活旧农村"②,进而达到民族复兴、富国强国的最终目的。

二、梁漱溟乡村教育目的观与陶行知、晏阳初的差异

20世纪二三十年代,农村社会凋敝、农民生活困苦,乡村建设运动勃然兴起。一些教育家和教育团体幻想通过改良的手段来达到乡村教育普及化或职业化,以发展农村生产,改善农民生活,提高农民的综合素质,从而达到救国目的。他们以爱国爱民的高度热情和献身精神投入乡村教育运动之中,中国大地上出现了广泛的乡村教育实验运动。其中,陶行知创办了晓庄乡村师范学校,晏阳初走向河北定县乡村平民教育,梁漱溟则走上了乡村建设与教育实验有机结合的路子。乡村教育各流派之间同异之别可列举者众多,此处仅从教育目的视角对其差异性加以简要分析。

(一)梁漱溟与陶行知乡村教育目的观的不同之处

梁漱溟的乡村教育理念与陶行知批评当时乡村教育教人脱离乡村,走向城市的观点十分相似,但是,梁漱溟是从文化救国的角度进入这一领域的,而陶行知是从教育救国出发从事乡村师范教育活动的。二人从不同的视野投入乡村教育运动,其教育目的定会有各自不同的特色。

---

① 《乡村建设大意》,见中国文化书院学术委员会编:《梁漱溟全集》第一卷,山东人民出版社2005年版,第611页。
② 《乡村建设大意》,见中国文化书院学术委员会编:《梁漱溟全集》第一卷,山东人民出版社2005年版,第615页。

　　梁漱溟乡学、村学的目的是"推动社会、组织乡村"。乡学、村学既是学校机构建置,也是乡村社会行政组织,类似于乡(镇)公所、村公所,其任务乃是完成社会改造期文化改造的使命。而陶行知思想源于王阳明的"知行合一"哲学观和杜威的实用主义教育理念,更加注重教育的实用性,即教育与生活实际的紧密结合,教育为人生活服务。为此,他又提出乡村教育应适合乡村实际生活,贴近农村社会生产实际,满足中国农民的现实需求,主张建设活的乡村教育,就是"从乡村实际生活产生活的中心学校;从活的中心学校产生活的乡村师范;从活的乡村师范产生活的教师;从活的教师产生活的学生、活的国民"①。

　　梁漱溟进行乡村教育运动,抱有两个目的:一是他想改变传统旧教育,因为它已经走向绝路,必须加以改造,以适应农业社会的现实国情;二是要改变农村现状,以逐步实现从农业国家到工业国家的过渡。他试图用教育的力量,唤醒老农民,培养新农民,为中国乡村开创一个新生命。为此,主张乡村教育的目的在于培养"向上向前"生活并富有"生活力"和"创造力"的新农民。这种"新农民",就是能够彻底地改造农村,适应未来农村发展的具有改革创新精神的新式农村建设者。

　　陶行知以教育问题为出发点,志在教育自身的建设与创造,并非像梁漱溟一样去建设或创造一种新文化或新生活,而是创造一种新的乡村教育,一种根本不同于"旧传统"和"外国制度"的乡村教育。"打破死的教育,创造活的教育";"打破假的教育,创造真的教育"。为了中华民族的前途,他把培养新国民看作是乡村学校的任务,晓庄学校的一切工作都是围绕"培养中华民国的主人"这一目的的。

　　可以看出,就乡村教育的目的和功能来看,陶行知作为专业或职业教育家关注的是如何改变教育的落后状况及存在弊端,使教育更好地为社会服务;梁漱溟所关心的是怎样利用教育,通过乡村社会的改良及调整去创造一种新文化、一个新社会。

---

① 《攻破普通教育之难关》,见华中师范学院教育科学研究所主编:《陶行知全集》第二卷,湖南教育出版社1985年版,第787页。

（二）梁漱溟与晏阳初乡村教育目的观的不同之处

梁漱溟、晏阳初都以教育为手段来开展乡村建设，而教育在他们的乡村建设活动中所发挥的作用是不同的。定县模式是一种"青年会式"，而邹平模式则是"孔家店式"。所谓"青年会式"，也就是"西方式"，因为中国基督教青年会是西方基督教内部设立的青年活动和社会服务团体组织，以"西洋的精神"，"造成中国农村的现代化"；所谓"孔家店式"，就是"传统式"，因为孔子和他创立的儒家学派是中国传统文化的代表。由此可以看出梁漱溟与晏阳初思想基础的分歧。晏阳初、梁漱溟二人乡村教育目的的差别在于：晏阳初的定县模式以及类似的实验被看作是为了"救人"的一种慈善救济运动。相反，邹平的实验则是以这样的前提为基础，从而使农民能够自救。

梁漱溟侧重于实现中国文化的复兴，以重塑儒家传统的君子人格为具体目的，重视对农民进行"精神陶炼"，用"古人的道理"教育农民，意图在伦理本位的基础上，引进"民主"与"科学"的理念，重构中国社会新秩序。晏阳初说平民教育的"平"字，含有"人格平等""社会机会平等"的意思，他要培养具有现代观念的人。定县乡村教育实验就是以培养"有文化的中国新农民"为中心。"不仅是使一个不识字的工匠成为一个'读书人'，或使一个淳朴的农民成为懂得科学知识的人，而且应该使他们成为有聪明才智和进取心的中华民国公民。中国今日的生死问题，不是别的，是民族衰老，民族堕落，民族涣散，根本是'人'的问题，是构成中国的主人，害了几千年积累而成的很复杂的病，而且病至垂危，有无起死回生的方药问题。"①现实状况是如此令人担忧。为此，晏阳初把完成人的改造，培养能识字、有科学头脑、具备现代公民意识的新农民作为定县乡村平民教育实验的中心内容。他力图通过乡村教育，使乡村民众成为有知识力、生命力、健康力、团结力的"四力"兼备的新人，最终实现"除文盲，做新民"和民族再造的乡村建设目标。例如，同样是学校式教育，邹平村学乡学

---

① 《农村运动的使命》，见宋恩荣主编：《晏阳初全集》第一卷，湖南教育出版社 1989 年版，第294 页。

的成人部和妇女部除开设识字、唱歌等课程外,主要内容是讲解"古人道理"的"精神讲话",而定县的平民学校只开设与扫盲有关的识字课程。

三、梁漱溟教育目的论的特征

无论是评价梁漱溟的教育理论和实践,还是评价其教育目的,笔者非常赞同美国学者艾恺博士的观点,他说:"通常,一件事做成了,人们会说那是对的;一件事没有做成,人们就说那是错的。但是并非任何事情都宜于根据我们眼见的成败去认识和估量。"①在我看来,梁漱溟教育目的的思想主张是极富独创性的,形成了其个性特征,并具有现代价值。

(一)"宜放长及于成年乃至终身"的终身教育理念

梁漱溟认为,随着文化进步和社会变迁,人生所需要学习的知识和技能"随以倍增",不是一个人学生时代就能够学得完的,因此,教育应延长至终身,教育目的从内容到途径既有阶段性,但更有连续的整体性。只有如此设计,教育才能赶得上时代的步伐。

> 现代生活日益繁复,人生所需要学习者,随以倍增,卒非集中童年一期所得尽学,由此而教育延及成年之趋势,日见重迫。
>
> 社会生活既繁密复杂,而儿童较远于社会生活,未及参加,在此种学习上以缺少直接经验,效率转低,或至于不可能,势必延至成年而后可。又唯需要为能启学习之机;而唯成人乃感需要。借令集中此种学习于童年,亦徒费精力与时间,势必待成年需要,卒又以成人教育行之。
>
> 以现代文化进步社会变迁之速,若学习于早,俟后过时即不适用;其势非时时不断以学之不可。②

---

① 〔美〕艾恺著,王宗昱、冀建中译:《最后的儒家——梁漱溟与中国现代化的两难》,江苏人民出版社2003年版,第4页。
② 《社会本位的教育系统草案》,见中国文化书院学术委员会编:《梁漱溟全集》第五卷,山东人民出版社2005年版,第396页。

上述言论主张明显渗透着终身教育的理念。为此,梁漱溟进行了一系列的实践活动,从而深化了关于教育目的的认识水平:教育不是教育你成功干什么,是教你更会受教育,教你学习更会学习。换言之,就是在引导学生不断学习的过程中,培养学生自主学习与发展的能力。

处于今天信息化和知识爆炸的时代,终身教育的理念显得更为重要,"活到老,学到老""学无止境"的古训仍然受用。现代生活日益繁复,人们在一生中所需要学习的知识不断地增加,并且时代也在不停地进步。因此,人的一生用来学习的时间是不应该分段的,构建学习型社会也是终身教育的一种体现,终身学习已成为个人、组织乃至社会的迫切需要。只有树立"终身学习"的观念,才能适应社会进步、经济发展、科技创新的需要,最终实现可持续发展,无论是对个人,还是对社会而言,概莫能外。

(二)实施"精神陶炼"的人生行谊教育,强调对受教育者道德的培养

梁漱溟关于教育目的建构内容中重视人生行谊为主的情意教育,甚至把对道德的要求放在知识学问之上,要求受教育者具有良好的精神和道德素质,"所谓教育不但在智慧的启牖和知识的创造授受,尤在调顺本能使生活本身得其恰好"。本能就是人的情意,"所谓不学而能,不虑而知"。[1] 他认为人生教育、道德教育比知识教育更重要:

> 我可以断言:中国学术除非不复兴盛则已,如其兴也,必自人生问题之研讨入手,及引起其他一切若近若远之科学研究;抑必将始终以人生问题为中心而发展一切学术焉。中国教育除非从此没有办法则已,如有其办法,必自人生行谊教育之重提,而后其他一切知识技能教育乃得著其功;抑必将始终以人生行谊教育为其基点而发达其他知识技能教育焉。[2]

---

[1] 《东西人的教育之不同》,见中国文化书院学术委员会编:《梁漱溟全集》第四卷,山东人民出版社2005年版,第663页。

[2] 李渊庭、阎秉华编写:《梁漱溟先生年谱》,广西师范大学出版社1991年版,第85页。

因此,梁漱溟在山东乡村建设研究院为教员开设了"精神陶炼"课,在村学乡学开设有"精神讲话"课,要求教员们在努力使乡村人精神活起来上下功夫。"精神陶炼"于未成年人就是人生行谊教育。这些都充分表明他深刻认识到人生行谊教育对教育对象积极向上精神的激发和振奋有着重要作用。

(三)乡村教育的灵魂在于理论与实践结合

理论的创新来源于实践活动,实践活动的有效须赖于理论引导。在每个时期的办学活动中,梁漱溟都非常重视实践的作用,特别是在乡村教育实验中力图紧密联系当地的社会生产、生活等实际需要办学,知识运用于实践,学校融合于社会,使教育目的体现出务实性的精神。恰如他所作的反思与阐述:

> 如学校培养出来的人不合社会的需要,毕业即失业。——此即二十年前职业教育所为提倡之由来。又如教育与社会相隔绝,受过教育转成社会之病累。——此即十五年前乡村教育所提倡之由来。但至今日,职业教育,乡村教育亦未能开得出路。……又如数十年来屡说要普及教育,但受教育的人,却日见其少,不见其多。农业教育办了几十年,而社会上新农业不兴;工业教育办了几十年,而社会上新工业不兴。凡此,自都是我们教育失败之证。①

因此,乡村教育要根据社会的需要培养人才,根据乡村社会的发展来确定培养目标。针对各种各样的乡村社会生产、生活实际需要进行教学和实践。在教育过程中,不能只是教给学生书本知识,更要教给他们人生的知识,培养品格,健全心理精神并提升实践应用能力。

---

① 《教育的出路与社会的出路》,见中国文化书院学术委员会编:《梁漱溟全集》第六卷,山东人民出版社2005年版,第383页。

第二节　教育社会论①

通过对中国社会的观察分析,梁漱溟认为中国的问题源于世界大交通后,民族历史与世界历史合流而导致的文化失调,即旧有文化不足以应付世界大交通后的新环境,其外在表现为旧有社会组织构造的崩溃。鉴于此,中国问题的解决或曰民族的复兴,便是重新建造文化与新的社会组织构造,而理性的回归又必然要落在教育上。概而言之,就是通过教育工程,进行乡村建设。这里的教育是广义的教育,但更偏向于社会教育,尤其是民众教育或曰成人教育。乡村建设就是从乡村中寻找解决中国一切社会问题的办法,于乡村入手来建构新的文化与社会组织。之所以从乡村着手是因为中国有形的根是乡村,中国近百年的历史是一部乡村破坏史,所以,复兴中国必取道乡村建设。

为了实施这一艰巨的教育社会工程,梁漱溟提出了学校社会化、社会学校化两者连环推进、彼此互动的主张,并在乡村建设运动中不断印证和践行这一理念,试图借助民众教育即社会教育来完成乡村建设。当然,要借助教育改造社会必然要处理好教育与社会中诸如政治、经济、文化等各因素的相互作用关系,对此梁漱溟以现代新儒家的视野进行了细致而有价值的阐述。

一、教育与社会

(一)何为教育

在梁漱溟看来,生活无处不是教育,有人的地方就有教育,教育之于人就如生活之于人,是很天然的。正如我们所知,人是社会的最小组成单位,

---

① 本节内容由河北大学教育学院教育学原理专业2012级硕士研究生黄利芬同学提供了部分初稿,特此致谢。

有人就意味着社会的存在,教育作为一种有意识的培养人的活动,明显是天然存在于社会中的。他对教育的定义通俗而深入:"什么是教育?统同是教育。在学校里读书是教育,在家庭里做活也是教育,朋友中相得的地方是教育,街上人的谈话,亦莫不是教育,教育本来是很宽泛的东西。至于教育的功用,不外为'绵续文化而求其进步'。换句话说就是'不使文化失传,不使文化停滞不进'。"①人类不能不有生活,有生活就不能不有社会,有社会就不能不有教育,教育是很天然的。这里是从教育的文化功能及生活需要来界定教育含义的。

梁漱溟主张以教育为乡村建设的核心工具,这里的教育并不是狭义的学校教育,而是一种很广泛意义上的教育,它囊括了有专门组织和机构的乡农学校、村学、乡学或成人教育的其他组织,一切有利于社会进步的政治、经济运动都有教育内容之存在。革命前的宣传运动、组织运动,革命后进行社会改造的各种工作,都包含有教育,并把苏联在经济建设上的"五年计划"也视为一种教育。由此可见,梁漱溟认为教育与社会是结合、统一,并存而生的,并且教育有助于社会的进步。

(二)教育目标要兼顾个人与社会

按照梁漱溟对教育的定义来看,教育作为天然存在于社会的一种活动,其实施开展必然不能脱离社会,教育的功用即在于培养适应社会、改进社会的人,这就要求教育根据社会的需求制定培养目标、课程标准等,以期培养造就的人能真正为社会所用。人作为社会结构或团体的构成细胞,所从事的各类活动都离不开社会,生活能力的塑造、潜能的开发则需要天然于社会的教育作功夫,而至于人需要怎样的生活力才能适应社会,则是由社会中的各因素决定的。因此,教育要天然照顾到个人与社会两面,既不能偏离社会又不能牺牲个人。当然,超越社会的教育不是不可作,只是不为他开展山东邹平乡村建设的实验学校所采用。对此,梁漱溟是这样阐述的:

---

① 《社会教育与乡村建设之合流》,见中国文化书院学术委员会编:《梁漱溟全集》第五卷,山东人民出版社 2005 年版,第 433 页。

　　教育这回事情,恰好关系两面:一面是个人;一面是社会。所以我们设施教育,一面要站在社会的立场,为社会而设施;同时社会是从一个一个人来的,我们的教育工夫又不能不用到各个人身上,所以我们的目标天然要顾到两面——兼顾个人与社会,不应当有所偏重。如果单从个人的立场,为个人来定一个教育目标,有时会遗漏了社会、妨碍了社会;单站在社会的立场,为社会而定一个教育目标,有时又会牺牲了个人。所以虽然教育是帮助人来实现他自己,完成他自己的一回事——因为每一个人都有一个无限的可能,教育本是帮助个人实现他那个可能,完成他那个可能;可是这个时候就不能不照顾到这个人是在此时此地的一个人,是要完成此时此地的社会的一个他,实现此时此地的社会的一个他;不是超现实的。如果要超越现实的去实现他自己,完成他自己,也不是不能作,也不是不能有这么一个实验目标;但是这种教育脱离了社会,至少不是我们这个实验学校应采取的。这个道理,就是前边说的"教育要兼顾个人和社会"。①

　　教育必须兼顾个人和社会,在于教育活动产生于个人与社会的交互作用之中,离开了两者中的任一方都无所谓教育。梁漱溟赞同杜威对教育与社会关系的解读,他在研读了杜威的《民主主义与教育》这本书后引用杜威的话说:"教育若单从个体去看是找不着的,教育须从个体生命与社会生命贯串处去看,才可以见。从个体生命来看教育时,必须看出他受社会的影响,从社会里面学习,接受他人传给的经验,离开这个无所谓教育;从社会生命来看教育时,离开了个人经验之彼此交通、传递、继续、发挥、扩大,亦无所谓教育;社会生命从个体来,个体生命从社会来。"②

　　梁漱溟一直都是一位把思想付诸实践的人,他在邹平创办的仿效乡村社会组织结构的实验学校——乡农学校、村学、乡学,就遵循了上述教育理念,将实验学校的目标放在实现个人发展上。而以此为基,把个人与社会

① 《目前中国小学教育方针之商榷》,见中国文化书院学术委员会编:《梁漱溟全集》第五卷,山东人民出版社 2005 年版,第 597 页。
② 《杜威教育哲学之根本观念》,见马秋帆编:《梁漱溟教育论著选》,人民教育出版社 1994 年版,第 125 页。

紧密结合在一起,个人在实现自己、完善自己的时候能感受到自己是社会中的一个个体。这样,既不会妨碍到社会,又能培养个体参与社会生活的能力。因为单单考虑社会的话,个人便成了社会的工具,唯有两面兼顾,才能培养出不仅可以适应社会又能改进社会的人。

(三)教育的社会功能

梁漱溟认为教育社会功能的向量不是恒定的,要顺应不同社会时期做出适当的调整。他将社会分为了两个不同的时期,一个是"平时",即社会稳定期;一个是"变时",即社会改造期。不同的社会时期,教育的社会功能迥然:"平时"的教育在于绵续文化以促进社会进步;"变时"的教育主要是尽量减少暴力革命和最大限度地完成社会改造。并且这两个时期的主要教育对象不同:平时的教育以社会未成熟分子即少年和儿童为主;社会改造期则着重成人,以成人教育为主。其原因为:平时期的教育主要在于加促社会未成熟分子的成熟,目的是让他们绵续文化、改进文化;而改造期"整个社会生活正企图转进于一新方式,大多数成人虽届成年,而对于此新生活方式所需之习惯能力则方为未成熟者,势非经教育不可。既成文化(旧生活方式)将要改革,意不期其绵续而宁期其断除"[①]。可见,社会改造期的重点在于改进、创造文化,而非绵续文化。因此,这一时期的教育要偏重于成人教育,我们要集中全部力量来办民众教育。改造文化、创造文化的主力为成人,这在于社会改造期是个文化除旧布新的时期,除旧与布新都得从成人身上下功夫,成人先学会了新的生活方式,儿童才好教。所以,要想改造中国文化,必须注重成人教育。

教育如若居于社会的领导地位,则其社会功能便可发挥得当,由此,安定的社会秩序亦可由和平而演化,则无须依赖暴力的革命。"至于教育的功用,不外为'绵续文化而求其进步'。""如果教育能尽其功用,论理说社会上不应当再有暴力革命,因为社会出了毛病,教育即可随时修缮改正,固不待激起暴力革命而使社会扰攘纷乱也!人类社会所以有革命,就因为教育不

---

① 《社会本位的教育系统草案》,见中国文化书院学术委员会编:《梁漱溟全集》第五卷,山东人民出版社 2005 年版,第 398—399 页。

居于领导地位。"①毫无疑问,梁漱溟肯定了教育对社会的巨大功能作用,但又不免有夸大之嫌,认为教育可消灭革命的断言是值得思考和怀疑的。相比而言,比较中肯的是他这句话:"徒教育固未足以改造社会,而社会改造于其前后卒又不能不仰赖于教育以竟其功。"②教育是改造社会的工具,但不是社会得以改造的必然和唯一,社会改造还有其他影响因素及手段。

(四)教育的成败要从社会出路上探求

教育与社会是一对相互作用力。教育作为一种有意识的培养人的社会活动必然依附于社会,可谓社会的存在衍生了教育,社会为教育提供了发生、发展的条件。梁漱溟在探索中国问题解决的过程中,找寻出了教育与社会的这一关系——教育的无出路源于社会的无出路。认为中国教育的失败不应该把一切归咎于教育制度和办教育者,教育本身虽有原因,但最终还是吃亏在了中国社会的无出路上,社会的无出路加重了教育的失败,使教育惨败。所以,教育的出路要从社会上去寻找。

可是,为何社会无出路会导致教育无出路呢?梁漱溟对此也作了一翻解释:中国当时的社会,对外不能应付新的国际环境,对内没有安定的社会秩序,工商业萎靡不振。教育培养出来的人对这个百废待兴的社会而言已经是供大于求,人才不得其用,社会失业人员增多,于世人看来这是教育的失败,其实根由在于社会。因为,社会生产事业不发达,则各方面人才——工业人才、农业人才——就不能尽其用。所以,要想发达教育必先发达社会,不能离开社会探求教育的出路。为了进一步验证两者的关系,他又将中日教育进行了比较研究。中日有着相同的历史遭遇,在同受西洋文化压迫的情况下,两国都企图模仿西洋文化来自新,而且是在同一时期开始的,但结果却迥然。其内在原因就在于:日本教育随着社会的出路有了出路,中国教育随着社会的无出路而没有了出路。因为与日本相比,"中国不然了,教育虽跟到西洋一条路走,而经济政治整

---

① 《社会教育与乡村建设之合流》,见中国文化书院学术委员会编:《梁漱溟全集》第五卷,山东人民出版社 2005 年版,第 433—434 页。

② 《社会本位的教育系统草案》,见中国文化书院学术委员会编:《梁漱溟全集》第五卷,山东人民出版社 2005 年版,第 398 页。

个社会却走不上去。失败既势不可逃,各种大小错误此时乃毕见而不可掩。而且大方向未得把握到,在枝节上左修正,右修正,总归白费,落一个手脚纷扰而已"。基于此,可以得出这样一个定理:教育与社会的发展方向一致,则两者相互促进,同有出路;如若两者背道而驰,则会彼此相毁,同无出路。也就是说:"若社会的出路在此,而教育大方向与之相符顺,便彼此相成,同有出路;反之,若社会的出路不在此,而教育却以此为方向,便彼此相毁,一齐没有出路。"①

梁漱溟又认识到教育有其一定限度内促进社会进步的积极作用。虽然教育的出路由社会的出路决定,但教育又是寻求社会出路的一个手段,两者要互相配合,共同寻求各自的出路。他运用活生生的典型事例对此进行了说明:"……又如过去革命北伐,为那时求出路的大道;黄埔培养干部的教育,最能相配合。那么,黄埔教育便亦因之有出路。今后建国,更是我们求社会出路的正面文章。在建国上非运用教育不可,教育亦非配合建国,没有它的出路,这是一定的。"②

二、教育与乡村建设

(一)乡村建设的由来

乡村建设运动的兴起源于中国现代矛盾尖锐的社会问题,发动者的用意在于拯救"破坏的乡村"。当时,西洋文化的入侵,使得中国的固有文化受到压迫,无法应付新环境,而西学派及社会改良者却试图以模仿西洋文化来自救,结果不尽如人意,换来的却是"一度的加深破坏自己",以至于乡村已经破坏到"中国文化的无形的根,破坏到中国的老道理了"。所以,中国的总问题是中国文化的根——有形的和无形的——都受到了动摇,遭到了破坏。其中,有形的根指中国的乡村,无形的根指理性精神。鉴于此,中国问题从根本上说便不是对谁革命的问题,而是改造文化以图民族自

---

① 《教育的出路与社会的出路》,见中国文化书院学术委员会编:《梁漱溟全集》第六卷,山东人民出版社 2005 年版,第 387 页。

② 《教育的出路与社会的出路》,见中国文化书院学术委员会编:《梁漱溟全集》第六卷,山东人民出版社 2005 年版,第 387 页。

救。虽然中国问题中包含有政治问题、经济问题,但实质上却是文化问题,这里的文化是个广义的概念,可概括政治经济在内。由此可见,这里所说的文化改造即指政治经济等改造而言。在明晰了中国问题的所在之后,梁漱溟建议转变路径来进行自救,而这一新路径便是"从创造新文化上来救活旧农村",即我们所谓的乡村建设。当然,梁漱溟所说的乡村建设并非狭隘意义上的建设乡村,而是指建设整个社会,建设新中国。因为他认识到当时的社会日趋下沉,破坏加重,在这样的形势下,中国的问题不是凭一乡一邑的建设可以解决的,乡村建设实际上就是重新建设中国的社会组织构造。由此可见,建设的并非乡村而是全社会,解决的问题也为社会中形形色色的各种问题,囊括政治、经济、文化等各领域。虽然如此,他还是把这场运动称之为乡村建设运动,究其原因便在于,梁漱溟认为社会建设工作或曰中国问题之解决,必须从乡村入手,以乡村人自身的力量为主要依托,而最终建设成的这个组织构造全新的社会是一个政治重心,经济重心先在乡村农业社会,而后逐渐提升,迈向城市工业社会的宏伟蓝图。

(二)乡村建设的内容

乡村建设的最终目的是解决中国问题,而它的真正意义在于创造新文化,即以文化的创造、改造为基点来达到社会的进步。以改进社会为目的的乡村建设,其内容必包含有社会各方面的因素——政治、经济、教育或文化,乡村建设的意义即在寻求社会一切问题的端倪并解决之。

梁漱溟认为,"乡村建设"是为扭转"乡村破坏"这一中国近代社会的危机而提出来的,其作用重大,可以"挽回民族生命的危机"。新建设的乡村应该是这样的——社会安定、产业兴起、农产增加、达到自治。这幅乡村社会图景的内在理路在于:"只有乡村安定,乃可以安辑流亡;只有乡村产业兴起,可以广收过剩的劳力;只有农产增加,可以增进国富;只有乡村自治当真树立,中国政治才算有基础;只有乡村一般的文化能提高,才算中国社会有进步。"①乡村建设的作用即在于以乡村为基点复归中国的理性文

---

① 《山东乡村建设研究院设立旨趣及办法概要》,见中国文化书院学术委员会编:《梁漱溟全集》第五卷,山东人民出版社 2005 年版,第 225 页。

化,通过新的社会组织结构的建立推动整个社会的进步,尤其表现在其经济形态上是由农业国向工业国的依次超越。然而乡村建设又需取径于民众教育,才能使得一切有办法。因为通过教育可以驱除乡村人的愚蔽,这样乡村人受到祸害才能呼喊出来,由此,中国民族的前途才会有希望。

(三)乡村建设的途径在教育

在确定了"乡村建设"这条道路之后,就需要找到建设的切入点或曰工具,而梁漱溟将教育作为它的核心工具。他认为现在的中国社会已经破坏得体无完肤,不堪收拾,必须从头建设,而这从头建设的工作便是教育工作。

1. 社会教育、成人教育与民众教育

在梁漱溟的论著中,"社会教育""民众教育""成人教育"等词很多时候是相通或混同的,所以在这里我们也不对其特别地加以区分,因为那可谓是特定历史时期的一种关系模式。他常常将学校教育看作是传统教育,而把社会教育即民众教育或成人教育视为新兴教育,并指出,社会的平常时期要以学校教育,即对少年、儿童的教育为主,而在社会的改造期要以成人教育为重,因为此时着意在创造文化、改造文化,非延续文化。"所以要创造文化,故施行成人教育,施行成人教育即所谓创造文化,即所谓乡村建设,即所谓社会教育。"①由此可见,他认为成人教育与社会教育是相通的,但社会教育的范围明显又大于成人教育。

由于成人教育主要是职后教育,与以职前教育为基础的青少年儿童教育及学龄前早期教育有显著差别,而在时段上,又是有衔接和持续的关系,因此,这种教育形态或类型自然就有终身学习与终身教育的意义。在《社会本位的教育系统草案》一文中,梁漱溟提出了"教育宜放长及于成年乃至终身"的原则,这是具有前瞻性的教育观点,用现在的话说就是终身教育。在提出终身教育理念的同时,他从心理学、社会学的角度探讨了终身学习的可能性与必要性,例如援引了桑代克关于"成人与学习"研究的成

---

① 《社会教育与乡村建设之合流》,见中国文化书院学术委员会编:《梁漱溟全集》第五卷,山东人民出版社 2005 年版,第 436 页。

果,认为人类与生俱来的学习能力并不局限于未成熟期,而是贯穿于人一生的。以个体对社会发展的需求、适应性道出了终身学习的价值:"现代生活日益繁复,人生所需要学习者,随以倍增,卒非集中童年一期所得尽学,由此而教育延及成人之趋势,日见重迫。""以现代文化进步社会变迁之速,若学习于早,俟后过时即不适用;其势非时时不断以学之不可。"①而他在乡村建设中实施的成人教育便是推行终身教育的途径,并注意与社会生活结合,培养成人的职业能力,以谋求教育改革与经济提升的双赢。

民众教育与社会教育大概是混同的,因为他将民众教育、社会教育都作为乡村建设的方法。"吾人今日所从事之工作,从目的说为乡村建设,从方法说系民众教育。此种工作全属在文化建造上做工夫,其结果可以解决中国问题,使中国无问题可言。"②并强调民众教育不用在乡村建设上必然落空,乡村建设不采用民众教育的方法将不得成功。民众教育可以贯通知识分子与乡村民众的社会层阶隔离,知识分子领导农民、建设乡村都必须依赖民众教育。民众教育是革命中的知识分子与乡村居民这一社会潜伏之大力量打拼在一起并拖引他们上来的方法。

在论述社会教育与乡村建设时,梁漱溟阐述道:"教育界之趋向社会教育,社会教育之趋向乡村建设,正为他们渐渐看清他们必须负担的大工程——建设新社会,完成革命的工程。而我们呢,起初倒认清了这目标——所谓乡村自治、乡村建设,其意义正是社会新机构,生活新方式——而没认清这方法——社会教育,直待动手作起来,方始认清自己所作所为原无非社会教育,而且往前作时将更非清楚明刻地取径于教育不可。"③所以,社会教育也是进行乡村建设的方法。在此层面上,社会教育与民众教育是可以混同的,而在具体阐述中,梁漱溟更多是以民众作为教育主体力量及作用对象的民众教育来分析乡村建设中的教育问题。

---

① 《社会本位的教育系统草案》,见中国文化书院学术委员会编:《梁漱溟全集》第五卷,山东人民出版社 2005 年版,第 396 页。
② 《民众教育何以能救中国?》,见中国文化书院学术委员会编:《梁漱溟全集》第五卷,山东人民出版社 2005 年版,第 487 页。
③ 《乡村建设与社会教育》,见中国文化书院学术委员会编:《梁漱溟全集》第五卷,山东人民出版社 2005 年版,第 531 页。

2. 教育与乡村建设的合流

乡村建设过程中各种社会问题的解决必须从教育上探寻方法,而教育者要探求社会的发展方向又不得不回归到中国有形的根——乡村里去。这样一来,教育与乡村建设就结合在了一起,而它的结合点便是中国的社会问题:

> 让社会教育与乡村建设合流的是中国社会问题。申言之,让教育往乡村里跑的是中国的社会问题,让地方自治往教育上跑的也是中国的社会问题,大家都是被社会问题所拘管。再者大家是中国人,中国社会是乡村社会,在社会上作一件事情,不往前作则已,要往前作,必有一种方向或路线的探求,有此探求,则不容不归到乡村,办教育的往前进,天然的要转到农村,我们正面解决社会问题的乡村建设者,由于方法的探求,也一定要归到教育。邹平的乡村建设,从前以"乡农学校"作推进的机关,现在我们下层的乡村组织,为"村学""乡学"。大家一听就可知道是一种教育机关。总之,我们为方法的探求不得不归到教育,教育家为方向的探求不能不归到乡村建设,宜乎有此合流也。①

可见,乡村建设是解决社会问题的根本方向,教育为乡村建设的方法路径,唯有将教育与乡村建设结合在一起,才能求得社会问题的解决。因此,教育与乡村建设因社会问题而结合,又同为社会服务。

三、教育与社会关系的构成要素

社会的构成要素是多而杂的,但在诸多要素中,政治、经济、文化是最根本的三大要素,探讨教育与社会的关系必从这三大要素入手。教育的发展受社会政治、经济、文化等因素的影响,同时对这些因素的发展变化又有一定的反作用。梁漱溟对教育与社会各要素间关系的论述便是从政治、经

---

① 《社会教育与乡村建设之合流》,见中国文化书院学术委员会编:《梁漱溟全集》第五卷,山东人民出版社2005年版,第431页。

济、文化这三大方面着手的。

（一）教育与政治

1.政治影响教育的取向

政治的安定与否会对教育造成特定的影响,这是毋庸置疑的。比如战乱、匪患年代教育是进行民族自救自卫的手段,而且这样的大环境下,要想教育事业顺利开展也是不大可能的。梁漱溟看到了这一点,并把视角扩大到了教育的目标层面,他认为和平年代里教育应更多地考虑个人,为个人的成长服务。因为平稳的社会里问题是少的,可以多给机会于个人来让他完成自己、创造自己。但在动荡的社会局势下,则应该多站在社会的立场从事教育活动,以培养个人应对、解决问题的能力以及适应新社会环境的生活能力。针对当时社会问题严重的政治环境,事实上不能不多从社会的立场考虑,好让个人能应付问题,解决问题。授予生活必需的教育就是从社会立场出发,以培养个人参与社会、改进社会的生活能力。

2.政府对教育的态度至关重要

在梁漱溟看来,政府不应该包揽所有教育的工作及事项,所应做的仅仅是间接地给教育以种种的方便,来促进教育事业的发展。此外,行政应与教育沟通合作,互相为用——以行政的力量辅助教育,以教育的影响推行政令。"比如治安问题是行政方面的事情,可是这个问题的解决,也是需要教育去养成农民的自卫力量。……所以行政问题需要教育来辅助其力量,教育上许多的事情也要行政来帮助。比如我们要训练民众,没有行政的力量帮助,便不能顺利地去进行。"①至此,他将政府对教育的态度就明确了下来,即政府要与教育互为助力,保证教育事业的顺利开展,作为政府工作的回馈或行政管理的有效手段,教育可以作为推行政令的一种途径或方式。

（二）教育与经济

1.教育与经济建设同为社会进步的力量

新社会的建设或曰社会的进步离不开教育和经济建设这两大力量。

---

① 《中国今日需要哪一种教育?》,见中国文化书院学术委员会编:《梁漱溟全集》第五卷,山东人民出版社2005年版,第970—971页。

教育在于教养个体,使之具有参与新社会并从而改进新社会的生活与工作能力,经济建设则为社会进步提供物质保障和技术支持,也是改善社会关系不可或缺的条件;而与此同时,教育与经济两者本身又密不可分:

> 新社会之机构初未有若何历史的孕育,遂致青黄不接,要想完成新社会的建设,自必先求社会的进步;而社会进步,则有赖经济建设。……然此推进整个社会向前进步的工作,表面上是经济建设为主,骨子里无在不是社会教育工夫。建设、教育二者,不能分开。新社会之所以为新社会,要紧的还是在人上,在社会关系上;不过人的提高、关系的合理,离不开经济条件就是了。从人一面说,就是教育;从物一面说,就是建设。物待人兴,建设必寓于教育。①

经济是社会的重要部门,其他诸项社会事业的基础,它深刻反映了生产力诸要素的水平及生产关系的协调状况。教育是保障经济高效、合理的条件或因素之一;同时,它又作用于其他领域部门,与经济形成合力,构筑社会的结构并推动其进步。梁漱溟的教育社会学思想是充分、全面的,具有系统功能观的寓意。

2. 教育与经济的互动关系

在考察了其他乡村教育家如晏阳初在河北定县、黄炎培在江苏徐公桥的乡村改进运动后,梁漱溟发现其中不同程度地存在着教育实验对乡村经济作用力较弱的问题,并力图有所纠正。"产业不能开发,则其他问题都得不到解决。——贫的问题不解决,则陋的问题不得解决。换言之,产业发达,文化始能增进;若单从教育上文化上作工夫,都不免枉用心力。"②这里的产业开发、贫穷问题的解决都是经济问题,经济发展即产业发达,经济进步则贫的问题才能摆脱,由此,"陋"即文化问题才能得以转变,脱离经济谈教育文化无疑是缘木求鱼,终不可得。

---

① 《乡村建设理论》,见中国文化书院学术委员会编:《梁漱溟全集》第二卷,山东人民出版社 2005 年版,第 471—472 页。
② 《北游所见记略》,见中国文化书院学术委员会编:《梁漱溟全集》第四卷,山东人民出版社 2005 年版,第 884 页。

可见，教育事业的发展与经济能力（生产力）息息相关，一方面以经济基础、物质条件作为条件或依托，但另一方面，也要通过教育以培养人才、传播科技、改良品种、提升生产工具及其他要素的技术含量，从而拉动经济平稳、快速发展。基于此，梁漱溟指出，教育的设计规划不能单以教育为出发点，还要考虑经济因素，因为这不仅是有没有钱的问题，还有钱如何分配的问题。教育的受重视程度，重要的依据是经济投入数量及方式，而要获得政府及社会的支持，其自身的社会经济价值发挥能力无疑是先决的条件。这也正是教育的经济性或生产性的深刻表征。

（三）教育与文化

梁漱溟认为中国问题是极严重的文化失调，是社会构造的崩溃，以此出发，中国问题的解决就是建立一个新的社会组织构造，而文化即为这个新的社会构造的骨干。他接着提出中国问题的解决必取径于教育，这样一来，新社会构造的建立或曰新文化的创造就落在了教育上。但是他又指出，教育的文化功能是随社会环境而变化的。在平时，教育的功能主要是绵续文化；而在社会改造期则是创造文化、改造文化。对此上文已经进行了较为详细的叙述，这里不再赘述。不过，我们需要明确梁漱溟对文化的定义，因为这里所谓的改造、创造文化，并非我们通常所说的单纯社会意识形态层面的文化，而是个很广义的概念，囊括一切，并被他自己称为是"一个社会过日子的方法"，文化被泛化了。因此，在谈及教育与政治、经济的交互关系时实则也在谈论教育与文化的关系。"我以为中国问题的内涵，虽包有政治问题经济问题，而实则是一个文化问题；——文化本亦可概括政治经济在内。"[①]在这种情况下，他将文化和教育混同来看，使得社会子系统构造内容转化成了政治、经济与教育的关系。其实，这种推导并非偷换概念，而是一种从大教育观或社会文化学视野的理解与诠释，尤其在人类学维度下的教育喻义中有更大的合理性。

教育从属于社会生产力或上层建筑，自然不能脱离社会而呈孤悬状

---

① 《中国问题之解决》见中国文化书院学术委员会编：《梁漱溟全集》第五卷，山东人民出版社2005年版，第211页。

态,离群索居或自命不凡。这种表面上的清高、神圣,只会招致教育的失落与无助,留存的多是碰壁及弊端,并且是迷路而无所归依。但教育之于社会的力量又是充分而富有潜力的,通过教育服务于社会,无论是在制度革命时期,还是在建设发展阶段,只要合理利用,都会发挥出积极、有效的作用。梁漱溟的论述不仅符合当代教育学相关原理,而且从实证及思辨方面均有深化的意义。

(四)政治、经济与教育的合一

在梁漱溟看来,政治、经济、教育三者应该是相连环的,"得其一亦得其余,一项不得则全没有份"[1]。因为"所谓乡村建设,事项虽多,要可类归为三大方面:经济一面,政治一面,教育或文化一面。虽分三面,实际不出乡村生活的一回事"。由于三大方面都不离乡村生活,所以建设无论从何方入手,都可使其他两面得以发展。"例如从政治方面入手,先组成乡村自治体;由此自治体去办教育,去谋经济上一切改进,亦未尝不很顺的。或从教育入手,由教育去促成政治组织,去指导农业改良等经济一面的事,亦可以行。"[2]至此,政治、经济与教育三者便在相互作用中都得到了发展。又因为中国问题复杂严重,所以,必须在了解全盘关系的基础上把握问题的轻重缓急,从要紧问题着手解决,"譬如金融紧迫亦许问题在产业衰落,工业建设亦许从农业开端,发达教育要于经济上求,经济复兴必先解决政治问题……"[3]所以,政治、经济、教育的这种互相依托关系,决定了三者必须合一而不相离。基于此,我们一定要把政治、经济、教育这三者融合起来进行社会建设。

但怎样才算政治、经济、教育三者的真合一呢?梁漱溟这样表述道:将来的政治大概其主要内容就是经济和教育了,所谓国家一面是经济的团

[1] 《答乡村建设批判》,见中国文化书院学术委员会编:《梁漱溟全集》第二卷,山东人民出版社2005年版,第606页。
[2] 《山东乡村建设研究院设立旨趣及办法概要》,见中国文化书院学术委员会编:《梁漱溟全集》第五卷,山东人民出社2005年版,第227页。
[3] 《乡村建设理论》,见中国文化书院学术委员会编:《梁漱溟全集》第二卷,山东人民出版社2005年版,第165页。

体,一面也就是教育的团体。本来人生亦只有经济和教育两桩事;经济是生活;教育是生活的向上发展。所谓政治,在这里不过表见个人意志和团体意志的那些事。可是意志的内容是什么呢? 还不外经济和教育罢了。到经济生活安排得很好的时候,无处不含有教育意义在内,也即无处不是教育。通统是经济,也通统是教育。"'政治、经济、教育三者合一',到此乃真合一了;人类生活亦才正常合理化了。"①可见,三者合一的时候便是新社会建成的时候,也是人类生活正常合理的时候。按照梁漱溟的上述社会因素子概念的客串性理解,在这种社会状态下,教育已解决了文化失调问题,社会建构内容中的政治、经济、文化与教育形成了合理互动相补、彼此协调促进的优化或良性循环关系。

四、学校社会化与社会学校化

"学校社会化"与"社会学校化"主张的提出,是梁漱溟综合分析了学校教育、社会教育各自的优劣后概括出的旨在平衡学校教育与社会教育的一种策略途径。他的这一主张受到了杜威"教育即生活""学校即社会"及"做中学"教育哲学思想的影响,而对陶行知创办的晓庄乡村师范学校的参观更是加速了他这一口号的提出并使其付诸实践。他参观完晓庄师范学校后,对其办学理念"生活即教育""社会即学校"及"教学做合一"的生活教育观大加赞赏,认为它"很合我们意思",晓庄的教育目标体现了学校与乡村社会的融合。而在他看来真教育即为学校教育与社会教育的融合,"于此,一以见今日学校教育之不完不妥;一以见今日社会教育亦为一时的措施:两者各不足为准理当事的真教育。真教育行且见其为两者之融和归一;而吾侪今日乃适于此教育的过渡时代也。如何实现此完整合理的一个教育系统,正今日吾侪所有事"②。

鉴于学校教育的弊端,他提出了学校社会化的主张,认为只有亲身经验的才是真知识,而学校里大多是假知识、死知识,以致学生不能适应社会

---

① 《乡村建设理论》,见中国文化书院学术委员会编:《梁漱溟全集》第二卷,山东人民出版社 2005 年版,第 565 页。
② 《社会本位的教育系统草案》,见中国文化书院学术委员会编:《梁漱溟全集》第五卷,山东人民出版社 2005 年版,第 395 页。

生活。基于此,"学校须力求社会化"。相比而言,社会生活中的自然教育使人贴近社会,它的这一长处正好是学校教育的短处。学校社会化就是谋求学校教育与社会自然教育的平衡,而这在教育上甚为重要。学校社会化的作用在于:"如此,不会有死板无用的知识学问,举凡所学得的知识都是社会所需要的。若出而入社会,不但能应付,且格外有能力。"①

那么,又如何来安排"社会学校化"呢?答曰:"就所在社会环境施其教育,与平时教育恒设为特殊环境(学校)者异——此即化社会为学校。"这是梁漱溟对社会学校化的精要概述,又解释其中的原因,"因为不能将农民工人等从社会抽出来,脱离生产行程而施以教育"②,所以,要就民众所处的社会环境对其施以教育影响。这与当前的终身教育理念相吻合,即强调脱离学校教育之后的继续学习,不过此时的学习更多是自发性的,以适应社会的不断发展,例如社会上开设的电大、夜校等成人课程即为社会学校化的辅助力量。根据"社会学校化"理念,梁漱溟主张在社会中要处处形成教育的环境,以"启人向学之诚而萃力于创造自己"③。只有如此,社会对人的功用才能发挥尽致。

在提出了"学校社会化"与"社会学校化"的主张后,梁漱溟又指出两者内在统一的设计意向在于使学校安排的学生校园生活接近社会生活,而又比社会生活更有意义,使学生在学校仍可以从亲切的经验中获得知识学问。这样就在学校教育与社会教育中实现了扬长避短。

梁漱溟上述主张揭示了社会与教育的紧密关系。教育的目的在于为社会培养人,而这个人必须是有社会生活能力的人,能够适应社会并改进社会,这就要求教育社会化。反过来,社会要为教育提供一个培养标准,即教育培养出的人要具备怎样的能力才可以适应并改进现在社会,社会为学校提供了教育规格及质量诉求,由此规范了教育内容、组织方法及测评方案。

---

① 《杜威教育哲学之根本观念》,见马秋帆编:《梁漱溟教育论著选》,人民教育出版社1994年版,第129页。
② 《教育的出路与社会的出路》,见中国文化书院学术委员会编:《梁漱溟全集》第六卷,山东人民出版社2005年版,第390页。
③ 《末后我们所可成功的社会》,见马秋帆编:《梁漱溟教育论著选》,人民教育出版社1994年版,第309页。

综上所述,梁漱溟主张教育救国,对教育与社会关系的探讨根植于当时的社会问题,并贯穿在他领导的乡村建设运动中。应该认为,在当时的社会条件下能提出这样超前的教育理念,是很令人钦佩的。当今,成人教育与终身教育已经成为教育发展的必然趋势,世界发达国家学制改革正在朝这一方向前进,我国也已经把成人教育与终身教育纳入了学制改革的范畴,正是对国际教育大潮汹涌激荡的一种回应。

第三节　乡村教育课程论①

自 1924 年辞去北京大学的工作后,梁漱溟先后在山东曹州中学、广东省立第一中学、河南村治学院进行了教育改革,并在山东主持了山东乡村建设研究院的各项工作、在重庆创办了勉仁中学和勉仁文学院等。其中,尤其是在山东乡村建设实践中开展了别具特色的乡村教育,其课程设置更是体现了乡村教育目标、内容及组织方式的设计图景,对我们当代教育的课程改革而言具有积极意义。

一、乡村教育课程论的思想背景

梁漱溟认为,中国社会正处在重要的转型期,因此教育的发展方向应是一种广义的社会教育。课程设置是整个教育的基础环节,课程思想是全部教育的灵魂,课程实施是整体生活的中心。广义的社会教育必然有广义的课程设置,只有这样才能最大限度地囊括教育诸方面。梁漱溟的乡村教育课程设置深受其在曹州中学、广州乡治讲习所、广东省立一中和河南村治学院课程设计的影响。

1924 年梁漱溟离开北大后,来到山东投身于曹州中学的办学活动,设立高中部,重视青年学生的健康成长。他说:"要办教育,便需与学生成为

---

① 本节内容由河北大学教育学院教育学原理专业 2012 级硕士研究生贺飞燕同学提供了部分初稿,特此致谢。

极亲近的朋友而后始能对他有一种了解,始能对他有一些指导。我们办学的真动机,就是因为太没有人给青年帮忙,听着他无路走,而空讲些干燥知识以为教育,看着这种情形心里实在太痛苦,所以自己出来试做。"①很明显,梁漱溟认为学校办学不仅仅是教授知识,还要注重每个学生的生活,引导他们走正确的路。基于此,所有课程改革都依据的是梁漱溟的教育主张,注重联系生活实际,引导学生学习,而不是机械记诵,强迫灌输。同时,梁漱溟在曹州恢复重建重华书院,该院旨趣在"集合同志,各自认定较为专门之一项学问,或一现实问题,分途研究,冀于固有文化有所发挥,立国前途有所规划;同时并指导学生研究,期以造就专门人才"。该院设置哲学门、文学艺术门和社会科学门三科专业领域。其中哲学门偏重研究中国哲学暨印度哲学方面;文学艺术门偏重中国文学及音乐书画雕刻等;社会科学门包括政治、法律、经济、社会问题、教育、历史、地理等,突出对中国现实问题,如中国政治制度问题和教育制度问题的研究等。② 重华书院的课程设置注重音乐、社会问题等,为乡村教育的课程设计提供了可借鉴的经验积累。

1927 年梁漱溟只身来到广东,目的就是为了实现他的"乡治"计划。梁漱溟说:"所谓'乡治'包括后来的'村治'和'乡建',都是我办教育思想的发展,即讲学、搞学问与做社会活动合二为一。……所谓'乡治',简言之,即从乡村自治入手,改造旧中国,建立一个新的中国。"③

1928 年梁漱溟决定担任广东省立一中校长职,提出了自己的教育主张并进行了一系列的教育改革。他认为,教育的本意,是要把人们养成有本领有能力;如果要使一个人有本领有能力,就非发展他的耳、目、心思、手、足不可。④ 在课程设置上主要有国语、数学、社会问题、世界进化史、教育学、心理学和教育心理学等,着重强调了学校要注重卫生生理和体育锻

---

① 《办学意见述略》,见中国文化书院学术委员会编:《梁漱溟全集》第四卷,山东人民出版社 2005 年版,第 784 页。

② 《重华书院简章》,见中国文化书院学术委员会编:《梁漱溟全集》第四卷,山东人民出版社 2005 年版,第 790 页。

③ 汪东林:《梁漱溟问答录》,湖南人民出版社 1988 年版,第 50 页。

④ 《今后一中改造之方向》,见中国文化书院学术委员会编:《梁漱溟全集》第四卷,山东人民出版社 2005 年版,第 868 页。

炼课。课程中课程资源也体现了广泛与简约、继承与发展、知识与生活等诸多方面的合适张力。

1929 年梁漱溟担任河南村治学院教务长,执笔起草了《河南村治学院旨趣书》及《河南村治学院组织大纲》《河南村治学院学则及课程》等文件,其中《河南村治学院旨趣书》第一次对乡村建设的旨趣、措施和方法作了较为系统的阐述。这表明经过对全国各地乡村工作的考察,梁漱溟的乡村建设思想趋于成熟。而《河南村治学院学则及课程》对之后的山东乡村教育有着重大的意义,其第六章对教材、课程时限、开设科目等课程安排做了具体的规定。"本院教育以养成实际作事能力为主,所有各部课程,概不出:(一)各种实际问题之讨论、研究及其实习试做;(二)未解决或应付实际问题所必要之知识技能之指授训练;(三)实际作事之精神陶炼。"[1]该学院设有农村组织训练部、农村师范部、村长训练部、农林警察训练部和农业实习部。除了农业实习部,其余四部的课程都分为五部分,前三部分的基础课程是各部同有课程:党义之研究,概括《三民主义》《建国大纲》《建国方略》,及其他科目;乡村服务人才之精神陶炼;村民自卫之常识及技能之训练,概括自卫问题研究、军事训练、拳术,及其他科目。[2] 剩余的两部分课程根据各部的具体情况分别开设,也就是相异课程。

在正式开展乡村教育之前,梁漱溟除了自己进行教育改革实践,也曾到各地考察乡村建设运动,包括南京晓庄的乡村师范学校、江苏徐公桥的中华职业教育社的乡村改进试验基地、河北翟城村的自治事业、定县的中华平民教育会的试验区、山西的村政。通过自己的实践和借鉴他人的有益成果,开始进行乡村建设的实验,并对乡村教育的课程思想有了进一步思考及总结,并付诸实践推广。

二、山东乡村建设研究院的课程设置

梁漱溟应山东省主席韩复榘的邀请来到山东,于 1931 年 6 月 15 日正

---

[1] 河南省政协文史资料研究委员会编:《河南文史资料》第二十辑,豫刊证字第 16 号,1986 年版,第 14—18 页。

[2] 河南省政协文史资料研究委员会编:《河南文史资料》第二十辑,豫刊证字第 16 号,1986 年版,第 14—18 页。

式主持山东乡村建设研究院的工作,同时也标志着山东乡村建设运动拉开了帷幕。山东乡村建设研究院有两个主要机构:乡村建设研究部、乡村服务人员训练部。其主要任务是研究乡村自治及乡村建设问题,培养乡村自治和乡村服务人员,以指导本省乡村建设工作。

乡村建设研究部的设立,是为了普遍地提倡乡村建设研究,为学术界开风气,为本省各地乡村建设提供具体方案。研究部招收的学员大都是来自山东本省受过高等教育的大学生和专科毕业生,或者具有同等学力的学生,学费全免,修业两年。主要课程有两类:一是基本研究,是指乡村建设理论的研究,有党义、社会进化史、乡村建设、军事训练等。二是专科研究,有农村经济、农业改良、产业合作、乡村自治、乡村教育、乡村自卫及其他项目,或者选择感兴趣的课题加以探讨。梁漱溟认为:"随着各人已往学说根柢的不同,和现在兴趣注意的不同,而自行认定一科或数科研究之。例如原来学农业的,就可以从事于农业改良研究;而现在有志于乡村教育的,就可以从事于乡村教育研究。"①研究部的课程都是由研究部主任和导师进行指导,同时还聘请大学教授,对学生进行函授教育,一般不采取讲授的方法,而采取个别谈话或集中讨论,并将理论与实践相结合,下乡去实习。等实习归来后,接着学习和研究,并提出在乡村建设工作中的问题,大家聚合在一起进行讨论并尽可能找到解决办法。研究生只要论文经过院长批准合格就能提前毕业,毕业后可留院或分赴实验区工作。研究部课程的设置以及实施办法是根据梁漱溟乡村建设理论的构想规划的,充分体现了理论和实践相结合,不再单纯进行知识技能的传授,而是侧重实践的锻炼,课程的功利主义色彩很突出,也正是梁漱溟所倡导的"学校社会化""社会本位教育"的一个具体体现。研究部还根据学生兴趣或者原有基础由学生自行选择课程,体现了学生对于课程的自主权,也反映了研究部"因材施教"的课程教学思想。

乡村服务人员训练部的设立,是专门为了培养和储备具体实施乡村建设人才,旨在储备乡村建设人才的后备力量。招收学员根据"就地取材"

---

① 《山东乡村建设研究院设立旨趣及办法概要》,见中国文化书院学术委员会编:《梁漱溟全集》第五卷,山东人民出版社 2005 年版,第 233 页。

的原则,择优录取,大都是年龄在 20—35 岁受过初中教育的青年。在梁漱溟看来,训练部主要任务是对学员进行"实际服务之精神陶炼""为认识了解各种实际问题之知识上的开益""为应付解决各种实际问题之技能上的指授"①。为了达到这一训练目的,梁漱溟在训练部的课程设置如下:"甲、党义之研究;概括三民主义、建国大纲略,及其他等目。乙、乡村服务人才之精神陶炼。丙、村民自卫之常识及技能之训练;概括自卫问题研究、军事训练、拳术,及其他等目。丁、乡村经济方面之问题研究;概括经济学大意、农村经济、信用生产消费各项合作、簿记、社会调查及统计、农业常识及技术、农产制造、水利、造林,及其他等目。戊、乡村政治方面之问题研究;概括政治学大意、现行法令、公文程式、乡村自治组织、乡村教育、户籍土地各登记、公安、卫生、筑路、风俗改良,及其他等目。"②

显而易见,山东乡村建设训练部的课程是完全仿照河南村治学院农村组织训练部的课程而设置的,特别加强乡村自卫训练,注重培养学生的军事能力。训练部学员必须经历这些课程的修习,才能成为合格的乡村服务人才。毕业后,学员大都被安排在试验县区担任教育指导员或创办乡农学校等工作。为了更好地落实和解决乡村建设中存在的问题,梁漱溟于1932 年 10 月组建了乡村服务人员指导处,安排研究院的教师们到乡农学校去,发现问题、解决问题并给予更适合乡农学校的建议。指导处还为各县乡农学校编辑教材,有《农民识字读本》《乡农的书》供普通村民使用,《国学教材》《史地常识》《自然常识》等活页教材供高级学部使用。此外还有《识字明理》《救国御悔》《文武合一》《中华民族的故事》等农民系列丛书。这些书都充当着乡农学校的教材,对乡农学校课程的设置也起到指导和借鉴作用。

训练部课程的设置与研究部的课程设置有相似的地方,都注重党义的研究和精神陶炼,充分体现了新儒家梁漱溟注重德育,培养学员具有较高的道德理想。但是不同的是研究部更强调理论的研究,为乡村建设提供建

---

① 《山东乡村建设研究院设立旨趣及办法概要》,见中国文化书院学术委员会编:《梁漱溟全集》第五卷,山东人民出版社 2005 年版,第 234 页。
② 《山东乡村建设研究院设立旨趣及办法概要》,见中国文化书院学术委员会编:《梁漱溟全集》第五卷,山东人民出版社 2005 年版,第 235 页。

设方案,而训练部更注重实际能力培养,对学员进行全方位的操作训练,而不是像研究部那样指导学员专注于某个专门领域的内容。

乡村建设研究院的建立,主要是为了推行乡村建设的计划,使理论与实践充分结合起来。最后划邹平县为乡村建设试验区。试验区是乡村建设理论的试验场,乡村建设运动的主体,梁漱溟乡村建设运动的基地,对梁漱溟的乡村建设与教育实验而言,研究部及训练部所涉及的课程及据此开展的乡建人才培养活动,很自然具有极其重要的意义。

三、乡农学校的课程设置

1931 年 11 月,山东乡村建设研究院的师生 300 多人,在梁漱溟的指导下,分别赶赴邹平县开始尝试创办乡农学校,即在相当大小范围的乡村社会(200 户以上 500 户以下的村落自然成一范围者为最相当)以内,成立乡农学校。到 1931 年,共办乡农学校 91 处,入学人数达 3996 人[1],取得了初步的成功。乡农学校基本上是按照梁漱溟的乡村建设理论创办的,是"乡村组织"的一种形式。乡农学校不仅是一个教育机构,也是一个行政机构,它以教为主,以教统政,政教合一,由全体农民参加,启发农民的自觉性,自觉地、有组织地、有计划地进行自救,学习农业改进措施,开展农业合作运动,重建乡村社会,目的就是要化社会为学校,即"社会学校化"[2]。乡农学校的宗旨是"某个人的和社会的向上进步"[3]。

梁漱溟认为,要改造社会,改造乡村,重建乡村社会,创造新旧协调的新文化,仅仅依靠中国传统的儒家课程和西方的科学技术课程是无法实现的,需要将中西课程相结合,开设符合中国国情和乡村社会实际情况的课程,因此致力于创办乡农学校。乡农学校的第一个用意便是增加乡村领袖和农民大众聚合在一起的机会,如果没有相聚在一起的机会,有什么困难,有什么疑难杂症什么的,只能憋在心里,无法释放,不能得到解决,整天郁

---

[1]　善峰:《梁漱溟社会改造构想研究》,山东大学出版社 1996 年版,第 314 页。

[2]　《乡农学校的办法及其意义》,见中国文化书院学术委员会编:《梁漱溟全集》第五卷,山东人民出版社 2005 年版,第 347 页。

[3]　《乡农学校的办法及其意义》,见中国文化书院学术委员会编:《梁漱溟全集》第五卷,山东人民出版社 2005 年版,第 348 页。

郁寡欢。现在不同了,有了聚合在一起的机会,就可以将彼此心里的困难说出来,大家一起想办法解决。如匪患、兵祸、天旱、时疫、粮贱、烟赌盛行等问题,大家见面的时候就可以相互探讨,自然设法解决这些问题。

然而这些问题的解决需要从乡农学校基本的识字、唱歌、讲话等功课入手。根据当时乡村社会和乡农学校的实际情况,梁漱溟把乡农学校的课程分为两大类:

(一)相同的课程

相同课程就是各乡农学校都通用的普遍设置的课程,其目的在于普及基础知识,包括我们日常所说基本的读写算等,主要课程则为识字、音乐、精神讲话等。

识字课程。梁漱溟曾在《乡农学校的办法及其意义》中提到:"识字,这是普通都有的功课,因各地农民多是不识字的,所以成为普遍的必要。"[1]就识字教育而言,通过教学活动,可以帮助一大批青年农民认识自己、认识社会,使他们学习科学文化知识,能进行简单的阅读写作等,这也是进行最基本的扫盲教育。识字这门课是最基本的课程,一直沿用至今,从刚进学校就要开始进行识字教育,这是儿童、青年农民发现问题、解决问题的途径之一。没有识字教育,就连简单的公告和乡村启示等都看不懂,更别说看书看报,陶冶精神,重建乡村社会了。但是,在具体的教育实践活动中,识字教育的内容如果没有考虑地区、文化和个体的差异,势必影响到教育的质量。所以,梁漱溟的观点是"因材施教""因地制宜",在具体的识字教育中,要充分考虑到成年文盲学习者的具体情况。乡农学校的文化课主要是学习《乡农学校的课本》。这本教材是研究院专门为文化水平较低的乡农学员编写的,其难易程度仅相当于小学一二年级。在内容上按乡建理论的要求选编,有农村谚语、常用语和进行爱国主义教育的短文歌词。学生学习这些课文都很认真,常常考试记分,所以都背得熟,写得出。教师在讲授过程中不能以权威者姿态进行教学,而是要以平等的角色施教,努

---

① 《乡农学校的办法及其意义》,见中国文化书院学术委员会编.《梁漱溟全集》第五卷,山东人民出版社2005年版,第349页。

力和农民学生成为朋友,取得密切的联系,来了解学生的具体情况。只有教师将学生看作是一个完整的人,以培养其全部生活为目的,才有可能达到教育最优化的效果。

音乐课程。音乐课程是各乡农学校一律开设的,旨在鼓舞人心、激发求学热情,并提高学生的艺术素养。如何激发民众追求知识与文化的兴趣,成为乡村教育能否真正开展的关键一步。梁漱溟强调寓教于乐,在快乐中学习,边唱歌边识字,希望以此种简便而直接的方法来培养乡农学员团结奋斗、拯救民族危机、爱国爱乡的精神。从实践情况看,确也收到不错的效果,许多学生都会唱农夫歌、军歌以及普通歌曲 30 余首,从浅显易懂的歌词中增长了不少知识,提高了社会觉悟,加快乡村建设的步伐。蔺景南和桑鸿滨在回忆寿光县的乡农学校时提到:"在当时来说,贫困落后的农村很少听到歌声,所以对学院唱歌很感兴趣,群众也感到新鲜,都愿来听。在操场上列队齐唱,激昂慷慨,声彻原野。不仅提高学员们的情怀,同时也受到教育,有些歌我们唱得很熟,直到如今还记得住,如《乡校学生歌》《战斗歌》《战斗动作歌》《站岗歌》《锄草歌》《劝军歌》《军事要领歌》等。"[①]

在恢复重建重华书院时,梁漱溟把音乐教育着重安排在文学艺术这个专门领域内,是为了陶冶学员的情操,培养学员激情昂扬的志向,而在乡农学校设置的音乐课程是面向大众的,不局限于学院内的学员。音乐课程,不仅仅是单纯的娱乐活动,而更重要的是培养乡农学员道德理想以及对他们进行情志教育的必修课,目的比重华书院更加明确,注重实践,联系实际生活,对乡村建设发挥了积极的作用。

精神讲话课程。精神讲话课程是乡农学校另一门独具特色的同有课程,即"精神陶冶",也就是中国民族精神的教育。梁漱溟对"教育将趋重知识技能,抑或着眼人生行谊的问题"进行了认真考量,并做出了明确的回答。他认为,只有优先实施以精神陶冶为内核的人生行谊教育,才能使知识素养、能力发展以及实用技术等方面的教育真正取得实效。

---

① 蔺景南、桑鸿滨:《寿光县乡农学校》,见山东省政协文史资料委员会、邹平县政协文史资料委员会编:《梁漱溟与山东乡村建设》,山东人民出版社 1991 年版,第 282—283 页。

又以丹麦民众高等教育为例来说明自己的主张。丹麦教育的根本精神是:"民众高等学校目的,是以历史和诗歌为媒介,而唤起民族精神的觉醒,刺激能力的发展。精神的觉醒,能促社会和经济的进步,这不是丹麦民众高等学校独有的经验。"[1]为唤起民族精神觉醒,在河南村治学院,梁漱溟把"乡村服务人才之精神陶炼"课程定为农村组织训练部、农村师范部、村长训练部和农林警察训练部的通识课程,在山东乡村建设研究院亦为教员和学员都开设了"精神陶炼"课程。他认为:"这门功课很有它的意义,在我们看现在中国的乡村社会,不止是经济破产,精神方面亦同样破产。这是指社会上许多旧信仰观念风尚习惯的动摇摧毁,而新的没有产生。以致一般乡民都陷于窘闷无主,意志消沉之中。"[2]显而易见,在当时的社会环境下,人们的传统意识、心目中的陈旧思想已经严重削弱并发生变化,但是新的思想理念和社会制度尚未建立,所以需要一门精神陶冶的课程,转移开导他们的思想,首先要用中国儒家传统的旧道理巩固他们的自信,稳定他们的意志,重新树立人们的信念理想,于是"精神讲话"应运而生。

"精神讲话"课程注重思想教育,目的在于促进学校教师和青年农民能够进行良好的交流和沟通,救济濒临没落的乡村精神,让乡村人也能激起搞乡村建设的热情,以改变一般人"窘闷无主、意志消沉"的精神状态。"精神讲话"课程包括三个方面的内容:合理人生态度的指点,中国历史文化的分析,人生实际问题的讨论。其主要内容是通过每周星期一早上的周会和平时上课实现的。周会上全体师生集合在教室里,校长带领大家唱国歌(当时的国歌是用国民党党歌代替),向党旗、国旗及孙中山总理遗像行三鞠躬礼,默诵《总理遗嘱》,然后由校长或教育主任讲话。讲话的内容大致有以下几个方面:团结互助、遵守纪律、勤劳生产、讲究礼貌、革除恶习、治安防卫、讲究卫生、爱惜时间、爱惜名誉、勤学苦练等。上课时,主要教材有《农民识字课本》《明耻教战教材》《时事讲话》等。如滕县羊庄乡农学

---

① 《丹麦的教育与我们的教育——读〈丹麦民众学校与农村〉》,见中国文化书院学术委员会编:《梁漱溟全集》第七卷,山东人民出版社 2005 年版,第 656 页。

② 《乡农学校的办法及其意义》,见中国文化书院学术委员会编:《梁漱溟全集》第五卷,山东人民出版社 2005 年版,第 349 页。

校的《农民识字课本》有国语拼音部分,课文部分的主要内容是宣传邻里和睦、尊老爱幼、团结合作、打击坏人、建设农村、保护民众、破除迷信、讲究卫生、早婚有害、禁止赌博、禁止吸毒贩毒等;《明耻教战教材》的主要内容是宣传人人皆兵、村村为营、救亡图存、反对侵略、保家卫国,以培养学员热爱家乡、热爱祖国的思想品质;《时事讲话》主要是宣传时事政治,如东北三省已经沦陷,华北正面临危机,日本搞什么"华北自治",阴谋侵吞华北,甚至吞并全中国,我们正面临着"亡国灭种"的危险。俗话说,国家兴亡,匹夫有责。一切不愿做奴隶的人们,都要团结奋斗,打败日本侵略者,建立独立富强的新中华,等等。[①]

梁漱溟认为,通过这样类似的"精神讲话"课程,可以将一些儒家旧道理、中国文化传统,传授给青少年农民,让他们在新旧文化交替时代里不至于迷茫,而是以一种相对积极乐观的心态去应对。他也深刻认识到人生行谊教育对学生心理健康与人格健全的积极意义。人是活泼的生命个体,片面追求知识技能教育而忽视情意教育会违背以人为本的教育原则。但是,梁漱溟为新儒家的代表者,深深受到儒家思想的影响,同时也是无阶级论者,这就使得"精神讲话"有些思想不合时宜,不过,从总体上看,仍是富有主动进取性的,帮助了大批迷惘或困顿的青少年重新树立其对人生的理想追求。

(二)相异的课程

梁漱溟认为各乡农学校事实上必须应付它的环境来解决问题,才能发生设计者所希望的作用和效果,这就要求开设因时因地制宜的功课。例如有匪患的地方,他们自要感觉到讨论匪患问题,教员就可以帮助他们想办法。大家都赞同一个办法以后,就可以领导着学员实地去做。例如菏泽实验县成立的自卫训练班,分设军训课和文化教育课。军训课主要学习步兵操练和刺枪等常识,文化课是由实验县统一印制的文化课本。再如山地可以造林,教员要指点出来使他们注意,并且帮助他们想办法。他举例说:

---

① 薛海云:《滕县羊庄区乡农学校回忆》,见山东省政协文史资料委员会、邹平县政协文史资料委员会编:《梁漱溟与山东乡村建设》,山东人民出版社1991年版,第292页。

"像邹平西南部即多山,问他们本地人为何不种树?他们说:'种树有好处,我们都知道;但种树容易,保护难,总不能长成材。'然研究商讨的结果,要大家合起来有组织地共同造林,共同保护,就可以解决这困难。当这去实行的时候,就是此地乡校的功课。邹平第二、三区一带地方,所成立之林业公会,不下数十处,皆乡农学校所倡导也。又如产棉区域,我们要帮助他们选用好的种子,指导种植方法,然后再指导他们组织运销合作社。这一切都是我们乡校的功课。因此乡农学校可以随时成立种种短期的职业补习班或讲习班,在实地作时就与他们讲解,如造棉、造林、织布、养蚕、烘茧等等。又因此可以随宜成立种种组织,如林业公会、机织合作、棉花运销合作、储蓄会、禁赌等等数不尽。"[①]

显而易见,根据梁漱溟的设计,除了相同的课程外,按照改革与因地制宜的原则,各学校必须根据自身特点和需要来设计和实施具有特色的乡土课程和以问题、事件或任务项目取向为核心的广域课程。也只有这样,才能使乡农学校教育和乡村建设发挥出最大的作用。

相异课程的设置目的在于解决乡村地区的青少年农民在实际生活工作中遇到的困难,依据问题的出现开展相应的课程开发,大家共同解决。这一点和河南村治学院的课程设置很为相似,甚至可以说是继承与发展河南村治学院的办学经验。河南村治学院设有农村师范部、村长训练部、农林警察训练部,不同的教育对象设有不同的课程。如除了河南村治学院的共有三部分课程外,农村师范部设有教育原理、教育心理、农村小学各科教材及教法、学校行政及组织、学校教育推广、乡村教育行政等课程;村长训练部设有户籍、土地、各项登记、卫生等课程;农林警察训练部设有农场林野之巡查、管理、警戒、劝导等课程。

可以看出,相异课程内容的设置最大特色是强调实用,能够根据区域特色和个体差异开设不同的课程,着重解决现实生活中地区差异的问题,极大促进了乡村建设顺利开展。

---

① 《乡农学校的办法及其意义》,见中国文化书院学术委员会编:《梁漱溟全集》第五卷,山东人民出版社 2005 年版,第 350—351 页。

四、村学、乡学的课程设置

乡农学校是山东乡村建设研究院的师生进行乡村教育的最初实践组织形式,但是 1933 年 7 月后,邹平县改为县政建设实验区,取得实验权,又将从前的区公所、乡镇公所等行政机关取消,乡农学校于是也就大多改组为村学、乡学,成为"行政机关学校化""学校社会化"的组织。乡农学校变为村学、乡学,部分是名称的变化,并没有真正改变梁漱溟最初的设想。课程设置也是大体没有变化,只是实现的具体形式和部分内容有所改变,但是依据的还是梁漱溟的乡村教育实验设计方案。例如,根据山东乡村建设研究院学生的记载,村学、乡学的办学从中国礼俗之大源说起,以精神陶炼为主,识字次之,精神陶炼以《弟子规》《朱子治家格言》《三字经》等篇为初步教材,再以《礼记》《小学》做精神陶炼教授课本。在梁漱溟的乡村建设构想中,精神陶炼(精神讲话)是所有乡农学校以及后来改组的村学、乡学必须设置的课程,讲话是为了解决"精神破产",其主要讲解民族历史概要,使学员知道中华民族悠久的历史文化传统以及民族精神,讲解儒家传统思想,使学员重新建立理想信念,变消极为积极向上。

村学、乡学实质上是一乡村组织,不仅是一个学校,而且还是一个社会组织,容纳全乡、全村的人,也就是说:"一个乡学(或村学)要把一乡(或一村)的全社会民众,通统当做学生,把全乡(或全村)里头的男妇老幼一包在内,都算是乡学(或村学)的教育对象。"[1]也可以说是一乡对应的是一个乡学,一村对应的是一个村学。梁漱溟认为,村学、乡学这个组织的目标就是"大家齐心学好,向上求进步"。村学、乡学,就是一村一乡里的父老兄弟子侄们,大家合起伙来,为"齐心学好,向上求进步"而有的一个组织。这个组织的用意就在这里——"齐心学好,向上求进步"。[2]

---

[1] 《乡村建设大意》,见中国文化书院学术委员会编:《梁漱溟全集》第一卷,山东人民出版社 2005 年版,第 667 页。

[2] 《乡村建设大意》,见中国文化书院学术委员会编:《梁漱溟全集》第一卷,山东人民出版社 2005 年版,第 668 页。

(一)村学课程设置

村学是乡学的基层组织,对象主要是儿童、妇女和成年农民。村学分别设立儿童部、妇女部、成人部、高级部,各村原有的一切教育机构,如小学、民众学校都融入以上4个部中。

儿童部　面向学龄儿童,相当于国民小学的初小阶段,课程设置也与国民小学相类似,有国语、算术、史地、自然、体育、音乐、公民教育等。所不同的是教材可以自主编写,如《农民识字课本》《乡农的书》等,内容都是乡建活动、精神陶炼、人生向上方面的知识技能。

妇女部　面向妇女,大都是冬天农闲时晚上进行,课程主要有基本的时事政治、精神陶炼、识字和基础知识,此外还根据女性成年人的特点,增设了育婴和家政课程。这些课程的设置是用来给青年妇女传授一些家庭管理的技术,同时培养新时代的女性。

成人部　面向成年农民,主要是男性成年农民,即他们一般要在夜间和冬季开设的课程中接受教育。主要有公民学(包括讲故事、时事、梁漱溟称思想和精神陶炼)、识字、基础知识(有关合作社、农艺和公共卫生)、音乐、军事技术。[①]　课本以《乡农的书》为主,全书100课,每晚一课,一冬学完。

高级部　面向那些已经完成初级小学教育的年轻人,但实际情况却是这些人都被集中到乡学里。[②]

梁漱溟在办村学时还规定,除了识字、唱歌、精神讲话、军事训练这4门必设的课程外,各村学还可根据实际需要,因地制宜开设一些课程,以达到他所设计的教育目标:"酌设成人部、妇女部、儿童部等,施以其生活必需之教育,期于本村社会中之各分子,皆有参加现社会并从而改造现社会之生活能力。"[③]

①　〔美〕艾恺著,王宗昱、冀建中译:《最后的儒家——梁漱溟与中国现代化的两难》,江苏人民出版社2003年版,第254—257页。

②　〔丹麦〕曹诗弟著,泥安儒译:《文化县——从山东邹平的乡村学校看二十世纪的中国》,山东大学出版社2005年版,第127页。

③　《山东乡村建设研究院呈请改进设实验区邹平县实验计划(摘录)》,见中国文化书院学术委员会编:《梁漱溟全集》第五卷,山东人民出版社2005年版,第383页。

（二）乡学课程设置

1933 年 7 月后,每乡设立一所乡学。乡学酌设升学预备部、职业训练部等,办理本乡所需要而所属各村学独立所不办之教育。[①]

升学预备部相当于高级小学,又称高小部,学制两年,即国民小学的五六年级,课程除了一般国民小学所设立的国语、算术、自然、历史、地理、生理卫生、体育、美术和公民教育外,部分学校还新开设了党义、乡村建设理论、时事政治、精神讲话、合作簿记等。如邹平实验县第二乡学高小部学制是 2 年,即小学的五六年级。其课程设置是国语、算术、公民、自然、历史、地理、卫生、音乐、体育、美术。每天 6 节课,按时作息,并建有严格的点名、考勤、备课、请假、会议等制度。学校纪律较好,办学质量提高,备受群众赞扬。邹平实验县第十二乡学的高级小学部除了上述基础课程的设置外,还开设了乡村建设理论、精神讲话等。

升学预备部课程的设置继承和发展了广东省立一中的课程思想,梁漱溟在对广东省立一中进行教育改革时,突出强调了生理卫生课和体育锻炼课,看来梁漱溟十分注重个人的生活习惯和身体的健康,这是他谋划教育宗旨"面向学生的全部生活"的一个具体体现。

职业训练部主要是针对各村年满 18 周岁,且在 40 周岁以下的农民进行职业轮流培训,课程除音乐、精神讲话、军事训练外,还因地制宜,根据环境的不同设立不同的课程,如蚕桑生产区,乡学中设养蚕训练班,产棉区,则开办棉业合作社讲习会,研究植棉方法、合作运销等。部分乡学还成立高级职业训练部,招收的是受过四五年以上教育的年轻农民,目的是把他们培养成致力于乡村建设的领导人才。高级部课程除了一般训练部的课程外,还要学习历史、地理和农村问题的课程,以帮助年轻农民明白历史变迁和现实存在的问题。"非明白历史的变迁,必不会应付现在的环境而创造未来的前途。非从深处认识问题,就不知道问题的来历,得不到解决问题的方法。"[②]

[①] 《山东乡村建设研究院县政建设实验区邹平县实验计划(摘录)》,见中国文化书院学术委员会编:《梁漱溟全集》第五卷,山东人民出版社 2005 年版,第 384 页。

[②] 《乡农学校的办法及其意义》,见中国文化书院学术委员会编:《梁漱溟全集》第五卷,山东人民出版社 2005 年版,第 355 页。

乡村教育运动能否顺利开展,关键是要看教育的内容是否能调动人们的积极性,能否将理论运用到实际,并适应人们生活之需,那么课程的设置就很重要。梁漱溟在山东乡村教育实验的课程设置是普遍性和特殊性的统一,开放性和保守性的综合。从纵向发生史来看,又是继承和发展了广东省立一中和河南村治学院的课程设置思想,并且也借鉴了陶行知南京晓庄师范学校等其他乡村教育实验的经验。正因为如此,上述乡村教育课程论在实验中取得了明显的实效,对中国以后的乡村教育以及课程设置都具有重大的意义。

梁漱溟不能说是纯粹或专业的教育家,但是他毕生都在从事教育,从事了各种类型的教育活动。他在山东开展乡村建设运动主要是通过乡村教育实验来实现的,乡村教育的主要形式是乡农学校以及由乡农学校改组的乡学、村学。其课程设置思想以"学生的全部生活"为主,以"解决社会问题和人生问题"为目标,推动乡村建设的开展;课程设置以"同有课程"为基础,以"根据因地制宜的原则设置的相异课程"为特色,从而使课程思想落到实处。

第四节　教学方法论

梁漱溟在漫长的人生历程中从事过各种级别和各种类型的教育实践,他把教育看作是一个完整的系统,主张真正的教育必须以全部生活为内容,培养发达人的智力、体力等各种能力,教师要依据学生的特点,充分了解学生,选择适当的教学方法,施以及时良好的教育。教学方法是教师和学生为了实现共同的教学目标,完成共同的教学任务,在教学过程中运用的方式与手段的总称。教学方法的选择是教师能否顺利授课和学生是否能得到良好教育的重要因素。梁漱溟在长期的教育实践过程中对教学方法的选择以及探究十分重视,并体现出多元化、灵活性的艺术精神。

一、讲授法

讲授法是教师通过口头语言向学生传授知识、培养能力、进行思想教育的方法,在以语言传递为主的教学方法中出现最早,应用最广泛,且其他各种方法在运用中常常要与讲授法结合。

在梁漱溟任职和开办的学校中,讲授法一直贯穿其中,是教师进行教学最基本的教学方法,没有任何一种教学能离开讲授法。在梁漱溟看来,不管是正规的学校教育还是非正规的学校教育,不管是基础教育还是高等教育,都有最基本的学习内容。正规学校的基本课程设置如国语、算术、自然、史地、音乐等课程都需要教师进行讲解,以帮助学生理解课本上的知识;而非正规的学校也许没有特定的课程,但是针对不同的年龄群体、不同的学生特点,有特定的讲授内容。在山东开展乡村建设运动时,开办的夜校、妇女部,其对象都是成年人,教育任务是扫盲,所采用的教学方法便以讲授法为主。如乡农学校的普遍必修课程是识字,识字课的教学效果及质量与各门课程的正常教学都休戚相关。很显然,帮助农民识字最直接、最简便的方式便是采取讲授法对失学农民进行基础的文化知识教育。

梁漱溟提倡讲授法,但是又反对平铺直叙的机械灌输法,学校教育机构开设的一些相关课程,诸如社会问题、世界进化史、教育学、心理学等都是需要聘请经验丰富的教员进行具有启发性讲授,而不是照本宣科。他认为,高年级学生自己去看书一定比课堂上老师讲的效果好,尤其是高中的功课,应该减少教师讲学生听这种单一化授课法的时间,只需在教师的指导下,由学生自己去找参考书,加以阅读和理解,并从中提高学生的自修能力。

讲学是讲授法的一种形式,往往专指学术性讲解和探讨。梁漱溟认为,讲学是讲授法的延伸和发展,是将为学和为人有机结合在一起的教学方法。其中,朝会是梁漱溟重振古人讲学之风的教学艺术精神在具体实践中的运用,其形式不是传统的讲书形式,而是类似于佛教禅门的讲习、问答法,是将知识的传承与人格的修养密切结合。"我若干年来办学,大都率领学生作朝会;……多半是有感而发;或者从自己身上发出的感想,或者从学生身上发出的感想,或者有感于时事。凡是切近当下事情的一种指点,每每较之泛论有裨益于人。而集体(群的)生活,每每较之零散的个人要有趣味,易得精进向上;这都是体验得到的。"①这种讲学方法不仅仅局限于知识的传承,或以知识传授为目的,而是侧重人格感召力的发挥和道德精神的培养。德与知的交织渗透与彼此促进在这里获得了统一。并在"习与智长,化与成性"之中拉近了师生之间的关系,也结识了志同道合的朋友。"为自己求友,与青年为友",紧跟时代的潮流,及时更新思想的血液。在重庆勉仁中学,梁漱溟同样要求班主任每天主持朝会,以时事政治、社会问题、道德问题等为主题,对学生进行知识的讲述和人格道德的熏陶,培养学生的时代责任感和社会民族意识。

二、启发性教学法

启发性教学方法是教师根据教学目的、内容、学生的知识水平和知识规律,运用各种教学手段,采用启发诱导办法传授知识、培养能力,使学生积极主动地学习,以促进身心发展。启发性教学方法主要来源于我国孔子的讨论法和西方苏格拉底的"产婆术"。"启发"一词最早源于孔子《论语·述而》:"不愤不启,不悱不发。举一隅而不以三隅反,则不复也。"②孔子主张,要帮助学生弄清楚他要搞清的道理,理清其思路,使之能完整地表达清楚。

梁漱溟认为,真正的教育必须以全部生活为对象,务必对学生身心两个方面进行深入了解,才能切实有效。也就是说,教师如果缺乏教学智慧,不能启发学生固有的自觉力,让其进行反省,那么这种教育不仅无法推动学生生命化的进程,进行创造性的学习,而且不论是知识还是技能的传授,终将低效。

在乡村教育实验中,启发教学的着眼点在于启发青年学生、农民的自觉并使其自省、自律。梁漱溟曾经不止一次地指出:"一个人缺乏了'自觉'的时候,便只像一件东西而不像人,或说只像一个动物而不像人。'自

---

① 《朝话》,见中国文化书院学术委员会编:《梁漱溟全集》第二卷,山东人民出版社 2005 年版,第 38 页。
② 孟宪承选编、孙培青注释:《中国古代教育文选》,人民教育出版社 2003 年版,第 24 页。

觉'真真是人类最宝贵的东西！只有在我的心里清楚明白的时候,才是我超越对象、涵盖对象的时候;只有在超越涵盖对象的时候,一个人才能够对自己有办法。人类优越的力量是完全从此处来的。所以怎么样让我们心里常常清明,真是一件顶要紧的事情。"① 如此可见,梁漱溟认为启发人的自觉是那么重要的一件事,远比知识技能的机械性传授重要得多。

启发性教学方法,还要培养学生养成自律的习惯。在学校里,师长具有领导学生的职责,但在领导中要促使学生形成一种属于自己的秩序,尤其是能够维持他们自己造成的秩序,在道德论上就是"自律"而非"他律"。这是对儒家传统在学习和修养上注重自觉、自省和自律优良思想的继承和弘扬。他指出,启发性教学方法还要贯彻"因材施教"的教育原则,针对不同的学生采用不同的态度和方式,如果有学生的毛病是脾气暴躁,性子太急,或过于懒散,这时就要引导他调理自己,让他静下心来,仔细思考,启发他的自觉性,让他意识到自己的问题所在,并进行深刻的反省,补偏救弊,养成良好的行为态度和个性品质。然后,长此以往,维持这种境况,他便能养成自律的习惯,这就达到了启发性教学的目标。

三、导生制教学法

"导生制"又叫"贝尔 – 兰卡斯特制",最初是由英国国教会的贝尔(Andrew Bell, 1753—1832)和公益会的教师兰卡斯特(Joseph Lancaster, 1778—1838)所开创的一种教学方法。梁漱溟在他的多种教育实践活动中都运用"导生制",这不仅缓解了师资缺乏的问题,也促进更多数的学生、农民进行学习,引导他们认识自己,了解社会,促进身心的全面发展。

中国近数十年的学校制度是完全模仿西方的教育模式,虽然在西学知识技能课程内容上有所改进,但又把学校仅仅作为机械传授知识技能的讲习所,尤其是学校教育对道德训育内容及方法过于忽视,违背了教育的全面发展目标。梁漱溟据此对学校教育的问题进行了严厉的批判,并提出应该采用"导生制"的组织方法。他对"导生制"作了如下的理解:

---

① 《朝话》,见中国文化书院学术委员会编:《梁漱溟全集》第二卷,山东人民出版社 2005 年版,第45 页。

在限于部订课程标准之下,既不得轻有裁减,则唯于调整教学方法求之耳。是即训育教学不分,统盘筹划之说也。同人计议,训育职责将不分属于一部分同人,而由全部同人合力任之。教师待遇亦不以钟点计算。教学方法多主于学生自己修学,教师讲授时间力求减少。每人机械工作轻减之余,然后行以导师制。每一导师皆分有几个或十数个之学生;此几个或十数个学生之全部生活,亦即为此一导师之教育对象。学生个个有其最亲近之导师,导师亦人人有其最亲近之学生。全校亲切相依之校风,于以树立。隔阂之势除,对立之弊去,则师生为父兄子弟之相与,而了解认识遂有其深透真挚之基础。据此以求身心并进之合理教育,其所设施方可以着实而不虚罔。迨其生命渐几活泼,更从人生问题上多方启发指点,俾其心理趋向自有转移,不觉平添无限活力。就其活力而鼓励振导之,使之进求知识技能,则所得之成绩,敢断言其必有大异于今日之中学者。而课室讲授之繁重沉闷,一向为中学师生之嫌苦者,至此将必扫荡不存,而易为悦乐以趋。以往教自教管自管之积弊,亦至此而得其沟通之道。①

从而可以看出,如果导生制能够顺利实施,将会弥补学校教育的弊端,促进学生身心发展,完善学生的全部生活。

梁漱溟在重庆北碚办学时制定了勉仁中学的教育方针,强调在顾及教育当局所规定的课程标准以为各科知识之讲求之外,更要将教育部规定的"导师制"发挥到极致,以解决学校教育中师生隔膜,无视学生身心健康发展的弊端。"窃以为此制(指导师制,笔者注)之施行,必先求导师之能有正确合理的教育思想,与爱护青年之真情,并为之腾出多余之时间精力;然后乃不致名不副实,而收得预期之效。"②

"小先生制"是人民教育家陶行知在推行义务教育中采用的教学组织方法,为乡村教育各派教育家所采用。其实,这属于"导生制"的演绎和实

---

① 《创立私立勉仁中学校缘起暨办学意见述略》,见中国文化书院学术委员会编:《梁漱溟全集》第六卷,山东人民出版社 2005 年版,第 65—66 页。
② 《创立私立勉仁中学校缘起暨办学意见述略》,见中国文化书院学术委员会编:《梁漱溟全集》第六卷,山东人民出版社 2005 年版,第 64 页。

践方式。梁漱溟将"小先生制"作为山东邹平乡农学校组织"共学处"的一种教学方法,即"各村学每次派一二位学习较好的高年级学生对识字学员进行识字教学,教育对象是文盲或半文盲及无力上学的少年儿童。农闲时间或午休时间,在村头、街头树下挂小黑板即可进行教学,男女老幼皆可参加"①。"小先生制"教学方法的实行,是"导生制"的延伸和扩张,为农村失学儿童和青年农民提供了学习的可能和机会,也给高年级学习较好的学生提供了一次锻炼的机会,学以致用,并反过来促进反省自己的不足和薄弱之处,以得到更好的教育和充实完善的生活。

四、教学做合一教学法

"教学做合一"的教学方法最初源自我国现代著名教育家陶行知的生活教育理论,陶行知视"教学做"为一体,"做"是核心,主张在做的基础上进行教与学。"从先生对学生的关系上说,做便是教,从学生对先生的关系上说,做便是学";同时还要求"以教人者教己,在劳力上劳心"。

梁漱溟认为学生自习在个体的成长和发展中占有极为重要的地位,但是并不意味着讲授的方法不重要。事实上,讲授法作为一种教育方法,不是可有可无的东西,关键是怎么讲、讲什么。讲授法本身也是一种教学艺术和教学技巧,只是由于学科的细化易于偏向僵化及教条,需要联系实际及现实操作动用加以调整。"一般学校类偏于知识一面的教育,固为世病,而尤足病者,以讲授注入为方法,即知识亦不能真得是也。又晚世科学发达,科目愈分愈繁,炫夺耳目,而实皆出于一事物上所为多方面之研究,各别讲习,尤有隔碍不通支离破碎之病,故学生自动之说,打破学科界限之说,遂为识者所许,而有教学做合一设计教学法、综合教学法之各种提倡。"②很明显,"教学做合一"的教学方法是梁漱溟出于实践的考虑,加以学习借鉴,并以之改善弥补讲授法的不足。

在曹州中学进行教育改革期间,梁漱溟不再将学校仅仅视为单独传授

---

① 王峻明:《简述邹平实验县第十三乡乡学》,见山东省政协文史资料委员会、邹平县政协文史资料委员会编:《梁漱溟与山东乡村建设》,山东人民出版社1991年版,第222页。

② 梁漱溟:《河南村治学院组织大纲·学则及课程》,见河南省政协文史资料研究委员会编:《河南文史资料》第二十辑,豫刊证字第16号,1986年版,第18页。

知识和技能的场所,而是把"教学做合一"的教学方法付诸实践,强调知识的传授必须与学生的日常生活密切联系起来,理论联系实际,培养学生的自主意识和独立工作的能力,同时教导学生使其自觉养成一种简朴、勤劳的作风。

之后,梁漱溟在对广东第一中学进行教育改革时,强调心思、耳、目、手、足并用的教育方法,认为教学手段与方法必须从书本文字、呆读死记中解放出来。"要学生拿出他们的心思、耳、目、手、足的力量,来实做他们自己的生活",从而把他们培养成为有本领有能力去做实事的新时代合格公民。只要具备了这种素质及技能,"一旦遇到一个问题,他就立刻可以解决,不致茫然,也不致慌张,总能够寻出一个应付的法子;对于无论什么事情,他自己才能够做得来"。①

显而易见,梁漱溟强调的是教师在教学中,不仅要注重知识的传授,更要注重使学生自己动手来完成任务,培养学生的动手能力,以适应将来社会的需要,遇到问题时也不至于手忙脚乱,学会做到沉着冷静处理问题。一言以蔽之,就是通过"教学做合一"的教育方法来发展学生的心思、耳、目、手、足的协调水平,培养学生的实际动手习惯以及将来应付社会的实际能力。

虽然,"教学做合一"教学方法不是梁漱溟的首创,而是借鉴了陶行知晓庄实验学校的经验,但是梁漱溟尽力把这种教学方法运用到学校教学实践和处理人生问题与社会问题的过程中,并得到了思想的深化与进步,对现代教学论有着重要的启示作用。

五、情感陶冶教学法

情感陶冶教学法是指教育者有目的、有计划地运用环境、气氛、作风以及自身等教育因素,以境陶情,对学生进行潜移默化的熏陶和感染,使其在耳濡目染的过程中心灵受到感化,进而促进其身心健康发展。

梁漱溟一直强调人格感化的教育力量法。自幼年始,他深受其父梁

---

① 《今后一中改造之方向》,见中国文化书院学术委员会编:《梁漱溟全集》第四卷,山东人民出版社2005年版,第868页。

济的影响,最大的影响与其说在于知识文化方面,毋宁说在为人处世和性格的潜移默化方面。其中发生熏陶或暗示作用的重要一点便是其父的人格感召力。为了打破学校教育制度弊端中师生之间的隔膜,能真正帮助学生进步,发展学生的全部生活,梁漱溟在他的教育思想和教育实践活动中,格外强调师生之间的真实感情,亲师取友,以教师的人格去感召和影响学生,而不是机械性地向学生传授知识和技能。这恰是培养"君子儒",而不是"小人儒"的教育目标规划的关键之所在。他认为培养学生较高的道德理想,使学生成为将来社会生活中独立自主的正派人物,这样的教育才算成功。那些高智商、高知识、高技能而道德败坏的人则永远是社会的投机分子和败类。在乡村教育实验中,梁漱溟格外注重"精神陶炼"课程,这是因为该课程的设置就是要启发大家的深心大愿,面对名利诱惑,毫不动摇。

梁漱溟一心培养"君子儒",其本身也是身体力行,表现出高贵的道德品质,崇高的人生修养境界。在乡村建设中,梁漱溟致力于完成社会教育,重建乡村社会新生活。据邹平实验工作人员回忆说:"梁漱溟提倡'新生活'。新生活的徽标为心图'O'。新生活的内容是:讲清洁,讲简朴,讲孝悌忠信,讲礼义廉耻,讲和睦乡里,团结友爱,守望相助。社会生活,讲究人人为我,我为人人的公德。为政提倡公正廉明,这些都是儒家思想,传统的道德观念。梁漱溟自己身体力行,生活简朴,平易近人。"① 显然,梁漱溟的这种身体力行,在表面上可能被认为是为了培养"君子儒"不得已而为之,实则不然,梁漱溟本身也在追求成为一名彻底的"君子儒"。正是这种情况,梁漱溟身体力行就转化为他的人格感召力,来引导和间接督促学生以其为榜样,成为一名道德高尚的社会人。

在梁漱溟看来,情意教学法是情感陶冶教学法的一种典型,因为,情意教学法本质在于"我们对于本能只能从旁边去调理他、顺导他、培育他,不要妨害他、搅乱他;如是而已……"② 他对当时学校教育完全偏于

---

① 王峻明:《简述邹平实验县第十三乡乡学》,见山东省政协文史资料委员会、邹平县政协文史资料委员会编:《梁漱溟与山东乡村建设》,山东人民出版社 1991 年版,第 226 页。

② 《东西人的教育之不同》,见中国文化书院学术委员会编:《梁漱溟全集》第四卷,山东人民出版社 2005 年版,第 664 页。

西方知识技能的机械、教条式传授,而忽视儒家传统的道德情操教育极为愤懑,认为这是"不中用的教育","情意教育应该是根本的"。在谈到教师发展方向时,强调教师要充分了解学生的资质、习惯和潜能,要有计划、有目的地指导学生去生活。"教育应当是着眼一个人的全生活而领着他去走人生大路,于身体的活泼,心理的活泼两点,实为根本重要;……因为要在全生活上帮着走路,尤非对每个学生有一种真了解——了解他的体质、资禀、性格、脾气、以前的习惯、家庭的环境、乃至他心中此刻的问题思想——而随其所需,随时随地加以指点帮助才行。……要办教育,便需与学生成为极亲近的朋友而后始能对他有一种了解,始能对他有一些指导。"①

梁漱溟通过观察,发现有两种人在青年学生中占据一定比例:一种是堕落不要强的,在学校就鬼混,毕业后就谋差赚钱挥霍;一种是自知要强的而常不免因人生问题社会环境而有许多感触,陷于烦闷痛苦的。"像这两种人,你只望到他们讲功课,实在不中用……我们想与他为友,堕落的怎样能引导他不堕落而奋勉,烦闷的怎样能指点他而得安慰有兴致。"②很显然,梁漱溟主张"亲师取友"的教育思想,想要和学生成为朋友,就要对学生有一种完全的了解。只有创造和谐融洽的师生关系,才可能彻底了解学生品性心理等方面的特征,才能真正指导他应该怎样改掉旧习,重整旗鼓,帮助他走向一条宽阔明亮的人生大道。

梁漱溟作为新儒学的代表,其教学方法彰显着儒家的优秀教育精神,是儒家所提倡教学方法合理性的延伸。在梁漱溟的一生中,虽然教育是其政治追求的衍生物,但是他的教育功绩远大于其政治影响力,尤其是继承人文主义学派优秀传统并吸收科学主义学派的思想,使其教学方法更有理论及现实价值。梁漱溟认为,在社会动荡时期的教育,唤醒民众自觉是很重要的,唤醒民众自觉需要教育,更确切地说是需要科学有效的教学方法。教学方法是教学成败的关键性因素,而在教育活动中,教学是教育的基本

---

① 《办学意见略述》,见中国文化书院学术委员会编:《梁漱溟全集》第四卷,山东人民出版社 2005 年版,第 784 页。

② 《办学意见略述》,见中国文化书院学术委员会编:《梁漱溟全集》第四卷,山东人民出版社 2005 年版,第 785 页。

途径和中心工作。出于社会化教育的乡村建设建构及教育与社会综合的乡建运动实践需要,梁漱溟大力提倡及设计运用教学方法的目的主要是启发民众的自觉,使民众拥有一颗向上的心,形成一种内在"上进心"和拯救文化,并实现乡村建设的内驱力。梁漱溟的教学方法论虽说具有历史性,但是其现代特征是丰富而有活力的,值得现代教育及教学改革与实验活动汲取。

第十二章　梁漱溟乡村教育实验的
历史反思

　　从 1917 年在北京大学任教职,直至 1949 年离开重庆北碚勉仁文学院的 32 年时间,梁漱溟的青壮年光阴大多在从教及乡建实验活动中度过。他探索了学校教育和社会教育的渗透结合经验,出版了一系列有影响的文化教育和乡村建设论著,留下了一笔十分宝贵的文化教育遗产。他恪守并探寻社会发展和进步要以教育为本,从"改造旧中国,建设新中国"的深心大愿出发,主张"教育救国"之路,提出了一套社会本位教育系统理论和方案,对教育学术理论的创新以及当代的教育改革都有极强的现实意义。

　　诚然,在梁漱溟丰富多样的思想内容及实践探索中,以山东邹平乡村教育实验为代表的乡建理论及其活动更居核心地位,已经成为他的人生历程及宏大事业的代表,也是"邹平模式"在乡建运动中扮演领袖角色的缘由。因此,作者以此作为中心视域加以历史思考。

一、乡村教育实验的理论价值

梁漱溟的乡村建设活动是一种社会实验事业,由于是以教育为中心的设计与推行工作,因此,也是一项教育社会化或大教育的工程实验。该项活动或实验有理论的基础或观念支撑及导向,而通过实验历程、尝试、探索与经验积累,又丰富或调整了独特的、自成派系特色并相对完整的乡村建设理论。

梁漱溟之所以研究哲学、文化以及后来探讨乡村建设理论都不只是为了获得某种知识,而是为了追寻人生的意义和探求中国问题的出路。他不是那种为学问而学问的学问家,而是思想家,要把自己有关宇宙、社会和人生的认识公之于世,并以此影响、改造社会的思想家。其实,他也不只是思想家,因为在他看来仅仅提出某种思想、观点是不够的,还必须身体力行,把自己的思想、观点付诸社会改造的行动。所以,他不断申明自己是一个拼命实干的人、一位实践家。就当时"如花怒放,如日东升"雨后春笋般涌现的乡村建设与一般教育团体而论,大致着眼于某一具体问题或有所侧重,只是作为中国问题的一个具体方面,而不是根本性问题。梁漱溟则不然,他确认自己提出和从事乡村建设与教育活动不是对中国问题的小修小补,其真正的意义在于"替中国开出一条新治道"。这便与现代化道路的方向问题联系密切。"大概我与诸公不同之点:诸位是在现状下尽点心,作些应作的事;而我则要以'中国'这个大问题,在这里讨个究竟解决。"[①]从上述得知,梁漱溟心中的乡村教育实验,便是他自认的现代化金光大道,也是他所设计并实验的有别于西方先进国家现代化模式乃至苏俄劳工专政模式的道路。

从其所处时代及社会形势看,国内矛盾与斗争尖锐复杂;思想战线中革命与改良论争激烈;国共两党及其他政治势力提出不同社会变革方案,并由此发生剧烈的冲突行为,整个社会正处于多元势力角逐竞驰的舞台,甚至时有地动山摇、惊涛骇浪之象。这样一来,对梁氏的思想理论及实践

---

① 《北游所见记略》,见中国文化书院学术委员会编:《梁漱溟全集》第四卷,山东人民出版社 2005 年版,第 874 页。

方案便会有理解沟通上的差异及评价的分歧。恰如有的学者所称：

> 20世纪二三十年代，在河南辉县百泉和山东邹平、菏泽等地从事乡村建设实验的过程中，逐渐形成和发展了他的乡村建设理论。如同晏阳初一样，梁漱溟其人其事业，在历史上也曾毁誉交加，这是由多种原因造成的。现在，我们应站在新世纪的高度，从人类发展的伟大实践中，实事求是地对他的乡村建设思想与实验予以重新认识和评价，这是社会赋予我们的使命和职责。①

在近代中国，从康梁开始，就一直有人主张开民智，改造国民性，乃为改造中国之根本。梁漱溟的不同寻常之处在于：看到了中国革命不只是要兴实业，办教育更为重要，而前者又是后者得以成功的前提。社会结构和基础不改变，现代制度在中国不可能如愿生效。他开展乡村教育实验的具体办法是从组织乡村入手，以文化教育的内容、途径及方式为核心，培养新组织，训练新习惯；在运动方案及策略上，以社会文化团体为主力，现实政治权力为保障机制。如何实现这种措施呢？就要办乡农学校、村学及乡学。此处的系列乡村学校不同于晏阳初的平民学校，是政教合一的机构建置，既是教育组织，又是地方行政机构，具有政权结构功能。校董会、校长，也就是乡村的领袖。这种实验的体系线路是：各种乡村学校不仅是教育组织设施，而且可以扩大为地方自治形态，并可发展为未来政治模型。

在中国现代教育发展史上，以邹平实验作为重要组成部分的乡村教育实验有一定的地位，包括整个教育过程如何与乡村生产、生活实际相结合，农村教育的改革如何具体地依据乡村的环境、风俗、伦理开展不同方式的教育，学校、家庭、社会教育等形式在乡村教育中怎样实施等方面问题，都可以从中找到依据及有效资源。还有在实验中所获得的农村教育特殊规律的探索成果，如生活教育、科学简化，农村教育教学方法（小先生制、导生传习、表证农家）等，通过我们的具体鉴别及吸收，均有一定的现实价值。

---

① 苗春德主编：《中国近代乡村教育史》，人民教育出版社2004年版，第164页。

在梁漱溟的思想体系中,传统和现代之间不可调和的两极关系并不存在。他的"文化三路向"以及"老根新芽说",实际上都表明了这一点。"因为中国今日是无秩序,所以不能用暴力革命,所以我们否认一切在民族社会内的军事行动。中国此刻要紧的是培养新东西,新东西长成,旧的自然脱掉,性急的人,徒自着急,益使乱局延长耳!"①梁漱溟不满足于书斋里的纯理论的探讨,而大胆地把这种探讨引向了社会实践。他的乡村建设即意欲在实践层面解决这一问题的尝试。如邹平的乡村教育实验对乡村的社会秩序、经济发展、文化教育、风俗习惯等方面都在遵从传统的基础上,做了适合现代社会要求的变化。梁漱溟的尝试尽管在事实上最终受挫了,但他对于传统与现代化这一命题的揭示,以及对传统在现实社会中所存在价值的肯定,仍具有重要的参考价值。

二、乡村教育实验的实际影响

邹平乡村教育实验还影响并促进了全国乡村建设活动的发展。1933 年 7 月 14 日至 15 日,全国第一次乡村工作讨论会在邹平山东乡村建设研究院举行,赴会者有河北、江苏、广东、浙江、江西等 10 多个省的 35 个乡村建设运动团体代表。与会者分别报告各地乡村工作情况,交流得失经验,相互切磋,并推举梁漱溟、晏阳初、黄炎培等 6 人为主席团员,轮流主持大会。之后,此次会议的工作报告经整理由中华书局出版,即《乡村建设实验》(第一集)。这次会议凸显了邹平乡村教育实验在全国的示范领导作用,进一步扩大了邹平实验在全国的影响。邹平实验声名在外,吸引了众多的各界人士前去参观。1934 年,以李宗黄为首的中央组委会考察团对邹平的乡学村学、县政、农场、县学师范部等方面的工作进行考察评估,给予实验较高的评价。以农场为例,"农场成立虽仅三载,其内部之试验及对外之推广成绩颇佳。……虽为经费所限,设备简单,不如青岛农场之完备,但实际影响于乡村经济农民生计者至大"②。

---

① 《乡村建设理论》,见中国文化书院学术委员会编:《梁漱溟全集》第二卷,山东人民出版社 2005 年版,第 239 页。

② 李宗黄:《考察江宁邹平青岛定县纪实》,作者书社 1935 年版,第 86—88 页。

香山幼儿师范的校长戴自庵带领一个班的学生在邹平简易师范学校进行了长达3周的参观学习。国民政府聘请的意见顾问斯提斐尼特意前去邹平参观户籍行政工作。可见,邹平乡村教育实验的影响并不局限于邹平实验区,而是辐射到全国。

在20世纪三四十年代,梁漱溟的乡村建设理论在国内外有广泛而深刻的影响。江苏省立教育学院及四川省立教育学院都开设了乡村建设理论课。华西协合大学乡村教育系改为乡村建设系,注重研究乡建理论。中山大学教育研究所主任庄泽教授于抗日战争前赴欧洲出席世界新教育会议时,把山东邹平的乡建工作列入中国新教育工作,作了长篇报告。美国哈佛大学霍金教授、哥伦比亚大学罗格教授等来华考察教育时,也认为梁先生致力的乡建运动是一种新教育运动。在日本也早有梁先生《乡村建设理论》一书的日文译本。①

三、乡村教育实验的困惑

作为一种社会改良运动,梁漱溟等人付出了艰辛的劳动,取得了一定成效,是难能可贵的。但是,我们也应当看到,他们并不可能做到像他们信誓旦旦地所宣称的那样,坚持民间自由立场,走独立发展的道路,而是处处表现对政府,尤其是地方实力派的依赖。在实验区所取得的成效,并没有从根本上改变农村贫、愚、散的状况,更没有如梁漱溟所期望的那样,启发农民的"自觉",形成新的社会力量,并进而产生新的文化形态。梁漱溟乡村建设的基本目标最终未能全面实现,其原因不唯日本全面侵华中断了他的实验,更在于他赖以指导实验的理论有缺陷。中国有明显的阶级压迫现象,尤其进入近代社会后,统治者又把民族压迫的苦难统统转嫁到农民身上,更加剧了阶级之间的矛盾,导致农村经济破产,大量资金流入城市。为了给资金寻找出路,农村复兴便是一途。旧中国的城乡关系是城市掠夺农村的关系。聚居在城市中的帝国主义者、地主、军阀、官僚、买办、商人、高利贷者,通过地租、捐税和超额利润,继续维持其剥削农民的关系。因此,所谓"伦理本位,职业分立"是不能反映中国社会本质的。1935年,梁漱溟

---

① 马秋帆:《本卷前言》,见马秋帆编:《梁漱溟教育论著选》,人民教育出版社1994年版,第3—4页。

在总结乡村建设运动的"两大难处"时承认,他们是走上了站在政府一边来改造农民,而不是站在农民一边来改造政府的道路,因此与农民"处于对立的地位",农民的许多根本问题无法解决,如农民为苛捐杂税所苦,他们不能为其减轻负担,农民没有土地,他们不能分给其土地,因此就"抓不住他的心"。虽然发现了问题,但梁漱溟无力回天,用他的话说,就是"乡村运动而乡村不动"。抗战爆发后,山东农民在反对韩复榘的斗争中,甚至发生了"砸毁乡校,打死校长"的事件,梁漱溟哀叹:"以建设乡村之机构,转而用为破坏乡村之工具,吾侪工作至此,真乃毁灭无余矣!"[1]造成这一现象的根本原因在于:他并没有找到中国社会问题的真正症结所在。

梁漱溟指出,他的乡村建设运动是"自下而上"的"社会大改造",而不是"枝枝节节"的"社会改良"。"既说社会改造,那就不应当接近政权,依靠政权。为什么呢?如果你(我们自己)承认现在的政权是一个革命政权,你所要完成的社会改造,也就是他所要完成的社会改造;那末,就用不着你再作什么社会改造运动了!你现在既作社会改造运动,则明明是你看他(现政权)改造不了。他既改造不了,你就应当否认他,你就应当夺取政权来完成社会改造!"[2]然而事实上,梁漱溟的"乡村建设"运动,从开始到广州恳求李济深的支持,到后来倚重于冯玉祥的力量,最后又投身到韩复榘的麾下,自始至终走的都是"自上而下""依附政权"的路。为什么会依附政权?梁漱溟说:"至于我们落到依附政权,则也有不得不然者。头一点,说句最老实的话,就是因为乡村运动自己没有财源。"[3]而依附政权当然就不能不被政权所利用。这本不应依附政权而不得不依附政权的难处也就成了以乡村教育实验为主体、内容或途径方式的乡村建设运动成效有限,终究受挫流产的重要原因。

---

① 《告山东乡村工作同人同学书》,见中国文化书院学术委员会编:《梁漱溟全集》第六卷,山东人民出版社 2005 年版,第 13 页。

② 《我们的两大难处》,见中国文化书院学术委员会编:《梁漱溟全集》第二卷,山东人民出版社 2005 年版,第 573 页。

③ 《我们的两大难处》,见中国文化书院学术委员会编:《梁漱溟全集》第二卷,山东人民出版社 2005 年版,第 580 页。

四、乡村教育实验的现实启示

梁漱溟乡村建设与教育活动在当时不仅产生了很大影响,而且对当今社会主义新农村的建设也有较大的借鉴意义。现在党中央每年都投入大量的人力、物力和财力用于加强社会主义新农村的建设,积极改造农村落后的状况。而梁漱溟的教育思想深刻体现了这一点。他主张提高农村农民的思想文化观念,增强积极主动的意识,以更好地建设农村乃至社会。

梁漱溟通过乡村建设实现保存并光大中国传统文明的思路,也是他乡村教育思想给予我们的现实启示。他满怀着拯救中国、同时又向世界贡献中国人智慧的双重厚望,通过乡村建设的形式重构中国文化的做法,走出了一条具有中国特色的乡村现代化之路,力图向我们表明,旧的价值观念、伦理道德经过批判性的改造不是不能为现代化服务的。当然,不可否认的是,中国传统文化既有精华,又有糟粕。传统文化自身所具有的两重性告诉我们要学会批判地继承它,既不能一概排斥,又不能盲目继承。这就要求我们坚持历史唯物主义的观点,从民族文化的特质及整体系统的实际出发,通过对民族文化动态系统的整体把握,以认真、科学的态度区分精华和糟粕、优点和缺点,根据时代的要求,清除其糟粕,继承和发扬民族文化的生命力,实现传统形态向现代形态的转变。

时至当今,中国乃至世界范围内的许多国家都在不同程度进行乡村建设与发展的道路与模式探寻,这是一项复杂、系统而又充满着冒险的社会化工程。当然,社会形势、时代内容已经与梁漱溟开展乡建活动历史时期有极大的差异,但农村建设发展的许多因素、内容、方法及技术手段仍带有共同性或普泛性。由此而论,新儒家梁漱溟的相关理论建构及以此为导向的乡村教育实验与社会建设活动,其中所积累的丰富经验以及尚存在的疑难困境,都值得我们汲取和思考,并在此基础上提高和创新。

附　录　梁漱溟生平大事年表

1893 年　（清光绪十九年）

　　10 月 18 日(农历九月初九日重阳节),生于北京,名焕鼎,字寿铭。早年曾用笔名寿民、瘦名。后由《民国报》总编孙炳文题写扇面而称"漱溟",沿用至辞世。祖先是元朝宗室后裔。原籍广西桂林。父梁济,字巨川,应顺天乡试中举,生育二子二女。漱溟排行第二,上有长兄,下有两个妹妹。

1898 年　5 岁

　　正式发蒙,接受教育,在家受教于孟姓塾师。

1899 年　6 岁

　　入中西小学堂读书。该学堂由福建籍维新人士开办,是北京早期新式小学堂之一。读英文《华英初阶》《华英进阶》《地球韵言》等教科书。

1900 年　7 岁

　　受义和团运动、八国联军入侵北京的冲击,中西小学堂关闭,梁漱溟辍学在家。

1901 年　8 岁

"庚子事变"及《辛丑条约》签订后,清政府在内外压力与矛盾交织困境中,被迫推行"新政"改革,新教育再次高涨。梁漱溟入南横街公立小学堂学习。

1902 年　9 岁

转学进入启蒙学堂。该学堂为梁济金兰之交与儿女亲家彭翼仲(诒孙)所办。在此校先后读了 2 年,后因病辍学。

1904 年　11 岁

由亲友诸家合请教师刘纳,按照 1904 年 1 月颁行的《奏定学堂章程》有关中小学学制及课程的规定设家塾,选学相关课程。

1905 年　12 岁

改入由江苏旅京同乡会创办的江苏小学堂学习。

10 岁前后,身体瘦弱多病,成绩不能出众,自我秉性强烈。但同时养成了自学习惯,深受父亲自由主义教育、鼓励个性发展及成功教育促进与引导,非制度化教育价值的理念伴随一生。

1906 年　13 岁

考入北京顺天府中学堂,前后学习近 6 年。作为北京早期为数极少的中学之一,学制年限、办学目标、课程编制及组织方法都显示出近代教育体制的特色。梁漱溟入学后学业成绩显著提高,自学能力增强,并在团体、伙伴群体交往中获得智能、道德及体质方面的发展。

同年,焦虑于人生问题思考,积极探讨中国社会的出路及理想方案,由君主立宪转向民主革命。

1911 年　18 岁

顺天高等学堂(由顺天府中学堂升格改称)毕业,相当于大学预科程度。毕业前夕,经同班同学甄元熙的介绍,加入辛亥革命时期的革命组织京津同盟会,从事部分革命组织与联络活动。

中学毕业,未续考大学或留洋"镀金",随之接任《民国报》(社长甄元熙,总编孙炳文)记者兼编辑。数年间出入政坛要员活动场地、政府部门及社会各种机构,增添了对政治、社会百态、人生营求状况的多层理解与深刻体验。

1912 年　19 岁

读日本无政府主义者幸得秋水著、张继译的《社会主义之神髓》，热心社会主义达到高潮。冬季,撰写《社会主义粹言》,刻板油印数十份,分送友人。

8 月,中国同盟会改组为国民党,梁漱溟由同盟会会员转为国民党党员。

1913 年　20 岁

国民党总部将《民国报》改组为国民党机关报,梁漱溟离职,自动脱离国民党政治派系。

回家潜居,痴心佛学的学习与研究,成为佛学居士,为日后成为佛学著名学者及佛学复兴运动代表人物奠定基础。

1914 年　21 岁

继续在家研读佛教典籍,订阅《佛学丛报》,在《正谊》杂志发表《谈佛》一文。

1915 年　22 岁

进一步搜集购买佛学经典,探究佛学流派及经义。

9 月,编辑《晚周汉魏文钞》。编选指导思想在于肯定民族文化在国家建设中的重要地位,尤其突出学术文化的继承与创新在世界竞争中的意义。

1916 年　23 岁

袁世凯复辟运动的“洪宪”帝制失败,民国南北统一组成内阁,司法部司法总长张耀曾聘请梁漱溟任秘书。

5—7 月,在《东方杂志》上连载《究元决疑论》,发挥佛家唯识宗形而上学方法,比较评价各种主流学派,唯独推崇佛教出世观念。该文作为宗教哲学名著,引起学界积极反响。北京大学校长蔡元培因此邀约梁漱溟到北大任教。

1917 年　24 岁

5 月,北洋政府内部发生“府院之争”,冯国璋改组政府,张耀曾下台,梁漱溟再次离职回家。

夏秋季,梁漱溟南游江浙、湖湘地域,目睹地方军阀混战造成经济衰败、民不聊生的惨状,痛心疾首,撰写《吾曹不出如苍生何》,呼吁社会精英关注民生困苦,组织团体,抑制内战,实现民主政治制度。

10月,返京,应近代著名教育家蔡元培之邀,正式赴北大任教,主讲"印度哲学""唯识哲学""儒家哲学""东西文化及其哲学""孔学绎旨"等课程。

1918 年　25 岁

撰写《印度哲学概论》,从现代哲学的高度思考、总结佛学教义及内容。

10—11月,在《北京大学日刊》刊登启事,征求有志于研究东方学的热心人士,一道协作开展对佛学,尤其是孔子儒学的探讨,表明其思想由佛学向儒学转变的迹象。

1919 年　26 岁

《印度哲学概论》由北京大学印行,经修改后,由商务印书馆正式出版。

五四运动爆发,梁漱溟注重研究中西方文化及其哲学,体现蔡元培主持北大所持"学术自由、兼容并包"的理念,对新旧两派观点持论公允、和而不同。但有感于"新青年"派陈独秀、胡适等人西化偏激论调而忧心传统儒学文化的命运。

1920 年　27 岁

讲稿《唯识述义》(第一册)由北大出版部出版。春季,应少年中国学会之邀,作宗教问题讲演,讲演稿发表在《少年中国》杂志第二卷第八期。秋季,在北大讲授"东西文化及其哲学",由陈政记录,陆续刊登。

1921 年　28 岁

暑假,应山东省教育厅之请,到济南作"东西文化及其哲学"讲演。持续近一个半月,由罗常培记录,整理稿由山东印行。

冬季,发表《唯识家与柏格森》,接受法国哲学家柏格森生命哲学的思想,以此来诠释儒学的情意直觉思维。

岁末,在山西省城太原阳曲小学为小学教职员演讲《东西人的教育之不同》,以比较的视野讨论东西教育的差异、优劣以及形成的原因,是对济南演说内容的拓展。

1922 年　　29 岁

1 月,《东西文化及其哲学》由商务印书馆正式出版。著作揭示了东西文化"三种路向"等新儒家理论,作为最早运用比较法研究东西文化之作,提倡以柏格森生命哲学、陆王心学及西方科学技术改造儒家传统,拯救民族危亡。

4—5 月,参与讨论由胡适起草的对时局的宣言《我们的政治主张》,倡议军阀政府裁兵,建立宪政政府。

1923 年　　30 岁

春季,往山东曹州(今菏泽)六中演讲,提出"农村立国"的设想,但并未确信或已成定论。报告中历数军阀混战造成的社会黑暗和民众疾苦,令听者垂泣。

10 月底,作《答胡评〈东西文化及其哲学〉》的讲演,反驳胡适对该书持"主观化的文化哲学""犯了笼统的大病"等观点。

12 月,《漱溟卅前文录》由商务印书馆出版,共收录 1915 年至 1922 年间文录 19 篇,计 8 万余字。

1924 年　　31 岁

暑期,辞别北京大学,此前征得蔡元培同意,前往南京支那内学院诚邀熊十力来北大任教职,由此结束了 7 年北大教学生涯,开始以新儒学为核心的教育与社会改革实践。

夏季,印度著名思想家、诗人泰戈尔来华讲学。梁漱溟由徐志摩陪同会晤,讨论儒学含义,认为儒学虽不是宗教,却具有以情志为内容的宗教精神。

本年,赴山东筹办曲阜大学,重建重华书院,但因经费、人才等难题搁浅。又转而主持曹州高中,撰写《办学意见述略》《重华书院简章》《吾侪当何为》等教育论著,阐发儒学人文主义与欧美现代主义教育融合的主张。

1925 年　32 岁

春夏之交,结束曹州办学,返回北京。客居清华园编印《桂林梁
先生遗书》。此外,编辑《年谱》一卷,撰写《思亲记》,感恩父母
养育之情及父亲教诲之德。

本年,与熊十力及山东曹州追随弟子在北京什刹海东煤厂居住,
讲学讨论,勉励进取。每晨举行朝会,成为一种特有的办学组织
形式,贯穿于河南村治学院、山东乡村建设研究院开展乡村教育
实验的始终。

1926 年　33 岁

初春,与熊十力、德国学者卫西琴及门生 10 余人共居北京西郊
大有庄,共同研讨儒家哲学、心理学,并常与在京的山东官绅王
鸿一商讨"农业立国"的问题。

9 月,受国民大革命形势及北伐战争风暴影响,梁漱溟南下沪、宁
等地。选派弟子王平叔、黄艮庸、徐名鸿 3 人先行广州,亲与历
练感悟。

1927 年　34 岁

春季,在北京《晨报》发表《〈人心与人生〉自序》,为以后创作专
著拉开帷幕。

5 月,受广东军阀李济深(时任国民党中央委员会广州分会主席、
广东省政府主席)、陈铭枢之邀,携王平叔、黄艮庸南下至广州,
与李济深会晤,讨论国家政治及社会出路,不欢而散。

7 月,南京国民政府应李济深电请,任命梁漱溟为广东省政府委
员,坚辞未就职。

12 月,向李济深提出"乡治"设想,获得支持,希望借此为中国开
创出一条自救之路。

1928 年　35 岁

春季,伴随李济深、陈铭枢去南京,拜会蒋介石。抵宁后,专程参
观现代教育家陶行知主持生活教育实验的大本营——南京晓庄
学校,认为是一所理想的学校,尤其称道其学校与社会互动的教
学组织及办学精神。

4—5 月,撰写《请开办乡治讲习所建设和试办计划大纲》,明确提出"乡治"主张,体现了"政学合一"的乡村建设初步理想方案。以此为思想导向,为广东地方警卫队编练委员会职员讲授乡治问题,共作了连续 10 次系列报告,史称"乡村十讲"。

夏季,接任广东省立第一中学校长。借鉴南京晓庄学校的做法实施教学改革。为此,先后作了两次演讲:一为《抱歉——苦痛——一件有兴味的事》,一为《今后一中改造之方向》。其间的思想观点是对在山东曹州所作《办学意见述略》的深化。

1929 年　36 岁

2 月,辞去广东省立第一中学校长之职,交由学生黄艮庸继续掌校。北上参观、考察了陶行知的南京晓庄师范学校实验,黄炎培的江苏昆山县徐公桥农村改进教育实验,晏阳初的河北定县翟城村乡村平民教育实验,阎锡山的山西村政实验。

5 月,结束对国内乡村建设运动主要基地的考察活动,返回北京。随后将此行所思所闻和感想记录、整理而成《北游所见记略》长文,发表在《村治》月刊。以此为标志,梁漱溟的乡村建设系统思想开始形成。

秋季,因广东政局变化,不再南返。经王鸿一介绍,与正在河南开展村治活动的梁仲华、彭禹廷相识,并来到河南辉县受聘为河南村治学院教务长,起草、制订《河南村治学院旨趣书》《河南村治学院组织大纲》及《学则课程》。这三个文件成为河南村治教育实验的纲领或指导性规程。

1930 年　37 岁

1 月,河南村治学院正式在辉县百泉乡苏门山麓开学,梁漱溟任教务长,并担任"乡村自治组织"等课程的教学工作。河南村治学院集学校教育与社会教育为一体,将乡村教育与乡村建设运动结合起来。村治学院设农村组织训练部、农业实习部及农村师范部。

6 月,接替王鸿一主编《村治》月刊。在该刊第 1 卷第 1 期上发表《主编本刊(〈村治〉)之自白》一文,宣称"乡治"或"村治"是对中华民族的新觉悟,是"中国民族自救运动最后的一新方向"。

6—7月,写作《中国民族自救运动之最后觉悟》一文,发表于《村治》月刊第1卷第2—4期,提出乡治或村治运动本质上是一种文化运动、社会运动,而非官方所能推行的。

秋季,应邀为北京大学、燕京大学师生作《中国问题之解决》讲演,10月发表在《村治》月刊第1卷第8期,认为中国问题根本不是对谁革命,而是文化改造,民族自救。

本年,《漱溟卅后文录》由商务印书馆出版。

本年底,因蒋冯阎中原大战爆发、办学经费缺乏等原因,河南村治学院停办。

1931年　38岁

1月,应山东省政府主席韩复榘之请,与梁仲华等人率河南村治学院一批骨干赴山东邹平开始村治运动筹建工作,认为"村治"不如"乡村建设"用词简洁、深刻,又鉴于河南村治教育实验偏于训练人才而缺乏研究之意,遂易名为"山东乡村建设研究院"。

6月,山东乡村建设研究院正式成立。研究院下设乡村建设研究部、乡村服务人员训练部和邹平实验县区。其他组织机构包括农场、医院、图书馆、社会调查部和邹平师范学校。长达7年之久的山东邹平乡村教育实验由此拉开帷幕,梁漱溟是这场实验运动及民国乡村建设史上著名的"邹平模式"的创建及主持者,其中又始终得到山东军阀韩复榘的鼎力支持。

本月,撰写《山东乡村建设研究院设立旨趣及办法概要》,阐述乡村建设研究院的组织、功能及活动内容,强调乡村建设走"乡村合作"的"集体进步"之路,乡村建设的纲领在于"如何使社会重心从都市移植于乡村"。

10月25日,乡村建设研究院举办第一次农产品展览会,会期4天,参观农民4.6万人次,展览内容包括现代农业技术、优良种子及农业设备。

1931年至1933年10月属山东邹平乡村教育实验第一阶段,主要进行乡村建设思想发动、人才培养和组织准备工作,包括创设乡农学校、举办乡村教师暑期讲习班、开展农产品展览会等项活动。

1932 年　39 岁

9 月,《中国民族自救运动之最后觉悟》(村治论文集)由北平村治月刊出版社出版。收入《主编本刊(〈村治〉)之自白》等文章 16 篇,共 25 万字。本书是作者有关社会改革、乡村建设运动的代表作之一。

10 月,发表《丹麦的教育与我们的教育》一文。介绍丹麦教育家格龙维等人的"人格感应教育思想",认为这种教育学说与孔子儒学的主张相符合,指出中国教育改革"必须听社会上有志教育的人去办,教育才能愈办愈活"。同时,教育活动应该以人生行谊教育为基点,而后"其他一切知识技能教育乃得著其功"。

12 月,南京国民政府内政部召集全国第二次内政会议,讨论地方自治及乡村建设问题,标志着政府官方将复兴农村、建设农村的旗号正式打出。梁漱溟应邀出席会议,并作《中国之地方自治问题》的大会发言。同时出席会议的还有河北定县中华平民教育促进会、江苏无锡教育学院等社团组织代表。

1933 年　40 岁

2 月,南京国民政府教育部在南京召集民众教育专家会议,推选梁漱溟、钮永建等人负责起草"民众教育在教育系统上地位"草案,梁漱溟拟出《社会本位的教育系统草案》。次月被国民政府教育部聘为民众教育委员会委员。

7 月,第一次全国乡村工作讨论会在山东邹平举行,梁漱溟作《山东乡村建设研究工作报告》,认为乡村建设运动实为民族社会的新建设运动,"重新建设中国社会组织构造之运动"。

8 月,出席在济南召开的中国社会教育社第二届年会。会议讨论的中心议题是"由乡村建设以复兴民族案"。22 日,梁漱溟将半年前拟定的《社会本位的教育系统草案》正式刊发。"草案"提出了社会本位教育实施的具体原则,其根本要义在于以社会运动作用于教育系统之中,通过教育解决社会问题,教育应尽其推进文化改造社会之功。

本年,著作《中国民族自救运动之最后觉悟》由中华书局出版。

1933 年 10 月至 1937 年 10 月,为山东邹平乡村教育实验第二阶段,称为县政实验期。实验工作推广到邹平、菏泽、济宁等地,主要依据梁漱溟乡村建设理论及实验计划开展各项活动,其中以村学、乡学为中心的学校式及社会式实验为其核心内容。

1934 年　41 岁

1 月 3—6 日,在山东乡村建设研究院讲习会上发表《自述》演讲,叙述自身从青少年时代迄今思想的变化过程:第一期为实用主义;第二期为出世思想;第三期为儒家思想。由西洋思想、印度思想再到中国思想三度变化,"仿佛世界文化三大流派,皆在我头脑中巡回一次"。

7 月,在山东乡村建设研究院为乡村服务人员演讲《精神陶炼要旨》,提出"合理人生态度的指点""中国历史文化的分析""人生实际问题的讨论"以及中国民族复兴"老根发新芽"等一系列新儒家教育观点。

8 月,应邀出席南京国民政府在山东曲阜举办的首次"孔子诞辰纪念会",并发表《孔子学说的重光》讲演,断言:"孔子学说的价值,最后必有一天,一定为人类所发现,为人类所公认,重光于世界。"

10 月,出席在河北定县召开的第二次全国乡村工作讨论会,作《乡村建设旨趣》发言,认为乡建运动在于建设乡村新文化,找出以农业引发工业、农业工业适当结合,以乡村为本而繁荣都市、乡村都市为自然均宜的发展方针。

本年,由于乡村建设实验区的扩大,院长梁仲华调任济宁专区专员,梁漱溟由研究部主任转任山东乡村建设研究院院长,黄艮庸接任研究部主任。《乡村建设论文集》由邹平乡村书店出版,收录梁漱溟 1933 至 1934 年所写论文,共 10 余万字。

1935 年　42 岁

10 月 10 日至 12 日,参加在无锡教育学院举办的全国乡村工作讨论会,并在会上作《一年来的山东工作》工作报告。

10月25日,在山东乡村建设研究院讲演《我们的两大难处》。认为乡建运动有两大难处:其一为"高谈社会改造而依附政权";其二为"号称乡村运动而乡村不动"。

10月,唐现之编辑的《梁漱溟先生教育文录》由邹平乡村书店印行,其中汇编作者有关教育问题的论文共22篇,为现当代历史上首部以教育专业领域编选梁漱溟论著的专题文献。

1936年　43岁

6月,《朝话》一书由邹平乡村书店出版。该书依据作者1932至1935年间在山东乡村建设研究院研究部朝会讲话的笔记整理而成,针对学员中存在的问题及提出的疑惑随时解答指导。其中的内容涉及人生修养、社会文化及个人治学等许多方面。

4月19日,东渡日本,考察日本农村复兴工作1个月。回国后在邹平乡村建设研究院礼堂报告《东游观感记略》。

本年,《乡村建设大意》一书由邹平乡村书店出版。该书阐述了乡村建设的由来、意义、任务以及乡村建设的组织机构(村学、乡学及乡农学校等)。该书是将梁漱溟在邹平教师讲习会上的演讲报告加以整理而成的。

1937年　44岁

3月,《乡村教育理论》(一名《中国民族之前途》)由邹平乡村书店出版。该书分甲乙两部,甲部为认识问题,乙部为解决问题,其主旨为中国民族的前途在于乡村建设。

5—6月,应四川当局邀请赴四川、重庆、成都讲学和参观。6月13日,在成都演讲《我们如何抗敌》,号召知识分子尽力于战时民众动员工作。

7月7日,抗日战争全面爆发,自此离开山东乡村建设研究院,为抗日奔走。

8月上旬抵达上海,在《大公报》发表《怎样应付当前的大战?》一文。8月14日,应邀出席南京国民政府在中山陵召开的国防最高会议参议会,被聘为国防最高会议参议员。17日,在国防会议上提出大量派遣知识分子下乡、动员民众抗日和改良教育等主张。

10月,与晏阳初、黄炎培等面见蒋介石,陈述抗战主张。其后,起草《非常时期乡村工作大纲》。

本年,因战火延及山东,山东乡村建设研究院建院7年(1931—1937)之后结束,部分人员撤至河南镇平、武汉以及鲁西南山区,从事抗战工作。

1938 年　　45 岁

1月初飞抵西安。1月5日前往延安访问。除了解当地人民生活情况、教育设施,并参观政府党政机关外,与中共领导人毛泽东就抗战形势、中国社会道路作了广泛深入交谈,并向毛泽东阐述"伦理本位,职业分立"论点,毛泽东批评此为"改良道路"。

3月,在徐州发表《告山东乡村工作同人同学书》和《山东乡村工作人员抗战工作指南》,号召山东乡建人员大敌当前,要团结一致,积极投入抗日救亡运动。

7月6—15日,最高国防会议参议会改组为国民参政会,被选为参政员,出席汉口第一次会议。提出"请政府召开战时农村问题会议"建议案。

12月,根据自己一向对中国问题的认识,并参以访问延安所获认识,提出《根本解决党派问题的方案》。要求建立不受党派干预的国民政府,实行党政分家,军队脱离政党归属国家等。

本年,在四川南充创办南充民众教育馆,2年后被迫关闭。

1939 年　　46 岁

2月,自重庆,经西安、洛阳,去抗日游击区巡视,历经豫东、皖北、苏北、鲁南、冀南、豫北、晋东南,前后8个月。根据战地见闻,对敌后游击队的抗战斗争给予高度评价,对民众的牺牲精神深感敬佩。

11月下旬,为调停国共两党争端,形成第三方面的力量,与相关民主进步人士在重庆组成"统一建国同志会"。

1940 年　　47 岁

1月,撰写《创办私立勉仁中学校缘起暨办学意见述略》。

2 月,与学生、同仁在璧山来凤驿创办勉仁中学。

4 月 1—10 日,出席国民参政会第一届第五次大会,提出《请厘定党派关系,求得进一步团结,绝对避免内战,以维国本案》,主张迅速解决国共争端。

年底,皖南事变前夕,与黄炎培、左舜生、张君劢共 4 人商定将"统一建国同志会"改组为"中国民主政团同盟"。盖认为第三方面任务重大,"非加强组织不可"。

1941 年　48 岁

1 月,皖南事变爆发,因不愿坐视国内分裂之剧变,与民盟同仁奔走于国共双方。

3 月 19 日,在重庆上清寺召开中国民主政团同盟成立大会,被推举为中常委。3 月 29 日,受民盟委派,赴香港创办民盟机关报《光明报》,自任社长。在报上发表了民盟成立宣言及民盟对时局主张纲领。年底太平洋战争爆发,香港沦陷,报纸停刊。

本年,在著名实业家卢作孚的支持下,勉仁中学由璧山搬迁至重庆市北碚金刚碑。

1942 年　49 岁

年初,自香港脱险,至桂林。

本年,在桂林开始创作《中国文化要义》。先后撰写了大量论著:《纪念蔡元培先生》《教育的出路与社会的出路》《我的自学小史》《理性与宗教之相违》等。

1943 年　50 岁

秋季,国民党召开宪政会议,电邀梁漱溟参加,梁断然拒绝,撰写《答政府召见书》,寄邵力子,批评国民党的一党专制政策以及压制民主的行径。

本年,又撰述一些有影响的作品,如《纪念梁任公先生》《中国文化问题略谈》《民主的涵义》《理性与理智之分别》等。

1944 年　51 岁

1 月,在桂林《大公报》发表《中国以什么贡献给世界?》一文,认为"人生向上,伦理情谊"便是中国民族精神所在,原本是人类精神。这人类精神发出来的时机,将在民主主义、社会主义将要完全实现的时候。中国人之特长为人生目的之正当概念。重申《东西文化及其哲学》所提出的"最近未来的世界文化,将是中国文化的复兴"的论点。

5 月,《梁漱溟最近文录》出版,收集梁漱溟 1940—1943 年所写的系列文章。

9 月 19 日,中国民主政团同盟在重庆上清寺召开代表会议,决定将之改名为"中国民主同盟",以便吸收更多社会民主进步人士。

1945 年　52 岁

6 月,唐现之据《梁漱溟先生教育文录》增订改编而成的《梁漱溟教育论文集》由开明书店出版。

8 月,日本战败投降。时在广西贺县,认为外患既除,内争可泯,建国大业开始,"夙日文化研究之愿当偿"。离广西经广州,返归重庆。

1946 年　53 岁

1 月 10—31 日,以中国民盟代表的身份加入在重庆召开的政治协商会议。在闭幕会上声明意欲退出现实政治,"创办一研究机构,从世界文化的比较研究上作认识老中国的工夫"。

4 月,担任民盟秘书长。此后,梁漱溟以民盟秘书长的身份,积极奔走于国共双方,调停其争端,除 8 月份曾一度去云南昆明调查民盟中央委员李公朴、闻一多被刺一案外,在其任民盟秘书长的职务期间(5 月初到 10 月底),"都在京沪间为和谈尽力"。但到10 月底,眼见调停无望,国共内战无法避免,便辞去了民盟秘书长的职务。远去重庆北碚,在勉仁国学专科学校闭户著书,继续撰写《中国文化要义》一书。"冀以我对于老中国之认识,求教于世;一面亦与同仁及诸生朝夕共讲习之业。"

1947 年　54 岁

在重庆北碚继续写作,并为重庆勉仁国学专科学校学生讲授《中国文化要义》。

本年,撰写了一些重要文化、政治论文并在报刊发表,如:1 月 18

日在重庆《大公报》发表《政治的根本在文化》一文；3 月 1 日在
《观察》2 卷 1 期上发表《树立信用，力求合作》一文。

本年，宣告正式脱离民盟。在北碚向学生说："就此减脱关系，所
望于及门诸生者，能将吾之学问传下去。"

1948 年　55 岁

8 月，勉仁国学专科学校改为勉仁文学院。熊十力继任校长，梁
漱溟为董事会董事长，主讲哲学系、历史系相关课程，并亲自撰
写《勉仁文学院创办缘起及旨趣》作为该学院的办学规章。

1949 年　56 岁

6 月，在勉仁文学院完成《中国文化要义》的收尾工程，交由成都
路明书局出版。该书的主旨在于帮助人们"认识老中国，建设新
中国"，并提出中国文化的重要特征在于"理性早启，文化早熟"，
又重申"中国没有阶级"，无须进行阶级斗争的观点。

11 月，《梁漱溟先生近年言论集》由龙山书局出版。该书收录梁
漱溟 1941—1949 年所发表的论文 23 篇，约 10 万字。

12 月底，携家眷离开重庆北碚，返回北京。

本年，发表《悼念陶行知先生》《敬告国民党》《敬告中国共产党》
等论文。

1950 年　57 岁

1 月，应邀出席中国人民政治协商会议。重庆勉仁文学院停办。

4 月，赴山东、河南、平原及东北三省参观，历时半年。

1951 年　58 岁

5—8 月，去四川合川县云门乡参加土改工作。

10 月，在《光明日报》发表《两年来我有了哪些转变》一文，表达
自己在阶级、阶级斗争及武装革命等问题上的前后认识及其
觉悟。

1952 年　59 岁

5 月初，写出《何以我终于落归改良主义》，后改题为《我的努力
与反省》，对自己过去的主张有所检讨，论及个人在阶级、阶级斗
争及武装革命等问题上的醒悟。

1953 年　60 岁

9 月 16—18 日,在政协常委会扩大会议和中央人民政府委员会
扩大会议上,因为对农村工作意见认识的差异,和毛泽东发生了
分歧,被轰下台。

1955 年　62 岁

春夏之交,报纸、杂志陆续刊登批判梁漱溟思想的文章。

12 月,《梁漱溟思想批判》第一辑由三联书店出版,内收冯友兰、
千家驹、贺麟、任继愈等写的批判文章 14 篇。

再次撰写《〈人心与人生〉自序》。

1960 年　67 岁

春夏之交,由李渊庭陪同,前往山东济南、菏泽、郓城、邹平农村
考察,了解农村生产和农民的生活情况。

1964 年　71 岁

3 月 18 日,去北京史家胡同拜访章士钊先生,事后写《访章行严
先生谈话记》。

夏秋间,前往太原、唐山、抚宁、遵化、北戴河等地城乡考察。

1966 年　73 岁

《人心与人生》写出前七章,因"突遇'文化大革命运动',以自己
所储备之资料及参考书尽失而辍笔"。"抄家"未逾月,"在手头
无任何资料的情况下,撰写《儒佛异同论》"。

1969 年　76 岁

秋季,开始写《自述早年思想之再转再变》一文,于 10 月 21 日完
稿。此文约 5000 字,概述了自己早年从近代西洋功利主义思想
转入古印度人的出世思想,再由古印度人的出世思想转入中国
的儒家思想的过程及其转变的原因。对乡村建设理论,认为即
使在今天回想起来,仍觉"对症下药,未云有误"。

1971 年　78 岁

写作《略述 1924 年在曹州办学经过》《卫西琴先生传略》等纪念
文章。

1973 年　80 岁

"批林批孔"运动爆发,对之保持沉默,声明持保留态度。

1974 年　81 岁

2 月 20、25 日,在政协学习会上作《今天我们应当如何评价孔子》的长篇发言,公开为孔子辩诬,肯定孔子在中国文化发展史上的重要地位。为此,遭到一系列批判。

本年,撰写《批孔运动以来我在学习会上的发言及其经过的事情述略》等论文。

本年,台湾地平线出版社出版《焕鼎文录》。

1975 年　82 岁

7 月,《人心与人生》一书撰写完毕。该书提出"旨在有助于人类之认识自己,同时盖亦有志于介绍古代东方学术于今日之知识界"。而要求"认识人类者,其必当于此(《人心与人生》)有所识取也"。之后,即着手改写《东方学术概观》。上海学林出版社于 1984 年出版该书。

1980 年　87 岁

被选为全国宪法修改委员会委员及全国政协常委。

本年,撰写《我所了解的蒋介石》《孔学绎旨》等论文。

1984 年　91 岁

北京的一些知名学者、教授冯友兰、张岱年、任继愈、周一良、汤一介等发起成立中国文化书院,梁漱溟应邀参与其事,并任院务委员会主席、学术委员会委员、发展基金会主席。

1985 年　92 岁

3 月,应邀为中国文化书院筹委会与九州知识信息中心在北京举办的第一期"中国文化讲习班",作关于"中国传统文化"的报告。本月,香港里仁书局再版《东西文化及其哲学》,至此,已是第九版。

4 月,《人心与人生》由三联书店香港分店根据学林出版社 1984 年版再重印。

1986 年　93 岁

1 月,在由中国文化书院主办的第二期"中国文化讲习班"上作
"东西文化比较研究"专题报告。

11 月,《东方学术概观》由巴蜀书社出版。

本年,《人物》杂志连载汪东林撰写的《访梁漱溟问答录》,《团结
报》连续发表有关梁漱溟生平活动的回忆性历史文献。

1987 年　94 岁

2 月,应邀出席商务印书馆建馆 90 周年纪念会,所写《我与商务
印书馆》一文被收入《商务印书馆九十年》一书。

7 月 4 日,与回国访问的晏阳初先生在北京寓所会晤重逢,忆往
叙旧,亲切恳挚。

10 月 31 日,应邀出席由中国文化书院在北京香山饭店举办的梁
漱溟思想国际学术讨论会,参加这一会议的有来自国内外的 70
余名学者、专家。大家就梁漱溟的学术思想,以及儒学与宗教、
文化与哲学、东西文化的比较、传统文化与现代化等问题展开了
深入的讨论。

1988 年　95 岁

在北京协和医院逝世。其全部文字被收入《梁漱溟全集》第一—
八卷,山东人民出版社于 1989—1993 年出版第一版,2005 年出
版第二版。

参考文献

一、文献史料类

[1] 宋恩荣主编:《晏阳初全集》,湖南教育出版社 1989 年版。

[2] 河南省政协文史资料研究委员会编:《河南文史资料》第二十辑,豫刊证字第 16 号,1986 年版。

[3] 马秋帆编:《梁漱溟教育论著选》,人民教育出版社 1994 年版。

[4] 白吉庵、刘燕云编:《胡适教育论著选》,人民教育出版社 1994 年版。

[5] 璩鑫圭、童富勇编:《中国近代教育史资料汇编·教育思想》,上海教育出版社 1997 年版。

[6] 中国文化书院学术委员会编:《梁漱溟全集》,山东人民出版社 2005 年版。

[7] 朱有瓛主编:《中国近代学制史料》第一辑下册、第二辑上册,华东师范大学出版社 1986、1987 年版。

[8] 韩朴、田红编:《北京近代中学教育史料》上册,北京教育出版社 1995 年版。

［9］梁漱溟：《忆往谈旧录》，陕西师范大学出版社 2009 年版。

［10］梁培宽编：《梁漱溟自传》，江苏文艺出版社 1998 年版。

［11］宋恩荣编：《梁漱溟教育文集》，江苏教育出版社 1987 年版。

［12］孟宪承选编，孙培青注释：《中国古代教育文选》，人民教育出版社
2003 年版。

［13］梁漱溟：《我生有涯愿无尽——梁漱溟自述文录》，中国人民大学出
版社 2004 年版。

［14］梁漱溟：《我的努力与反省》，漓江出版社 1987 年版。

［15］汪东林：《梁漱溟问答录》，湖南人民出版社 1988 年版。

［16］山东省政协文史资料委员会、邹平县政协文史资料委员会编：《梁漱
溟与山东乡村建设》，山东人民出版社 1991 年版。

［17］重庆社会科学院哲学研究所编：《文化与人生——梁漱溟先生诞辰
110 周年纪念文集》，重庆出版社 2004 年版。

［18］萧克木编校：《邹平的村学乡学》，邹平乡村书店 1936 年版。

［19］鲍霁主编：《梁漱溟学术精华录》，北京师范学院出版社 1988 年版。

［20］中华职业教育社编：《黄炎培教育文选》，上海教育出版社 1985 年版。

［21］华中师范学院教育科学研究所编：《陶行知全集》，湖南教育出版社
1984—1986 年版。

［22］凌耀伦、熊甫编：《卢作孚文集》，北京大学出版社 1999 年版。

二、工具书类

［1］教育大辞典编纂委员会编：《教育大辞典》第 8 卷［中国古代教育史
（上）］，上海教育出版社 1991 年版。

［2］教育大辞典编纂委员会编：《教育大辞典》第 10 卷（中国近现代教育
史），上海教育出版社 1991 年版。

［3］中国大百科全书总编辑委员会《教育》编辑委员会编：《中国大百科全
书·教育》，中国大百科全书出版社 1985 年版。

［4］朱作仁主编：《教育辞典》，江西教育出版社 1987 年版。

［5］陈学恂主编：《中国近代教育大事记》，上海教育出版社 1981 年版。

［6］中央教育科学研究所编：《中国现代教育大事记》，教育科学出版社

1988 年版。

[7] 李华兴主编:《近代中国百年史辞典》,浙江人民出版社 1987 年版。

三、著作类

[1] 〔美〕艾恺著,王宗昱、冀建中译:《最后的儒家——梁漱溟与中国现代化的两难》,江苏人民出版社 2003 年版。

[2] 〔美〕费正清编,杨品泉等译:《剑桥中华民国史》(1912—1949)上卷,中国社会科学出版社 1994 年版。

[3] 〔美〕周策纵著,周子平等译:《五四运动:现代中国的思想革命》,江苏人民出版社 1999 年版。

[4] 〔丹麦〕曹诗弟著,泥安儒译:《文化县——从山东邹平的乡村学校看二十世纪的中国》,山东大学出版社 2005 年版。

[5] 梁培宽编:《梁漱溟先生纪念文集》,中国工人出版社 2003 年版。

[6] 苗春德主编:《中国近代乡村教育史》,人民教育出版社 2004 年版。

[7] 熊民安、周洪宇主编:《中国近现代教育实验史》,山东教育出版社 2001 年版。

[8] 朱汉国:《梁漱溟乡村建设研究》,山西教育出版社 1996 年版。

[9] 马勇:《梁漱溟评传》,安徽人民出版社 1992 年版。

[10] 马勇:《梁漱溟教育思想研究》,辽宁教育出版社 1994 年版。

[11] 虞和平主编:《中国现代化历程》第二卷(启动与抉择),江苏人民出版社 2001 年版。

[12] 徐有礼:《30 年代宛西乡村建设模式研究》,中州古籍出版社 1999 年版。

[13] 于天命:《一代完人彭禹廷先生》,华夏出版社 2008 年版。

[14] 张汝纶:《现代中国思想研究》,上海人民出版社 2001 年版。

[15] 郑大华:《民国乡村建设运动》,社会科学文献出版社 2000 年版。

[16] 唐宦存、杜林:《师足寻迹——记现代新儒学宗师梁漱溟》,重庆市北碚区三峡印刷厂 2003 年印(内部书刊号:048713)。

[17] 刘定祥等:《梁漱溟研究集》,广西师范大学出版社 1994 年版。

[18] 吴洪成、郭丽平等:《教育开发西南——卢作孚的事业与思想》,重庆

出版社 2006 年版。

［19］李渊庭、阎秉华编写：《梁漱溟先生年谱》，广西师范大学出版社 1991
年版。

［20］孙培青、李国钧主编：《中国教育思想史》第三卷，华东师范大学出版
社 1995 年版。

［21］郑大华：《梁漱溟与胡适——文化保守主义与西化思潮的比较》，中
华书局 1994 年版。

［22］陈平原、夏晓虹编：《触摸历史：五四人物与现代中国》，北京大学出
版社 2009 年版。

［23］刘仲华主编：《北京教育史》，人民出版社 2008 年版。

［24］郑家栋：《现代新儒学概论》，广西人民出版社 1990 年版。

［25］胡长水、李瑗：《横空出世：1935 年前的毛泽东》，中国青年出版社
1993 年版。

［26］马东玉：《梁漱溟传》，东方出版社 1993 年版。

［27］郑大华：《梁漱溟学术思想评传》，北京图书馆出版社 1999 年版。

［28］郑大华：《梁漱溟传》，人民出版社 2001 年版。

［29］郑大华：《梁漱溟与现代新儒学》，台湾文津出版社 1993 年版。

［30］重庆市梁漱溟研究会、重庆市北碚区梁漱溟研究会编：《仁道承
继——纪念梁漱溟诞辰 110 周年专辑》（会刊第 6 集），重庆市北碚
区三峡印刷厂 2003 年印（内部交流本）。

［31］曹跃明：《梁漱溟思想研究》，天津人民出版社 1995 年版。

［32］善峰：《梁漱溟社会改造构想研究》，山东大学出版社 1996 年版。

［33］郭齐勇、龚建平：《梁漱溟哲学思想》，北京大学出版社 2011 年版。

［34］金林祥：《思想自由、兼容并包——北京大学校长蔡元培》，山东教育
出版社 2004 年版。

［35］汪东林：《"反面教员"梁漱溟》，当代中国出版社 2011 年版。

［36］刘宗贤、蔡德贵主编：《当代东方儒学》，人民出版社 2003 年版。

［37］张书丰：《山东教育通史》近现代卷，山东人民出版社 2001 年版。

［38］李华兴主编：《民国教育史》，上海教育出版社 1997 年版。

［39］许光怅、林浣分主编：《中国近现代政治思想史》，南京大学出版社

1990 年版。

［40］王雷:《近代中国社会教育事业与管理》,黑龙江人民出版社 2002
年版。

［41］周积明、郭莹等:《震荡与冲突——中国早期现代化进程中的思潮和
社会》,商务印书馆 2003 年版。

［42］韩明汉:《中国社会学史》,天津人民出版社 1987 年版。

［43］王先明:《中国近代社会文化史续论》,南开大学出版社 2005 年版。

［44］何晓明:《百年忧患——知识分子命运与中国现代化进程》,东方出
版中心 1997 年版。

［45］张汝伦:《现代中国思想研究》,上海人民出版社 2001 年版。

［46］董宝良、周洪宇主编:《中国近现代教育思潮与流派》,人民教育出版
社 1997 年版。

［47］佟自光编:《飞扬与落寞——梁漱溟的孤独思考》,东方出版社 2006
年版。

［48］高奇主编:《中国教育史研究·现代分卷》,华东师范大学出版社
1994 年版。

后　记

　　本书是在当代教育史名家宋恩荣研究员、李剑萍教授的指引与帮助下完成的。初稿创作于2013年春夏，相当粗略、问题不少，后经两位行家指导以及与出版社编辑沟通，我有了新的认识及问题探讨的方向，经过将近4个月的修改，完成了此稿，但心里仍惴惴不安，恐未能达到撰写的目标及预期计划。2015年春季根据丛书主编的意见再次改订，经由宋、李两位先生审核，交由出版社编排。我已经超出撰稿期限规定，不便再耽误整套书的进程，只能鼓起勇气交稿，并期待专家学者、读者的批评指正。在此，谨向宋先生和李教授鞠躬致谢。

　　有关梁漱溟的原始文献及研究论著成果都非常丰硕，这给整理分析工作带来意想不到的工作量，而研究对象客体本身在哲学、社会学、宗教学及教育学诸学科领域均有建树，有关的政治、社会及教育活动又特别复杂多样。因此，如何建构梁漱溟这样一位原创型、个性化的现代教育家是一项颇有难度系数的工程。囿于作者的时间、精力及理论水平条件,只能尽力而行,书稿中不当之处及存在的问题肯定不少,我虚心听取各方意见。

由于近两年来指导博士、硕士研究生及其他教学、科研任务繁重,而此项书稿撰写工作的难度系数及所需时日又超出我的经验想象,因此,在具体研究过程中约请了所指导硕士研究生宋云青、张素雅、黄利芬、兰丽燕、贺飞燕的协助。他们进行了一些材料的收集与整理,有的还帮助提供了少量初稿,减轻了我的负担,其中宋云青在我指导下撰写的《山东邹平乡村教育实验研究》(河北大学教育学院教育史专业 2014 年硕士学位论文)成为该书相关章节的部分参考资源。在本书的编校出版中,山东人民出版社编辑劳心费神、工作细心踏实,付出了许多辛劳。对上述诸位在此一并深表谢意。

吴洪成　于河北大学教育学院

2015 年 11 月 14 日